Matthias Lutz-Bachmann (Hrsg.)
FREIHEIT UND VERANTWORTUNG,
Ethisch handeln in der Krise der Gegenwart

D1718650

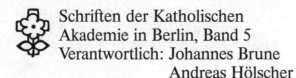

Schriften der Katholischen
Akademie in Berlin, Band 5
Verantwortlich: Johannes Brune
Andreas Hölscher

Freiheit und Verantwortung

Ethisch handeln in der Krise der Gegenwart

Matthias Lutz-Bachmann (Hrsg.)

Morus-Verlag · Berlin
Bernward-Verlag · Hildesheim

ISBN 3-87554-237-1 Morus
ISBN 3-87065-584-4 Bernward
© 1991 Morus-Verlag, Berlin
Alle Rechte vorbehalten
Umschlaggestaltung: Paul König, Hildesheim
Druck: Enka-Druck GmbH, Berlin
Buchbindearbeiten: Buchbinderei Stein, Berlin

Inhalt

Vorwort 7

Die Bergpredigt Jesu als Utopie
(Jost Eckert) 9

„Zur Freiheit berufen" (Gal 5,13) – Die paulinische
Ethik und das mosaische Gesetz
(Michael Theobald) 27

„Der Aufstand in der die Moral" – Aktualität und Herausforderung
von Nietzsches „Genealogie der Moral"
(Matthias Lutz-Bachmann) 55

Gibt es eine spezifisch christliche Moral?
(Hans Rotter) 71

„Gerechtigkeit, Friede und Bewahrung der Schöpfung" –
Erwägungen zum konziliaren Prozeß der Kirchen
(Dietrich Braun) 81

Ethische Probleme moderner Technologie
(Carl-Friedrich Gethmann) 152

Güterabwägung und Folgenabschätzung in der
biomedizinischen Ethik
(Ludger Honnefelder) 170

Grundlagen der Wirtschaftsethik
(Bernhard Irrgang) 187

Würde und Rechte der Frau aus der Sicht
der Katholischen Soziallehre
(Marianne Heimbach-Steins) 214

Versuch einer „Theologie der Migration" in
ethisch-praktischer Absicht
(Mariano Delgado) 248

Ethisch handeln lernen – Ansatz und Schwerpunkte
einer ethischen Erziehung im Horizont des Glaubens
(Werner Simon) 284

Vorwort

Die überlieferten Traditionen von Moral und gelebter Sittlichkeit scheinen immer weniger geeignet, einer großen Mehrheit der Bevölkerung in den durch beständige Modernisierungsprozesse bestimmten Industriegesellschaften eine Orientierung im Handeln zu bieten: Zum einen sind die Unterschiede unübersehbar, die die heutigen Lebenswelten und zeitgenössischen Biographien von denen früherer Generationen trennen. Daher ist es verständlich, daß traditionelle Handlungsmuster beständig an Plausibilität verlieren. Zum anderen sind ungeahnte Handlungsmöglichkeiten und -spielräume durch die wissenschaftlich-technischen Revolutionen dieses Jahrhunderts entstanden. Aus ihnen erwachsen aber auf allen Gebieten unseres Handelns bislang unbekannte Entscheidungsprobleme und Verantwortlichkeiten, die die traditionelle Ethik noch nicht zu berücksichtigen hatte.

Daher stehen wir in Alltag und Wissenschaft vor ethischen Herausforderungen, die nur durch neue Beiträge zu Problemen der Begründung moralischer Einsichten und ihrer Anwendung in konkreten Handlungsfeldern gelöst werden können. Dieser Aufgabe versuchen sich die hier vorgelegten Beiträge zu stellen. Sie gehen zurück auf eine Vorlesungsreihe, die 1989/90 am Seminar für Katholische Theologie der Freien Universität Berlin in Kooperation mit der seinerzeit in ihren Aktivitäten noch auf den Raum West-Berlins beschränkten Katholischen Akademie Berlin durchgeführt wurde. Die Begriffe „Freiheit und Verantwortung", so auch der Titel der Vorlesungsreihe, sollen Auskunft geben über die tragenden Prinzipien, von denen aus Antworten auf die Frage nach dem ethisch richtigen Handeln in den Krisen der Gegenwart gegeben werden sollen.

Gewidmet sei dieser Band Marcel Reding, der 1989 seinen 75. Geburtstag feiern konnte.

Matthias Lutz-Bachmann

JOST ECKERT

Die Bergpredigt Jesu als Utopie?

Als gutsituierter Hochschullehrer über die Bergpredigt zu schreiben, die Reichtum und Machtpositionen in Frage stellt und zu Lauterkeit auffordert, ist nicht unproblematisch. Doch sind wir alle als Mitglieder unserer Wohlstandsgesellschaft der Kritik der Bergpredigt ausgesetzt. Die Bergpredigt hat im Kontext politischen Umdenkens in unserem Land, aber auch bei der Suche der Christen nach ihrer Identität eine neue Aktualität gewonnen. Das sogenannte Konstantinische Zeitalter der Kirche geht dem Ende zu; die pluralistische Gesellschaft, in der die Christen nur eine Gruppe unter anderen sind, wird Wirklichkeit. Läßt sich diese Gruppe nach der Bergpredigt neu formieren? Das ist die Frage. Natürlich ist die Rede von der Gruppe der Christen angesichts der konfessionellen Grenzen und mehr noch: der Grenzen, die quer durch die Konfessionen gehen, idealistisch, aber das Bekenntnis zu Jesus Christus und zu seiner Lehre, wie sie uns vom Evangelisten Matthäus in der Bergpredigt (Mt 5–7) vorgestellt wird, sollte eben doch die Christen einen. Die Bergpredigt ist die Magna Charta für Christlichkeit und zugleich ein Stachel im Fleisch einer selbstgenügsamen Christenheit.

Die großen Worte über die Bergpredigt ließen sich häufen. Sie zählt viele Bewunderer. Auch außerhalb der Christenheit fehlt es nicht an solchen Stimmen. Häufig zitiert ist die Äußerung Mahatma Gandhis: „Die Botschaft Jesu, wie ich sie verstehe, ist in der Bergpredigt enthalten, ganz und unverfälscht." „Wenn nur die Bergpredigt und meine eigene Auslegung davon vor mir läge, würde ich nicht zögern zu sagen: ‚Ja, ich bin ein Christ'!"[1]. Die Bewunderung der Bergpredigt schließt jedoch noch nicht von selbst, das zeigt die Geschichte der Christenheit zur Genüge, das Leben nach der Bergpredigt ein.

Den Christen ist deshalb wiederholt die Bergpredigt als kritischer Gewissensspiegel vor Augen gehalten worden. In diesem Sinne bemerkte Karl Marx: „Straft nicht jeder Augenblick eures praktischen Lebens eure Theorie Lügen? Haltet ihr es für Unrecht, die Gerichte in Anspruch zu nehmen, wenn ihr übervorteilt werdet? Aber der Apostel schreibt, daß es Unrecht sei. Haltet ihr euren rechten Backen dar, wenn man euch auf den linken schlägt, oder macht ihr nicht einen Prozeß wegen Realinjurien anhängig? Aber das Evangelium verbietet es . . .

Handelt der größte Teil eurer Prozesse und der größte Teil der Zivilgesetze nicht vom Besitz? Aber es ist euch gesagt, daß eure Schätze nicht von dieser Welt sind"[2].

Das Problem der Erfüllbarkeit der Bergpredigt tritt hier zutage. Auch wenn möglicherweise das Matthäusevangelium über die Erfüllbarkeit der Weisungen dieser ersten großen Rede Jesu – Friedrich Dürrenmatt nennt sie „die Rede der Reden"[3] – recht optimistisch dachte, die Kirche tat sich von Anfang an nicht leicht mit der Bergpredigt, und die Geschichte der Christenheit wirft die Frage auf, ob die Bergpredigt mit ihren ethischen Maximalforderungen überhaupt in unsere Welt paßt[4]. Beschreibt sie nicht eine Lebensordnung, die in unserer Welt nicht vorkommt, keinen Ort hat, vielmehr – um den von Thomas Morus geprägten Begriff „Utopia" (1516) aufzunehmen[5] – auf einer entfernten, uns unbekannten Insel anzusiedeln ist oder gar – im volkstümlichen Sinn des Begriffes „Utopie" gesprochen – völlig illusionär ist? Statt die Bergpredigt zu bewundern, kann man sie auch als psychische Überforderung des Menschen kritisieren, und in der noch nicht weit zurückliegenden Debatte über Gewaltverzicht und Feindesliebe ist die Bergpredigt von den sogenannten Realpolitikern als für Staat und Gesellschaft untaugliches, ja gefährliches Programm eingestuft worden. Bekannt sind Luthers Äußerung, daß die Bergpredigt nicht aufs Rathaus gehöre, und Bismarcks kritische Frage, ob sich denn überhaupt mit der Bergpredigt die Welt regieren lasse[6]. Wer kann wo nach ihr leben?

1. Die Wiederentdeckung der Bergpredigt in der Gegenwart.

Die neue Bejahung der Bergpredigt im letzten Jahrzehnt hat hierzulande ihren besonders euphorischen Ausdruck in der vielfach aufgelegten Schrift des Fernsehjournalisten Franz Alt: „Frieden ist möglich. Die Politik der Bergpredigt" gefunden[7]. Eingangs bekennt er unter der Überschrift „Die Bergpredigt ist kein Heimatroman": „Die Bergpredigt sagt, wie Christen sein sollten, wenn sie Christen sind. Mein Interesse an der Bergpredigt ist nicht akademisch, sondern existentiell. Es gibt keine größere Macht als die einer zeitgemäßen Idee. Mir scheint unsere Zeit reif für die Idee der Bergpredigt. In Zeiten größter Gewalt muß man Ausschau halten nach der Gewaltlosigkeit"[8]. Leidenschaftlich wendet sich Alt gegen die Trennung von Religion und Politik – dieses Schisma sei schwerwiegender als Luthers Kirchenspaltung – und wirft dem

Christentum in den Industriestaaten, das „zu einer saft- und kraftlosen Mittelstandsideologie verkommen" sei[9], Verrat an der Bergpredigt vor, ja die Geschichte der Bergpredigt habe bisher nicht stattgefunden. Stattgefunden habe nur „die Geschichte der Verdrängung ihrer Forderungen". „Interessant und verständlich ist, daß bis heute versucht wird, die Bergpredigt zu entschärfen: Kirchenführer und Theologen entschuldigen sich noch immer für die Konsequenz des jungen Nazareners. Politiker erklären Jesus für politisch inkompetent"[10].

Aber trotz der mangelhaften geschichtlichen Realisierung der Bergpredigt glaubt Alt an die Möglichkeit, sie jetzt in Kernpunkten verwirklichen zu können. Die Bergpredigt gelte nicht „für eine paradiesische Endzeit", sondern für unsere Welt. „Im Jenseits wird vermutlich nicht geschossen und nicht geschlagen, es wird wohl auch keine Gerichtshöfe und keine Gefängnisse geben. Die Bergpredigt handelt vom Anfang bis zum Schluß von unserer Welt. Jesu Schlüsselworte sind ‚jetzt' und ‚neu'. Seine Lehre ist keine Vertröstungsideologie, sondern Seligpreisung der Friedensstifter, ein Angebot für eine bessere Welt. Wen die Bergpredigt gepackt hat, den durchdringt Jesu Provokation: ‚Ich bin der Weg, die Wahrheit und das Leben'. Jesus stellt auch keine unerfüllbaren Forderungen, wie so oft behauptet wird. Er ist Bruder und nicht grausamer Despot, der ein böses Spiel mit uns treiben will ... Seine Moral ist nicht weltfremd, sondern weltverändernd ... Die entscheidende Frage an Christen heißt seither: Sind sie, was sie sein *können,* sind sie, was sie sein *sollen?* Jesus fordert nicht weniger als eine Revolution unseres allgemeinen Bewußtseins, privat und öffentlich"[11]. „Wer die Bergpredigt nur privat oder nur politisch interpretieren möchte, hat das ganzheitliche Denken Jesu nicht begriffen"[12].

Alt bewegt sich bei seinem wortgewaltigen Plädoyer für die Bergpredigt weithin in der Sprache prophetischer Appelle. Manfred Hättlich, Professor für Politikwissenschaften an der Universität München, spricht in seiner Erwiderungsschrift von einer „Sprechblasenkultur", an die er sich bei den Ausführungen Alts erinnert fühlt, und äußert: „Alts Buch bringt keinen Zuwachs an Rationalität in die Diskussion ein"[13]. Zur Bergpredigt selbst bemerkt er: „Jesus bietet kein Programm für soziale Ordnungen an. Soziale Ordnungen leben vom korrespondierenden Sozialverhalten. Sie werden bewirkt durch Regeln und Verläßlichkeit. Bei den Forderungen der Bergpredigt handelt es sich gerade nicht um verläßlich zu machende Regeln. Sie sprengen stets menschliches Regelwerk. Insofern handelt es sich bei ihnen tatsächlich um eine Art spezifische Moral"[14].

Zum Problem der gespaltenen Existenz und der doppelten Moral – in der Politik fehle es bei den Christen an christlicher Ethik – meint Hättlich: „Es kann jemand eine Ware produzieren und diese, statt zu verkaufen, an Arme verschenken. Er kann dies aus seiner christlichen Grundhaltung heraus tun ... Ob er es tatsächlich ‚kann‘, hängt auch davon ab, ob sein und seiner Familie Leben anderweitig gesichert ist. Wenn er die produzierte Ware verkauft, wird dieses Verhalten dadurch nicht unchristlich, es ist aber auch nicht mehr spezifisch christlich. Er begibt sich damit in ein Netz korrespondierenden Verhaltens, das seine eigene Sachgesetzlichkeit aufweist. Eine große Wirtschaftsgesellschaft mit Millionen von Wirtschaftssubjekten läßt sich nicht auf dem Prinzip des Schenkens aufbauen. Für die Teilnahme an diesem sozialen Wirtschaftsprozeß gibt ihm sein Christsein keine unmittelbaren Orientierungen. Es setzt seinem Verhalten Grenzen. Wenn er eine Art Monopol hat und dieses mit Wucherpreisen ausnützt, handelt er unchristlich. Er handelt bereits unchristlich, wenn er seinen Kunden gegenüber eine nicht vorhandene Qualität der Ware bewußt vortäuscht"[15].

Wir stoßen hier auf den Bereich der Eigengesetzlichkeit des Politischen im weitesten Sinn des Wortes oder anders – mit Bezug auf die Bergpredigt – gefragt: Wie weit gehen und wie umfassend sind ihre Weisungen? Gibt es Lebensbereiche, die von ihr gar nicht unmittelbar in den Blick genommen sind? Was ist alles in der Bergpredigt nicht gesagt? Beschreiben ihre Gebote überhaupt eine Rechtsordnung? Bezeichnenderweise sehen ja die das soziale Zusammenleben regulierenden Vorschriften des Alten Testaments für das Volk Israel viel weltlicher und realistischer aus.

Doch ist die Frage nach der gesellschaftlichen Bedeutung der Bergpredigt mit diesen kritischen Anmerkungen nicht erledigt. Auch innerhalb der Theologie und neutestamentlichen Exegese werden die traditionellen Interpretationsmodelle, welche die Bergpredigt letztlich nur von einer elitären Gruppe für realisierbar halten – so die schon in der alten Kirche anzutreffende Zwei-Stufen-Ethik – oder nur im privaten Bereich für verbindlich halten – so vor allem die vielfältigen Deutungen im Anschluß an Luthers Zwei-Reiche-Lehre –, als unbefriedigend angesehen[16].

Einen vielbeachteten Deutungsversuch hat der katholische Neutestamentler Gerhard Lohfink in seinem Buch „Wie hat Jesus Gemeinde gewollt? Zur gesellschaftlichen Dimension des christlichen Glaubens"[17] und in dem Folgeband „Wem gilt die Bergpredigt? Beiträge zu einer christlichen Ethik"[18] vorgelegt. Inspiriert ist diese Interpretation von der Integrierten Gemeinde München, der sich Lohfink unter Aufgabe seines Tübinger Lehrstuhls jetzt ganz widmet. Denselben Weg ist der Freiburger Neutestamentler Rudolf Pesch gegangen. Gesucht wird die entschieden christliche Gemeinde, die das radikale Ethos der Bergpredigt zu leben versucht und sich als Kontrastgesellschaft versteht.

Lohfink will mit seiner Konzeption das Erbe des religiösen Individualismus überwinden, wie ihn Adolf von Harnack am Ende des 19. Jahrhunderts im Wintersemester 1899/1900 in seiner Vorlesung an der Berliner Universität unter dem Titel „Das Wesen des Christentums"[19] eindrucksvoll zum Ausdruck gebracht hat. Harnack äußerte über die Botschaft Jesu: „Das Reich Gottes kommt, indem es zu den *einzelnen* kommt, Einzug in ihre *Seele* hält, und sie es ergreifen. Das Reich Gottes ist *Gottesherrschaft,* gewiß – aber es ist die Herrschaft des heiligen Gottes in den einzelnen Herzen, *es ist Gott selbst mit seiner Kraft.* Alles Dramatische im äußeren, weltgeschichtlichen Sinn ist hier geschwunden, versunken ist auch die ganze äußerliche Zukunftshoffnung"[20]. „Die ‚bessere Gerechtigkeit' der Bergpredigt" – so beschreibt Lohfink die Position Harnacks – „ist dann doch lediglich *die rechte Gesinnung des Einzelnen* und die Kirche letztlich doch nur ein ‚Bruderbund' aller gutgesinnten Menschen in der ganzen Welt (WdChr 73), genauer: eine brüderliche Verbindung vieler Einzelner, die durch den Glauben an die Frohe Botschaft – und zwar an die Frohe Botschaft ihrer Unmittelbarkeit zu Gott, dem Vater – bereits als Einzelne erlöst sind"[21].

Demgegenüber stellt Lohfink heraus, daß sich Jesus von Nazareth gesandt wußte, das Israel der Endzeit zu sammeln, die Kranken im Volk Gottes zu heilen und dieses für das Reich Gottes zu öffnen[22]. Zu dem von Jesus proklamierten Reich Gottes gehöre nach der biblischen Tradition von der Königsherrschaft Jahwes ein Volk. Bis in seinen Tod hinein sei Jesus dieser Aufgabe, Israel für die endzeitliche Heilsherrschaft Gottes zu gewinnen, treu geblieben. Da man in Israel die Botschaft Jesu weithin nicht angenommen habe, sei dem Jüngerkreis – so insbesondere den Zwölf, die „zunächst einmal Mitarbeiter im Dienste des Reiches Gottes und . . . Mitarbeiter zur Sammlung Israels" waren –, „noch eine andere Funktion" zugewachsen: „Er bekommt nun die Aufgabe, das zeichenhaft darzustellen, was eigentlich in Gesamt-Israel hätte geschehen sollen: völlige Hingabe an das Evangelium vom Gottesreich, radikale Umkehr zu einer neuen Lebensordnung, Sammlung zu einer brüderlichen und schwesterlichen Gemeinschaft"; dies jedoch nicht in einem Zusammenschluß gegen Israel, sondern in weiterer Offenheit für Israel[23].

Wie sich Jesus nun das zu sammelnde Israel, das wahre Gottesvolk, vorgestellt habe, zeigen nach Lohfink die Bergpredigt und die anderen Weisungen Jesu, die von der neuen geschwisterlichen Familie, dem Ende autoritärer Herrschaft, dem Gewaltverzicht, eben von der neuen Lebensordnung im Reich Gottes handeln[24]. Die Bergpredigt ist danach primär nicht an die ganze Welt, auch nicht an den einzelnen, sondern an das Israel der Endzeit bzw. an die Jüngergemeinde adressiert. Diese ist berufen, durch ihr alternatives Leben, wie es in der Bergpredigt beispielhaft, nicht vollständig, auch nicht gesetzlich skizziert ist, „Salz der Erde" und „Licht der Welt" zu sein (vgl. Mt 5,13-16). Hier in dieser Gemeinde, in der sich der einzelne aufgehoben weiß, ließen sich dann auch die radikalen Weisungen leben[25]. Hier sei die neue Welt Gottes erfahrbar. Das Reich Gottes sei keine Utopie, sondern habe seinen Ort im endzeitlichen Volk Gottes. Wie im Gleichnis vom Schatz im Acker der Finder des Schatzes „in seiner Freude" hingeht, alles verkauft, um den Schatz zu erwerben (Mt 13,44), so sei auch für den vom Reich Gottes Faszinierten die Erfüllung der Weisungen Jesu letztlich leicht. Das Reich Gottes ist aber nicht im luftleeren Raum anzusiedeln, sondern in der wahren Jüngergemeinde nach dem Wort Jesu: „Das Reich Gottes ist in eurer Mitte" (Lk 17,21) erfahrbar. Es sei – so spitzt Lohfink seine Aussage in seiner Tübinger Abschiedsvorlesung noch zu – voll und ganz dort da, wo „der Mensch Gott handeln läßt, indem er seinen eigenen Plänen und Lebensentwürfen stirbt und sich allein dem Plan und dem Willen Gottes", so wie ihn Jesus verkündet und gelebt hat, „anvertraut"[26]. Der einzelne benötige allerdings für sein Denken und Tun „das Miteinander des Volkes Gottes, in dem es nicht nur brüderliche und schwesterliche correctio gibt, sondern auch die gesammelte Erfahrung der Aufklärungsgeschichte Israels, die in der Schrift maßgebend aufbewahrt ist. Der Einzelne ist als Einzelner traditionslos und damit unaufgeklärt. Er macht naiv sämtliche Fehler, die der Mensch je machte, von neuem. Deshalb kann das Tun des Reiches Gottes überhaupt nicht durch den dissoziierten Einzelnen geschehen, sondern nur durch den in die lebendige Gemeinschaft der Kirche eingebundenen Einzelnen. Das Reich Gottes braucht ein Volk"[27].

Vieles ist an dieser Konzeption beeindruckend. Genannt seien die festgehaltene Zuordnung Jesu zu Israel, die klare Profilbestimmung der

Jüngergemeinde mit ihrer Zeichenfunktion für Israel und die Welt, die Verpflichtung, zuerst selbst das Reich Gottes zu entdecken und ohne Kompromisse als Gemeinde der neuen Welt Gottes zu leben. Das wäre für sich schon ein erstaunlicher Weltdienst. In der Tat bedarf der einzelne in starkem Maße der Beheimatung in einer lebendigen Glaubensgemeinschaft, um zu erfahren und am Leben anderer ablesen zu können, wie sehr Jesu Rede vom Anbruch der Heilsherrschaft Gottes wahr ist und die Weisungen der Bergpredigt ein Leben reicher machen. Dennoch ist in der exegetischen Diskussion grundsätzlich Kritik laut geworden, vor allem gegenüber der Bestimmung der Kirche als einer Kontrastgesellschaft. Wird hier das Verhältnis von Kirche und Gesellschaft bzw. Welt nicht doch zu einfach gesehen?

2. Die Kirche als Kontrastgesellschaft?

Ohne Zweifel hat im Matthäusevangelium die Bergpredigt für das Israel der Endzeit und die Kirche programmatische Bedeutung. Es handelt sich ja um die erste große Rede Jesu (Mt 5–7). Sie ist in Kernelementen mit den Seligpreisungen am Anfang: der Zusage des Reiches Gottes an die Armen und Weinenden (5,1–12), den folgenden ethischen Maximalforderungen, die ihre Zuspitzung im Gebot der Feindesliebe haben (5,21–48), und dem abschließenden Gleichnis vom Hausbau auf den Felsen, das ermahnt, Jesu Wort als Fundament des Lebens zu wählen (7,24–27), auch im Lukasevangelium als sogenannte Feldrede (Lk 6,20–49) zu finden[28]. Matthäus[29] hat diese Rede Jesu mit weiterem Überlieferungsgut angereichert und seiner drei Kapitel umfassenden Redekomposition im Vaterunser (6,9–13) eine neue Mitte gegeben[30]. Wer in der Bergpredigt nur eine neue Sittenlehre sehen würde, hätte sie und auch Jesus nicht begriffen. Es geht ihr um das neue Verhalten aus dem Glauben an Gott und seine endzeitliche Herrschaft.

Die eschatologische Ausrichtung und Einbettung der Bergpredigt darf nicht übersehen werden, auch wenn die eschatologische Motivierung in den einzelnen Weisungen selbst in der Regel nicht angesprochen ist[31]. Diese Einordnung entspricht der Verkündigung Jesu, die im Markusevangelium in dem programmatischen Satz: „Erfüllt ist die Zeit, und nahe gekommen ist das Reich Gottes; denkt um, glaubt an die Frohbotschaft" (Mk 1,15) zusammengefaßt ist. Jesus war wie viele in Israel von der Sehnsucht nach einer ganz anderen Welt, die Gott heraufführt, erfüllt. Die Bitte um das Kommen der Gottesherrschaft, die

– mit der prophetischen Sprache des Magnifikats gesprochen – zum Sturz der Mächtigen vom Thron und zur Erhöhung der Niedrigen führt (Lk 1,52), die die Überwindung des Bösen und die Heilung der Kranken, eben die Ermöglichung eines neuen Lebens, bedeutet, ist dann auch die Zentralbitte des von Jesus den Jüngern gelehrten Herrengebetes im Zentrum der Bergpredigt (Mt 6,10; vgl. Lk 11,2).

Diese eschatologische Note tritt auch sonst in der Bergpredigt zutage, wenn es etwa in der Perikope über die Warnung vor irdischem Sorgen heißt: „Suchet zuerst das Reich Gottes und seine Gerechtigkeit; dann werden euch alle diese Dinge (die irdischen Güter) dazugegeben werden" (Mt 6,33; par Lk 5,31). Insbesondere aber ist der Eröffnungstext der Bergpredigt, die Seligpreisungen (Mt 5,3-12), von der Erwartung des Reiches Gottes beherrscht. In der Regel werden die ersten drei Seligpreisungen in der lukanischen Fassung für ursprünglicher angesehen: „Selig seid ihr Armen; denn euch gehört das Reich Gottes. Selig seid ihr, die ihr jetzt weint; denn ihr werdet lachen. Selig seid ihr, die ihr jetzt hungert; denn ihr werdet gesättigt werden" (Lk 6,20–23). In diesen sicherlich authentischen Worten Jesu wird nicht die Armut und Notsituation als solche als beseligender Zustand gepriesen, sondern es wird den Armen die Wende ihres Schicksals im Reich Gottes verheißen. Die Kehrseite dieser prophetischen Provokation wird in den lukanischen Weherufen gegenüber den Reichen, jetzt Satten und Lachenden laut (Lk 6,24f). Wie sehr dies zur provokativen Verkündigung Jesu paßt, lehrt das Herrenwort: „Es ist leichter, daß ein Kamel durch ein Nadelöhr hindurchgeht, als daß ein Reicher ins Reich Gottes kommt" (Mk 10,25). Jesus hat diese Welt mit ihren sozialen Nöten nicht sanktioniert, von seinem Gott her – Lohfink spricht mit Recht vom „kontrastiven Gottesbild" Jesu in der Bergpredigt[32] – ist der neuen Welt des Reiches Gottes Raum zu geben. In Jesu Leben und Wirken, seiner Hinwendung zu den Armen und Verteufelten, seiner selbstlosen Lebenshingabe bis zu seinem Kreuzestod, ist diese neue Welt transparent geworden. Das Reich Gottes war für ihn nicht mehr bloß eine Zukunftsgröße, es war eine gegenwärtige Wirklichkeit. Das ist ohne Zweifel das spezifisch Jesuanische.

Die Weisungen der Bergpredigt für ein neues Leben, das sich der Wahrhaftigkeit verpflichtet weiß, auf Widervergeltung verzichtet und für das die Nächstenliebe so entgrenzt ist, daß selbst der Feind darunter fällt[33], sind eschatologische Kontrastethik[34], in welcher sprachlichen Form sie auch immer gefaßt sind. In den bekannten Antithesen: „Ihr habt gehört, daß zu den Alten gesagt ist . . . Ich aber sage euch . . ."

(Mt 5,21–48) hat die matthäische Überlieferung dieses neue von Jesus, dem neuen Mose, vollmächtig verkündete Ethos eindrucksvoll und zum Teil polemisch in der Auseinandersetzung mit der Synagoge zur Darstellung gebracht, wobei es Jesus, wie heute zunehmend in der Exegese erkannt wird, nicht um die Verwerfung der Tora Israels, sondern um die Hervorkehrung ihres eigentlichen Sinns, der sich im Gebot der Gottes- und Nächstenliebe zusammenfassen läßt, und um die Korrektur eines falschen religiös-sittlichen Verhaltens ging.

Gewiß wollte Jesus Israel, das Volk Gottes, dem er sich zugehörig wußte, auf das Reich Gottes neu ausrichten, die „verlorenen Schafe des Hauses Israel" sammeln (vgl. Mt. 10,6), die Kranken heilen – so auch sein Auftrag an die Jünger (Lk 10,9; par Mt 10,7f) – und neues Leben im Vertrauen zu Gott, den er als den gütigen Vater vermittelte, erschließen, und gewiß ist die Jüngergemeinde auf das hohe Ethos der Bergpredigt verpflichtet. Nur bedarf Lohfinks Bestimmung der Jüngergemeinde als Kontrastgesellschaft weiterer Klärungen, die er zum Teil auch schon selbst eingebracht hat, um nicht in eine Engführung zu geraten und die eschatologische Perspektive der Verkündigung Jesu mit ihrer universalen Dimension zu verkürzen.

So läßt sich die Seligpreisung der Armen nicht auf die Jünger Jesu einengen. Die postulierte Größe „Jüngergemeinde Jesu" ist nach den Quellen differenziert zu sehen. Der Neutestamentler Gerd Theißen unterscheidet aus soziologischer Sicht zwischen den mit dem Charismatiker Jesus umherziehenden Jüngern, die seine Heimat-, Familien-, Besitz- und Schutzlosigkeit teilen – die alltäglichen Bindungen an die alte Welt bedeuten ihnen nichts mehr; sie sind ganz von der eschatologischen Erwartung ergriffen –, und den ortsgebundenen Sympathisantengruppen[35]. Das radikale Ethos der Bergpredigt allein soziologisch als konforme Größe für die mit dem Wandercharismatiker Jesus umherziehenden Jünger zu bestimmen, hieße allerdings zu übersehen, daß es Jesus in seinen ethischen Weisungen um die Umkehr aller Menschen in Israel und darüber hinaus ging.

Dennoch wird man zwischen den Weisungen für die mit Jesus umherziehenden Jünger und einem allgemeinen Jüngerethos zu unterscheiden haben, wobei das radikale Nachfolgeethos – mit Helmut Merklein gesprochen – „kein Sonderethos, sondern nur ein konkreter Spezialfall des ‚allgemeinen Ethos'" ist[36]. Auch Paul Hoffmann hat gegenüber Lohfink betont, „daß jener weitere Adressatenkreis der Botschaft Jesu nach wie vor in seinem Lebensbereich bleibt und in ihm

– nicht aber in einer prae-ekklesialen Gemeinschaft – die Weisungen realisieren soll". Gegen die Bestimmung der Bergpredigt als „Gemeinde-Ethos" sei „festzuhalten, daß Jesus von seinen Zuhörern in Galiläa ein der Basileia gemäßes Verhalten fordert, ohne sie in eine Sondergemeinde hineinzurufen. Sie sollen seine Botschaft nicht unter soziologischen Sonderbedingungen praktizieren, sondern in ihrer realen Lebenssituation, in der sie sich als einzelne wie als Volk befinden. Der Kontext der Auslegung des jesuanischen Ethos ist also nicht die (zukünftige) Gemeinde, die zudem ohne gesellschaftliche Interdependenz nicht denkbar ist, sondern jener offene gesellschaftliche Lebensbereich der Menschen in Palästina; die Welt, der sich Gott in seiner Herrschaft zuwendet"[37].

Die Verkündigung der Gottesherrschaft mit dem ihr korrespondierenden Ethos hat zwar ihren Ort in Israel – und Jesu Jünger erweisen sich dafür offen –, geht aber über Israel hinaus. Matthäus hat diesen Aspekt richtig erfaßt, wenn er die Bergpredigt an die Volksmenge und insbesondere die Jünger adressiert (Mt 5,1; 7,28), am Schluß seines Evangeliums den Auferstandenen dann aber den Auftrag erteilen läßt, alle Völker auch durch die Vermittlung der Lehre Jesu – der Rückbezug auf die Bergpredigt ist deutlich – zu Jüngern zu machen (Mt 28,20), wobei allerdings – das sei zugegeben – der Faktor Kirche nicht ausgeschlossen ist: sie hat vielmehr die die Menschen verschiedenster Herkunft versammelnde Gemeinde zu sein. Ihr hat der erhöhte Herr seine bleibende Gegenwart zugesagt (Mt 28,20; vgl. 18,20). Jedoch führt Christus nach Matthäus das neue Leben seiner Jünger nicht in eine enge Kirchlichkeit, sondern, wie die bekannte Gleichnisrede vom Weltgericht lehrt (Mt 25,31–45), ist das wahre Bekenntnis zum Menschensohn überall dort gegeben, wo den Geringsten seiner Brüder und Schwestern gedient wird. Das Herr-Herr-Sagen reicht ja auch nach der Bergpredigt für den Eintritt ins Reich Gottes nicht aus (vgl. Mt 7,21–23).

Die Weisungen der Bergpredigt sind nicht bloß für den innerkirchlichen Binnenraum bestimmt, um sich als reine Gemeinde zu bewahren – dies wäre eine vom Evangelium nicht legitimierte Sektenmentalität –, sondern verpflichten jeden Jünger Jesu in seinem Verhalten innerhalb des Gottesvolkes bzw. der Gemeinde und in der Gesellschaft[38].

3. Die Verantwortung des einzelnen Jüngers in der Gemeinde und in der Gesellschaft

Es ist der kaum zu bestreitende Verdienst von G. Lohfink, die hohe theologische Relevanz der Jüngergemeinde in der neueren neutestamentlichen Exegese aufgewiesen zu haben. Gerade heute in der neuen kirchengeschichtlichen Situation einer pluralistischen Gesellschaft spüren wir, wie sehr der einzelne auf die Gemeinde als Glaubens- und Weggemeinschaft verwiesen ist. Man braucht da gar nicht, obwohl dies sehr nützlich ist, den Blick auf die christlichen Basisgemeinden in Lateinamerika und anderswo zu lenken. Das Neue Testament bietet vielfältige Gemeindetheologien, und selbst für das so christozentrische Johannesevangelium steht ein kirchenloses Christentum nicht auf dem Programm. Die Teilnahme des einzelnen an den Glaubenserfahrungen anderer, die sich im Namen Jesu versammeln und vom Geist Gottes erfüllt sind, ist zur Erkenntnis der Wahrheit des Evangeliums, daß es eine Lebensmacht ist, unverzichtbar. Für den Glauben an den Anbruch des Reiches Gottes als Voraussetzung der Befolgung der anspruchsvollen ethischen Weisungen Jesu ist die Verankerung in einer lebendigen christlichen Gemeinde in der Regel nicht ersetzbar.

Es dürfte wohl auch außer Frage stehen, daß Matthäus mit der Bergpredigt die Jüngergemeinde, die berufen ist, „das Salz der Erde" und „das Licht der Welt" zu sein (Mt 5,13-16), formen will. So ist denn auch das Vaterunser in der Mitte der Bergpredigt ein Jüngergebet im Wir-Stil (Mt 6,9-13). Diese und andere gemeinderelevanten Momente seien nicht bestritten.

Dennoch hat Jesus – und hier haben A. von Harnack und andere bleibend Gültiges aufgewiesen – die Würde und Eigenständigkeit des einzelnen in Israel in erstaunlicher und zum Teil die religiösen Autoritäten und die Gesellschaft provozierender Weise herausgestellt. Bei der Heilung der Kranken im Gottesvolk geht es nicht bloß um die Heilung der Gesellschaft, sondern – sicherlich hängt beides zusammen – in erster Linie um die Heilung des einzelnen. Der einzelne geht nicht in einem Kollektiv, mag es auch ein heiliges sein, auf. Die gesellschaftlich Benachteiligten – Frauen und Kinder eingeschlossen – erhalten bei Jesus eine neue, ihre Würde wiederherstellende Aufmerksamkeit. Religiöse und gesellschaftliche Maßstäbe werden dabei durchbrochen.

Wie sehr der einzelne als Subjekt in seiner Verantwortlichkeit gewürdigt wird, zeigt das als Meilenstein in der Religionsgeschichte bezeichnete Herrenwort: „Nichts kommt von außen in den Menschen hinein, das ihn verunreinigen kann, sondern was aus dem Menschen herauskommt, das ist es, was den Menschen verunreinigt" (Mk 7,15). Über die Kultfähigkeit und die Stellung des Menschen vor Gott und im Gottesvolk ist nicht die Einhaltung kultischer Reinheitsvorschriften entscheidend, sondern allein die Lauterkeit der Gesinnung. Der einzelne ist in seiner Personmitte angesprochen, wie die dem Herrenwort folgende Jüngerbelehrung zum Ausdruck bringt: „Denn von innen, aus dem Herzen der Menschen kommen die bösen Gedanken, Unzucht, Diebstahl, Mord, Ehebruch, Habsucht, Bosheit, List, Ausschweifung, neidischer Blick, Lästerung, Hochmut, Unvernunft. All dieses Böse kommt von innen heraus und verunreinigt den Menschen" (Mk 7,21–23, par Mt 15,19). Dieser markinische Text liest sich wie ein Kommentar zu den sittlichen Weisungen der Bergpredigt.

In diesem Sinn fordert denn auch die Bergpredigt den einzelnen in seiner personalen Verantwortung heraus. Die mitmenschlichen Beziehungen sind radikal personalisiert. Jesus mutet jedem das neue Leben, wie es dem Reich Gottes entspricht, zu, wobei er durchaus um die Schwierigkeiten und Widerstände bei seiner Menschenkenntnis wußte. Albert Schweitzer hat in diesem Sinne einmal von der „grandiose(n) Paradoxie der Lehre Jesu" gesprochen: „enthusiastische, also scheinbar auf optimistische Weltanschauung eingestellte Ethik in pessimistischer Weltanschauung"[39]. Inwieweit Jesus die, was das Schicksal der alten Welt angeht, pessimistische Weltanschauung der Apokalyptik teilt, bedürfte weiterer Erörterung, aber er dachte positiv von den Möglichkeiten des Menschen, sofern dieser sich hier und heute der neuen Welt Gottes öffnet. Je mehr er an diese Welt glaubt, desto mehr wachsen ihm ihre Kräfte zu. Der Glaube kann nach Jesus Berge versetzen (Mt 17,20; 21,21). Der Kleinglaube der Jünger wird besonders im Matthäusevangelium getadelt (Mt 6,30, par 8,26; 14,31; 16,8). Die Erfahrung der Heilsherrschaft Gottes geht dabei dem ethischen Imperativ voraus (vgl. bes. Mt 4,23–25[40]).

Der Aufwertung des einzelnen im Gottesvolk und der Beobachtung, daß Jesus dem Reich-Gottes-Gläubigen offensichtlich viel an neuem Leben zutraut, entspricht dann auch, daß die Weisungen der Bergpredigt von ihrem jesuanischen Ursprung her nicht Gesetze für Unmündige sind, sondern beispielhaft aufzeigen, wie derjenige, der mit Jesus den auf das Wohl eines jeden Menschen gerichteten Willen Gottes neu entdeckt hat, handelt. Jesu Weisungen sind nicht sich auf ein ethisches Minimum beschränkende Gesetze. Sie durchbrechen gerade gesetzliches Denken, hinter dem sich die Forderung nach mehr Menschlichkeit verschanzen kann. Die provokativ-schroffen Weisungen gleichen Appellen, die den Menschen hellhörig und hellsichtig machen wollen, damit er in seiner jeweiligen Situation in Eigenständigkeit und mit Phantasie Reich-Gottes-gemäß handelt. Mit Helmut Merklein gesprochen: die Gottesherrschaft ist das „Handlungsprinzip"[41].

Eine solche in der Exegese weit verbreitete Sicht nimmt den Weisungen der Bergpredigt nichts von ihrer Verbindlichkeit, verfällt auch nicht in eine reine Gesinnungs- und Situationsethik, sondern will gerade die Intention und den Impuls der jeweiligen Weisung erhalten, was bei einem verbalistischen und legalistischen Verständnis leicht verloren geht.

Es soll jedoch nicht verschwiegen werden, daß schon in der ältesten christlichen Überlieferung, wie die sogenannte Unzuchtsklausel des Matthäusevangeliums anzeigt (Mt 5,32; 19,9), ein gesetzliches Verständnis anzutreffen ist, wobei allerdings diese Klausel auch die erstaunliche Freiheit der Kirche des Matthäus anzeigt, das Jesuswort der eigenen gesellschaftlichen und religiösen Situation anzupassen[42].

Der einzelne wie auch die christliche Gemeinde können sich jedoch bei der Verpflichtung auf ein alternatives Ethos, sofern sie sich nicht aus der Gesellschaft und ihrer Welt ins Getto zurückziehen wollen, nicht so bewahren, daß keine Konflikte und kein Streit über die sachgemäße Konkretisierung der Weisungen Jesu entstehen[43]. Auch wenn man die Bergpredigt als Lebensordnung des neuen, endzeitlichen Gottesvolkes versteht, bleibt nun doch der Unterschied zwischen einer vom Glauben an das anbrechende Reich Gottes bestimmten eschatologischen Ethik und der „das ganze soziale Zusammenleben regulierende(n) und schützende(n) ‚Rechtsordnung'" vom Sinai, die die „Einheit von Volk und Religion" und in diesem Sinn eine geschlossene Gesellschaft voraussetzt, zu betonen[44]. Die Gewissenskonflikte derer, die sich der Bergpredigt verpflichtet fühlen und dabei zugleich Verantwortung in einer nichtchristlichen Gesellschaft bzw. in der Gesellschaft des alten Äons übernehmen, lassen sich so wenig beheben, wie sich der Schmutz an den Händen derer leugnen läßt, die sich aufgrund ihrer Arbeit keine reinen Hände bewahrt haben. Sicherlich genügt Jesus die alttestamentliche Rechtsordnung nicht; sie entspricht noch nicht voll dem Willen Gottes, aber derselbe Jesus fordert im Gleichnis von den Talenten auch den einzelnen auf, nicht aus Angst vor dem Leben und dem Herrn sein

Talent zu vergraben, sondern das Risiko einzugehen, in Freiheit zu handeln (Mt 25,14–30; par Lk 19,11–27). Dazu gehört prinzipiell auch die Weltverantwortung des Christen, seine Beteiligung an der politischen Gestaltung in Staat und Gesellschaft.

4. Zusammenfassung und Ausblick

Joachim Gnilka hat in seinem Aufsatz „Apokalyptik und Ethik. Die Kategorie der Zukunft als Anweisung für sittliches Handeln"[45] eingangs die konträren Positionen von Ernst Bloch und Hans Jonas zur Utopie aufgegriffen. Während Blochs Denken dem „Prinzip Hoffnung" gelte und er bei der Unterscheidung zwischen Nacht- und Tagträumen, Angst- und Hoffnungsträumen den Tagträumen und den konkreten Utopien, mit denen der Mensch seine Zukunft schafft, das Wort redet[46], hat Jonas in seinem 1984 erschienenen Buch „Das Prinzip Verantwortung" die Gefahr des Utopischen herausgestellt. Angesichts der „rasant voranschreitende(n) technische(n) Entwicklung, die aus der Kontrolle des Menschen" zu geraten droht, der Gefährdung durch den Ausbau der Atomenergie, kurz: „angesichts der schrankenlos gewordenen Möglichkeiten des Menschen" bestünde „die erste Pflicht darin, die Fernwirkungen der Entwicklungen sich vorzustellen und in das Planen einzubeziehen. Die Abwehr des möglichen größten Übels habe Vorrang vor der Herbeiführung des größten Gutes ... Die Macht des Menschen wird zur Wurzel seiner Verantwortung. Statt des Enthusiasmus für die Utopie müsse ein Enthusiasmus für die Bescheidung erzeugt werden"[47].

Mit Blick auf die christliche Position, so wie sie uns von der Bergpredigt Jesu, dem Matthäusevangelium und darüber hinaus im Neuen Testament vorgestellt wird, wird man mit Gnilka feststellen müssen[48], daß sich das Prinzip Verantwortung nicht gegen das Prinzip Hoffnung ausspielen läßt, wie umgekehrt das Prinzip Hoffnung, das im Christentum allerdings im Glauben an Gott, den Herrn der Zukunft, unsere Raumzeitlichkeit überschreitet, nicht der Verantwortung entbehrt. Wie das große Gerichtsgemälde in Mt 25 zeigt, beinhaltet im Unterschied zur zeitgenössischen Apokalyptik die christliche eschatologische Erwartung, die Erwartung des Reiches Gottes, das ja das Diesseits mitumschließt, nicht die Abkehr von der Welt, sondern die intensive

Zuwendung zur Welt, insbesondere in der Zuwendung zu den geringsten der Brüder und Schwestern des Menschensohnes.

Abschließend sei noch einmal die Frage gestellt: Ist die Bergpredigt eine Utopie? Das Scheitern der Utopie des (ehemals[49]) real existierenden Sozialismus wird die Skepsis gegenüber Utopien – die vielfältigen Staatsutopien eingeschlossen – verstärken. Die Hoffnung auf eine bessere, menschlichere Welt darf dennoch nicht begraben werden. Jedoch ist vom jüdisch-christlichen Glauben her der eschatologische Vorbehalt gegenüber solchen Programmen für eine neue Welt anzumelden, die geneigt sind, Vorletztes für Letztes auszugeben und aufgrund dieses totalitären Zuges die Freiheit des einzelnen zu opfern. Der Mensch besitzt nicht das Rezept für die Lösung all unserer Probleme und die Heilung unserer Welt. Er muß seine Zukunftsentwürfe und sich selbst immer wieder in Frage stellen. So steht bei der Lebens- und Weltgestaltung vom Glauben an das Reich Gottes her Gewaltanwendung nicht auf dem Programm Jesu. Matthäus bringt diese Grundüberzeugung der ältesten Christenheit in der Seligpreisung zum Ausdruck: „Selig die Gewaltlosen, denn sie werden das Land besitzen" (Mt 5,5). Der militanten Befreiungstheologie der Zeloten hat sich Jesus nicht angeschlossen. Sie führte schließlich in den Untergang Jerusalems.

Jesu in der Bergpredigt skizzierte Reich-Gottes-Ethik ist von unseren gutgemeinten und im wahrsten Sinn des Wortes notwendigen Programmen für eine neue Welt nicht voll einholbar, da das Reich Gottes mehr ist als eine innerweltliche Erscheinungsform; sie verpflichtet uns aber, jeden einzelnen und auch die Kirchen bis in ihre Strukturen hinein. Auch wenn für diejenigen, die sich von Christus inspirieren lassen, mehr neues Leben möglich ist, als wir es uns in unserem Kleinglauben zugestehen, und auch wenn wir uns nicht fatalistisch mit einer angeblich unveränderbaren Welt abfinden, so ist doch das Reich Gottes in der Jüngergemeinde nur anfanghaft da[50]; die Unvollkommenheit dieser Welt und ihre Leiden bleiben bis zum Ende dieses Äons bestehen. Das nicht an Jesus den Messias glaubende Judentum hält die Erlösungsfrage besonders intensiv wach. Aufgrund dieser unserer Weltsituation dürfen wir nicht bloß von den großen Zielen träumen, ja wer nur diesen Träumen anhängt, wird daran zerbrechen, wir müssen auch den Mut und die Demut zu den kleinen Schritten auf das Reich Gottes hin aufbringen. Unser Aktionsfeld sind nicht aus der Welt ausgegrenzte Enklaven himmlischer Seligkeit, sondern der Herr hat seine Jünger als seine Zeugen zu allen Völkern gesandt (vgl. Mt 28,19 f; Apg 1,8).

Die eschatologisch ausgerichtete Bergpredigt bleibt ein Stachel in unserem Fleisch. Dazu gehört auch die streitige Auseinandersetzung über die Verwirklichung ihrer radikalen Weisungen.

Anmerkungen

(1) Vgl. W. Sternstein, Gandhis Vergegenwärtigung der Bergpredigt, in: Sie werden lachen – die Bibel. Überraschungen mit dem Buch. Hrsg. von H. J. Schulz, Stuttgart-Berlin 1975, 155–166, 155, 161.
(2) Zitat nach G. Bornkamm, Zur Geschichte der Auslegung der Bergpredigt, in: Jesus von Nazareth, Stuttgart 1956, 202–206, 203.
(3) F. Dürrenmatt, Zusammenhänge, Diogenes 1980, 15f., vgl. H. Weder, Die „Rede der Reden". Eine Auslegung der Bergpredigt heute, Zürich 1985, 11f.
(4) Zur Auslegungs- und Wirkungsgeschichte der Bergpredigt vgl. jeweils mit weiterführender Literatur: G. Barth, Art. Bergpredigt, I. NT: TRE V (1979) 603–618, 611ff; U. Luz, Das Evangelium nach Matthäus, 1. Teilband (EKK I/1), Zürich, Einsiedeln, Köln und Neukirchen-Vluyn 1985, 191–197; J. Gnilka, Das Matthäusevangelium, I. Teil (HThK I/1), Freiburg-Basel-Wien 1986, 285–295; R. Schnackenburg, Die sittliche Botschaft des Neuen Testaments, Bd. I: Von Jesus zur Urkirche (HThK, Supplementband I), Freiburg-Basel-Wien 1986, 108–124.
(5) Vgl. die leicht zugängliche Ausgabe Th. Morus, Utopia, übers. von G. Ritter, Nachwort von E. Jäckel, (Reclam, Universal-Bibliothek 513), Stuttgart 1983; s. ferner G. Friedrich, Utopia und Reich Gottes. Zur Motivation politischen Verhaltens (Kleine Vandenhoeck-Reihe 1403). Göttingen o. J.
(6) Vgl. H. Thielicke, Die Wandlung des Bergpredigtverständnisses im Lichte der Gewissenserfahrung, in: Theologische Ethik, I. Band, Tübingen 3. Aufl. 1965, 559–610, 581 (s. bes. „Die Beschränkung der Bergpredigt auf das persönliche Leben. Kritische Fragen an Luthers Lehre von den beiden Reichen" [589–610]).
(7) F. Alt, Frieden ist möglich. Die Politik der Bergpredigt (Serie Piper 284), München-Zürich 1983.
(8) A.a.O. 9.
(9) A.a.O. 9.
(10) A.a.O. 23.
(11) A.a.O. 25.
(12) A.a.O. 29.
(13) M. Hättlich, Weltfrieden durch Friedfertigkeit? Eine Antwort an Franz Alt, München 1983, 9.
(14) A.a.O. 21.
(15) A.a.O. 24f.
(16) Vgl. die Anm. 4 angegebene Literatur.
(17) G. Lohfink, Wie hat Jesus Gemeinde gewollt? Zur gesellschaftlichen Dimension des christlichen Glaubens, Freiburg-Basel-Wien 1982.
(18) G. Lohfink, Wem gilt die Bergpredigt? Beiträge zu einer christlichen Ethik, Freiburg-Basel-Wien 1988.
(19) A. von Harnack, Das Wesen des Christentums. Mit einem Geleitwort von R. Bultmann (1950), Gütersloh 1977.
(20) A.a.O. 43.
(21) Lohfink, Gemeinde 13.

(22) Vgl. „Jesus und Israel", in: Lohfink, Gemeinde 17–41.

(23) A.a.O. 45.

(24) Vgl. „Jesus und seine Jünger", in: Lohfink, Gemeinde 42–88.

(25) Vgl. Lohfink, Bergpredigt 57: „Wenn ich in einer solchen Gemeinde von Brüdern und Schwestern lebe, kann ich mich schlagen lassen, denn ich werde dadurch meine Ehre nicht verlieren. Wenn ich in einer solchen neuen Familie lebe, kann ich meinen Mantel hergeben, denn dann gibt mir einer, der zwei Mäntel hat, seinen überflüssigen Mantel. Wenn ich in einem solchen Volk Gottes lebe, brauche ich nicht mehr ständig um mein Recht und um die mir gebührende Anerkennung besorgt zu sein, weil meine Situation dann nicht mehr durch das übliche Feld der Rivalitäten bestimmt ist."

(26) G. Lohfink, Die Not der Exegese mit der Reich-Gottes-Verkündigung Jesu, in: ThQ 168 (1988), 1–15, 12.

(27) A.a.O. 13.

(28) Auch die Ermahnung, gute Frucht und nicht leeres Lippenbekenntnis zu bringen, ist beiden Evangelien hier gemeinsam, wobei dieser Text allerdings in Mt 7,16-21 Aufforderung ist, sich vor den falschen Propheten zu hüten (anders Lk 6,43–46).

(29) Inwieweit dieser uns sonst unbekannte christliche Schriftgelehrte von einer Gemeinde oder einem Schüler- bzw. Gesprächskreis beeinflußt war, läßt sich schwer genauer bestimmen.

(30) Vgl. zur Exegese im einzelnen die neueren Kommentare von Luz, Das Evangelium nach Matthäus I; Gnilka, Das Matthäusevangelium I; A. Sand, Das Evangelium nach Matthäus (RNT), Regensburg 1986.

(31) Vgl. hierzu D. Zeller, Die weisheitlichen Mahnsprüche bei den Synoptikern (Forschung zur Bibel 17), Würzburg 1977; H. Merklein, Die Gottesherrschaft als Handlungsprinzip. Untersuchung zur Ethik Jesu (Forschung zur Bibel 34), Würzburg 1978.

(32) Vgl. Lohfink, Bergpredigt 132-138.

(33) A. Schweitzer verstand „die Ethik als Ehrfurcht vor dem Leben", als „die ins Universelle erweiterte Ethik der Liebe. Sie ist die als denknotwendig erkannte Ethik Jesu" (Aus meinem Leben und Denken, in: Gesammelte Werke in fünf Bänden, Band 1, München 1974, 19–253, 241.

(34) Vgl. Lohfink, Kontrastive Forderungen in der Bergpredigt, in: Bergpredigt 119–132.

(35) G. Theißen, Soziologie der Jesusbewegung. Ein Beitrag zur Entstehungsgeschichte des Urchristentums (Theologische Existenz heute 194), München 1977.

(36) H. Merklein, Jesu Botschaft von der Gottesherrschaft. Eine Skizze (SBS 111), Stuttgart 1983, 3. überarbeitete Aufl. 1989, 130.

(37) P. Hoffmann, Tradition und Situation. Zur „Verbindlichkeit" des Gebotes der Feindesliebe in der synoptischen Überlieferung und in der gegenwärtigen Friedensdiskussion, in: Ethik im Neuen Testament, hrsg. von K. Kertelge, (QD 102), Freiburg-Basel-Wien 50–118, 104f.

Ähnlich kritisiert Klaus-Stefan Krieger (Das Publikum der Bergpredigt [Mt 4,23–25]. Ein Beitrag zu der Frage: Wem gilt die Bergpredigt?, in: Kairos 28 (1986), 98–115), daß Lohfink mit seiner Idee der Kirche als „Alternativgesellschaft" die Einbindung der Jünger Jesu in ihre Gesellschaft und die Komplexität sozialer Prozesse nicht genügend beachtet und „die mühselige Arbeit, Jesu Weisungen für den jeweiligen soziokulturellen Kontext zu erschließen", umgeht (115). „Eine Gemeinschaft, die versuchen will, die ‚Bergpredigt' in ihrem Zusammenleben zu verwirklichen, kann dies auf Dauer nur tun, wenn sich die Rahmenbedingungen so gestalten, daß sie ein solches Unterfangen nicht von vornherein abwürgen. Das erfordert aber den gleichzeitigen Versuch, die Weisungen Jesu auch in der Gesamtgesellschaft zum Tragen zu bringen" (114f).

(38) Vgl. J. Eckert, Wesen und Funktion der Radikalismen in der Botschaft Jesu, in: MThZ 24 (1973), 301-325.

25

(39) A. Schweitzer, Kultur und Ethik, in: Gesammelte Werke in fünf Bänden, Bd. 2, München 1974, 95–420, 187. Dieses Werk ist in vieler Hinsicht der Bergpredigt verpflichtet.

(40) Vgl. Lohfink, Bergpredigt 29–31 („Das ‚Zuvor' des Heils").

(41) Vgl. Anm. 31.

(42) Vgl. hierzu die in Anm. 30 genannten Kommentare.

(43) Vgl. Schweitzer, Kultur und Ethik 388: „Nie dürfen wir abgestumpft werden. In der Wahrheit sind wir, wenn wir die Konflikte immer tiefer erleben. Das gute Gewissen ist eine Erfindung des Teufels."

(44) Vgl. M. Hengel, Zur matthäischen Bergpredigt und ihrem jüdischen Hintergrund, in: ThR 52 (1967), 327–400, ebd. 379.

(45) J. Gnilka, Apokalyptik und Ethik. Die Kategorie der Zukunft als Anweisung für sittliches Handeln, in: Neues Testament und Ethik. Für R. Schnackenburg, hrsg. von H. Merklein, Freiburg, Basel, Wien 1989, 464–481.

(46) Vgl. E. Bloch, Das Prinzip Hoffnung (Suhrkamp TBW 554), Frankfurt 1985, 1622.

(47) Die Zitate sind referierende Wiedergabe von Gnilka, Apokalyptik und Ethik, 467f.

(48) Vgl. Gnilka, a.a.O. 479–481.

(49) Der Vortrag wurde am 23. Oktober 1989 vor dem Zusammenbruch des SED-Regimes gehalten.

(50) Vgl. J. Eckert, „Dein Reich komme!" Zum problematischen Verhältnis „Kirche und Gesellschaft" in den Schriften des Neuen Testaments, in: Bibel und Kirche 43 (1988), 147–153.

MICHAEL THEOBALD

„Zur Freiheit berufen" (Gal 5,13)

Die paulinische Ethik und das mosaische Gesetz

1. Die Frage nach der paulinischen Ethik

Kein Theologe des Neuen Testaments hat so engagiert, so konsequent und auch so wirklichkeitsbezogen von Gottes Gnade gesprochen und ihr auch entsprechend Raum gegeben in seinen missionarischen Entscheidungen für eine offene, vom Geist Gottes geführte Kirche wie gerade Paulus. Er vermochte dies, weil er sie in der eigenen Biographie als die entscheidende Dimension seines Lebens selbst erfahren hat: „Ich bin der geringste der Apostel; ich bin nicht wert, Apostel zu heißen, weil ich die Gemeinde Gottes verfolgt habe. *Doch durch Gottes Gnade bin ich, was ich bin,* und *seine Gnade,* die er mir zugewandt hat, *ist nicht unwirksam geblieben.* Mehr als sie alle habe ich mich gemüht – nicht ich, sondern die *Gnade Gottes,* die mit mir ist" (1 Kor 15,9–10).

So gewiß Paulus in die Geschichte der Kirche als der Apostel der reinen Gnade Eingang gefunden hat – auch dank der Großen wie Augustin, M. Luther und K. Barth –, so zweifelhaft erschien es doch vielen im Laufe seiner bewegten Wirkungsgeschichte, von ihren Anfängen an bis ins 20. Jahrhundert hinein, ob er, der das moralische Elend der Menschen, Juden wie Heiden, so unbestechlich und illusionslos in seiner ganzen Tiefe diagnostiziert hat (Röm 1,18–3,20; 7,7–24), denn auch als überzeugter Streiter für ein christliches Ethos in Anspruch genommen werden dürfe, das die Wirklichkeit des Sünders im Guten zu gestalten vermöchte. Den Abstand zwischen Jesus und Paulus beschrieb man in der Neuzeit eben auch als einen solchen zwischen dem Ethiker der Bergpredigt und dem Metaphysiker der Gnade[1]. A. Schlatter notierte 1924 in seinem autobiographischen Bändchen „Erlebtes": „Mein Vorgänger in der Auslegung des Neuen Testaments in Bern hatte es für unglaublich erklärt, daß Paulus, der Mann des Glaubens, die Worte über die Liebe geschrieben habe, die wir in 1 Kor 13 finden, und fünfzig Jahre später stieß ich im Gespräch mit Tübinger Kollegen auf denselben Gedankengang . . ."[2]. Und in seiner 1952 posthum herausgegebenen Selbstbiographie „Rückblick . . ." bekannte er: „Vor der Kirche" stand ich „deshalb als zur Buße rufender Mahner, weil ich ihre Ethik unzulänglich hieß, und verlangte, daß sie nicht einzig auf Luther höre, weil er sie über ihr Werk nur ungenügend unterwiesen habe."[3].

In derselben theologischen Großwetterlage, in der diese Sätze geschrieben wurden, prägte auch D. Bonhoeffer, Verfasser einer „Ethik"[4], in seinem kostbaren Büchlein über die „Nachfolge" in der Abwehr eines zum Prinzip erhobenen Paulinismus seine berühmten Sätze von der „billigen Gnade" als Schleuderware, in denen er M. Luther freilich ausdrücklich in Schutz nahm: „Man kann die Tat Luthers nicht verhängnisvoller mißverstehen als mit der Meinung, Luther habe mit der Entdeckung des Evangeliums der reinen Gnade einen Dispens für den Gehorsam gegen das Gebot Jesu in der Welt proklamiert; die reformatorische Entdeckung sei die Heiligsprechung, die Rechtfertigung der Welt durch die vergebende Gnade gewesen"[5]. Verantwortlich für die Pervertierung seiner reformatorischen Entdeckung seien vielmehr seine Nachfolger gewesen, Vertreter der protestantischen Orthodoxie, oder in einer sachbezogenen Diagnose: „Der wachsame religiöse Instinkt des Menschen für den Ort, an dem die Gnade am billigsten zu haben ist"[6]. Denn dies ist nach Bonhoeffer die Wurzel allen Übels: die Umwandlung der biblischen, wirklichkeitsgefüllten Rede von der Gnade Gottes, die z. B. Paulus erst aufgrund seiner apostolischen Mühen in der Nachfolge Christi über die Lippen kam (vgl. das Zitat zum Eingang, 1 Kor 15,9f), in ein Prinzip der Kalkulation: „Ist aber Gnade prinzipielle Voraussetzung meines christlichen Lebens, so habe ich damit im voraus die Rechtfertigung meiner Sünden, die ich im Leben in der Welt tue. Ich kann nun auf diese Gnade hin sündigen, die Welt ist ja im Prinzip durch Gnade gerechtfertigt. Ich bleibe daher in meiner bürgerlich-weltlichen Existenz wie bisher, es bleibt alles beim alten, und ich darf sicher sein, daß mich die Gnade Gottes bedeckt. Die ganze Welt ist unter dieser Gnade ,christlich' geworden, das Christentum aber ist unter dieser Gnade in nie dagewesener Weise zur Welt geworden"[7]. Zu Recht stellt Bonhoeffer deshalb die Frage: „Ist der Preis, den wir heute mit dem Zusammenbruch der organisierten Kirchen zu zahlen haben, etwas anderes als eine notwendige Folge der zu billig erworbenen Gnade? Man gab die Verkündigung und die Sakramente billig, . . . man spendete Gnadenströme ohne Ende, aber der Ruf in die strenge Nachfolge Christi wurde seltener gehört. . . . Die billige Gnade war unserer evangelischen Kirche sehr unbarmherzig"[8]. Zur nicht ausformulierten Textur dieser 1937 niedergeschriebenen Sätze eines Mitglieds der Bekennenden Kirche gehören natürlich die leidvollen

Erfahrungen mit einer Großkirche, die dem Ansturm des Nationalsozialismus nichts bzw. kaum etwas entgegenzusetzen hatte, die sich und andere allzu schnell salvierte durch pseudotheologische Legitimationsmechanismen und zuletzt dafür büßen mußte, daß für sie, mit den Worten E. Troeltschs gesagt, „das ganze christliche Ethos in der Abwehr der guten Werke und in der richtigen Bestimmung der die sittlichen Kräfte mitteilenden Gnade" bestanden hatte, „nach der Seite des Inhalts aber in eine völlige Bestimmungslosigkeit" verfallen war[9].

Mag die heutige Situation sich vom Kontext Bonhoeffers in mannigfacher Hinsicht unterscheiden, mögen manche seiner im Gefängnis gereiften Zeitdiagnosen, wie etwa die von der Heraufkunft einer religionslosen Epoche, bisher nicht so eingelöst worden sein, die von ihm geäußerte Kritik an einem übersteigerten und zum Prinzip erhobenen Paulinismus hat aber nichts an seiner Gültigkeit verloren, ja besitzt heute angesichts des uns im Übermaß entgegentretenden Elends der Menschheit vielleicht ein noch größeres Recht. Die Versuchung der Christen in der westlichen Welt, angesichts der zu Abstumpfung, Ohnmacht und Lähmung führenden Nachrichten und Bilder des Elends sich u. a. auch *durch die alles zudeckende Gnade Gottes* salviert zu sehen, ist jedenfalls beträchtlich. „Man kann sich nur darüber wundern", so W. Schrage in der Einleitung zu seiner „Ethik des Neuen Testaments", „wie wir weißen Angehörigen der sogenannten Religion der Liebe stillschweigend den ungeheuerlichen Lieblosigkeiten zusehen, mit denen die Hungernden und Gequälten dieser Erde ausgebeutet werden, durch die wir zwar selbst profitieren und Milliarden in Rüstungen stecken können, aber andere in Verelendung treiben. Unser Hauptproblem scheint mir denn auch nicht, ob man der deduktiven oder induktiven Normfindung den Vorrang einräumt, sondern ob wir den ,Schrei der Armen' hören"[10].

Nun wird man einwenden, was denn dies alles mit Paulus selbst zu tun habe, ob denn jener Vulgär- oder pervertierte Paulinismus, den A. Schlatter und D. Bonhoeffer (beide übrigens Freunde des Jakobusbriefes) im Visier hatten, nicht lediglich Zerrbilder des authentischen Paulus seien. Das ist ohne Zweifel richtig, doch bleibt zu fragen, wie es denn kommt, daß nicht nur beachtliche Teile der Paulusforschung des 19. und 20. Jahrhunderts der Ernsthaftigkeit des Paulus in ethischer Hinsicht mißtrauten, sondern auch, wie gleich im zweiten Abschnitt („Der umstrittene Paulus") zu zeigen sein wird, schon in der frühesten Phase seiner Wirkungsgeschichte ähnliche Reaktionen zu beobachten sind. Zunächst verwundert das freilich angesichts der zahlreichen, in der

Regel ganze Abschnitte seiner Briefe füllenden, argumentativ zudem recht breit fundierten Weisungen und Anleitungen zum rechten Handeln, die Paulus seinen Adressaten vermitteln möchte (vgl. z. B. 1 Thess 4f; Röm 12–15; Gal 5). Hier erleben wir ihn doch als Seelsorger und Ethiker, der in den unterschiedlichsten Konflikten seiner jungen Gemeinden in heidnischer Stadtumgebung um Perspektiven und Optionen für ihr Handeln, aber auch um konkret-verbindliche Weisungen bemüht ist: Wie man sich bei Konflikten in der Gemeinde zu verhalten habe? Ob man es soweit kommen lassen dürfe, interne Streitigkeiten vor das heidnische Stadtgericht zu bringen (1 Kor 6,1–11)? Wie man in einer sozial nicht homogenen Gemeinde mit dem Bildungsgefälle umzugehen habe zwischen „Weisen" (1 Kor 1,26), d. h. theologisch oder religiös Gebildeten und Ungebildeten, zwischen aufgeklärten Christen und solchen, die sich in ihrem Gewissen noch den verschiedensten ethischen oder religiösen Bindungen ausgesetzt sehen, die andere als durch Christus überholte Zwänge abtun würden (1 Kor 8; 10,14–11,1; Röm 14,1-15,13)? Aber auch sehr konkret: Wie der Gang zur Dirne zu beurteilen sei (1 Kor 6,12–20), ob man als Christ im Geschäftsleben nicht neue Maßstäbe setzen müsse (1 Thess 4,6)? Wie man sich politisch zum römischen Kaiser und dem von ihm repräsentierten Staat zu verhalten habe (Röm 13,1–7)? Sollte Paulus bei diesen und vielen anderen Problemen nur mit halbem Herzen dabei gewesen sein oder gar nur gezwungenermaßen sich in die so uneschatologische und prosaische Alltäglichkeit verwickelt haben lassen?

In der Tat hat man solches vermutet und gesagt: Der zunächst so enthusiastische und ganz von brennender Naherwartung erfüllte Heilsoptimist Paulus habe dann doch schließlich, durch Erfahrung zu einer realistischeren Sicht der Dinge gezwungen, sich auf die ethisch-verantwortlich zu gestaltende Wirklichkeit einlassen müssen[11]. Manche sahen darin sogar einen Rückfall in die angebliche jüdische „Gesetzesreligion"[12]; andere hingegen stuften die Mahnungen seiner Briefe als usuelle Paränesen aus jüdisch-hellenistischer Überlieferung ein, in denen das Herz des Theologen Paulus jedenfalls nicht geschlagen habe[13]. Wie sollte man, und das ist die Fassung des Problems sozusagen auf höchster theologischer Abstraktionsebene, den Heilsindikativ des Apostels – ihr *seid* mit eurer Existenz jetzt schon ganz in den Geist Gottes eingetaucht, *seid* geheiligt und gerecht – mit seinem Imperativ – dann *lebt* auch in eurer Alltäglichkeit diesem Geist Gottes gemäß! – zusammenbringen (vgl. Gal 5,25)[14]? Beides hielt man nicht selten für einen Widerspruch, so zum Beispiel, wenn Paulus in Röm 6,2 seinen Adressaten zusagt: „Wir *sind* schon für die Sünde tot", d. h. *sind* von ihrer uns beherrschenden Macht losgekommen, um dann nur einige Zeilen später, Röm 6,12, zu mahnen: „Daher soll die Sünde euren sterblichen Leib nicht mehr beherrschen!" Oder noch zugespitzter in einer einzigen Periode, 1 Kor 5,7: „Wißt ihr nicht: Schon ein wenig Sauerteig durchsäuert den ganzen Teig. Schafft den alten Sauerteig [die alles durchsäuernde Macht der Sünde] aus eurer Mitte hinweg, *damit* ihr ein neuer Teig *seid*! Ihr *seid* ja *schon* ungesäuertes Brot; denn unser Paschalamm ist geschlachtet: Christus!" Ja, wenn wir es schon *sind,* dieser neue Teig, warum sollen wir es dann erst noch *werden*? Wie ernst ist das eine, wie ernst das andere gemeint?

Wir wollen uns im folgenden nicht mit diesem so oft diskutierten Problem befassen, wie denn Heilsindikativ und ethischer Imperativ zusammenzudenken seien, ohne daß die eine oder andere Seite in ihrer jeweiligen Entschiedenheit zurückgenommen wird, die man nach dem Zeugnis des Paulus jedenfalls beiden nicht absprechen kann. Weder erwecken die Texte den Anschein, Paulus habe den Heilszuspruch letztlich doch von der gelebten Wirklichkeit des Christ-Seins in der Gemeinde abhängig gemacht, noch wird man ihm auf der anderen Seite ein sozusagen sakramentalistisches Heilsverständnis nachsagen können, das über der gelebten Realität von Glaube, Hoffnung und Liebe stehe und von ihr nicht tangiert werde[15]. Mir scheint die Frage nach dem gegenseitigen Verhältnis von Heilsindikativ und ethischem Imperativ in der Regel auf zu hohem Abstraktionsniveau gestellt, als daß sie die wirkliche historische Perspektive des Paulus selbst treffen könnte. Hätte man ihn danach gefragt, wie denn er theologisch in Einklang bringe, was für uns vielleicht widersprüchlich klingt, hätte er vielleicht mit Erstaunen reagiert. Die Selbstverständlichkeit, mit der er beides in Beziehung zueinander setzt, verrät jedenfalls nicht, daß an dieser Stelle für ihn gedankliche Schwierigkeiten zu meistern waren[16]. Viel eher scheint es so zu sein, daß er aus den besten theologischen Traditionen Israels immer schon darum wußte, daß der *Inanspruchnahme* der Menschen durch Gottes Willen und Weisung seine heilvolle *Zuwendung* zu ihnen vorausgeht, sie begleitet und schließlich vollendet: etwa in Gestalt der Befreiung Israels aus dem Sklavenhaus Ägypten, die auch in der Selbstvorstellungsformel als der Präambel des Dekalogs dessen Weisungen vorweg als das grundlegende Heilsdatum aufscheint (vgl. Ex 20,2; Dtn 5,6), oder in Gestalt der *Gabe* des Landes mit all seinem Segen, welches als Geschenk Gottes empfangen zu haben doch erst dazu verpflichtet, die Thora als die weise Lebensordnung Gottes in seinem Land zu befolgen[17]. Mag auch das Beieinander von Heilsgabe und der ihr entsprechenden Antwort der Menschen im Zusammenhang des Christusglaubens, der in ihm eröffneten *umfassenden* Heils- und Erlösungsperspektive sowie der durch ihn ansichtig gewordenen *Unbedingtheit* der die Menschen verpflichtenden Liebe Gottes in Christus, radikalisiert worden sein, strukturell ist jenes Beieinander in Israels Glaubenstraditionen mannigfach vorgebildet (vgl. auch unten zu Röm 8,9 im Licht von Ez 36,26–28). So scheint auch für Paulus nicht hier das Problem gelegen zu haben, sondern viel eher in der an ihn gerichteten Frage, ob das Ethos, das nach jüdischem Verständnis unauflöslich an Gottes Thora, sein Gesetz, gebunden ist, nicht durch seine Propaganda eines „gesetzesfreien" Evangeliums letztlich theologisch ortlos werde. Hier wird man einsetzen müssen (und nicht bei der akademischen Frage nach dem Verhältnis von Heilsindikativ und ethischem Imperativ), will man Paulus in seinem historischen Problemhorizont auffinden, in dem er gezwungen war, über den selbstverständlichen Vollzug seiner paränetischen Weisungen hinaus den Ort des Ethos im Evangelium theologisch zu reflektieren (Röm 6,1–8,17). Damit ergeben sich für unsere weiteren Erörterungen die folgenden Schritte.

Wir beginnen mit dem umstrittenen Paulus, dem nicht nur seine ehemaligen jüdischen Glaubensgenossen Apostasie vorwarfen, dessen Weg selbst Christen, und zwar solche jüdischer Herkunft und jüdischen Bekenntnisses als riskant einstuften: Man warf ihm Antinomismus und Aushöhlung des gottgewollten Ethos der Thora vor. Hängt dieser Vorwurf wesentlich mit seinem Axiom zusammen, der Mensch werde nicht durch Werke der Thora, vielmehr durch den Glauben an Jesus Christus gerechtfertigt, dann müssen wir uns in einem weiteren Schritt fragen, wie denn Paulus selbst diesen seinen Kernsatz verstanden und was er aus ihm für das Verständnis christlichen Ethos abgeleitet hat. Sodann erläutern wir an zwei Texten aus dem Römerbrief, wie Paulus den Vorwurf des Antinomismus pariert und der angeblich durch seine theologischen Entscheidungen ortlos gewordenen Ethik ihren Platz angewiesen hat. Den Abschluß machen einige Bemerkungen zur bleibenden Aktualität seines Denkens.

2. Der umstrittene Paulus

Zwei kurze Passagen aus dem Römerbrief, dem letzten uns bekannten Schreiben des Apostels, werfen ein Schlaglicht auf die Auseinandersetzung, die hier gemeint ist. Am Übergang von Kapitel 5 zu Kapitel 6 lesen wir: „. . . wo die Sündenmacht erstarkte, ist die Gnade überreich geworden (5,20) . . . Was sollen wir also sagen? Laßt uns bei der Sünde bleiben, damit die Gnade nur um so größer werde? (6,1)" bzw.: „Was nun? Sollen wir sündigen, weil wir nicht unter dem Gesetz, sondern unter der Gnade stehen? (6,15)" Paulus wehrt solche Schlußfolgerungen an beiden Stellen so vehement ab, daß man annehmen möchte, man habe ihm tatsächlich angesichts der von ihm proklamierten *Zeit* der Gnade Gottes in Jesus Christus, welche die Zeit der *Thora* beendet hat, eine solche verharmlosende Sicht der Sünde nachgesagt. Bestätigt wird diese Annahme durch die zweite Passage, in der Paulus tatsächlich bestimmte Leute der bösen Nachrede bezichtigt: „Wenn nun die Wahrheit Gottes durch meine Lüge sich als überaus herrlich in Szene gesetzt hat, warum sollte ich dann [so könnte man folgern] noch vor Gericht als Sünder zur Verantwortung gezogen werden? Und trifft es denn zu, wie einige Leute sogar lästerlich von uns behaupten, *wir würden sagen: Laßt uns nur immer das Böse tun, damit das Gute dabei herausspringt!* Deren Verurteilung ist nur gerecht!" (Röm 3,7–8) Daß die Leute, die diese Parole Paulus in den Mund gelegt haben, wirklich so böswillig waren, wie er ihnen hier unterstellt, möchte ich bezweifeln. Zwei Dinge sind dabei zu berücksichtigen.

Wir kennen Paulus nur durch seine Briefe. Und in denen präsentiert er sich in der Regel als differenziert argumentierender, abwägender Theologe, der im Vergleich zu anderen frühchristlichen Schriftstellern zum Beispiel auch mit einem relativ geringen Maß an Ketzerpolemik auskommt[18]. Ob seine z. T. recht schwierigen Briefe nicht nur gelesen, sondern in größeren Kreisen in allen ihren Partien auch wirklich verstanden wurden, erscheint vielleicht doch zweifelhaft (freilich: was heißt „wirklich verstanden"? Wann wurden seine Briefe wirklich einmal verstanden?). In den ersten Jahren (vielleicht auch Jahrzehnten) werden sie jedenfalls das Bild des Apostels nicht entscheidend geprägt haben. Damit muß man rechnen, solange sie, die ja an einzelne Gemeinden adressiert waren, noch nicht gesammelt vorlagen und also auch noch keine größeren Kreise erreichen konnten[19]. In dieser seiner frühesten Wirkungsgeschichte waren mündliche Überlieferungen über ihn[20] und von ihm für das Bild, das man sich von ihm machte, viel wichtiger als seine eigenen schriftlichen Zeugnisse. In diesem Zusammenhang sind dann auch die Parolen, Axiome oder Lehrsätze zu sehen, die er selbst als mündliche Formen seiner Verkündigung und Lehre geprägt haben wird und deren Echo wir in seinen Briefen registrieren können[21]. Von ihrer pragmatischen Zielsetzung her, seine Botschaft einprägsam und griffig zu präsentieren, vermittelten sie natürlich ein viel gröberes und kantigeres Profil seines Denkens als seine schriftlichen Äußerungen. Daß bei solchen Gegebenheiten von Paulus auch manch Mißverständliches, ihm letztlich nicht Entsprechendes, ja auch Falsches wie z. B. die Parole Röm 3,8, weitergegeben werden konnte, verwundert dann nicht mehr. Sieht man unter diesem Gesichtspunkt einmal näher zu, wie Paulus im Römerbrief gegen seine eigenen Schatten ankämpft, dann fragt man sich freilich schon erstaunt, wer er denn ist, dieser Paulus.

Zweitens wird man sehen müssen, daß die Losung, die man Paulus nach Röm 3,8 in den Mund gelegt hat, zwar zunächst nach einer sehr bösartigen Unterstellung aussieht, bei genauerer Betrachtung aber als Hinweis auf eine ernst zu nehmende Argumentation zu werten ist, nämlich eine sogenannte „deductio in absurdum", die damaliger Argumentationskunst durchaus geläufig war: Man versuchte eine gegnerische These dadurch zu Fall zu bringen, daß man an ihren unmöglichen Konsequenzen ihre eigene Absurdität demonstrierte[22]. Interessant in diesem Zusammenhang ist Röm 6,14f, wo Paulus wahrscheinlich eine eigene Parole wiederaufgreift, um sie in ihrer Interpretation zu sichern. Sie lautete: „wir leben nicht mehr unter der Thora, sondern unter der Gnade!"[23] Aus ihr schlußfolgerten dann strenge Judenchristen, nicht um ihre Folgerung auch zu beherzigen, sondern um mit ihr die paulinische Parole zu desavouieren: Dann also „laßt uns sündigen!" (6,15a). Man begreift diese alles andere als böswillige Logik dann, wenn man sich vor Augen hält, daß ja die Thora für den Juden die von Gott geschenkte heilsame Lebensordnung darstellt, die das Miteinander von Gott, Mensch und Kosmos regelt, wie es auch im großen Lobpreis auf die Thora in Ps 119 heißt: „Deine Satzungen tönen mir wie Gesänge hier im Hause meiner Fremdlingsschaft" (V. 54), „dein Recht ist ewiges Recht, unerschütterliche Wahrheit ist deine Thora" (V. 142). Wer meint, sie sei an ihr Ende gekommen, lebt in einer anderen Welt, ist vielleicht ein eschatologischer Schwärmer und Enthusiast, und gibt diese Welt ohne Thora dem Chaos preis. Auch wenn er vorgibt, im Namen Gottes zu sprechen, auf keinen Fall verdient er Gehör[24].

Als weiteres Beispiel für eine mündliche Prägung des Paulus, die eine mächtige Wirkung gehabt haben muß, hat wohl der schon erwähnte antithetische Lehrsatz zu gelten: „der Mensch wird nicht durch Werke des Gesetzes, sondern durch den Glauben an Jesus Christus gerechtfertigt" (Gal 2,16, vgl. auch Röm 3,20.28)[25]. Auch aus ihm wird man die Aufhebung der Thora und der von ihr zum Heil der Menschen geforderten „Werke" (ma'aseh) gefolgert haben, um den Satz des Paulus selbst ad absurdum zu führen. Wer die „Werke des Gesetzes" in solcher Weise aushöhlt, stellt sich gegen Gottes heilige Thora selbst! Einen Beleg für eine derartige Argumentation haben wir freilich nicht; doch das Echo, das der Satz in der frühchristlichen Literatur ausgelöst hat[26], ohne daß in allen Fällen ein Zitat aus den Paulusbriefen nachgewiesen werden kann, man also mit Kenntnis aus mündlicher Paulustradition rechnen muß, deutet auf eine lebendige Nachwirkung dieses paulinischen Kernsatzes hin. Hier möchte ich nur auf zwei Belege, den Jakobusbrief sowie eine Überlieferung des Irenäus zu Simon Magus, hinweisen, die für unser Thema interessante Aspekte enthalten.

Daß der Jakobusbrief, erhebliche Zeit nach der Wirksamkeit des Paulus als Pseudepigraphon verfaßt, u. a. gegen einen Paulinismus gerichtet ist, den man, gemessen an den authentischen Paulusbriefen, die der Jakobusbrief selbst wohl nicht gekannt hat, als einen verwilderten Paulinismus bezeichnen muß[27], scheint mir trotz hie und da immer noch geäußerter Zweifel[28] doch die plausibelste Lösung für die historische Verortung des Schreibens anzuzeigen. Wenn es in 2,24 heißt: „ihr seht, daß aufgrund von Werken der Mensch gerechtfertigt wird und nicht allein aufgrund von Glauben", dann ist das die polemische Umkehrung der paulinischen Losung. Diese aber hat sich im Prozeß ihrer Weitergabe nicht unerheblich gewandelt. Von Werken des *Gesetzes* ist nicht mehr die Rede, nur noch von Werken, und auch der Glaube scheint im Vergleich zu seiner personal-ganzheitlichen Gestalt und christologischen Bestimmtheit bei Paulus zu einem Akt der intellektuellen Zustimmung zu Glaubensinhalten verdünnt worden zu sein. Es sieht so aus, als ob demgegenüber der Jakobusbrief die Notwendigkeit einer Glaubensbewährung in den „Werken" oder der Praxis der *Liebe* einklagen wollte (vgl. 2,8) in Polemik gegen einen Lebensentwurf, der sich in einem übersteigerten Erlösungsbewußtsein der Bewährung im Alltag gerade enthoben wähnte. Genaueres können wir leider nicht sagen, doch bietet eine möglicherweise stark verwilderte Überlieferung des Irenäus zu Simon Magus (adv. haer. I, 23, 2-4), diesem „Erzketzer" nach Meinung der Kirchenväter, ein anschauliches Beispiel dafür, in welcher Weise man die paulinische Losung, z. B. in gnostischen Kreisen, auch deuten konnte.

Simon Magus, der in dieser Überlieferung als Erscheinung des Erlösers gilt[29], verkörpert ein solches Freiheitsbewußtsein allen Mächten dieser Erde gegenüber, einschließlich den Engeln, die den Menschen das Gesetz verordnet haben, daß man von ihm sagen konnte: Wer an ihn glaube, der brauche sich auch um jene Engel nicht mehr zu kümmern,

„sondern kann als Freier tun, was ihm beliebt. *Durch seine Gnade werden die Menschen gerettet und nicht durch die Werke ihrer Gerechtigkeit*[30]. Die Werke sind nicht gut per se, sondern nur per Akzidens (nec enim esse naturaliter operationes iustas, sed ex accidentia)[31]. Die entgegengesetzte Lehre haben die Engel, die die Welt gemacht haben, erfunden, um durch solche Vorschriften die Menschen zu knechten [gemeint ist das Gesetz][32]. Wenn aber die Welt aufgelöst werde, dann versprach er ihnen, sollten sie von der Herrschaft jener Engel befreit werden". Irenäus fügt dieser Überlieferung noch polemisch hinzu, daß solcher Existenzdeutung die ethische Freizügigkeit der Sektenführer entspreche. Abwertung der Schöpfung, Negation des Gesetzes und der von ihm geforderten Werke, Antijudaismus und gnostisches Erlösungs- und Freiheitsbewußtsein sind hier einer merkwürdige Symbiose eingegangen, unterstützt von der Autorität der seltsam verfremdeten paulinischen Losung (ohne daß diese ihre Herkunft deutlich gemacht würde), nach der angeblich alles ethische Handeln des Menschen (die „Werke der Gerechtigkeit") wesenlos und irrelevant ist angesichts der „Gnade", der eigentlich erlösenden Wirklichkeit. In welches Zwielicht ist hier die Autorität des Apostels geraten, auch wenn sie nicht ausdrücklich herbeizitiert wird?

3. Wie verstand Paulus seinen Satz von der Rechtfertigung des Menschen?

Daß Paulus nicht erst später durch Leute, die sich fälschlich auf ihn beriefen, sondern schon selbst sehr zeitig bei strengen Judenchristen ins Zwielicht geraten war, hängt ohne Zweifel mit der von ihm proklamierten Freiheit vom Gesetz zusammen. Aus jüdischer bzw. auch aus streng judenchristlicher Perspektive erschien diese als Affront gegen die Thora als die von Gott geheiligte Lebensordnung des Volkes. Freilich wäre damit die Bedeutung der Thora insbesondere für hellenistische Juden in der Diaspora noch nicht erschöpfend beschrieben, es kommt noch ein zweiter, entscheidender Aspekt hinzu, der dann auch den Weg des Apostels verständlicher werden läßt.

Die Thora war nämlich nicht nur Lebensordnung für Israel, Weisung Gottes für ein erfülltes Leben in einem abstrakt ethischen Sinn, sondern war auch die Charta der *Identität* des Volkes, dem diese Weisung anvertraut war, auf daß es als geheiligtes Volk in dieser Welt nach ihr lebe[33]. Obwohl gerade auch hellenistische Juden wie z. B. Philo darum bemüht waren, die theonome Ethik der Thora mit ihrer Forderung nach Gerechtigkeit im Namen des einzigen Schöpfergottes in ihrer universalen Bedeutung für alle Menschen plausibel zu machen (und die Thora stand in diesem Sinn bei gebildeten Heiden hoch im Kurs!)[34], taten sie dann aber doch nie den Schritt, die eigene Lebensordnung, die Thora, zu einem Spezialfall eines allgemeingültigen Gesetzes, etwa eines „Naturgesetzes" im stoischen Sinn, zu erklären. Sie blieb die Thora JWHs für sein ausgesondertes und das heißt in Gottes heiligender Nähe lebendes Volk, wobei eben die Reinheits-, Speise- und Sabbatweisungen integrativer Teil dieser Thora als Urkunde der eigenen Identität waren. Sie erfüllten ihren Sinn darin, negativ die Abgrenzung von den Heiden, der Welt des Götzendienstes, zu garantieren, positiv die eigene Identität zu sichern bzw. religiös formuliert, den Raum zu schaffen, in dem Gottes Nähe, Zuwendung und Führung seines geliebten Volkes in dieser Welt erfahrbar würden. Obwohl Philo wohl *der* hellenistische Jude war, der in seiner *interpretatio graeca* der Thora am weitesten ging, z. B. für Heiden sehr merkwürdig klingende Weisungen der Thora allegorisch auf einen tieferen, besser verdaulichen Sinn hin interpretierte, nie löste er selbst die Buchstäblichkeit von identitätsbewahrenden Grenzmarkierungen der Thora auf, ja verwahrte sich im Gegenteil gegen solche Juden Alexandriens, die ihr Judesein zugunsten einer kosmopolitischen Religiosität aufkündigen wollten[35].

Für den hellenistischen Juden Paulus war das Problem wieder etwas anders gelagert. Er hatte sich zum Evangelium Jesu Christi unter dem Vorzeichen bekehrt, daß in Jesus, dem gekreuzigten Messias Israels und dem in seiner Auferweckung von den Toten zum Herrn (Kyrios) *aller* Menschen bei Gott Inthronisierten der Gott Abrahams sich endgültig zum Heil *aller* Menschen, Juden wie Heiden, verbürgt hat. Damit ist bereits das Entscheidende gesagt, aber wir dürfen annehmen, daß Paulus selbst seine Zeit benötigte, um alle Konsequenzen aus der Stunde seiner Berufung vor Damaskus zu ziehen. Diese sind komplexer, als wir in der Regel annehmen, sie lassen sich jedenfalls nicht auf die Formel bringen, aus Paulus, dem Juden, sei nun ein kosmopolitischer Christ geworden[36]. Das wäre ein fatales Mißverständnis seines Weges, von dem wir uns später im Blick auf unsere Problematik der paulinischen Ethik noch abgrenzen müssen. Hier steht zunächst seine Entscheidung zur Diskussion, die Frohbotschaft Jesu von Nazareth Griechen und Römern zu vermitteln, *ohne von ihnen zu verlangen, sich vorher zum jüdischen Lebensstil zu bekehren,* die Beschneidung als Bundeszeichen zu empfangen und die Reinheitshalacha u. ä. zu beachten. Verübelt wurde ihm diese Entscheidung vor allem von

Judenchristen Jerusalems, die die Bekehrung von Heiden zum Evangelium als ihre Eingliederung in das Volk des Messias Jesus begriffen. So startete man eine Gegenmission in den heidenchristlichen Gemeinden Galatiens, die wiederum Paulus mit seinem Brief an die dortigen Christen auf den Plan rief[37]. In diesem Brief können wir auch zum erstenmal seine Losung greifen, der Mensch werde nicht durch Werke des Gesetzes, sondern durch den Glauben an Jesus gerechtfertigt. Mir scheint es aufgrund der scharf zurückweisenden Form, die der Satz Gal 2,16 besitzt, nicht ausgeschlossen zu sein, daß Paulus mit ihm zunächst nur reagiert, d. h. eine andere, vorgängige These revidiert hat, nämlich die der strengen judenchristlichen Missionare, die da lautete: „der Mensch (auch der an Jesus Glaubende), wird nur aufgrund von Werken des Gesetzes gerechtfertigt", (also nur, wenn er gemäß Gottes heiliger Ordnung lebt)[38]. Dabei bilden für diese These die beiden Aspekte der Thora, die wir eben differenziert haben, selbstverständlich eine organische Einheit: daß nämlich die Thora nicht nur sozusagen ein allgemeingültiges, auch z. B. in hellenistische Begrifflichkeit übersetzbares Kern-Ethos vermittelt, wie es insbesondere vom Dekalog repräsentiert wird, sondern gleichzeitig eben auch die einzigartige Lebensordnung eines ganz bestimmten Volkes darstellt, dessen Identität sie garantiert. Paulus, der in Jesus das *eine, letztgültige Heilszeichen des Gottes Israels für alle Menschen* erkannte, mußte demgegenüber die Thora als Urkunde der Identität Israels jedenfalls insoweit problematisieren, als an der Stellung zu ihr die Zugehörigkeit zur eschatologischen Heilsgemeinde dieses Kyrios Jesus sich nicht mehr entscheiden ließ. Allein der Glaube an die im Gekreuzigten und Auferweckten jedem Menschen bedingungslos zuteil werdende Rechtfertigung entscheidet nach ihm über Leben und Tod. Bedeutete der Lehrsatz demnach für Paulus zunächst einmal sehr konkret, daß er als Missionar und Apostel Jesu Christi den Heiden, die sich zum Evangelium bekehren wollten, von ihrem Glauben an Jesus einmal abgesehen (den er theologisch als Geschenk, nicht als Leistung des Menschen begriff), keine besonderen Einlaßbedingungen für ihre Aufnahme in die Gemeinde auferlegte (etwa die Beschneidung oder die Beachtung kultischer und ritueller Reinheitsgebote etc.), so blieb er in der theologischen Reflexion über diesen Satz dabei aber nicht stehen. Zu beachten ist ja, daß in ihm ganz allgemein in jüdischer Terminologie von „Werken des Gesetzes" gesprochen wird (also von Werken, die das Gesetz in seinen Weisungen zu tun gebietet)[39], und also nicht differenziert wird zwischen rituellen bzw. kultischen Geboten, die die Identität Israels als des geheiligten Volkes Gottes in dieser Welt bewahren sollten, einerseits und ethischen

Kerngeboten wie z. B. dem Dekalog andererseits. Damit erhob sich dann aber auch für Paulus die Frage nach dem von der Thora geschützten und eingeklagten Ethos, wie es im Licht des Glaubens an Jesus Christus zu beurteilen sei. Bevor wir darauf eingehen, wollen wir uns aber noch der Wiederaufnahme des zuerst Gal 2,16 belegten Lehrsatzes im Römerbrief (3,20; 3,28) zuwenden[40].

Zunächst stellt sich dem Leser des Römerbriefs, der seine ersten Kapitel bis 3,19 studiert hat, in 3,20 die drängende Frage, ob hier ein Umschwung in der Gedankenführung zu verzeichnen ist. Hatte Paulus bis dahin Juden und Heiden gleichermaßen unter das Gericht gestellt, und zwar weil sie seinen Geboten der Thora (welche die Heiden in der Stimme ihres Gewissens vernehmen können) nicht gefolgt sind, d. h. weil sie *keine* „Werke des Gesetzes" aufzuweisen haben, so scheint 3,20 demgegenüber ohne jede Vorbereitung bzw. Überleitung einen weiteren, viel prinzipielleren Gedanken hinzuzufügen: Selbst wenn sie nicht mit leeren Händen vor Gott dastünden, sondern „Werke des Gesetzes" vorzuweisen hätten, so würden sie, die Juden, die gerade durch Beachtung des Gesetzes Gefahr liefen, in Gesetzesstolz zu verfallen (vgl. 3,27), von Gott deshalb noch lange nicht gerechtfertigt. „Denn [auch] *aufgrund* von Werken des Gesetzes wird kein Fleisch vor ihm gerechtfertigt werden" (3,20a). Nun scheint dieser Auslegungstyp, wie er z. B. durch H. Schliers Kommentar repräsentiert wird, trotz aller Einwendungen, die man gegen ihn vorbringen muß[41], durchaus auf eine Spannung des Textes aufmerksam gemacht zu haben, die man aber auch als Hinweis auf das Gefälle deuten kann, das zwischen dem *vorgegebenen Lehrsatz* des Paulus und seiner *Interpretation* im Kontext des Römerbriefs besteht. Besaß der Lehrsatz nach unserem oben vorgelegten Verständnis unter Berücksichtigung seines konkreten „Sitzes im Leben" seine ursprüngliche Pointe in der Frage, ob bestimmte „Werke des Gesetzes" (die Beschneidung als Gebot der Thora: Gen 17,10–14, die Beachtung kultischer Tage)[42] *positiv* zu leisten wären von Heiden, die zur endzeitlichen Heilsgemeinde Jesu Christi gehören wollten, so entwickelt der Kontext des Lehrsatzes im Römerbrief die Überzeugung, daß niemand gerechtfertigt werde, weil niemand „Werke des Gesetzes" (in ganz umfassendem ethischem Sinne) wirklich vorzuweisen hätte. So verwandelt sich auch der „*Lehrsatz*" des Paulus in 3,20, wo zunächst nur sein negativer Teil zitiert wird, in eine *gerichtsprophetische Ansage* über den zu erwartenden Zustand der Menschheit beim kommenden Gericht: „Aufgrund von Werken des Gesetzes *wird* kein Fleisch vor ihm *gerechtfertigt werden* (οὐ δικαιωθήσεται)", weil eben niemand solche Werke in einem für Gottes Rechtfertigungsurteil zureichenden Maße vorzuweisen hat. Durch diese seine Neufassung paßt sich der traditionelle Satz in den Kontext ein, so daß unsere Ausgangsfrage, ob denn in 3,20 ein Umschwung in der Gedankenführung zu verzeichnen wäre, zunächst negativ beschieden werden muß. Paulus läßt sich von dem Gedanken leiten, daß *faktisch* niemand die Gebote Gottes erfüllt, was er später in Röm 7 noch dahingehend vertiefen wird, daß sogar niemand das Gesetz Gottes erfüllen *kann*, ja daß der Mensch unter dem Gesetz nur die Erfahrung seiner eigenen Zerrissenheit macht (möglicherweise angekündigt in der Begründung von 3,20a in 20b: „denn durch das Gesetz kommt es ja nur zur Erfahrung der Sünde")[43].

Von daher erübrigt sich dann eigentlich das Gedankenspiel, was denn wäre, wenn trotz des pauschalen Urteils von Röm 3,9 über die faktische Befindlichkeit der Menschheit es doch irgendwann und irgendwo „Heilige" gegeben habe, z. B. „Heilige" des Alten Bundes (wie Abraham: Röm 4) oder „Heilige" der Weltreligionen, die zutiefst aus der Heiligkeit Gottes gelebt haben, vielleicht ohne daß dies ihren Mitmenschen offenbar wurde. Doch liest man im Text des Römerbriefs weiter, vernimmt man auch dazu etwas. So werden in 3,28, wo Paulus den Lehrsatz nun auch in seinem positiven Teil zitiert, „Werke des Gesetzes" *prinzipiell* unter dem Gesichtspunkt ihrer Heilsrelevanz aus dem Vorgang der Rechtfertigung ausgeschlossen, und das allein aus dem Grund, weil Christus in seinem die Verfehlungen der Menschen aufhebenden Sühnetod zur Gerechtigkeit Gottes für uns und für alle Menschen geworden ist (3,21–26). Sollte ein „Heiliger" wie Abraham „Werke des Gesetzes" aufzuweisen haben, was ja eigentlich kein Schriftkundiger in Abrede stellen kann, dem z. B. die Geschichte von seiner „Prüfung" um seines Sohnes Isaak willen (Gen 22) einfallen wird, dann muß er aber doch, belehrt durch eben dieselbe Schrift zur Kenntnis nehmen, daß Abrahams Rechtfertigung nach Gen 15,6 völlig *unabhängig* von solchen „Werken des Gesetzes" im voraus erfolgte (vgl. schon die Wendung „*ohne* Werke des Gesetzes" in 3,28). Abraham, ein „Gottloser" wie alle Menschen auch (Röm 4,5), wurde allein dadurch zum Freund Gottes, daß er seinem Ruf, der ihn herausholte aus der tiefen Gottverlorenheit seiner alten Heimat, im Glauben gefolgt war (4,3). Alle seine „Heiligkeit" fußt nach Paulus nicht auf seinen eigenen Frömmigkeitsleistungen, sondern – und das gilt für jedermann, der seinen Spuren folgt – allein auf der Anerkenntnis der eigenen menschlichen Verlorenheit, in der niemand dem anderen, auch nicht der Jude dem Heiden, irgend etwas voraus hätte. Kein Mensch entspricht *von sich aus* dem Willen Gottes, seinem Gesetz, was festzustellen gerade voraussetzt, daß Paulus am Gesetz als dem Maßstab und Inbegriff dessen, was Gott vom Menschen will, nach wie vor festhält. Und das zweite, das die Wiederaufnahme des Lehrsatzes im Römerbrief dem Leser vermittelt, ist die Warnung vor der Illusion, man könne durch „Werke des Gesetzes" die tiefe Verlorenheit, in der *jeder Mensch,* Jude wie Heide, steckt, überspielen. Gerade das ist die Größe Abrahams nach dem Zeugnis der Schrift, daß er, obwohl vom Judentum (und dann auch vom Christentum) als Heiliger der Urzeit verehrt, doch allein aus der Rechtfertigung des „Gottlosen" lebte[44]. Trotz der darin liegenden Warnung vor der Illusion der „Werke" lag Paulus in Röm 1–3 aber nichts ferner, als das inständige und von Treue zu seinem Gott erfüllte Bemühen der Juden um Erfüllung des Gesetzes schon von vornherein als Streben nach dem eigenen „Ruhm" in Mißkredit zu bringen, wie das moderne Paulusinterpreten immer wieder getan haben[45].

Halten wir hier zunächst inne, um den Ertrag für unsere Frage nach der Ethik des Apostels im Kontext der Gesetzesfrage in zwei Punkten festzuhalten:

1) Kann man in kulturanthropologischer Sicht „die Gesamtheit der von der Mehrheit einer ethnisch abgrenzbaren Gruppe geglaubten Auffassungen über wesentliche Angelegenheiten" als das Ethos dieser Gruppe bezeichnen[46], dann hat Paulus mit seiner christologisch bedingten Neueinschätzung der Thora gewiß diejenigen Weisungen der Thora und ihrer religionsgesetzlichen Auslegung in der Halacha relativiert, die die Abgrenzung eines gruppenspezifischen jüdischen Lebensstils betreffen, wobei man hier freilich noch differenzieren muß. Beschneidung, Speisegesetze und überhaupt jüdische Lebensgewohnheiten wurden von Paulus doch sehr wahrscheinlich nur insoweit in Frage gestellt, als sie das Zusammenleben von Juden und Heiden im Namen Jesu, ihren gemeinsamen eucharistischen Tisch, ihre Gastfreundschaft untereinander mit der Folge des gegenseitigen Ausschlusses gefährdeten[47]; solange z. B. die Frage der Beschneidung nicht zu einer Frage des Bekenntnisses hochstilisiert wurde, sah Paulus sich auch nicht genötigt, seine Stimme zu erheben (vgl. z. B. Gal 2,3).

2) Nicht tangiert war von der Entscheidung des Paulus zur sogenannten gesetzesfreien Mission unter Heidenchristen seine Überzeugung, daß nach wie vor die Thora mit ihrem Kern-Ethos, das er im Dekalog wie in dem ihn aufgipfelnden Liebesgebot (Lev 19,18) erkannte (vgl. Gal 5,14; Röm 13,9; vgl. auch Röm 7,7; 8,4.7)[48], ihre Gültigkeit für die Christen behielt. Hier zu unterscheiden wird manchem strengen Judenchristen, für den die Thora weiterhin eine unzertrennbare Einheit und Ganzheit war, schwergefallen sein, so daß Paulus mit seiner These, aufgrund von

Werken des Gesetzes werde kein Mensch gerechtfertigt, bei ihnen leicht Mißverständnisse hervorrufen konnte [49]: Was er im tiefsten soteriologisch gemeint hatte, wurde von ihnen als ethischer Affront gegen die Thora mißverstanden. Hinzuzufügen ist, daß Paulus trotz der Entgrenzung des jüdischen Ethos und seiner *Universalisierung im Liebesgebot* als der Mitte der Thora natürlich nicht den Weg einer Übersetzung der theonomen Ethik Israels in irgendeine philosophisch vermittelte Tugendethik gegangen ist, dies unbeschadet seiner Offenheit, die er als hellenistischer Jude griechisch-römischen Wertvorstellungen gegenüber auch bewiesen hat: „Im übrigen, meine Brüder, was immer wahr, ehrwürdig, rechtschaffen, lauter, liebenswürdig und erfreulich zu hören ist, was es an Tugenden gibt, und was Lob verdient – das laßt euch angelegen sein!" (Phil 4,8). Trotzdem blieben die Inhalte seiner ethischen Weisungen im wesentlichen jüdisch geprägt (vgl. 1 Kor 7,19), was sich z. B. an der Bedeutung der beiden nach frühjüdischem Verständnis sehr wichtigen Gebote der Thora zur Enthaltung von „Unzucht" und „Habgier" für seine Paränese zeigen ließe [50].

4. Der christologische und pneumatologische Ort der Ethik nach Paulus

Vorgeworfen hatte man Paulus von judenchristlicher Seite, er sei Antinomist und höhle mit seiner Propaganda der Gesetzesfreiheit auch das gottgewollte Ethos der Thora aus. Dieser Vorwurf ist es, der Paulus im Römerbrief zu einer Reflexion über den Ort der Ethik im Gesamt seines Glaubens zwingt, die an Tiefe seine früheren Äußerungen zu diesem Thema bei weitem übertrifft. Freilich können wir hier nur ganz Weniges bedenken aus dem einschlägigen Abschnitt Röm 6,1–8,17, in dem er umfassend auf die ihm gestellten Fragen eingeht.

Aufschlußreich ist zunächst, wie Paulus den Vorwurf der Verharmlosung des Bösen in 6,1–4 beantwortet: „Laßt uns bei der Sünde bleiben, damit die Gnade nur um so größer werde? Niemals! Für die Sünde sind wir gestorben – wie sollten wir noch weiter in ihr leben können? Oder wißt ihr nicht, daß wir alle, die wir auf Christus getauft sind, in seinen Tod hinein getauft sind? So sind wir durch die Taufe mitbegraben mit ihm in seinen Tod hinein: Und wie Christus durch die Herrlichkeit seines Vaters von den Toten auferweckt worden ist, so sollen auch wir nun als neue Menschen leben" (6,1-4). Halten wir hier inne, um ein wenig die Perspektive dieses doch sehr überraschenden Textes zu vergegenwärtigen. Paulus erinnert seine Adressaten an ihre Taufe, spricht sie auf ihr Glaubenswissen hin an („ihr wißt doch . . .!"), nach dem jener Akt der Initiation, ihrer Aufnahme in die Gemeinde, ein wirkliches Sterben und der Beginn eines neuen Lebens war. Das wird für sie wohl auch sozial in einschneidender Weise erfahrbar gewesen sein, doch reduziert es sich nicht darauf, wie die ganz ernst gemeinte Metaphorik vom Sterben und vom neuen Leben, vom alten und neuen Menschen, die im gesamten Kontext der Kapitel 5 und 6 eine enorme Rolle spielt, schon andeutet. Wie ist das möglich in meinem Leben, ein absoluter Neuanfang, so absolut wie neues Leben aus dem Tod? Nicht daß *wir* dazu fähig wären, unsere Biographie ungeschehen zu machen, sie zu verleugnen oder zu verdrängen, sondern weil es da jemand ganz *Anderen* gibt, der uns in Jesus mit neuen Augen anschaut und uns darin jenes radikal neue Beginnen schenkt: so unbedingt und ganz, daß Paulus sagen kann: Unser altes Leben sei in Gottes Augen „gestorben".

Wohl in dieser Richtung sollten wir den Sinn des Textes suchen, wenn wir begreifen wollen, warum Paulus unseren Tod und unser neues Beginnen nicht in irgendeinem eigenen Vorsatz, einem gut gemeinten Entschluß, sondern in Jesu Geschick selbst schon real vollzogen sieht. *Sein* Sterben um unserer Verfehlungen willen ist in Gottes Augen auch schon *unser* Tod, durch den wir gleichsam aus dem Herrschaftsbereich der Sündenmacht herausgestorben sind, ein Tod, der uns in der Taufsymbolik des im Wasser Begrabenwerdens dann auch zeichenhaft zugesprochen wird[51]. So definitiv dieser Tod ist, so definitiv ist in Jesus auch Gottes Heilswort über uns, in dem er uns von der Macht der Sünde und ihren Folgen, der absoluten Gott- und Sinnlosigkeit unseres ohne ihn verfehlten Lebens schon freigesprochen hat.

Das ist in der christologischen Metaphorik die Seite des Sterbens. Bedenken wir die Art und Weise, wie Paulus in Röm 6,4b die Seite des *neuen Lebens* artikuliert, werden wir gewahr, ein wie sensibles und gleichzeitig gefährdetes Gleichgewicht das Aussagengefüge bestimmt. Gleichzeitig scheint der notwendige Ort der Ethik auf. Schauen wir also näher zu: So definitiv vom Evangelium her das Angebot an uns dasteht, unsere alte Biographie der Vergeblichkeit und Sünde als „gestorben" betrachten zu dürfen – aus lauter Gnade –, so definitiv ist die Rede vom neuen Leben dann aber nur auf der Seite des Christus: „Wie Christus durch die Herrlichkeit seines Vaters von den Toten *auferweckt worden ist";* denn Paulus bringt die angezielte Analogie nicht zu Ende, wie man es erwarten könnte: „so *sind auch wir schon* mit ihm zu einem neuen Leben *auferweckt",* sondern wechselt überraschend in die paränetische

Sprache über: „so *sollen* auch wir nun in der neuen Qualität des Lebens wandeln (οὕτως καὶ ἡμεῖς ἐν καινότητι ζωῆς περιπατήσωμεν)". Was ist geschehen? Ich meine, Paulus spricht hier ganz als Jude, der die neue Qualität des Lebens nicht ontisch-verfestigt oder sakramentalistisch-magisch bzw. mysterienhaft-kultisch begreift[52], sondern dynamisch, insofern diese neue Qualität des Lebens im Glauben des Menschen sein Handeln, seinen Lebenswandel insgesamt prägt und darin auch ihre Wirklichkeit erweist. Daß damit ein sensibles Gleichgewicht angezielt ist, begreift man, wenn man die Aussagen ein wenig übersetzt: Sich einerseits sakramental versorgen zu lassen (Taufe etc.) ohne Folgen für die eigene Lebensgestaltung bzw. für die der Gemeinde (Paulus spricht hier nur im Plural!), hieße, die Wirklichkeit der Gnade für sich selbst bzw. die Gemeinde negieren. Sie andererseits ekklesiologisch an die Erfüllung des ethischen Imperativs zu knüpfen, hieße, sie ebenfalls in ihrer Wirklichkeit negieren. Blicken wir auf Paulus, so scheint mir, wir müßten Indikativ und Imperativ, Heilszuspruch und ethischen Anspruch viel enger zusammendenken und „zusammenleben", als es gewöhnlich geschieht: Jenes neue Sein wird *wirklich* nur in der vom Geist Gottes ermöglichten Praxis der Liebe, oder wie 5,21 formuliert: „die Gnade herrscht *durch die Gerechtigkeit* zum Leben"[53]. Schon diese ersten Verse von Kap. 6 zeigen also unübersehbar, daß Paulus nicht nur etwa den Motivationsrahmen für das Handeln der Glaubenden, sondern darüber hinaus auch seine Ermöglichung, seinen Grund und sein Maß von der neuen Lebensqualität her bestimmt sein läßt, die den Glaubenden im Evangelium Jesu Christi als Freiheit von der Macht der Sünde und des Todes *zugesprochen* wird.

Schauen wir uns nun noch eine *zweite* kurze Passage aus dem übergreifenden Textzusammenhang an, der mit seinen Stichworten „Gesetz Gottes" und „Geist Gottes" wichtige Ergänzungen bietet. Es handelt sich um Röm 8,7–9a: „Das Trachten des Fleisches ist feindlich gegen Gott; denn dem Gesetz Gottes unterwirft es sich nicht, *es vermag es auch gar nicht*. Die aber im Fleisch sind, *können Gott nicht gefallen*. Ihr aber seid nicht im Fleisch, sondern im Geist, wenn denn Gottes Geist in euch wohnt." Man wird gleich zugeben, daß die Sprache, die Paulus hier spricht, recht fremd klingt und man sich deshalb unbedingt davor hüten muß, die eigenen Vorstellungen in diese Verse hineinzutragen. Zunächst: Was versteht Paulus unter „Fleisch", was unter „Geist"? Daß beide Größen hier in scharfer Opposition zueinander stehen, ist deutlich, ebenso daß es um Gottes eigenen Geist geht, den er, wie Paulus seinen Adressaten versichert, in ihnen als den Glaubenden wohnen läßt. Heißt es andererseits vom „Trachten des Fleisches", daß es feindlich gegen Gott gesonnen sei, dann wird schon ersichtlich, daß der mit der Metapher „Fleisch" bezeichnete Bereich als von der Macht der Sünde qualifiziert gedacht ist. Kennen wir die dualistische Gegenüberstellung von „Fleisch" und „Geist" als Bezeichnungen für die Bereiche menschlicher Armseligkeit und göttlicher Lebenskraft besonders aus dem hellenistischen Judentum[54], so führt uns die Eindunklung des Begriffs im Kontext der Erfahrung von Sünde und Schuld, wie sie hier bei Paulus vorliegt, eher in die apokalyptische Welt Qumrans. Hier werden nicht nur „Fleisch" und „Gebilde von Staub" (1 QH XV 21) oder „Lehmgebilde" (1 QH IV 29) gleichsinnig benutzt, es werden auch „Verschuldung und Sünde" zu seinem Wesen gerechnet (1 QH XIII 15); immer wieder ist von „sündigem" oder „schuldigem Fleisch" (1 QM IV 3; XII 12) die Rede: „Ist es doch in Sünde vom Mutterleib an und bis zum Alter in der Untreue Schuld" (1 QH IV 29f). Es ist der *ganze* Mensch, der unter dem Sog des „Fleisches" in die Gottesferne gezogen wird, weshalb auch gelegentlich von seinem „fleischlichen *Geist*" (1 QH XIII 13; XVII 25) gesprochen werden kann. Erst der Eintritt in die endzeitliche Heilsgemeinde der Essener bzw. Qumrans bringt die Reinigung des Fleisches von allem Geist des Frevels durch die Gabe des heiligen Geistes: „durch Unterwerfung unter die Gesetze wird gereinigt sein Fleisch" (1 QS III 8 f; vgl. IV 20-23).

Auch bei Paulus ist der ganze Mensch in den Sog der Sünde gezogen, „verkauft unter die Sünde", also „fleischlich" (7,14b). Als solcher *vermag er auch gar nicht* dem Gesetz Gottes zu gehorchen, wie Paulus gleich zweimal in unseren Versen betont: „Die aber im Fleisch sind, *können* Gott nicht gefallen", das Sinnen des Fleisches „*kann sich* dem Gesetz Gottes nicht unterwerfen". Dieses Sätzchen summiert die großartige Existenzanalyse des Menschen unter dem Gesetz von Röm 7, in der Paulus das unglückliche Bewußtsein des Sünders aus der Sicht des Glaubens aufdecken und gegen jeden Verdrängungsversuch festschreiben wollte. Obwohl er dort gegen alle anderslautenden Mutmaßungen kräftig beteuert hat, daß auch nach seiner Überzeugung Gottes Gebot und Thora „heilig und gerecht und gut" seien (7,12.14), ließ er sich den Blick für die verhängnisvolle Situation des Menschen im Angesicht der Weisung Gottes aber nicht nehmen[55]. In Orientierung an der Erzählung vom Sündenfall machte er das Verhängnis fest an dem unseligen Gegenüber des dem Menschen *von außen her* entgegentretenden Gebots „Du sollst nicht begehren!", das in ihm erst allen Widerstand angefacht und um der Abwehr jeglicher Unterwerfung unter eine vermeintliche Heteronomie willen das Sich-selbst-suchende-Begehren erst stark gemacht hat (7,7–12). Diese Spaltung zwischen dem heteronomen Gebot Gottes und meiner eigenen, von mir selbst eifersüchtig bewachten Autonomie, die freilich in meine Selbstisolation und damit meinen Tod führt, wird überwunden, so Paulus, einzig und allein durch Gottes Geist, der mir im Glauben an den gekreuzigten und auferweckten Jesus *ins Herz gegeben wird* (vgl. Röm 5,5; 8,9.11; 1 Kor 3,16; 6,19; 2 Kor 3,2f). Damit sind wir noch einmal bei unserem Vers 8,9, den ich vorschlagsweise im Licht eines Ezechiel-Wortes lesen möchte[56], dessen Überlieferung für die hier angedeutete Konzeption des Paulus gewiß große Bedeutung besitzt: „Ich schenke euch ein neues Herz und lege einen neuen Geist in euch. Ich nehme das Herz von Stein aus eurer Brust und gebe euch ein Herz von Fleisch. Ich lege meinen Geist in euch und bewirke, daß ihr meinen Gesetzen folgt und auf meine Gebote achtet und sie erfüllt. Dann werdet ihr in dem Land wohnen, das ich euren Vätern gab. Ihr werdet mein Volk sein, und ich werde euer Gott sein" (Ez 36,26–28).

„Ich lege meinen Geist in euch und bewirke, daß ihr meinen Geboten folgt!" Dies scheint mir der adäquate Ausdruck für die Überwindung der unglückseligen Diastase von Heteronomie und Autonomie zu sein, die die Situation des Menschen nach Paulus unter dem Gesetz prägt. Jetzt *kann* das Gesetz Gottes „erfüllt" werden, wie es im Kontext Röm 8,4 ausdrücklich heißt, wobei freilich hinzugefügt wird, „bei uns, insoweit wir nicht nach dem Fleisch wandeln, sondern gemäß dem Geist". Es ist der Geist der Liebe, der Jesu ganze Lebensgestalt geprägt hat[57], der aber darin auch Gottes Handeln an uns in seinem tiefsten Sinn bezeichnet. Denn daß er uns im Evangelium Jesu Christi seine Gerechtigkeit zuspricht, unsere alte Biographie der Vergeblichkeit und Schuld definitiv und ein für allemal auf sich beruhen läßt, uns eine neue Identität schenkt allein dadurch, daß er uns mit anderen Augen anschaut, ist Ausdruck seiner Liebe – aus lauter Gnade. Wird hier dann noch einmal deutlich, wo der Grund allen christlichen Handelns zu suchen ist, so zeigt sich an den Überlegungen zu Röm 7 und 8 doch andererseits auch, daß die Thora, konzentriert und gebündelt im Liebesgebot, gelesen im Licht der Lebenstat Jesu, seiner Hingabe für uns bis zum Kreuz, ihren *bleibenden* Ort im Gesamt des christlichen Glaubens behält, ja will man Paulus folgen, erst in seinem Kontext ihre wahre Bedeutung erlangt. Mit K. Barth könnte man auch sagen: Das Gesetz ist „die notwendige *Form des Evangeliums,* dessen Inhalt die Gnade ist"[58]. In jedem Moment ist das Gesetz an der Konkretisierung und Verleiblichung der Gnade beteiligt, im Zeugnis für sie in der Verheißung, in der Verurteilung des Sünders, auf daß er alles von ihr, nicht aber von sich erwarte, sowie bei seiner Heiligung als des Gerechtfertigten in der Liebe[59].

5. „Zur Freiheit berufen" (Gal 5,13)

Überblicken wir den zurückgelegten Weg und behalten wir insbesondere das aus Anlaß von Röm 8,7–9a Gesagte zur Wirklichkeit des Geistes Gottes im Gedächtnis, dann könnte man, aus dem Abstand der Zeiten heraus, erneut Sympathie gewinnen für die Einwände, die man Paulus von den verschiedensten Seiten her gemacht hat: Ist er nicht doch der eschatologische Enthusiast, der in der Hochstimmung der Fülle der Zeit, der Nähe des anbrechenden Gottesreiches, gelebt hat, der den „Beweis des Geistes und der Kraft" (1 Kor 2,4) im Blick auf das, was tatsächlich in seinen Gemeinden an neuem Leben aufgebrochen war, noch zu erbringen vermochte? War es nicht dieser, uns heute abgehende Horizont, der ihn in die glückliche Lage versetzte, bei der ethisch-verantwortlichen Gestaltung des neuen Lebens in diesen kleinen überschaubaren Gruppen mit der selbständigen ethischen Kompetenz seiner Gemeindemitglieder rechnen zu können? „Über die Bruderliebe brauche ich euch nicht zu schreiben, denn *ihr seid von Gott selbst belehrt, einander zu lieben"* (1 Thess 4,9). Und an anderer Stelle: „Überzeugt bin ich auch selbst von euch, meine Brüder, daß auch ihr voll Gutsein seid, erfüllt von aller Erkenntnis, fähig euch auch untereinander zum Rechten zu weisen" (Röm 15,14).

Auch wenn solche Anfragen, die man noch vermehren könnte, sich nicht mit schnellen Antworten aus der Welt schaffen lassen, so möchte ich zum Schluß doch einen Eindruck formulieren, der den geäußerten Verdacht relativieren könnte, in der paulinischen Konzeption spiegle sich die Aufbruchstimmung der ersten Generation einer religiösen Erneuerungsbewegung, der dann schon bald in vielfacher Hinsicht die Ernüchterung gefolgt sei: Mir scheint Paulus zutiefst Realist gewesen zu sein. Zu stark war er von der frühjüdischen Eschatologie geprägt, als daß er hätte vergessen können, daß wir nicht „im Schauen, sondern im Glauben leben" (2 Kor 5,7)[60]. An seiner Pneumatologie insbesondere auf dem Stand des Römerbriefs ließe sich zeigen, daß er Ekstase, Enthusiasmus, religiöse Hochstimmung etc. als nicht kennzeichnend für die bleibende Wirklichkeit des „Geistes" ansah; sehr nüchtern bestimmte er dessen Gegenwart von der *Praxis* des Glaubens, der Liebe und der Hoffnung her, abseits von dieser mißtraute er ihm. Gegen die

Einwände, die man von streng judenchristlicher Seite gegen ihn erhob, versuchte er zu zeigen, daß die von ihm verkündigte *Gnade Gottes* in Jesus Christus *alles andere als ortlos* ist, vielmehr tatsächlich die Wirklichkeit zutiefst auch *ethisch* bestimmt. Er kennt in seinen paränetischen Weisungen Verbindlichkeiten verschiedenster Art und Abstufung, zieht die Autorität von Herrenworten heran, bringt auch die eigene Vollmacht mit ins Spiel, zuweilen unnachgiebig und hart, doch nie autoritär, sondern in der Regel verbunden mit großem Respekt vor der eigenen Kompetenz der Gemeinde[61]. Fragt man, worin dieser Respekt theologisch seinen Grund besitzt, wird man antworten müssen: im Glauben des Paulus an die Gegenwart des Geistes Gottes in der Kirche, der neue Formen des Zusammenlebens sowie das gemeinsame Entdecken dessen, was hier und jetzt Wille Gottes ist (Röm 12,2), in seiner eigenen Schöpferkraft freisetzt.

Und was ist mit uns? Haben wir im Umgang mit Recht und Gesetz in der Kirche heute vergessen, was Paulus als unaufgebbare Einsicht aus seinen Kämpfen um die Freiheit des Evangeliums den zukünftigen Generationen der Kirche in ihr Stammbuch geschrieben hat: daß nämlich das ganze Gesetz dadurch erfüllt wird, daß es in der Liebe „aufgehoben" wird, daß die Christen im Glauben an Jesus, ihren Herrn – dem einzig Notwendigen ihres Lebens – in die *Freiheit der Liebe* entlassen sind?[62] Zumindest dies also können wir in den Krisen der Gegenwart, in denen die ethischen Antworten nicht einfach parat liegen, von der Theologie des Paulus für das Leben der Kirche lernen: den Glauben an die selbstregulierenden Kräfte im Leben der kirchlichen Gemeinschaft auch hinsichtlich ihrer ethischen Bewußtseinsbildung – *„wenn denn der Geist Gottes wirklich unter uns wohnt!"* (vgl. Röm 8,9).

Anmerkungen

(1) Vgl. A. Schweitzer, Die Geschichte der paulinischen Forschung, Tübingen 1911; W. G. Kümmel, Das Neue Testament. Geschichte der Erforschung seiner Probleme (OA III/3), Freising-München ²1970; ders., Das Neue Testament im 20. Jahrhundert. Ein Forschungsbericht (SBS 50), Stuttgart 1970, 93–105.
(2) A. Schlatter, Erlebtes, Berlin ²1924, 93.
(3) Adolf Schlatters Rückblick auf seine Lebensarbeit, zu seinem 100. Geb., hg. von Th. Schlatter (BFChTh, Sonderheft), Gütersloh 1952, 240.
(4) Ethik. Zusammengestellt und herausgegeben von E. Bethge, München ¹⁰1984.
(5) D. Bonhoeffer, Nachfolge, München ¹¹1976, 19.

(6) Ebd. 20.
(7) Ebd. 21.
(8) Ebd. 25.
(9) E. Troeltsch, Die Soziallehren der christlichen Kirchen und Gruppen, Band I (Nachdruck der Ausgabe Tübingen 1922), Aalen 1961, 174 (zitiert bei W. Schrage, Ethik, a.a.O. [Anm. 10] 18).
(10) W. Schrage, Ethik des Neuen Testaments [NTD.E 4], Göttingen 1982, 19f.
(11) Vgl. den Überblick bei W. Schrage, Ethik, a.a.O. (Anm. 10) 156 ff, mit seiner Einschätzung der Lage: „Solche Urteile sind nicht nur für eine überwundene Forschungsperiode symptomatisch. Vor allem der sogenannte Praktiker Paulus, der an seinen angeblich idealen Theorien mehr oder weniger deutliche Abstriche machen muß, geistert auch heute noch durch die Literatur und manche Predigten" (157). Zum Problem vgl. auch die jüngste Darstellung der paulinischen Ethik durch J. Becker, Paulus. Der Apostel der Völker, Tübingen 1989, 458–468 („Die Verbindlichkeit des Glaubens als Liebe").
(12) H. Weinel, Biblische Theologie des Neuen Testaments, Tübingen ⁴1928, 251.
(13) H. Windisch, Taufe und Sünde im ältesten Christentum bis auf Origenes, Tübingen 1908, 98–225, faßte die Paränese „als bloße Redeform", bei der nicht auch schon immer gesagt sei, „daß ihre Voraussetzungen auf die empirische Wirklichkeit paßten" (so W. G. Kümmel, Römer 7 und das Bild des Menschen im Neuen Testament. Zwei Studien [ThB 53], München 1974, 95, zu Windisch). Vgl. auch M. Dibelius, Die Formgeschichte des Evangeliums, Tübingen ⁶1971, 239–241: „die paränetischen Abschnitte der Paulusbriefe (haben) mit des Apostels theoretischer Begründung der Ethik sehr wenig zu tun . . ., sie sind eben traditionell" (240f).
(14) „Für fast alle Versuche, das Problem zu verstehen, ist charakteristisch, daß man die *Antinomie* als einen *Widerspruch* auffaßt, der so zu erklären sei, daß man je die eine Seite – den Indikativ wie den Imperativ – *für sich* nimmt und sie so historisch oder psychologisch verständlich macht, auf besondere Gründe zurückführt und damit also auch den Widerspruch als solchen historisch-psychologisch begreift" (R. Bultmann, Das Problem der Ethik bei Paulus: ZNW 23 [1924] 123–140, 123). Bultmann selbst hat das Verdienst, darauf hingewiesen zu haben, daß das Problem „aus der Sache zu begreifen" sei (ebd. 130) als das Verhältnis zweier *formal* zwar in Spannung zueinander stehender, *sachlich* aber zusammengehöriger Aussagenreihen.
(15) Dies ist schon dadurch ausgeschlossen, daß Paulus auch im Blick auf die Christen und ihre ethische Lebensgestaltung nach wie vor (in paränetischen Kontexten) vom Gericht Gottes spricht: Röm 14,10-12; 2 Kor 5,10. Dazu vgl. L. Mattern, Das Verständnis des Gerichts bei Paulus, Stuttgart-Zürich 1966.
(16) Wenn er in Ausnahmefällen die Beziehung beider problematisiert (z. B. Röm 6,1.15), dann nicht wegen ihrer formalen Spannung, sondern im Kontext der Gesetzesfrage (dazu gleich). Die Selbstverständlichkeit, mit der bei ihm Indikativ und Imperativ nebeneinander stehen, erinnert an die von ihm ebenfalls nicht problematisierte Selbstverständlichkeit, mit der er Macht- und Tatcharakter der „Sünde" zusammenschaut (vgl. z. B. Röm 5,12).
(17) Vgl. etwa G. Braulik, Studien zur Theologie des Deuteronomiums (SBA 2), Stuttgart 1988. Daraus: Gesetz als Evangelium. Rechtfertigung und Begnadigung nach der deuteronomischen Tora, 123–160.
(18) Vgl. N. Brox, Art. „Häresie": RAC 13 (1984) 248–297, 283 ff.
(19) Die jüngste Untersuchung zum Thema von D. Trobisch, Die Entstehung der Paulusbriefsammlung. Studien zu den Anfängen christlicher Publizistik (NTOA 10), Fribourg-Göttingen 1989, rechnet freilich damit, daß bereits Paulus selbst bei seinen letzten Besuchen in Ephesus, Thessalonich, Philippi und Korinth seine Briefe an diese

Gemeinden jeweils zu kleinen Sammlungen verbunden habe (1 Kor in Ephesus entstanden, 1 Thess in Thessalonich, Phil in Philippi und 2 Kor in Korinth) und zudem auf seiner Reise nach Jerusalem bei einem Zusammentreffen mit einer Gesandschaft aus Ephesus (Apg 20, 17ff) dieser eine Abschrift des Röm und den 2 Kor ausgehändigt habe: „Ohne es zu wissen, hat er damit den Grundstock zu einer Sammlung gelegt, aus der dann über Zwischenstufen das Corpus Paulinum erwächst, die meistgelesene Briefsammlung der Weltliteratur" (130).

(20) Vgl. z. B. die Überlieferungen von seiner Berufung in der Apostelgeschichte: 9,2-22; 22,5-16; 26,12-18. Dazu: K. Löning, Die Saulustradition in der Apostelgeschichte (NTA N. F. 9), Münster 1973.

(21) So die These meines Habilitationsvortrages vom Febr. 1985 mit dem Titel: „Paulinische Parolen und ihr Echo. Zur frühesten Wirkungsgeschichte des Apostels"; vgl. auch G. Lohfink, Die Vermittlung des Paulinismus zu den Pastoralbriefen: BZ. NF 32 (1988) 169-188, wieder abgedruckt in: ders., Studien zum Neuen Testament (SBA.NT 5), Stuttgart 1989, 267-289.

(22) Vgl. K. Berger, Formgeschichte des Neuen Testaments, Heidelberg 1984, 103.

(23) Für diese These spricht die relative Isolierung der Parole im Kontext, ihre zweimalige Erwähnung (14f) sowie ihre Kürze und Griffigkeit, durch die sie zünden will. Vgl. auch Gal 5,18. Natürlich ist sie als isolierte Parole mißverständlich (daß „Gnade" sehr präzis als Schlagwort für die Befreiung und Erlösung durch Christus steht, muß man erst einmal wissen!), doch trifft sie durchaus die paulinische Intention (vgl. unten!). Interessant ist, daß christliche Gnostiker sich für ihre libertinistische Freiheitslehre auf Röm 6,14 berufen konnten (so Clemens v. Alexandrien, Strom III, 61,1).

(24) Zur Thora als Garanten für die Ordnung des Kosmos vgl. M. Limbeck, Die Ordnung des Heils. Untersuchungen zum Gesetzesverständnis des Frühjudentums, Düsseldorf 1971.

(25) Argumente für diese These sind: formale Kennzeichen eines Lehrsatzes wie Kürze, Präzision, Allgemeinheit („der Mensch . . ."), Zeitlosigkeit (im Fall von Gal 2,16; Röm 3,28, sonst im gnomischen oder eschatologischen Futur fomuliert: Röm 3,20; Gal 2,16 Ende); mehrfache Überlieferung (Gal 2,16; Röm 3,20.28 sowie die Belege in Anm. 26); kennzeichnende Einleitung mit: „wir wissen, daß . . . (εἰδότες ὅτι)", so Gal 2,16, oder mit: „wir sind der Überzeugung, daß . . . (λογιζόμεθα + ΑϹΙ)", so Röm 3,28 (dazu vgl. auch unten Anm. 38!).

(26) Vgl. Apg 13,38f; Eph 2,8 (5); 2 Tim 1,9; Tit 3,4-7; Jak 2,24; 1 Clem 32,4; Irenäus, adv. haer. I, 23,2-4.

(27) P. Vielhauer, Geschichte der urchristlichen Literatur, Berlin-New York 1975, 580. A. Lindemann, Paulus im ältesten Christentum. Das Bild des Apostels und die Rezeption der paulinischen Theologie in der frühchristlichen Literatur bis Marcion (BHTh 58), Tübingen 1979, 247, postuliert zwar eine Kenntnis von Paulusbriefen durch den Verfasser des Jak, hält es aber für „durchaus denkbar, daß jene paulinischen Sätze einen gewissen Parole-Charakter erhalten hatten und unabhängig von den Briefen, in denen sie standen, überliefert wurden".

(28) Z. B. von F. Mußner, Der Jakobusbrief (HThK 13/1), Freiburg-Basel-Wien ⁵1987. Zuletzt vgl. M. Hengel, Der Jakobusbrief als antipaulinische Polemik, in: G. F. Hawthorne/O. Betz (Hgg.), Tradition and Interpretation in the New Testament (FS E. E. Ellis), Grand-Rapids - Tübingen 1987, 248-278.

(29) Zu Irenäus, adv. haer. I, 23,3f, vgl. G. Lüdemann, Untersuchungen zur simonianischen Gnosis (GTA 1), Göttingen 1975, der diese beiden Abschnitte mit guten Gründen zu den „nichtauthentischen Traditionen zur simonianischen Gnosis" rechnet (81–88); auch er bestätigt den Rekurs auf paulinische Überlieferung. Zum Irenäus-Text vgl. auch K. Beyschlag, Zur Simon-Magus-Frage: ZThK 68 (1971) 395-426: 400-405.417-419;

ders., Simon Magus und die christliche Gnosis, Tübingen 1974, 13-18. Eine Analyse der Paulusbezüge ebd. 193-203; sie hält B. freilich bestenfalls für einen dünnen „Firnis", der „auf einer scheinbar ähnlichen, in Wahrheit ganz andersartigen, nämlich gnostischen Grundierung aufgetragen ist" (195).

(30) „secundum enim ipsius gratiam saluari homines, sed non secundum operas iustas": Anstelle von „Glauben" im paulinischen Lehrsatz steht hier „Gnade" (so auch Eph 2,5.8), anstelle von „gerechtfertigt werden" heißt es „gerettet werden" (vgl. noch einmal Eph 2,5.8). Daß es sich bei den operae iustae um „Werke des Gesetzes" handelt, belegt der Kontext der Überlieferung. Ansonsten besitzt der Satz dieselben formalen Kennzeichen wie auch der paulinische Lehrsatz: Antithetik, Allgemeingültigkeit („homines"), Prägnanz der Formulierung (vgl. oben Anm. 25!). – Zu vergleichen ist auch noch die folgende, dem Karpokrates zugeschriebene, bei Irenäus, adv. haer. I, 25, und Hippolyt, VII, 32, belegte Überlieferung: „διὰ πίστεως γὰρ καὶ ἀγάπης σῴζεσθαι · τὰ δὲ λοιπὰ ἀδιάφορα ὄντα, κατὰ τὴν δόξαν τῶν ἀνθρώπων, πῇ μὲν ἀγαθά, πῇ δὲ κακὰ νομίζεσθαι, οὐδενὸς φύσει κακοῦ ὑπάρχοντος (bei W. Völker, Quellen zur Geschichte der christlichen Gnosis [SQS NF5], Tübingen 1932, 38. Z.8ff)

(31) Dieser das übergeordnete soteriologische Prinzip begründende (enim) Satz speist sich aus dem stoischen Gedanken, daß gerechtes Handeln nicht an sich, sondern lediglich durch Setzung gut sei. Zu seiner Kombination mit Paulusexegese, die Clemens v. Alexandrien, Strom III, 30; 40,4f; 41,3f; 61,1 auch für christlich-gnostische Gruppen seiner Zeit bezeugt, vgl. Beyschlag, Simon-Magus-Frage, a.a.O. (Anm. 29) 418f, sowie ders., Simon Magus, a.a.O. (Anm. 29) 197f.

(32) Vgl. damit die frühjüdische Vorstellung, nach der die Thora dem Mose nicht direkt von Gott, sondern durch Vermittlung von Engeln übergeben wurde: Josephus, Ant 15,5,3; PesR 21 (103b); im AT vgl. Dtn 33,2 (LXX); Ps 67,18; im NT: Apg 7,38.53; Hebr 2,2. Paulus hat in Gal 3,19 diese Vorstellung aufgegriffen, „um die Inferiorität des Gesetzes im Vergleich mit der Verheißung sicherzustellen" (F. Mußner, Der Galaterbrief [HThK 9], Freiburg-Basel-Wien ⁵1987, 247). Hier ist sie, vielleicht im Anschluß an ihre kritische Rezeption bei Paulus, im Sinne des antijudaistischen Dualismus der Überlieferung radikalisiert worden: Aus der Vermittlung ist Urheberschaft, aus der guten Weisung Gottes ein dämonisches Gesetz der Knechtschaft geworden.

(33) Vgl. die informative Studie von E. W. Stegemann, Die umgekehrte Tora. Zum Gesetzesverständnis des Paulus: Judaica 43 (1987) 4-20, 8ff.

(34) Zu Philo vgl. Stegemann, a.a.O. (Anm. 33) 9f; Y. Amir, Die hellenistische Gestalt des Judentums bei Philon von Alexandrien, Neukirchen 1983; J. Morris, The Jewish Philosopher Philo, in: E. Schürer, The history of the Jewish people in the age of Jesus Christ, III. 2. (revised and edited by G. Vermes etc.), Edinburgh 1987, 808-889.

(35) Vgl. dazu Y. Amir, a.a.O. (Anm. 34) 46-48. S. auch Philo, Migr. 450f.

(36) E. W. Stegemann, a.a.O. (Anm. 33) 5: „Seit der Aufklärung gilt Paulus geradezu als der Stifter des Christentums, der es aus den Fesseln einer bloß partikularen Religion des Gesetzes, als die das Judentum hier angesehen wird, zu einer universalen Religion der Liebe, die Jesus eigentlich intendierte, befreit hat."

(37) Vgl. F. Mußner, Der Galaterbrief, a.a.O. (Anm. 32); zuletzt H. D. Betz, Der Galaterbrief. Ein Kommentar zum Brief des Apostel Paulus an die Gemeinden in Galatien (aus dem Amerikanischen), München 1988.

(38) Natürlich bleibt dies eine Vermutung, aber es fällt doch auf, daß der Lehrsatz durchweg als Negation des ἐξ ἔργων νόμου (Gal 2,16; Röm 3,20) bzw. eines ἐν νόμῳ (Gal 3,11) formuliert ist, wobei die Negationspartikel οὐ bzw. οὐδείς immer beim Verb steht. U. Wilckens, Was heißt bei Paulus: „Aus Werken des Gesetzes wird kein Mensch gerecht"? in: ders., Rechtfertigung als Freiheit. Paulusstudien, Neukirchen 1974, 77-109,90: „Daß ‚vor Gott kein Fleisch gerecht wird', ist ein Paulus vorgegebener

Satz... Dasselbe Motiv findet sich sehr zahlreich in den Qumrantexten, in denen auch auffällt, daß die entsprechenden Sätze vielfach wie in Gal 2,16 durch ‚ich erkannte' bzw. ‚ich weiß' eingeleitet werden" (z. B. 1 QH 4,30; 9,14f; 12,31; 16,1; vgl. auch äthHen 81,5). Das entscheidende Element des paulinischen Satzes, die *Verneinung* des ἐξ ἔργων νόμου . hat freilich dort keine Parallele.

(39) Dazu E. Lohmeyer, Gesetzeswerke, in: ders., Probleme paulinischer Theologie, Stuttgart, o.J., 31-74.

(40) Was wir im folgenden ausführen, ließe sich natürlich auch am Galaterbrief zeigen. Sehr bezeichnend für unsere Fragestellung ist z. B. Gal 5,3: „Ich versichere noch einmal jedem, der sich *beschneiden* läßt: Er ist verpflichtet, *das ganze Gesetz* (ὅλον τὸν νόμον) zu halten." Das heißt aber doch im Sinn des Paulus: Ihr Heidenchristen, laßt euch nicht täuschen! Wenn ihr euch durch Übernahme der Beschneidung und der Beachtung auch von kultisch-rituellen Geboten gleichsam in die Identität Israels einbeziehen laßt, dann müßt ihr auch das Gesetz in seiner Integrität, mit allen seinen einzelnen Geboten und Verboten für euer Leben übernehmen. Eine Differenzierung zwischen den einen und anderen Geboten gibt es nicht (so jedenfalls die Sicht des Paulus auf das Judentum, das selbst nicht einig war in der Frage, was es denn heißt, „das *ganze* Gesetz tun": vgl. Betz, Galaterbrief, a.a.O. (Anm. 37) 444f.

(41) Vgl. meine Besprechung zu H. Schlier, Der Römerbrief (HThK VI), Freiburg–Basel–Wien 1977, in: BZ. NF 24 (1980) 290-294.

(42) Vgl. Gal 2,14; 4,10.21; 5,2; 6,12f.

(43) Zu Röm 7 vgl. des näheren unten in Punkt 4.

(44) Wenn man so will, könnte man also sagen: Abraham sei für Paulus ein „anonymer Christ" gewesen, der aus Gottes Gnade in Jesus Christus gelebt hat. Dies mag von allen gelten, die im „Alten Bund" auf seinen Spuren gewandelt sind. In jedem Fall ist ernstzunehmen, daß Paulus in Röm 4,3 mit der Schrift (Gen 15,6) feststellt: „es glaubte Abraham an Gott und (das) *wurde* ihm zur Gerechtigkeit angerechnet." Der Patriarch ist kein *gedachtes* Exempel, sondern „unser Stammvater *dem Fleisch nach*" (4,1).

(45) Vgl. R. Bultmann, Art. καυχάομαι etc. (= sich rühmen): ThWNT III 646-654, 649: Gerade für Paulus „ist die Grundhaltung des Juden am καυχᾶσθαι deutlich geworden als jenes Selbstvertrauen, das vor Gott ‚Ruhm' haben möchte, das auf sich selbst stehen will". Ähnlich auch H. Schlier, Von den Juden. Römerbrief 2,1-29, in: ders., Die Zeit der Kirche. Exegetische Aufsätze und Vorträge, Freiburg–Basel–Wien ⁴1966, 38-47, 38f: Der Jude „vertritt den Typus des nicht nur gelegentlich, sondern grundsätzlich moralisch urteilenden Menschen". Aber „auch das Behaupten der moralischen Position ist eine Weise des Menschen, sich selbst an Gott vorbei zum Gott zu machen. Es ist eine sublime Art, sich zu verklären – ohne Götzenbilder". Aber es bleibt doch festzuhalten: Nur in den Fällen bezeichnet Paulus das jüdische Bemühen um Erfüllung des Gesetzes als ein eigenmächtiges Streben, als den Versuch, die eigene Gerechtigkeit zu behaupten, in denen es augenscheinlich gegen Gottes Offenbarung seiner Gerechtigkeit in *Jesus Christus* gerichtet ist und *an ihr vorbei* erfolgt: so in seinem persönlichen Fall, als er das Evangelium zu unterdrücken suchte (Phil 3,6.9), oder im Fall Israels, insoweit es sich dem *Evangelium* gegenüber ablehnend verhält (Röm 9,30-33; 10,3).

(46) So H. Reiner, Art. Ethos, in: HWPh 32,812.

(47) Vgl. z. B. F. Mußner, „Das Wesen des Christentums ist συνεσθίειν". Ein authentischer Kommentar, in: H. Rossmann/J. Ratzinger (Hg.), Mysterium der Gnade (FS J. Auer), Regensburg 1975, 92-102. συνεσθίειν (Gal 2,12) = gemeinsames Mahlhalten.

(48) Im Unterschied zu Gal 5,3 (ὅλον τὸν νόμον ποιῆσαι), wo der Akzent auf dem Gesetz als einer aus vielen Einzelanordnungen bestehenden, unteilbaren

Ganzheit ruht (vgl. oben Anm. 40), geht es in Gal 5,14 (ὁ γὰρ πᾶς νόμος)um „das gesamte Gesetz, im Gegensatz zu seinen einzelnen Anordnungen" (Mußner, Galaterbrief, a.a.O. [Anm. 32] 370). Dieses Gesetz in seiner Gesamtheit kommt im Liebesgebot zu seiner Erfüllung, und das heißt auch für Paulus: es reduziert sich auf das Liebesgebot. Mußner, ebd. 373: „Das ganze Gesetz wird nach Paulus ‚erfüllt', indem es in die ἀγάπη ‚aufgehoben' wird; dadurch wird der Christ in die Freiheit der Liebe entlassen." Was ἀγάπη ist, hat sich in Christi Opfertod beispielhaft geoffenbart.

(49) Vgl. oben Abschnitt 2!

(50) Vgl. E. Reinmuth, Geist und Gesetz. Studien zu Voraussetzungen und Inhalt der paulinischen Paränese (ThA 44), Berlin 1985; P. J. Tomson, Paul and the Jewish Law (CRI 3,1), Assen – Minneapolis 1990. Anders A. Lindemann, Die biblischen Toragebote und die paulinische Ethik, in: W. Schrage (Hg.), Studien zum Text und zur Ethik des Neuen Testaments (FS H. Greeven), Berlin–New York 1986, 242–265.

(51) Mag auch ein Bezug der Wendung „auf den Tod Christi getauft" in 6,3 auf den in der frühen Kirche weithin üblichen Taufvollzug des „Eingetauchtwerdens" des Täuflings noch undeutlich sein, in V.4a mit seiner Symbolik des „Begrabenwerdens" ist eine solche Anspielung doch sehr naheliegend. Vgl. U. Wilckens, Der Brief an die Römer (EKK VI/2), Zürich–Neukirchen ²1987, 11f.

(52) Zum Vergleich der paulinischen Darstellung der christlichen Taufe mit analogen Initiationsriten in der antiken Mysterien vgl. zuletzt umfassend A. J. M. Wedderburn, Baptism and Resurrection. Studies in Pauline Theology against its Greco-Roman Background (WUNT 44), Tübingen 1987; außerdem D. Zeller, Sterbende Götter als Identifikationsfiguren; BiKi 45 (1990) 132–139, 139.

(53) Zum ethisch nuancierten Gebrauch von „Gerechtigkeit" in Röm 6 vgl. U. Schnelle, Gerechtigkeit und Christusgegenwart. Vorpaulinische und paulinische Tauftheologie (GTA 24), Göttingen ²1986.

(54) Doch vgl. schon Jes 40,6f: „Alles *Fleisch* ist Gras und all seine Kraft wie die Blume des Feldes. Das Gras verdorrt, die Blume verwelkt, denn des Herrn *Hauch* bläst es an. Das Gras verdorrt, die Blume verwelkt, doch das Wort unseres Gottes bleibt in Ewigkeit." Vgl. den Überblick bei D. Zeller, Der Brief an die Römer (RNT), Regensburg 1984, 133–135.

(55) Weil in Röm 7 *Adam* das Modell für den Menschen unter dem Gebot Gottes liefert (welches in der jüdischen Überlieferung mit der Sinai-Tora zusammengesehen wurde), dürfen wir annehmen, daß dieses Kapitel (wie schon die Adam-Christus-Typologie von Röm 5) nicht nur die Juden, sondern den Menschen schlechthin betrifft (den Heiden ist ja das Gesetz Gottes in ihr Herz und Gewissen geschrieben: Röm 2,14–16).

(56) Vgl. auch P. Stuhlmacher, Der Brief an die Römer (NTD 6), Göttingen 1989, 108f, der noch Jer 31,31-34 heranzieht.

(57) Deshalb kann Paulus auch in seiner Terminologie zwischen „Geist Gottes" (8,9a.11), „Geist" (8,9a.10) und „Geist Christi" (8,9b) variieren (vgl. auch 5,5).

(58) K. Barth, Evangelium und Gesetz (1935), abgedruckt in: E. Kinder/K. Haendler (Hg.), Gesetz und Evangelium. Beiträge zur gegenwärtigen theologischen Diskussion, Darmstadt 1968, 1–29,9.

(59) Vgl. Stegemann, a.a.O. (Anm. 33) 7.

(60) Vgl. die schöne Studie von O. Kuss, Enthusiasmus und Realismus bei Paulus, in: ders., Auslegung und Verkündigung. Aufsätze zur Exegese des Neuen Testamentes, Bd. 1, Regensburg 1963, 260–270.

(61) Vgl. den Abschnitt „Gewissensmäßiger, freier und verstehender Gehorsam" in: Schrage, Ethik, a.a.O. (Anm. 10) 185–189.

(62) Vgl. M. Limbeck, Vom rechten Gebrauch des Gesetzes, in: „Gesetz" als Thema Biblischer Theologie (JBTh 4), Neukirchen 1989, 151–169, der ebd. S. 162f als für die

Kirche sich ergebende Konsequenz aus dem paulinischen Umgang mit dem Gesetz sehr zutreffend festhält: „So gewiß das Gesetz mit seinen Weisungen und Geboten Gottes verpflichtenden Willen bewußt machen kann und soll, so gewiß also auch das Gesetz das Evangelium bezeugen kann (weshalb es auch nach Paulus keine Frage ist, ob sich die christlichen Kirchen und Gemeinschaften ein ‚Kirchenrecht' bzw. Gemeindeordnung geben können oder nicht) – das Gesetz wird nicht nur dann in falscher Weise gebraucht, wenn das *neue,* in Christus geschenkte Leben mit Hilfe des Gesetzes *geschützt und bewahrt* werden soll; es wird auch dann mißbraucht, wenn derjenige, der sich (wirklich oder scheinbar) gegen Gottes Willen vergangen hat, mit dem *Gesetz* konfrontiert wird, dem er *zuerst* gerecht werden muß, ehe er weiterer Gnade teilhaft wird. Denn es ist *allein der Geist Gottes* – und nicht der ohnmächtige νόμος [Gesetz] oder der Entzug der sich auch in den Sakramenten mitteilenden χάρις [Gnade] –, der den einzelnen befähigt, Gottes Willen zu erfüllen (Röm 8,2–5). Es ist allein das *Leben* dessen, der sich mit dem Sünder *identifiziert,* um an dessen Stelle den Fluch der Sünde auf sich zu nehmen, das den Sünder der tödlichen Macht der Sünde zu entreißen vermag und zu neuem Leben befähigt (Gal 3,10–14.)"

Matthias Lutz-Bachmann

„Der Aufstand in der Moral"

Aktualität und Herausforderung von Nietzsches
„Genealogie der Moral"

I.

Die gegenwärtige Diskussion über die öffentliche Bedeutung von Moral
ist durch gegensätzliche Tendenzen gekennzeichnet: Auf der einen
Seite mehren sich die Stimmen, die angesichts der großen Herausforderungen der Menschheit wie der Sicherung des Friedens, der Herstellung
von sozialer Gerechtigkeit sowie der Bewältigung der ökologischen
Herausforderung von einer weltweiten, nicht teilbaren Verantwortung
sprechen und in diesem Zusammenhang die Unverzichtbarkeit einer
universalistischen Moral unterstreichen. Auf der anderen Seite gibt es
Stellungnahmen, die vor einer Moralisierung von Sachfragen im Sinne
einer unangemessenen Betrachtungsweise warnen und gerade in der
öffentlich-politischen Wiederbelebung der Relevanz ethischer Reflexionen eine problematische Entwicklung ausmachen. Die für eine
solche Einschätzung angeführten Gründe sind vielfältiger Natur, zu
ihnen zählen auch philosophische Motive. Karl-Otto Apel spricht im
Blick auf diese von dem verbreiteten Gefühl einer Zumutung, das bei
vielen Zeitgenossen das Konzept einer universalistischen Moral auslöst.
Er verweist in diesem Zusammenhang auf eine eigentümliche Ablehn-
nungsallianz, die der universalistischen Moralkonzeption gegenübersteht, nämlich eine Verbindung von „neoaristotelisch"-konservativen
Moralskeptikern mit Positionen, die aus einer, wie es Apel nennt,
„individualistisch-anarchistischen" Einstellung heraus jedwede ethische Vorschrift oder Norm ablehnen.[1] Die konservativen Neuaristoteli-
ker – Apel zählt zu ihnen im deutschen Sprachraum etwa Odo Marquard
und Hermann Lübbe – plädieren dafür, Verantwortung streng auf den
Bereich „institutionell geregelter Zuständigkeit"[2] zu beschränken und
im übrigen die ethische Frage nach dem richtigen Handeln durch
Hinweis auf die „Üblichkeiten" traditioneller Handlungsmuster zu
beantworten. Die individualistisch-anarchistischen Moralkritiker stellen dagegen das Interesse an individueller „Selbstverwirklichung"[3] so
sehr in den Vordergrund ihrer Bemühungen, daß jede moralische
Forderung als eine Zumutung und eine Selbstentfremdung des Individuums erscheint. Bei Autoren wie etwa Michel Foucault oder Jean-

55

François Lyotard geht die Ablehnung einer jeden allgemeine Normen formulierenden Ethik mit einer „postmodernistischen Totalkritik am Vernunftbegriff der Aufklärung, ja am Logos-Begriff der abendländischen Philosophie insgesamt"[4] einher. Auch aus der Philosophie Martin Heideggers und der Tradition des hermeneutischen Denkens lassen sich, wie das Beispiel Richard Rortys zeigt, Schlußfolgerungen ziehen, die den Verbindlichkeitsanspruch allgemeiner ethischer Normen in Frage stellen. Auf diesem Weg werden nur mehr situative Handlungsmuster oder regionale Üblichkeiten als Verhaltensregeln anerkannt.

So unterschiedlich diese Positionen auch im einzelnen begründet und in ihrem jeweiligen sachlichen Zusammenhang ausgeführt sein mögen, sie laufen in der Tat allesamt darauf hinaus, die Möglichkeit einer universalen und das heißt einer über eine vernünftige Begründung als allgemein zuständig und auch politisch als notwendig ausgewiesenen Moral zu bestreiten. Um diesen Sachverhalt zu beschreiben, spricht Apel auch von einem „aktuellen oder zumindest modischen Aufstand gegen die Zumutung universeller Moralprinzipien"[5]. Hierbei kommt es jedoch zu einer paradox anmutenden Situation; der zeitgenössische Angriff auf die überlieferte Moral erfolgt nämlich zumeist im Namen einer Position, die für sich selbst eine höhere Sittlichkeit beansprucht. So kann gezeigt werden, daß die Einwände, die heute als fundamentale Kritik an der Tradition der Moral erhoben werden, auf die eine oder andere Weise dieser Tradition selbst entstammen, in ihrer einseitigen Rezeption der Überlieferung aber selbst recht wenig überzeugend sind.

Unter den Gründen, die gegen die Idee einer universalistischen Moral genannt werden, sind insbesondere drei Einwände hervorzuheben, die ich der Kürze halber so beschreiben möchte: erstens das Argument „Freiheit versus Pflicht", zweitens der Gesichtspunkt „Glück versus Allgemeinheit" und drittens der Anspruch einer größeren „Wahrhaftigkeit versus Ideologie". Der erste Einwand wird erhoben im Namen des von der Philosophie der Neuzeit stark gemachten Prinzips der Autonomie des Menschen, seiner sittlichen Selbstbestimmung. Dieses Prinzip wird hierbei so ausgelegt, daß einem jeden Menschen aufgrund seiner Freiheit das durch keine hinzutretenden Pflichten einzuschränkende Recht auf Selbstverwirklichung und das heißt auf Realisierung seiner Interessen zuerkannt wird. Die so ausgelegte Autonomie des Menschen verbietet damit aber eine jede Form von Moral, die – wie etwa auch die universalistischen Ethiken – allgemeine Pflichten für jeden an Handlungskontexten Beteiligten für sittlich verbindlich und nicht nur per Gesetz für rechtlich gültig erklärt. In diesem Sinne soll hier also von einem Argument „Freiheit versus Pflicht" gesprochen werden. Der zweite Einwand bringt einen Anspruch auf Glück zur Sprache, den Menschen quasi naturwüchsig im Blick auf ihre eigene Lebensgeschichte reklamieren. Da sich Glück aber stets nur als individuelles realisieren lasse, nämlich als das Lebensglück eines Individuums, müsse der von der universalistischen Moral herausgestellte Gesichtspunkt der ethischen Allgemeinheit aus dem Entwurf eines gelingenden Lebens ausgegrenzt werden. Der dritte Einwand beansprucht für den Kritiker der universalistischen Moral eine größere Wahrhaftigkeit, als sie dem Vertreter einer universalistischen Moral zugestanden wird; denn während diese vermeintlich ‚ideologisch' eine allgemeine Vernunft- oder Menschennatur unterstellen bzw. konstruieren, erblickt der nicht auf solche Allgemeinheiten fixierte Moralkritiker nur die situative Kontingenz des Einzelfalls und die kontextuelle Verschränkung jeglichen Handelns, kurz: diese Moralkritik erfaßt die der Wirklichkeit vermeintlich angemessenere ‚individuelle Differenz', die die universalistische Moral übersieht.

Doch es soll wenigstens gefragt werden, ob die hier referierten und heute als Ausdruck eines „postmodernistischen" Zeitgeistes häufig vorgelegten Einwände gegen eine universalistische Moral stichhaltig sind. Dies erscheint mir aber bei allen drei genannten Argumenten in der Tat problematisch zu sein. So formuliert der erste Einwand zwar mit gutem Recht das Prinzip einer für jede auf vernünftige Begründung ausgerichteten Moral unhintergehbaren Autonomie des Menschen. Doch daß der Freiheit des Menschen auch eine ihn in die sittliche Pflicht nehmende Verantwortung innerlich entspricht, also Pflichten nicht von außen kommen müssen, sondern sehr wohl Ausdruck der sittlichen Freiheit des Menschen sein können, diese Einsicht scheint bei diesem Einwand nicht wahrgenommen zu werden. Um der Freiheit willen muß aber auf einer Ethik der Verantwortung bestanden werden. Auch der zweite Einwand erscheint wenig überzeugend. Er gibt vor, aus dem natürlichen Interesse der Menschen an der Erfüllung ihres ebenso natural grundgelegten Strebens nach Glück (oder einem sog. „gelungenen Leben") den Universalisierungsanspruch einer postkonventionellen Moral zurückweisen zu können. Hier soll die Suche nach Glück als eine tatsächliche und unter bestimmten Bedingungen berechtigte Triebfeder unseres Handelns gar nicht in Abrede gestellt werden. Doch eine Orientierung der Moral allein an der Glücksintention der Handelnden, wie sie beispielsweise der ethische Utilitarismus vertritt, ist nicht nur schlecht begründet, sondern auch unter den Bedingungen der modernen Welt, der Ausdifferenzierung der Lebenswelten und der globalen Interdependenzen der Handlungsfolgen absolut unzureichend. Besonders problematisch erscheint mir an dieser Position die quasi-naturalistische Reduktion der Begründung von Handeln auf die Ebene der partikularen Interessen der Beteiligten, woraus keine sittliche Einsicht, mithin auch kein sittlicher Konsens erwachsen kann. Als Konsequenz dieser Position sind Vereinbarungen oder Verträge zwischen den Handelnden nur so lange als sittlich verbindlich zu betrachten, so lange sie nicht in einen Gegensatz zu subjektivem Glücksverlangen treten. Der dadurch provozierte, beständig drohende Rückfall eines von solchen Prinzipien bestimmten Lebens in die Situation des Kampfes aller gegen alle wird aber auf Dauer die Glücksintention aller Beteiligten ruinieren. Vom dritten Einwand kann gezeigt werden, daß er sich in geltungstheoretische Aporien verrennt. Dies soll kurz am Beispiel einer heute eben nicht selten begegnenden Argumentation erläutert werden, die den Versuch unternimmt, den Anspruch auf eine allgemeine Verbindlichkeit der Menschenrechtsidee als Ausdruck einer bloß partikulären Herrschaftsideologie zu relativieren und das heißt aufzuheben. Bei einer solchen Argumentation spielt es zunächst keine Rolle, ob die Menschenrechte zum Herrschaftsinstrument „der Europäer", „der westlichen Zivilisation", „der Männer" oder welcher partikulären Teilgruppe auch immer erklärt werden. Unschwer ist auch an diesem Argument der Anspruch einer höheren Sittlichkeit im Sinne einer größeren Wahrhaftigkeit abzulesen, die diese Art von Moral- oder Rechtskritik für sich reklamiert. Doch es kann relativ leicht gezeigt werden, daß die gegenüber der universalistischen Idee der gleichen Menschenrechte betonte ‚Differenz' der Kulturen oder Geschlechter nur dann zu einem Argument gegen eine bestimmte (und gar nicht zu bestreitende) historische Praxis der Unterdrückung oder Marginalisierung werden kann, wenn die allgemeine Geltung gerade der sittlichen Idee der gleichen Rechte für alle Menschen anerkannt wird. Eine Moralkritik, die dieser Einsicht im Grundsatz nicht Rechnung trägt, löst sich selbst als Kritik auf.

II.

Schon ein erster Blick auf Motive und Aporien der Moralkritik läßt deutlich werden, daß der im Namen einer höheren ‚Sittlichkeit' unternommene ‚Aufstand gegen die Moral' in vielen seiner Motive bewußt oder unbewußt mit der Kritik an der überlieferten Moral bei Friedrich Nietzsche verbunden ist. Auch dessen Generalangriff auf die abendländische Moraltradition muß nämlich als eine Kritik im Namen einer höheren ‚Sittlichkeit' interpretiert werden, als ein in höchstem Maße moralisch motivierter „Immoralismus".[6] Diese Feststellung ist wichtig, insofern sie dazu verhilft, Nietzsches Protest gegen die Moral als eine Kritik an einer bestimmten Gestalt von Sittlichkeit im Namen einer anderen Moral zu verstehen. Nietzsche setzt diesen doppelten Moralbegriff im übrigen überall dort voraus, wo er im Blick auf die zu kritisierende Moral selbst den Terminus eines ‚Aufstandes' gegen eine vorausliegende Tradition von Moral gebraucht. So spricht er an zentralen Stellen seines Werkes von einem „Sklavenaufstand in der Moral".[7] Dieser habe, so Nietzsche, zuerst „mit den Juden"[8] begonnen; er sei dann im Christentum (und zwar, wie er sich ausdrückt, über die „drei Juden" vermittelt: Jesus, den „Fischer Petrus" und den „Teppichwirker Paulus"[9]) erfolgreich fortgesetzt worden und artikuliere sich in der Gegenwart selbst noch in den Parolen der Französischen Revolution, und zwar in den Ideen von Freiheit, Gleichheit und Brüderlichkeit; denn auf diese beziehen sich noch, wie Nietzsche richtig bemerkt, die bürgerliche Demokratie oder der demokratische Sozialismus, also genau diejenigen politischen Vorstellungen, die Nietzsche perhorresziert. Innerhalb der Geschichte der Philosophie komme die durch den „Sklavenaufstand in der Moral" vollzogene Umwertung aller früheren „Werte" insbesondere bei Kant und Schopenhauer zu einem gewissen Abschluß.

An dieser sehr allgemeinen philosophie- und moralgeschichtlichen Skizze Nietzsches ist sachlich richtig, daß gerade Kants Ethikbegründung einen gewissen Höhepunkt innerhalb einer Entwicklung darstellt, die man als eine Tendenz zur Verinnerlichung hinsichtlich der Begründung des ethisch Gesollten beschreiben könnte. Diese Entwicklung ist mit den in der jüdisch-christlichen Gottesrede grundgelegten Begriffen von personal gedachter Freiheit und Unvertretbarkeit des Einzelnen eröffnet; sie wird von mittelalterlichen Ethiken wie etwa bei Petrus Abaelardus mit dem Begriff der Intention[10] oder bei Thomas von Aquin mit dem Begriff des Gewissens[11] konzeptuell vorbereitet und gelangt in der Philosophie der Neuzeit, insbesondere bei Kant, zu einer systematischen Ausarbeitung. Die Begründung des ethisch Gesollten wird bei Kant bekanntlich zu einer Leistung des autonomen Subjekts. Kraft seiner Vernunft soll es überprüfen, ob die Grundsätze seiner moralischen Entscheidungen verallgemeinerungsfähig und das heißt für Kant als vernünftig ausweisbar sind. Auf diesem Weg sucht

Kant den Gedanken einer vernünftigen Selbstverpflichtung des Menschen auszuarbeiten, also einen Pflichtbegriff, der dem der Freiheit und Autonomie des Menschen nicht widerspricht.

Nietzsche wendet sich gegen die Kantische Begründung von Moral, so insbesondere in seinen Schriften „Jenseits von Gut und Böse" (1885) und „Zur Genealogie der Moral" (1887). Hierbei geht es Nietzsche nicht einfach um die Bestreitung eines bestimmten Ethikkonzepts innerhalb der philosophischen Überlieferung; vielmehr verfolgt er zunächst die Absicht, eine Darstellung der „Herkunft unserer moralischen Vorurteile"[12] überhaupt zu geben, um auf diesem Weg die gesamte überlieferte moralische Weltanschauung als „eine Gefahr, eine Verführung, ein Gift, ein Narkotikum"[13] zu entlarven, „durch das . . . die Gegenwart auf Kosten der Zukunft"[14] lebt. Nietzsches Moralkritik lebt also aus einer deutlichen Emphase des Wahrheitswillens[15], der gegen eine mehr als zweitausendjährige Geschichte der Selbsttäuschung nun endlich die, wie er mit der Absicht einer umfassenden Erklärung sagt, „wirkliche Historie der Moral"[16] setzen will, nicht etwas bloß Ausgedachtes (wie die Kantische Vernunft), also nichts „Blaues", sondern: „das Graue, will sagen, das Urkundliche, das Wirklich-Feststellbare, das Wirklich-Dagewesene, kurz die ganz lange, schwer zu entziffernde Hieroglyphenschrift der menschlichen Moral-Vergangenheit"[17].

Nietzsche grenzt seine Ableitung der Moral zunächst von zeitgenössischen psychologischen oder ultilitaristischen Moraldeutungen ab, die hinter den moralischen Werten und ethischen Tugenden in Wahrheit „unmoralische", nämlich egoistische Absichten der Menschen aufzudecken versuchen. Als ein Beispiel solcher Entlarvungsversuche nennt Nietzsche die Annahme, daß „unegoistische Handlungen von seiten derer gelobt und gut genannt" seien, „denen sie erwiesen wurden, also denen sie nützlich waren"[18]. Später sei die Gleichsetzung der moralischen Qualifikation einer Handlung als „gut" mit „nützlich" vergessen worden und daraus habe sich auf dem Weg über Gewohnheit und Irrtum ein Wert, eine Tugend oder eine Verhaltensweise als ‚moralisch gut' etabliert. Dagegen stellt Nietzsche seine These, „das Urteil ‚gut' rührt nicht von denen her, welchen ‚Güte' erwiesen wird! Vielmehr sind es ‚die Guten' selber gewesen, das heißt die Vornehmen, Mächtigen, Höhergestellten und Hochgesinnten, welche sich selbst und ihr Tun als gut, nämlich als ersten Ranges empfanden und ansetzten, im Gegensatz zu allem Niedrigen, Niedriggesinnten, Gemeinen und Pöbelhaften. Aus diesem Pathos der Distanz heraus haben sie sich das Recht, Werte zu schaffen, Namen der Werte auszuprägen, erst genommen: was ging sie die Nützlichkeit an!"[19]. Damit unterstellt Nietzsche eine historische Epoche in der menschlichen Urgeschichte, die der vermeintlich späteren „Einführung" der Begriffe „gut" und „böse" noch vorausgeht. In dieser ersten Epoche von Moral galt allein die „ursprünglichere" Differenz von „gut" und „schlecht"; sie entspricht für Nietzsche ganz der damaligen gesellschaftlichen Hierarchie und reflektiert die reale Differenz von Herrschenden und Beherrschten, Starken und Schwachen. „Das Pathos der Vornehmheit und Distanz, wie gesagt, das dauernde und dominierende Gesamt- und Grundgefühl einer höheren herrschenden Art im Verhältnis zu einer niederen Art, zu einem „Unten" – das ist der Ursprung des Gegensatzes ‚gut' und ‚schlecht'."[20]

Doch diese ungetrübte Herrschaft der naturwüchsig Starken, und das heißt für Nietzsche der „Guten", über die Schwachen, gerät mit dem Auftreten einer priesterlichen Aristokratie als einer neuen herrschenden Schicht in die Krise; denn die Priester geben, so Nietzsche, dem ursprünglichen physiologisch-natürlichen bzw. politisch-äußerlichen Wertungs-Gegensatz „gut/schlecht" einen neuen Sinn, indem sie ihn, wie Nietzsche schreibt, „auf eine gefährliche Weise verinnerlichen und verschärfen konnten"[21]. So macht er priesterliche Reinheitsvorstellungen, religiöse Askese und schließlich theologische Spekulation für die Herausbildung der Annahme der menschlichen Seele und des Gewissens, für die Unterstellung von freiem Handeln und individuell zu verantwortender Lebensgeschichte und schließlich auch für die Einführung von Moral im bis heute überlieferten Sinn verantwortlich. Damit werde aber das Leben der Menschen, das ursprünglich in die beiden Gruppen der skrupellos Herrschenden und der physiologisch sowie politisch Beherrschten aufgeteilt war, „ungesund" und „gefährlich". Nietzsche schreibt: „Bei den Priestern wird eben alles gefährlicher, nicht nur Kurmittel und Heilkünste, sondern auch Hochmut, Rache, Scharfsinn, Ausschweifung, Liebe, Herrschsucht, Tugend, Krankheit – mit einiger Billigkeit ließe sich allerdings auch hinzufügen, daß erst auf dem Boden dieser wesentlich gefährlichen Daseinsform des Menschen, der priesterlichen, der Mensch überhaupt ein interessantes Tier geworden ist, daß erst hier die menschliche Seele in einem höheren Sinne Tiefe bekommen hat und böse geworden ist – und das sind ja die beiden Grundformen der bisherigen Überlegenheit des Menschen über sonstiges Getier!..."[22]. So ist es für Nietzsche ein Werk der Priester, den ursprünglicheren und äußeren, in Kampf, Krieg und Herrschaftsausübung geprägten Wertungs-Gegensatz „gut / schlecht" in den zeitlich späteren und damit nachgeordneten inneren moralischen Gegensatz von „gut/böse" uminterpretiert zu haben. Wir begegnen hier der großen „Umwertung aller Werte", die Nietzsche in der Entwicklung des Abendlandes seit Sokrates und Paulus am Werk sieht und die er in seiner Philosophie wieder zugunsten der von ihm unterstellten ursprünglichen Lebens- und Machtverhältnisse rückgängig machen will. Für diese Umwertung von „gut/schlecht" in „gut/böse" und das heißt für die Erfindung der Moral sind bei Nietzsche neben dem Platonismus vor allem die Juden verantwortlich: „Die Juden, jenes priesterliche Volk, das sich an seinen Feinden und Überwältigern zuletzt nur durch eine radikale Umwertung von deren Werten, also durch einen Akt der geistigsten Rache Genugtuung zu schaffen wußte"[23].

Damit meint Nietzsche eine hinreichende Erklärung der Moral durch die Darstellung der Entstehungsgeschichte der moralischen Vorstellungen gegeben zu haben, die seinen Standpunkt „jenseits von gut und böse" absichern soll: Die Schwachen nehmen an ihren Besiegern, die sie als die Unterlegenen naturwüchsig hassen, Rache, indem sie ihnen die Moral, und das heißt für Nietzsche vor allem ein Gewissen und ein Jenseits, einreden, um sie so daran zu hindern, ihre ursprüngliche leibliche Kraft und Stärke skrupellos wie zuvor einzusetzen. Auf diesem Weg aber gelangen die jüdischen Priester selbst zur Macht, wenn auch auf dem indirekten, ihnen aber alleine möglichen Weg, nämlich zur „Herrschaft über die Seelen": Das also bezeichnet Nietzsche als den „Sklavenaufstand", der in der Moral „mit den Juden beginnt".[24] Die Bergpredigt Jesu ist für Nietzsche gleichsam die Magna Charta und der Beleg dieser jüdisch-christlichen Herrschaftsabsicht auf dem Weg über Verinnerlichung, Reflexion und Subjekt-Konstitution. So schreibt er: „Die Juden sind es gewesen, die gegen die aristokratische Wertgleichung (gut = vornehm = mächtig = schön = glücklich = gottgeliebt) . . . die Umkehrung gewagt und mit den Zähnen des abgründigsten Hasses (des Hasses der Ohnmacht) festgehalten haben, nämlich, die Elenden sind allein die Guten, die Armen, Ohnmächtigen, Niedrigen sind allein die Guten, die Leidenden, Entbehrenden, Kranken, Häßlichen sind auch die einzig Frommen, die einzig Gottseligen, für sie allein gibt es Seligkeit – dagegen ihr, ihr Vornehmen und Gewaltigen, ihr seid in alle Ewigkeit die Bösen, die Grausamen, die Lüsternen, die Unersättlichen, die Gottlosen, ihr werdet auch ewig die Unseligen, Verfluchten und Verdammten sein!"[25] Von den Juden und insbesondere dem Juden Jesus von Nazareth – dieser „Verführung in ihrer unheimlichsten und unwiderstehlichsten Form"[26], wie Nietzsche schreibt – geht ein Aufstand gegen alles Starke und Herrschende aus, der sich für Nietzsche hin bis zur Französischen Revolution[27], zur Idee von der Gleichheit und Freiheit der Menschen, verhängnisvoll fortsetzt. Nietzsche sieht in den sozialen und politischen, ethischen und rechtlichen Gleichheits- und Freiheitsidealen der Moderne ein „Ressentiment" wirksam, das den „ursprünglichen" Lebensentwurf der starken und „vornehmen Rassen" zeitweilig außer Kraft gesetzt habe. Doch „auf dem Grunde dieser vornehmen Rassen ist das Raubtier, die prachtvolle nach Beute und Sieg lüstern schweifende blonde Bestie nicht zu verkennen; es bedarf für diesen verborgenen Grund von Zeit zu Zeit der Entladung, das Tier muß wieder heraus, muß wieder in die Wildnis zurück".[28] Immer dann, wenn dies in der Geschichte geschah, so war und ist dies für Nietzsche ein Zeichen der Gesundung; denn dann treten die Angehörigen der starken Rassen „in die Unschuld des Raubtier-Gewissens zurück, als frohlockende Ungeheuer, welche vielleicht von einer scheußlichen Abfolge von Mord, Niederbrennung, Schändung, Folterung mit einem Übermut und seelischem Gleichgewicht davongehen, wie als ob nur ein Studentenstreich vollbracht sei, überzeugt davon, daß die Dichter für lange nun wieder etwas zu singen und zu rühmen haben".[29]

In solchem Tun zeigen sich also „von Zeit zu Zeit" für Nietzsche die „vornehmen Rassen", zu denen Nietzsche auch die germanischen Goten und Vandalen zählt. Und mit der Absicht eines Kommentars zur Zeitgeschichte des Jahres 1887 fügt Nietzsche noch eine Bemerkung hinzu, der im Blick auf das zwanzigste Jahrhundert eine höchst problematische Wirkungsgeschichte zukommt ist. So schreibt er: „Das tiefe, eisige Mißtrauen, das der Deutsche erregt, sobald er zur Macht kommt - auch jetzt wieder -, ist immer noch ein Nachschlag jenes unauslöschlichen Entsetzens, mit dem Jahrhunderte lang Europa dem Wüten der blonden germanischen Bestie zugesehen hat"[30]. Nietzsche beschreibt in solchen Zuordnungen unzweifelhaft seine eigene Zielperspektive. Es ist dies sein Plädoyer gegen die jüdisch-christliche Moral und für eine „zweite Unschuld"[31], in der die Ideen von gleicher Würde und gleichen Rechten, von Freiheit und Verantwortung, von Gewissen und Verpflichtung, von Handlungssubjekt und Vernunft keine Anerkennung mehr finden. Auch der „Atheismus"[32] gehört für Nietzsche zur Verfassung dieser von ihm intendierten Welt ohne die herkömmliche Moral, in der die vornehmen und starken Rassen endlich wieder skrupel-, weil gewissenlos über die Schwachen gebieten und in der sich allein die Steigerung des Lebens für die Starken freie Bahn bricht. Hier sagen die Schwachen endlich wieder: „Wir Schwachen sind nun einmal schwach; es ist gut, wenn wir nichts tun, wozu wir nicht stark genug sind"[33]. Aber den jüdisch-christlichen Moralerfindern fehlt es für Nietzsche genau an dieser „Klugheit niedrigsten Ranges, welche selbst Insekten haben (die sich wohl totstellen, um nicht ‚zu viel' zu tun, bei großer Gefahr)"[34]. Statt dessen erfinden sie eine moralische Welt, ein ‚Jenseits' und ein Gewissen, um dem „Raubvogel"[35] einzureden, daß es nicht gut sei, ein Raubvogel zu sein. Die von Nietzsche bemühte Tiermetaphorik deutet das Ziel seiner Philosophie an, das er seinen Zarathustra verkünden läßt: den Übermenschen – jene Mischung von Heros und „Unmensch"[36].

III.

Nietzsches ‚Immoralismus' zielt ab auf eine Erneuerung und Wiederherstellung der von ihm intendierten Moral „jenseits von gut und böse", die dem jüdisch-christlichen „Aufstand" wider die alte Herrenmoral noch vermeintlich vorausliegt. Darunter versteht Nietzsche eine Moral, die sich nicht aus Vernunftprinzipien begründet, die sich auch nicht als die Erfüllung von Vertragspflichten oder Tugendgeboten versteht und die sich auch nicht auf altruistische Gefühle wie etwa das Mitleid verläßt. Bei seiner Ablehnung der tradierten Ethikkonzepte wird deutlich, daß Nietzsche in seiner Vorstellung davon, was den Kern der gesamten überlieferten Moral ausmacht, auf Kants „kategorischen Imperativ" einerseits und auf Schopenhauers Mitleidsethik andererseits fixiert bleibt. Mit diesem Hinweis soll zunächst nur festgehalten werden, daß Nietzsche ein reichlich eingeschränktes Vorverständnis der abendländischen Moraltradition besitzt. Dieses soll und kann hier nicht in ihren einzelnen Aspekten untersucht und systematisch diskutiert werden. Für uns muß es an dieser Stelle genügen festzuhalten, daß Nietzsche glaubt, mit seiner „Genealogie der Moral" die gesamte überlieferte abendländische Morallehre erledigt zu haben. Hierzu bedient er sich einer Strategie, die seiner aphoristischen Stilistik entgegenkommt, nämlich einer Reduktion aller ernsthaft diskussionswürdigen Ethikkonzepte auf Kant und Schopenhauer. Während er sich im Weiteren aber von Kants Idee der Ethik als einer vernünftigen Selbstverpflichtung des Menschen gemeinsam mit Schopenhauer[37] distanziert, wendet er sich gegen beider Ethiklehren, indem er ihnen die lebenspraktische Haltung einer Weltverneinung als Ausfluß von Schwäche und Ressentiment vorhält. In beiden Ethiken sieht Nietzsche also die Einstellung einer Verteufelung der Welt und einer Verneinung des Lebens wirksam, die er wirkungsgeschichtlich unmittelbar auf die jüdisch-christliche Gottesrede zurückführt. Hierbei fällt weiterhin auf, mit welcher Einseitigkeit Nietzsche auf ein ganz bestimmtes Verständnis der christlichen Religion festgelegt ist, das in manchen Zügen der pessimistischen Weltsicht der Spätantike und insbesondere der des alten Augustinus[38] entspricht. Wie seine Rezeption der Überlieferung des Christentums, und zwar an vielen Stellen seines Werkes, deutlich werden läßt, ist Nietzsche davon überzeugt, in der durch Augustinus formulierten, antipelagianisch zugespitzten Auslegung der paulinischen Gnaden- und Sündenlehre den Schlüssel zum Verständnis der christlichen Glaubenslehre und -praxis schlechthin vor sich zu haben. Andere Traditionslinien – ich nenne hier stellvertretend für die Breite der christlichen Quellen und Überlieferung nur die narrative Theologie der synoptischen Evangelien, die Theologie der antiochenischen und alexandrinischen Kirchenväter oder die christliche Rezeption des Aristotelismus und die scholastischen Summen des Mittelalters – kommen Nietzsche in seiner grandiosen Vereinfachung, die bei ihm wohl aus zeitbedingt-konfessionellen und biographischen Gründen vorliegt, überhaupt erst nicht in den Blick.

Auf eine systematische Diskussion auch der mit diesen Hinweisen aufgeworfenen Fragestellung von Nietzsches Deutung des Christentums muß ich an dieser Stelle leider ebenfalls verzichten[39]. Für unseren Versuch einer Rekonstruktion von Nietzsches Moralkritik muß es hier genügen, zunächst nur die sachlichen Voraussetzungen und das heißt die problematische Engführung seines Verständnisses im Blick auf den von ihm hergestellten und kritisierten Zusammenhang von überlieferter Moral und Religion wenigstens angedeutet zu haben. Eine eingehendere Beschäftigung mit diesem Aspekt der Nietzscheinterpretation müßte verdeutlichen, daß bestimmte Schlußfolgerungen Nietzsches sich als unmittelbare Konsequenz unhaltbarer Voraussetzungen verständlich machen und damit zugleich kritisieren lassen. Mir kommt es hier nun statt dessen auf zwei systematisch relevante Aspekte an, die im Blick auf die in der Gegenwart beobachtbare Bereitschaft von Bedeutung sind, das Grundmodell von Nietzsches Moralkritik bereitwillig zu übernehmen. Es sind dies zum einen (1.) die sachliche Unhaltbarkeit der von Nietzsche vorgelegten und bis heute immer wieder rezipierten Argumentation und zum anderen (2.) die Problematik von gewissen Schlußfolgerungen, die aus Nietzsches Beitrag zur Ethikdiskussion gezogen werden können und geschichtlich auch gezogen worden sind. Hierzu möchte ich im Folgenden noch kurz Stellung nehmen:

1. Wie gezeigt worden ist, wählt Nietzsche als den Weg seiner Moralkritik nicht den einer direkt geführten argumentativen Auseinandersetzung, sondern den der indirekten Bestreitung durch Aufweis einer vermeintlich problematischen Entstehung der moralischen Vorurteile der Menschen. Daher lautet seine Forderung: „Wir haben eine Kritik der moralischen Werte nötig; der Wert dieser Werte ist selbst erst einmal in Frage zu stellen – und dazu tut eine Kenntnis der Bedingungen und Umstände not, aus denen sie erwachsen, unter denen sie sich entwickelt und verschoben haben. (Moral als Folge, als Symptom, als Maske, als Tartüfferie, als Krankheit, als Mißverständnis; aber auch Moral als Ursache, als Heilmittel, als Stimulans, als Hemmung, als Gift)."[40] Nietzsche tritt mit seiner Diskussion der Moral also nicht in den praktischen Diskurs einer Überprüfung des Richtigkeitsanspruchs moralischer Werte oder ethischer Prinzipien ein; er steht vielmehr „jenseits" dieser Debatte über „gut und böse", ja er unterläuft sie, um gleichsam von hinten in einem theoretischen Diskurs deren genealogische Ableitung vorzuführen. Dabei kommt er aber nicht umhin, für seine Behauptung einen „Wahrheitsanspruch" zu beanspruchen, nämlich denjenigen Geltungsanspruch, den alle verstehbaren assertorischen Aussagen, also Aussagen mit Behauptungscharakter, über Sachverhalte besitzen. Indem Nietzsche das oben beschriebene genealogische Ableitungsverfahren für seine Moralkritik wählt, für das er, wie er selbst ausdrücklich sagt, in einem hohen Maß den Anspruch einer ‚wahren Erkenntnis' reklamiert, droht er sich jedoch in einen aporetischen Widerspruch zu den Grundaussagen seiner Philosophie zu verstricken. Dies soll an dieser Stelle wenigstens kurz angedeutet sein.

Im Zentrum seiner philosophischen Kritik an der gesamten überlieferten abendländischen Philosophie (also nicht nur der speziellen Tradition der Moralphilosophie) steht seine Kritik des traditionellen philosophischen Wahrheitsbegriffs. Diesen überlieferten Begriff der Wahrheit assertorischer Aussagen hatte Thomas von Aquin in seiner Schrift „De veritate" – auf dem Hintergrund von Aristoteles[41] – so definiert: „Veritas est adaequatio rei et intellectus"[42]. Dagegen aber wendet Nietzsche ein: „Die Forderung einer adäquaten Ausdrucksweise ist unsinnig: es liegt im Wesen einer Sprache, eines Ausdrucksmittels, eine bloße Relation auszudrücken ... Der Begriff ‚Wahrheit' ist widersinnig."[43] Die assertorischen Aussagesätze stimmen für Nietzsche nicht mit Gegenständen oder Sachverhalten der äußeren, als „objektiv" bezeichneten Wirklichkeit überein; sie folgen vielmehr allein den Regeln, die die jeweilige Grammatik einer Sprache vorschreibt. Alle unsere Vorstellungen von den Dingen und ihren Eigenschaften, von

Ursache und Wirkung, von Identität und Differenz, Dauer und Werden sind Ausdruck des menschlichen Willens, „die Dinge gerade so und nicht anders sehen"[44] zu wollen; sie artikulieren somit das menschliche Unvermögen, sich der in der Grammatik niedergelegten ‚Macht der Sprache' entziehen zu können. Auch die für jede ethische Reflexion vorauszusetzende Annahme, daß die Menschen in ihrem Handeln als die Urheber der Handlung und somit als für diese verantwortlich zu betrachten seien, gehört für Nietzsche zu den allein aufgrund der herrschenden Grammatik entstandenen Irrtümern. Auch die für die Ethik zentrale Vorstellung eines „Subjekts" der Handlung, eines „Wirkens", das als bedingt durch ein Wirkendes gesehen wird, ist nur möglich „unter der Verführung der Sprache (und der in ihr versteinerten Grundirrtümer der Vernunft) . . . Aber es gibt kein solches Substrat; es gibt kein ‚Sein' hinter dem Tun, Wirken, Werden; „der Täter" ist zum Tun bloß hinzugedichtet – das Tun ist alles."[45] In diesem Sinne ist es konsequent, wenn Nietzsche nicht nur den Begriffen Substanz, Ursache, Subjekt (auch Gott im Sinne einer ersten Ursache) einen Realitätsbezug abspricht, sondern auch den weitergehenden Schluß zieht: „Wahrheit ist die Art von Irrtum, ohne welche eine bestimmte Art von lebendigen Wesen nicht leben könnte"[46].

Doch genau mit dieser Konsequenz begibt sich Nietzsche in eine argumentativ ausweglose Situation: Er begeht nicht nur einen performativen Widerspruch, der darin besteht, zumindest für diese seine Analyse einer grundsätzlichen ‚Differenz' zwischen Dingen und Begriffen einen – wie minimal auch immer ausgelegten – Wahrheitsanspruch aufzustellen. Er müßte zumindest für seine radikale Einsicht in die Unangemessenheit unserer Sprache und unseres Erkennens darlegen können, inwiefern seine eigenen Erkenntnisse oder Eingebungen sich einer anderen, höheren Sprache und Grammatik verdanken. Das aber zeigt er an keiner Stelle seines Werkes auf. Spätere Interpreten Nietzsches – wie etwa Gilles Deleuzes – meinen, in diese höhere Sprache und Einsicht sei Nietzsche erst mit dem ausbrechenden Wahnsinn des Philosophen in den Januartagen des Jahres 1889 eingetreten – was so absurd nicht ist, wie es prima facie klingen mag. Für uns aber ist entscheidend: Nietzsche selbst hält sich, wie wir gesehen haben, in seiner Genealogie der Moral keineswegs an diese von ihm emphatisch vorgetragene Einsicht in die vermeintliche Irrtumsstruktur unseres Erkennens, ja des gesamten Wahrheitsbegriffs[47]. Dies belegen aufs deutlichste die in der Absicht einer Entlarvung aller bisherigen Moralvorstellungen und Werte unternommenen Berichte Nietzsches über die Entstehung der „moralischen Vorurteile", insbesondere über die Entstehung des moralisch gedeuteten Gegensatzpaares „gut und böse" aus dem ursprünglicheren Gegensatz „gut und schlecht".

2. Auf diesem Weg gelangt Nietzsche zu der Position eines Immoralismus aus Gründen der Erneuerung einer Moral, die nicht Moral im Sinne der überlieferten Ethik, sondern eine Moral unter der Herrschaft der Macht sein will. Doch Nietzsche sieht selbst, daß diese „Moral" der Herrschaft der Mächtigen nur mehr die Haltung einer Bejahung hinzufügt, die willentlich und wissentlich zum Ausdruck bringen soll, daß diejenige Macht herrschen soll, die kraft „natürlicher" Dispositionen bzw. politisch-gesellschaftlicher Konstellation ohnehin herrscht. Nietzsches Immoralismus terminiert in einer reaktionären Affirmation vermeintlich ursprünglicher, jedenfalls naturwüchsiger Herrschaft. An dieser Stelle stürzt Nietzsches Gestus der Aufklärung über die traditionelle Moral in eine schlechte Metaphysik des Bestehenden ab. Nietzsches tragisch-heroische, auf Moral im Sinne der Überlieferung verzichtende Philosophie decouvriert sich nun ihrerseits als Anwältin einer Verklärung des naturalistisch umgedeuteten, in Wahrheit historisch-gesellschaftlich bedingten Zwangs, unter dem die Menschen in der Mehrheit bis heute leiden. Nietzsches Programm zur Befreiung von der Herrschaft einer Moral der ressentimentgeladenen Schwachen wird so zum Schafott der Freiheitsidee. Daher ist es auch kein Zufall oder pures Mißverständnis, wie manche Nietzsche-Apologeten heute gerne behaupten, daß Nietzsches Philosophie stets solchen Mächten gut ins Konzept gepaßt hatte, die – aus welchen Gründen auch immer – mit den Ideen der europäischen Aufklärung nichts im Sinne hatten: mit Freiheit, Gleichheit, Brüderlichkeit bzw. Solidarität. Gewiß, auch das soll festgehalten werden, Nietzsche war kein unmittelbarer Wegbereiter des Nationalsozialismus; aber aus den Paradoxien und Ergebnissen seiner Moralkritik lassen sich Schlußfolgerungen ziehen, die nicht nur nichts gegen, wohl aber vieles für die Praxis der antiegalitären, reaktionären und unter den historischen Bedingungen Deutschlands eben auch nationalsozialistischen Politik ins Feld führten. Daher nehmen sich angesichts der geschichtlichen Erfahrungen gerade des 20. Jahrhunderts Nietzsches Aussagen in seiner Moralkritik von den vermeintlich „rachsüchtigen Juden" bis hin zur Beschreibung der ‚neuen Moral' der vornehmen Rassen, ihrer naturalen Stärke und Skrupellosigkeit, überaus bedrückend aus. Nicht daß Nietzsche die geschichtlichen Katastrophen des 20. Jahrhunderts intendiert hätte; aber angesichts der berüchtigten Rede Heinrich Himmlers vor den Einsatzkommandos der SS, denen er noch im Jahr 1944 anerkennend

bescheinigt hatte, die von ihnen begangenen Verbrechen „durchgehalten zu haben und dabei – abgesehen von Ausnahmen menschlicher Schwächen – anständig geblieben zu sein"[48], sind Nietzsches Überlegungen zur überlieferten Moral wahrhaft „jenseits von gut und böse" und in den Konsequenzen,die aus ihnen gezogen werden können, mehr als nur problematisch.

Anmerkungen

(1) Karl-Otto Apel, Diskurs und Verantwortung. Das Problem des Übergangs zur postkonventionellen Moral, Frankfurt/M. 1988, 160.
(2) Ebd., 170.
(3) Vgl. ebd., 163; vgl. hierzu u. a. den Beitrag von Michael Theunissen, Selbstverwirklichung und Allgemeinheit, Berlin 1983.
(4) Apel, a.a.O. (Anm. 1), 156.
(5) Ebd.
(6) Vgl. hierzu u. a. M. Fleiter, Vom Leid zur Macht. Über Hintergründe und Ziele des ethischen Naturalismus bei Nietzsche, in: M. Lutz-Bachmann/G. Schmid Noerr (Hrsg.), Die Unnatürlichkeit der Natur, Frankfurt/M. 1991.
(7) Friedrich Nietzsche, Zur Genealogie der Moral, in: Nietzsche Werke, KGW VI 2, Berlin 1968, 282.
(8) Ebd.
(9) Ebd., 301.
(10) Vgl. Petrus Abaelardus, Scito te ipsum, ed. D. E. Luscombe, Oxford 1971.
(11) Vgl. Thomas von Aquin, Summa theologiae I–II, q. 18 und 19 sowie ders., De Veritate 17, 2-4; vgl. hierzu u. a. Ludger Honnefelder, Praktische Vernunft und Gewissen, in: Handbuch der christlichen Ethik, hrsg. von A. Hertz, W. Korff, T. Rendtorff u. H. Ringeling, Bd. 3, Freiburg 1982, 19–43.
(12) Nietzsche, a.a.O. (Anm. 7), 260.
(13) Ebd., 265.
(14) Ebd.
(15) Ebd., 272.
(16) Ebd., 266.
(17) Ebd.
(18) Ebd., 272.
(19) Ebd., 273.
(20) Ebd., 273f.
(21) Ebd., 279.
(22) Ebd., 280.
(23) Ebd., 281.
(24) Ebd., 282; vgl. hierzu auch ders., Jenseits von gut und böse, in: KGW VI 2, a.a.O. (Anm. 7), 118f.
(25) Ders., Zur Genealogie der Moral, a.a.O. (Anm. 7), 281.
(26) Ebd., 282.
(27) Ebd., 301.
(28) Ebd., 289.

(29) Ebd.

(30) Ebd., 289f.

(31) Ebd., 346.

(32) Ebd.; vgl. hierzu u. a. ders., Der Antichrist (1888), beispielsweise Aphorismus 43.

(33) Ders., Zur Genealogie der Moral, a.a.O. (Anm. 7), 294.

(34) Ebd.

(35) Ebd.

(36) Vgl. ebd., 302.

(37) Vgl. Arthur Schopenhauer, Preisschrift über die Grundlage der Moral, in: Zürcher Ausgabe Bd. VI, Zürich 1977, 143-315, insb. 168-214.

(38) Vgl. Aurelius Augustinus, Retractationes, CSEL 36, 1 oder ders., De praedestinatione sanctorum, PL 44, 959-992.

(39) Einige Hinweise zu dieser Fragestellung sind zu finden in meinem Aufsatz: Nietzsches „Fluch auf das Christentum", in: Stimmen der Zeit 199 (1981), 398-408.

(40) Nietzsche, Zur Genealogie der Moral, a.a.O. (Anm. 7), 265.

(41) Vgl. Aristoteles, Peri hermeneias IV - VI, (Lehre vom Satz), übers. u. hrsg. v. E. Rolfes, Hamburg ²1958, 97-99.

(42) Thomas von Aquin, De Veritate q. 1, a.1, lat.-dt. Auswahl, übers. u. hrsg. v. A. Zimmermann, Hamburg 1986, 8.

(43) Nietzsche, Aus dem Nachlaß der Achtzigerjahre, in: Friedrich Nietzsche, Werke in drei Bänden, Bd. III, 751f.

(44) Ders., Nachgelassene Fragmente April - Juni 1885, in: KGW VII 3, Berlin/New York 1974, 224; vgl. hierzu u. a. J. Simon, Grammatik und Wahrheit, in: Nietzsche, hrsg. von J. Salaquarda, Wege der Forschung 521, Darmstadt 1980, 185-218 sowie ders., Sprache und Sprachkritik bei Nietzsche, in: Über Friedrich Nietzsche, hrsg. von M. Lutz-Bachmann, Frankfurt/M. 1985, 63-97.

(45) Nietzsche, Zur Genealogie der Moral, a.a.O. (Anm. 7), 293.

(46) Ders., Aus dem Nachlaß der Achtzigerjahre, a.a.O. (Anm. 43), 844.

(47) Vgl. neben den schon genannten Passagen aus der „Genealogie" u. a. a.a.O. (Anm. 7), 272ff.

(48) Aus einer Rede des Reichsführers-SS Heinrich Himmler: Die Ausrottung des jüdischen Volkes – Ein Ruhmesblatt unserer Geschichte, in: Der Nationalsozialismus. Dokumente 1933-1945, hrsg. u. komm. von Walther Hofer, Frankfurt/M. 1957, 114.

HANS ROTTER

Gibt es eine christliche Moral?

In einer Situation, in der der christliche Glaube nicht mehr als allgemein anerkannte Grundlage unserer Gesellschaft gilt, in der eine Vielfalt von Glaubensstandpunkten gegeneinander auftritt, legt sich die Meinung nahe, die Gotthold Ephraim Lessing in seinem Werk „Nathan der Weise" dargestellt hat: Jeder meint, er habe die Wahrheit, aber in Wirklichkeit hat jeder genauso recht wie der andere. Ja man geht heute in Fragen der Moral oft noch insofern weiter, als man behauptet, daß eigentlich zwischen den verschiedenen Standpunkten gar keine Unterschiede bestünden, denn das, was vom einen moralisch verlangt wird, das wird auch vom anderen verlangt. Wo unterschiedliche Meinungen in Moralfragen bestünden, da beruhten sie eigentlich nur auf Irrtümern. So habe auch das Christentum keine Sondermoral, sondern die Zehn Gebote und alle anderen sittlichen Verpflichtungen seien in gleicher Weise für alle Menschen bindend.

Diese Auffassung, die, wenn auch oft weniger ausdrücklich, sehr verbreitet ist, scheint dennoch unzutreffend zu sein. Ja es ist sogar sehr wichtig, daß man sich auch in Fragen der Moral auf seine Eigenart besinnt, um sie ganz bewußt gegenüber anderen Standpunkten vertreten zu können. Bevor aber auf diese Thematik eingegangen werden kann, sei erst noch etwas darüber gesagt, was überhaupt unter Moral zu verstehen ist und wie sittliches Handeln jeweils in einer bestimmten Geschichte begründet ist.

1. Was verstehen wir unter Moral?

Es geht im moralischen Handeln des Menschen um Sinnverwirklichung. Es geht nicht bloß darum, bestimmte innerweltliche Ziele anzustreben, sich Nahrung zu verschaffen oder Geld zu verdienen, Ansehen und Macht anzustreben usw., sondern es geht darum, daß man sich so verhält, wie es das letzte Ziel menschlichen Daseins verlangt. Eine Entscheidung ist sittlich, insofern sie positiv oder negativ etwas mit diesem letzten Ziel der menschlichen Existenz zu tun hat.

Der christliche Glaube ist der Überzeugung, daß es das letzte Ziel des Lebens ist, Gott zu finden, Gott die Ehre zu geben und für sich Rechtfertigung und Heil zu finden. Wenn also eine Handlung so geartet ist, daß sie Gott näher bringt, dann ist sie sittlich gut. Wenn sie den Menschen hingegen von Gott entfernt, dann ist sie sittlich böse.

Nun kann man Gott nicht einfach im räumlichen Sinn näher kommen oder ihm begegnen. Das ist nicht durch bloß äußeres Tun möglich, sondern es braucht dazu die inneren Haltungen des Glaubens, der Hoffnung und der Liebe. Dadurch, daß eine bestimmte Handlung Verkörperung und Ausdruck von Liebe und Glaube ist, bringt sie Gott näher und ist sittlich gut. Wenn aber die innere Haltung von Lieblosigkeit, von Unglaube und Gleichgültigkeit geprägt ist, dann ist die betreffende Handlung sittlich schlecht. Ausschlaggebend für die sittliche Bewertung einer Handlung ist also nicht in erster Linie, welche Folgen diese Handlung äußerlich hat, sondern aus welcher Intention, aus welcher inneren Einstellung sie vollzogen wird.[1]

Wenn hier von Glaube die Rede ist, ist selbstverständlich nicht ein bloß äußeres theoretisches Für-wahr-Halten gemeint, sondern jener personale Grundvollzug, auf den wir auch abzielen, wenn wir von Hoffnung oder Liebe sprechen. Glaube in diesem Sinn ist gegeben, wenn ein Mensch sein Leben so ausrichtet, wie es die Existenz eines Gottes verlangt. Unglaube würde hier bedeuten, daß jemand so lebt, als ob es keinen Gott gäbe. So gesehen ist eine sittliche Handlung letztlich ein Vollzug des Glaubens und bringt uns deshalb Rechtfertigung von Gott. In diesem Sinn ist auch die Aussage des Paulus zu verstehen, daß uns nur der Glaube rechtfertigt, nicht aber die Werke.

Es kommt nicht auf das äußere Tun und die äußere Wirkung an, sondern auf die Einstellung, die wir dabei haben. Selbstverständlich bedeutet das nicht, daß die äußeren Werke dabei überflüssig sind. Der Glaube muß in der Liebe wirksam werden (vgl. Gal 5,6).

Diese Auffassung von Moral ist aber nun bereits spezifisch christlich. In vielen Kulturen und Religionen kommt es nicht auf die Intention des Handelns an, sondern entscheidend auf den äußeren Erfolg. Das gilt z. B. auch für den Marxismus, der das Tun des Menschen primär nach den gesellschaftlichen Auswirkungen bewertet, nicht aber nach der inneren Intention. Wenn man den Erfolg des menschlichen Handelns zum entscheidenden Kriterium der Sittlichkeit macht, dann kommt ein fatalistischer und tragischer Zug in das Menschenbild, wie man ihn z. B. bei den alten Griechen, z. T. auch im Islam vorfindet. Christliche Moral ist wesentlich eine Gewissens- und Verantwortungsmoral, nicht eine Moral des Erfolges, die den Menschen nach seinem äußeren Glück und Schicksal beurteilt.[2]

2. Die Begründung des sittlichen Anspruchs in Vergangenheit und Zukunft

Wenn wir die sittlichen Gebote im AT und NT untersuchen, fällt uns vor allem ein Zusammenhang auf. Die Forderungen an den Menschen werden nämlich immer wieder begründet in dem, was Gott für den Menschen getan hat.[3] Wie er an uns gehandelt hat, so sollen wir auch aneinander handeln. So beginnt der Dekalog nach Ex 20,2: „Ich bin Jahwe, dein Gott, der dich aus dem Ägypterlande, dem Sklavenhause, herausgeführt hat." Aus dieser Tat Gottes ergeben sich dann die Verpflichtungen für den Menschen. Im NT lautet das neue Gebot, das uns Christus gegeben hat: „Liebt einander! Wie ich euch geliebt habe, so sollt auch ihr einander lieben" (Joh 13,34). Dieses Gebot wird in verschiedensten Forderungen abgewandelt: Mt 5,44 ff. sagt: „Liebet eure Feinde und betet für die, die euch verfolgen, damit ihr Söhne eures Vaters im Himmel werdet; denn er läßt seine Sonne aufgehen über Böse und Gute und läßt regnen über Gerechte und Ungerechte." Das Gleichnis vom unbarmherzigen Knecht sagt uns, daß wir Barmherzigkeit erweisen sollen, so wie Gott uns Barmherzigkeit schenkt. In Eph 5,25 sagt Paulus: „Ihr Männer, liebet eure Frauen, wie Christus die Kirche geliebt und sich für sie hingegeben hat."

Das Gebot der Liebe, das alle anderen Gebote umfaßt, wird also nicht in einem zeitlosen Wesen des Menschen begründet, auch nicht in der Notwendigkeit sozialen Zusammenlebens oder sonst in einer naturhaften Struktur, sondern in dem, was Gott für den Menschen getan hat. Dieses Tun Gottes wird nun aber wieder nicht einfach in dem Faktum der Schöpfung gesehen, sondern in der Geschichte[4], in der Gott den Menschen führt und in die er selber durch Jesus und seinen Geist eingegangen ist.

Dieser Grundgedanke der geschichtlichen Begründung der Moral sei vielleicht noch an einem Beispiel illustriert. Wenn ich mich frage, was ich meinem Freund schuldig bin, wieweit ich verpflichtet bin, ihm zu helfen und mich für ihn einzusetzen, dann läßt sich die Antwort darauf nicht einfach im Sinne des Naturrechts geben. Ich kann nicht sagen, ich sei dem Freund so und soviel schuldig, einfach deswegen, weil er mein Freund ist. Was ich ihm schuldig bin, wird davon abhängen, wieviel der andere für mich getan hat. Wenn er sich oft für mich eingesetzt hat, wenn er mir große Dienste erwiesen hat, dann bin auch ich ihm viel schuldig. Wenn er sich hingegen dort, wo ich ihn gebraucht hätte, zurückgezogen und sich meinen Bitten verweigert hat, dann werde auch ich mich nicht verpflichtet fühlen, für ihn einen letzten Einsatz zu leisten. In diesem Sinn ist die biblische Auffassung zu verstehen. Wenn Jesus nicht gekommen wäre und wenn er nicht für uns gestorben wäre, wenn Gott an uns gar nicht viel läge, dann bräuchten auch wir uns Gott nicht so verpflichtet zu fühlen.

Natürlich kann man aus diesem Gedanken, daß die Liebe Gottes zu den Menschen das Maß unseres Handelns sein müsse, keine bindenden Regeln für den Alltag ableiten. Man kann etwa die Frage, ob der Einsatz von Atomwaffen sittlich zu rechtfertigen sei, nicht im Blick auf das Leben und Verhalten Jesu Christi oder noch allgemeiner im Blick auf die Geschichte Gottes mit den Menschen entscheiden. Sicher wirft ein solches Problem eine Reihe von Fragen etwa technischer und militärischer Art auf, die mit einer solchen theologischen Methode nicht zu beantworten sind. Aber diese Fragen sind eben für sich genommen Teilaspekte, deren Gewichtung erst noch geleistet werden muß. Und dazu wird dann der Horizont einer bestimmten Glaubensgeschichte wichtig werden.

Was den Christen verpflichtet, ist also das Wort Gottes, das in der Geschichte Jesu Christi ergangen ist. Diesem Vergangenheitsaspekt entspricht ein Zukunftsaspekt. Die Glaubenden wissen sich durch Christus berufen zu Auferstehung und Heil. Diese Hoffnung bedeutet ebenfalls wieder ein Charakteristikum christlicher Moral. Christliche Moral beruht nicht, wie das in vielen Kulturen zu beobachten ist, auf der Angst vor dem Zorn der Götter, auf der Angst vor den Ahnen und Geistern, die dem Menschen schaden könnten. Christliche Moral ist deshalb auch nicht eine Moral, die durch brutale Sanktionen gesichert wird. Man findet in vielen Kulturen solche Sanktionen, wo einem Dieb die Hand abgeschlagen wird, wo ein Mädchen, das vorzeitig schwanger geworden ist, zu den Krokodilen in den Fluß geworfen oder verbrannt wird. Christliche Moral muß sich des Erbarmens Gottes bewußt sein und auch dieses Erbarmen im Leben zu verwirklichen suchen. Die Bibel versteht sittliche Verpflichtungen immer nur als die Kehrseite der Frohbotschaft. Zuerst wird uns gesagt, daß Christus uns liebt, dann wird uns gesagt, daß auch wir einander lieben sollen. Dieser frohe Charakter der christlichen Moral steht in Zusammenhang mit unserer Hoffnung. Wir gehen nicht auf einen ewigen Tod zu, wir gehen auch nicht auf die Erbarmungslosigkeit eines unerbittlichen Richters zu, sondern auf einen Gott, der uns in seine Hand geschrieben hat (vgl. Jes 49,16).

Diese christliche Hoffnung bezieht sich darauf, daß Gott uns seine Liebe und die Teilhabe an seinem göttlichen Leben verheißen hat. Das hat für unser Verständnis von Sittlichkeit etwa folgende Konsequenzen: Wir glauben, daß wir unserem Ziel durch ein Verhalten näher kommen, in dem wir Liebe verwirklichen. Weil unser Ziel die liebende Verbundenheit mit Gott ist, deshalb ist das Gebot der Liebe auch der Kern unserer gesamten Sittlichkeit. Liebe bedeutet Bejahung des anderen, Anerkennung des andern in seiner Freiheit, bedeutet also auch Toleranz. Liebe schließt Vergebung ein, die wir einander gewähren sollen. Weil aber unser Ziel nicht in rein innerweltlichen Gütern liegt, sondern im ewigen Heil, wird alles Innerweltliche relativiert. Die irdischen Güter sind nur vorletzte Dinge und nicht die letzten.

Von daher ist auch ein Fanatismus abzulehnen, dem jedes Mittel recht ist, um bestimmte innerweltliche Zielsetzungen zu erreichen. Umgekehrt bewahrt diese christliche Auffassung aber vor der Verzweiflung, auch wenn noch soviel Unglück in einem Leben geschieht, auch wenn die Schuld, die man begangen hat, noch so groß ist. Solange wir leben, ist es nicht zu spät und wir haben recht, darauf zu hoffen, daß unser Leben vor Gott letztlich doch gelingen wird.

Ein weiterer Zug christlicher Ethik zeigt sich in der Bedeutung des Gewissens. Wenn man Ethik rein weltimmanent begründen will, dann muß das letztlich auf eine Erfolgsethik hinauslaufen. Gut ist dann etwas, was zu einem bestimmten immanenten Ziel hinführt, böse ist, was von diesem Ziel entfernt. Wenn man also etwa den letzten Sinn menschlichen Daseins in sozialer Geltung sehen würde, dann wäre alles gut, was das eigene Ansehen vermehrt, und es wäre alles böse, was diesem Ansehen abträglich ist. Das sittlich Gute wäre dann auch von der äußeren Auswirkung menschlichen Verhaltens abhängig. Weil es hingegen im christlichen Verständnis um ein Heil geht, das alles Innerweltliche übersteigt, und weil dieses Heil im Vollzug von Glaube und Liebe beim Menschen ankommt, deshalb ist das letzte Kriterium für den Christen nicht in der äußeren Wirkung einer Handlung zu sehen, sondern in der Frage, wieweit diese Handlung Verwirklichung von Glaube und Liebe ist. Jene Instanz nun, in der diese innere personale Stellungnahme mit den äußeren Gegebenheiten vermittelt wird, in der also ein Urteil darüber getroffen wird, in welchem konkreten Handeln sich Glaube und Liebe umsetzen müssen, ist das Gewissen. Für ein christliches Verständnis ist deshalb das Gewissen oberstes subjektives Kriterium über den sittlichen Charakter einer Handlung. Das Gewissen kann sich irren hinsichtlich der äußeren Zweckmäßigkeit einer Handlung. Aber es kann sich nicht irren hinsichtlich des sittlichen Charakters, weil dieser nicht von äußeren Zusammenhängen und Zufällen abhängt, weil der sittliche Wert eben nicht an der äußeren Wirkung menschlichen Tuns bemessen wird, sondern an dieser inneren Einstellung, die ja im Gewissen unmittelbar vollzogen wird.

Eine Erfolgsethik kann grundsätzlich die Unfehlbarkeit des Gewissens nicht anerkennen: In einer Erfolgsethik bleibt die Bewertung menschlichen Handelns solange offen, bis feststeht, ob man das angestrebte Ziel erreicht hat oder nicht. In einer solchen Erfolgsethik hängt deshalb die Bewertung menschlichen Handelns nicht von der inneren Intention, sondern von äußeren Zufällen ab. Damit gerät man in ein fatalistisches Weltverständnis, in dem der Mensch schuldig werden kann, ohne es zu wollen, und in dem er gerechtfertigt sein kann, weil er eben Glück gehabt hat. Die Beurteilung der Sittlichkeit vom Gewissen und nicht vom Erfolg oder von äußeren Instanzen her ist deswegen ein dringendes Postulat jeder Humanität. Aber dieses Postulat ist eben nur erfüllbar, wenn der Sinn des Menschen nicht in innerweltlichen Gütern liegt, sondern diese Welt übersteigt.

Ein weiteres ganz zentrales Merkmal christlicher Ethik ist das Verständnis von Freiheit. Man kann einen Menschen zu einer äußeren Handlung zwingen, aber nicht zu Liebe, Hoffnung und Glaube. Deswegen kann man ihn nach christlichem Verständnis auch nicht zum Guten zwingen. Sittlichkeit verlangt Freiheit. Nur soweit der Mensch in Freiheit eine Entscheidung trifft, kann diese Entscheidung Heilsbedeutung haben. – Daraus ergibt sich einerseits die Forderung nach Freiheitsraum für einen selber und anderseits die Anerkennung der Freiheit des Mitmenschen in der Haltung der Toleranz.

Weil aber diese Freiheit eine Freiheit zur Liebe ist, deshalb führt sie nicht zur Isolation des einzelnen, sondern es geht um eine Freiheit in Kommunikation und in Bindung an Gemeinschaft. Dieser Freiheitsbegriff unterscheidet sich z. B. von jenem Willen zur Selbstbefreiung, der es primär auf die Unabhängigkeit und Ungebundenheit des einzelnen abgesehen hat. Liebe bedeutet immer auch Bindung, allerdings eine in Freiheit bejahte und vollzogene Bindung.

Hier darf nun auch der Anspruch auf eigenen Freiheitsraum nicht vergessen werden. Die Liebe zum andern besagt nicht sklavische Unterwerfung unter seine Herrschaft, sondern sie fordert auch Selbstbewußtsein und Anspruch auf eigene Würde. Denn wenn wir unser Heil im Vollzug der Liebe finden und wenn wir wollen, daß auch der Mitmensch dieses Heil findet, dann müssen wir bestrebt sein, ihn zur Liebe zu führen. Wir dürfen es also nicht dulden, daß er uns mißachtet und entwürdigt.

Ein Begriff wie Freiheit kann vieles bedeuten. Das christliche Verständnis bezieht Freiheit auf Liebe. Es versteht den Menschen nicht als autonomen Herrn seines Glückes, sondern als Beschenkten und als einen Menschen, der von Christus zur Freiheit befreit ist (vgl. Gal 5,1).

Schließlich sei noch auf einen letzten Punkt in diesem Zusammenhang hingewiesen, nämlich auf die Wertschätzung der menschlichen Person. Das christliche Verständnis von Heil begründet einen ganz bestimmten Sinn menschlichen Lebens. Der Mensch lebt nach unserem Glauben nicht nur für innerweltliche Zwecke, nicht nur als Funktion irgendwelcher gesellschaftlicher Prozesse, sondern er lebt, um in diesem Leben ein Heil zu finden, das innerweltliche Werte übersteigt. Aus diesem Grunde kann auch der Sinn menschlichen Lebens nicht schon dadurch in Frage gestellt werden, daß irgendwelche immanenten Werte verfehlt werden. Gesundheit, Erfolg im Beruf, Glück in der Ehe sind zwar Güter, die man hochschätzen wird, die auch nicht bedeutungslos sind für das letzte Ziel menschlichen Daseins. Aber sie stellen keine absoluten Werte dar. Der Mensch kann seine Erfüllung auch finden, wenn er derartige Güter verfehlt, sogar wenn er innerweltlich scheitert. Das bedeutet einerseits, daß der Glaubende auch im Unglück und im Sterben nicht zu verzweifeln braucht, weil sein Leben auch hier noch sinnvoll bleibt, solange er es im Glauben trägt. Anderseits aber bedeutet es, daß ein solches Leben unter allen Umständen auch von der Umgebung Respekt und Schutz fordern kann. Denn die Würde menschlichen Lebens gründet eben nicht im innerweltlichen Gelingen, sondern in der Berufung zu einem ewigen Heil.

Aus diesem Zusammenhang ist zu folgern, daß grundsätzlich alle Menschen die gleiche Würde haben, „da gilt nicht mehr Jude oder Grieche, nicht mehr Sklave oder Freier, nicht mehr Mann oder Frau" (Gal 3,28).

Sicher kann man bei all diesen Ausführungen einwenden, daß das Christentum ja selber nicht ganz gehalten hat, was es hier vertritt.

Selbstverständlich ist Moral immer eine Sache, die man zu verwirklichen sucht, aber an der man oft auch scheitert und versagt. Dennoch glaube ich, daß wir auch mit unserer Geschichte im Vergleich mit anderen Religionen und Kulturen durchaus bestehen können. So hat es z. B. zwar in der christlichen Geschichte vielfach eine große Bereitschaft zum Töten gegeben, sowohl in Zusammenhang mit häufigen Todesstrafen wie auch im Zusammenhang des Krieges oder sogar der Abtreibung. Und natürlich hat es auch in unserer Geschichte oft Mord und Totschlag gegeben. Dennoch meine ich, daß es bei uns in der Regel nicht jenen Zynismus gegeben hat, der z. B. aus der Meldung spricht, daß in Indien jährlich Hunderte von jungen Frauen, meist durch Verbrennen, umgebracht werden, weil ihre Angehörigen Schwierigkeiten hatten, den Brautpreis zu zahlen. Das Christentum hat doch ein sehr deutliches Bemühen gezeigt, im Laufe der Jahrhunderte den Grundwert des Lebens mehr und mehr zu achten. Ähnlich ist das mit vielen anderen Fragen. Wir können nicht sagen, daß unsere Geschichte fleckenlos ist, aber wir spüren in dieser Geschichte immer wieder neue Versuche, die Grundprinzipien stärker durchzusetzen.

3. Zur Frage der konkreten Normen

Nach all diesen Überlegungen könnte aber immer noch die Frage gestellt werden, ob die Eigenart christlicher Ethik sich nur auf den Bereich der Motivation und der letzten Sinngebung beschränke oder ob nicht doch die konkreten Normen, um die es in der Ethik ja auch geht, im wesentlichen mit den Normen anderer Kulturen übereinstimmen. Die Unterschiede, die dann noch festzustellen wären, könnten vielleicht einfach dem Bereich des geschichtlich zufällig Gewordenen zugewiesen werden. Auf diese Frage wäre zunächst noch einmal zu sagen, daß es in der christlichen Sittlichkeit gar nicht in erster Linie um die ganz konkreten äußeren Normen geht. Wolfgang Wickler hat in seinem Buch „Die Biologie der Zehn Gebote"[5] gezeigt, daß es auch im Tierreich Verhaltensweisen gibt, wie sie im Dekalog vorgeschrieben werden. Denn diese Verhaltensweisen, daß man nicht beliebig töten, stehlen und vergewaltigen darf, sind einfach Möglichkeitsbedingungen sozialen Lebens. Auch Tiere, besonders wenn sie in größerer Zahl zusammenleben, sind diesen Notwendigkeiten unterworfen. Die Ebene der Ethik ist noch gar nicht erreicht, wenn man nur davon spricht, welche Möglichkeitsbedingungen für soziales Leben gelten. Hier bewegt man sich erst im Bereich der Nutzwerte, und sehr viele Argumente, die in der Moraltheologie gebracht werden, betreffen zunächst diese Ebene. Von einer eigentlichen Ethik kann man aber erst sprechen, wenn es um den Freiheitsraum des Menschen und um die Hinordnung seines Handelns auf eine letzte Sinngebung geht. Auch die Eigenart einer Ethik kann sich also nur im Bereich wirklich sittlicher Werte zeigen und nicht unmittelbar da, wo es sich um bloße Nutzwerte handelt.

Eine Ethik lebt zudem nicht bloß aus einer tradierten Glaubenslehre und aus der ausdrücklich formulierten Weltanschauung einer Kultur, sondern immer auch aus der persönlichen Erfahrung. Der christliche Glaube schließt die Überzeugung ein, daß Gott alle Menschen liebt, daß der Geist Gottes in allen wirkt und daß es deshalb prinzipiell auch in allen Menschen so etwas wie eine Erfahrung von Gnade geben kann. Ein Mensch, der in sich hineinhört und sich von seiner Erfahrung führen läßt, der auf sein Gewissen achtet, wird deshalb nicht eine bloß immanente Ethik vertreten können. Hier müßte es zu einer Differenz zwischen dieser Gewissenserfahrung einerseits und der ethischen Theorie einer bestimmten Kultur anderseits kommen. Ja es muß sogar diese Lehre dann in einer Weise interpretiert und umgeformt werden, daß sich auch in ihr diese tiefere Erfahrung von Gott auswirkt. So gesehen ist es nicht problemlos, von einer christlichen und verschiedenen nichtchristlichen oder gar atheistischen Ethiken zu sprechen. Das mag es als Theorie einzelner Autoren geben, aber kaum als Lebensform eines Volkes über längere Zeit. Es geht deshalb auch in unserer Suche nach der Eigenart christlicher Ethik nicht darum zu zeigen, daß das Christentum etwas hat, was andere nicht haben, sondern um die Aufgabe, jene Werte menschlicher Existenz zu entfalten und ihnen in unserer Welt Geltung zu verschaffen, die im Lichte christlicher Offenbarung als fundamental für ein erfülltes menschliches Leben gelten müssen.

Der christliche Glaube stellt hier gegenüber den einzelnen konkreten Normen durchaus eine kritische Instanz dar, nach der bestimmte Verhaltensweisen abzulehnen sind, die in anderen Religionen zulässig erscheinen, und andere Verhaltensweisen gefordert werden, die vielleicht nicht überall als verpflichtend erkannt werden. Vom christlichen Glauben her ergibt sich eine bestimmte Hierarchie der Werte, etwa in dem Sinn, daß manches relativiert wird, was für menschliche Existenz durchaus wichtig ist, während in anderer Hinsicht ein bedingungsloser Einsatz verlangt wird, wie ihn andere Ethiken nicht kennen.

Wenn wir also nach der Eigenart christlicher Moral fragen, dann dürfen wir nicht bloß einzelne Normen herausgreifen und prüfen, ob wir sie in ähnlicher Form auch außerhalb des Christentums finden, sondern wir müssen das Erscheinungsbild der ganzen christlichen Ethik ins Auge fassen, auf seine begründenden Prinzipien hinterfragen und dann mit anderen ethischen Systemen vergleichen. Dabei wird uns dann klarer werden, welche Wirkmächtigkeit christliche Ethik in der Geschichte entfaltet hat, und welchen Auftrag wir als Christen gerade in der heutigen Welt haben.

Anmerkungen

(1) Näheres zu dem hier vertretenen Ansatz in: H. Rotter, Grundgebot Liebe. Mitmenschliche Begegnung als Grundansatz der Moral, Innsbruck 1983; vgl. dazu auch J. Römelt, Personales Gottesverständnis in heutiger Moraltheologie – auf dem Hintergrund der Theologien von Karl Rahner und H. U. v. Balthasar. Innsbruck 1988, 223–248.

(2) Dieser Gedanke ist breiter entfaltet in: H. Rotter, Die Eigenart der christlichen Ethik, in: StdZ 191 (1973), 407–416.

(3) R. Schnackenburg spricht hier von Nachahmung Gottes: Ders., Die sittliche Botschaft des NT, Bd. 1, Von Jesus zur Urkirche. Freiburg 1986, 85f.

(4) Näheres dazu in: H. Rotter, Zwölf Thesen zur heilsgeschichtlichen Begründung der Moral. In: Ders. (Hg.), Heilsgeschiche und ethische Normen, Freiburg i. Br. 1984, 99–127.

(5) W. Wickler, Die Biologie der Zehn Gebote. München 1971.

DIETRICH BRAUN

„Gerechtigkeit, Friede und Bewahrung der Schöpfung"

Erwägungen zum konziliaren Prozeß der Kirchen*

Einleitung

„Das Streben nach weltweiter sozialer Gerechtigkeit, nach gefestigtem Frieden inmitten einer geteilten Welt, nach wirksamem Schutz der lebensgefährlich bedrohten Umwelt – die Christen und Kirchen haben diese Aufgabe nicht entdeckt und haben kein Privileg darauf, sie als besonders vorrangig ins Gespräch zu bringen. Hier geht es vielmehr um grundlegende Menschheitsaufgaben, deren absolute Priorität auf vielen Ebenen und von allen verantwortlichen Gruppierungen der Weltgesellschaft heute – zum Teil sachkundiger als von kirchlichen Versammlungen – artikuliert wird. Diese Einsicht scheint die ökumenischen Begegnungen zum ‚konziliaren Prozeß' hierzulande inzwischen in zunehmendem Maße mitzuprägen. Es geht um zwischen den Kirchen abgestimmte, gemeinsam theologisch zu verantwortende und in ökumenischer Praxis spirituell nachvollziehbare Beiträge der Christen und Kirchen zur Bewältigung dieser Menschheitsaufgaben unserer Epoche." So das nüchterne und abgewogene Urteil von E. le Coutre, des Chefredakteurs der Quartalschrift der Arbeitsgemeinschaft Kirchlicher Entwicklungsdienst „Der Überblick"[1].

Unstreitig haben die Kirchen im Blick auf die Erkenntnis und die Dringlichkeit der Lösung der der Menschheit heute insgesamt gestellten Aufgaben durch ihre Appelle und ihr Engagement in der Vergangenheit in zahlreichen Fällen eine Vorreiterrolle gespielt. Nimmt man die ökumenischen Verlautbarungen zur Hand, so gewinnt man freilich leicht den Eindruck, als läge – möglicherweise auch aus diesem Grund – eine Überschätzung dessen vor, was von der Christenheit und den christlichen Kirchen nicht nur durch ihren tätigen Einsatz zur Abwehr der manifesten Gefahren, sondern auch im Blick auf die theoretische Deutung der heutigen Krise geleistet zu werden vermag. Dessen ungeachtet läßt sich nicht leugnen, daß ein weltweiter Aufbruch in der

81

Christenheit in Gang gekommen ist, der sich, einem diffusen Gefühlszustand aus christlicher Verantwortung und Überlebensangst entspringend, jetzt immer mehr in einem wirtschaftsethischen, friedensethischen und umweltethischen Lernprozeß äußert, indem er begonnen hat, in allen an ihm Beteiligten die Bereitschaft zu einem radikalen Umdenken zu wecken.

Ich will nun im folgenden nicht den Versuch unternehmen, zu einem der drei großen Problemkomplexe, die Thema des konziliaren Prozesses der Kirchen geworden sind, inhaltlich Stellung zu nehmen. Statt dessen habe ich vor, mich darauf zu beschränken, zu der in Gang gekommenen Bewegung einige theologische Erwägungen anzustellen. Drei Schritte sind es, die mir dabei vor Augen stehen. Ich will erstens etwas über den Vorgang des konziliaren Prozesses als solchen, seine Geschichte und seinen ethischen Anspruch sagen. Sodann soll in Form einer kritischen Betrachtung aufgezeigt werden, was gegen ihn vom Grundbekenntnis des christlichen Glaubens aus in kirchlicher und theologischer Hinsicht eingewandt worden ist. In einem dritten Schritt wird zu begründen sein, daß und warum die vorgetragene kritische Betrachtung ihrerseits kritikbedürftig ist. In fünf Teilschritten will ich in diesem grundlegenden Abschnitt von der zunächst vorausgesetzten Konzeption politischer Ethik einerseits reduktiv zur Mitte des christlichen Glaubens zurückfragen, andererseits von dort deduktiv zu einer anders akzentuierten Konzeption politischer Ethik vorzustoßen suchen. Dabei sollen mir die erste und die zweite These der Barmer Theologischen Erklärung sowie Aspekte der Theologie K. Barths als Orientierungshilfe dienen.

I. Darstellung: geschichtlicher Abriß

Beginnen wir mit einem kurzen Rückblick auf die Geschichte des konziliaren Prozesses! Es war Dietrich Bonhoeffer, der im August 1934 zu Anlaß der Zusammenkunft des Weltbundes für internationale Freundschaftsarbeit der Kirchen und des Ökumenischen Rates für praktisches Christentum in Fanö, Dänemark, aufgrund der Erfahrungen des Ersten Weltkriegs und vor dem Hintergrund der Machtergreifung Hitlers den Plan, ein Friedenskonzil der christlichen Kirchen anzuberaumen, zur Erörterung stellte[2]. Sein Appell von damals ist unvergessen geblieben. Auf seiner 6. Vollversammlung in Vancouver 1983 lag dem Ökumenischen Rat der Kirchen (ÖRK) ein Antrag des Bundes der Ev. Kirchen in der DDR vor, nunmehr ein solches Konzil des Friedens einzuberufen. Dem Thema „Frieden" wurde in Vancouver auf Drängen der Kirchen der Dritten Welt das Thema „Gerechtigkeit" hinzugefügt. Wenig später verband man mit beiden Fragenkreisen ein drittes Kernproblem der heutigen Welt, das der „Bewahrung der Schöpfung"[3]. Als Termin für das Konzil wurde das Jahr 1990 ins Auge gefaßt, aus der Überzeugung heraus, daß die Versammlung einer breiten und tiefgreifenden Vorbereitung bedürfe, und zwar nicht nur bei den Kirchenleitungen und Theologen, sondern vor allem bei den Gemeinden an der Basis, den heute rund 1½ Milliarden Christen auf der Erde. Da der Begriff „Konzil" für die Versammlung selbst nicht durchsetzbar erschien, übertrug man ihn auf deren Vorbereitung und sprach von nun ab mit Blick auf diese vom „konziliaren Prozeß".

Die Arbeit an dem Vorhaben ging dann in den Gremien des ÖRK nur langsam voran; auch ist zu sagen, daß die Absicht des Prozesses die Gemeinden weltweit kaum erreichte. Einen neuen Anstoß gab dem Ganzen in unserem Bereich das Friedensforum des Deutschen Evangelischen Kirchentages in Düsseldorf im Juni 1985. Hier war es vor allem Carl Friedrich von Weizsäcker, der die Kirchen drängte, bei Anlaß der geplanten Weltkonvokation im Namen der Christenheit zu den Bedrohungen in unserer Zeit ein gemeinsames Wort zu sprechen – ein Wort, „das die Welt nicht überhören kann"[4]. Der Düsseldorfer Aufruf fand starke öffentliche Resonanz, zunächst vor allem im deutschen Sprachraum; wenig später aber auch in den umgebenden europäischen Ländern. Große kirchliche Organisationen wie der Lutherische und der Reformierte Weltbund übernahmen den Gedanken des konziliaren Prozesses und stellten sich ihrerseits hinter die geplante Weltversammlung. Und eben das führte weltweit zu einer Kette vorbereitender ökumenischer Tagungen auf regionaler Ebene: im Pazifik im September 1988, in Europa im Mai 1989, in Asien im September 1989 und im Dezember des gleichen Jahres in Lateinamerika. Unter ihnen kam der Versammlung „Frieden in Gerechtigkeit" in Basel (vom 21. – 25. Mai 1989) besondere Bedeutung zu. Erstmals seit der Kirchentrennung im Reformationszeitalter hatten Vertreter aller europäischen Kirchen ein Dokument verabschiedet, in welchem sie gemeinsame Positionen in den – mit der Thematik des konziliaren Prozesses zur Erörterung gestellten – religiösen, ethischen und politischen Fragen bezogen. Von katholischer Seite wurde übrigens einem weiteren gemeinsamen Vorbereitungstreffen für die Weltversammlung historische Bedeutung zuerkannt, das im Herbst 1988 auf bundesdeutscher Ebene in Stuttgart stattgefunden hatte und das seinerseits durch ein kleineres Treffen in Königstein im Taunus vorbereitet worden war.

Der Gedanke der ökumenischen Kooperation erlitt dann einen empfindlichen Rückschlag. Trotz intensiver Bemühungen von seiten des Weltkirchenrats in Genf und verschiedener katholischer Organisationen und Einzelpersönlichkeiten gelang es nicht, die Leitung der römisch-katholischen Kirche als Mitveranstalter der Weltversammlung in Seoul zu gewinnen. Dem, was auf deutscher und europäischer Ebene schon möglich geworden war, blieb auf Weltebene einstweilen der Erfolg versagt – Kardinal Ratzinger als Vorsitzender der Glaubenskongregation erteilte dem christlichen Friedenstreffen in Seoul eine Absage.

Wieder einmal habe „eine Absolutheit beanspruchende Ideologie die Oberhand gewonnen und es verhindert, die Zeichen der Zeit zu erkennen", urteilte Norbert Greinacher kurze Zeit darauf in der Frankfurter Rundschau[5]. Man wird sich, statt sich auf nicht-katholischer Seite dieses Urteil ohne weiteres zu eigen zu machen und mit Unverständnis und Enttäuschung zu reagieren, viel eher selbstkritisch fragen müssen, ob sich in dieser Entscheidung nicht einmal mehr die Erfahrung und die Glaubenstreue der Ecclesia Romana ausgesprochen haben, einer Kirche, die das Geheimnis eines ihrer Namen, nämlich das der Katholizität, d. h. der Selbigkeit und Unveränderlichkeit ihres Wesens an allen Orten und durch die Zeiten hindurch, vielleicht doch besser versteht als viele der dem ÖRK angeschlossenen christlichen Denominationen. Sollte also die Absage an Seoul nicht unter anderem auch ein Indiz für das Faktum sein, daß die Krise, in der sich die ökumenische Bewegung seit über zweieinhalb Jahrzehnten befindet (oder doch zu befinden scheint), von Außenstehenden schärfer wahrgenommen worden ist als von den Vertretern der dem Weltrat zugehörigen Kirchen?

Zu Beginn, seit und mit der Gründung des ÖRK in Amsterdam 1948, dann in Evanston 1954 sowie in Neu Delhi 1961 habe man die Entwicklung in Kirche und Gesellschaft mit dem Bekenntnis der universalen Herrschaft Christi zu deuten versucht: Man war auf dem Wege oder glaubte doch fest, auf dem Wege zu sein, der eine Leib des einen Herrn unter der Herrschaft dieses Herrn als Haupt immer mehr zu werden. Dieses universale Geschichtsverständnis „von oben", so meint K. Raiser, ein Historiker der ökumenischen Bewegung, heute, offenbare dort Widersprüche und Unstimmigkeiten, wo die Geschichte als der Ort des Kampfes für Gerechtigkeit erfahren werde. So hätten sich die Gliedkirchen des ÖRK, ungeachtet ihres Selbstverständnisses, je länger je unausweichlicher mit der Erkenntnis konfrontiert gesehen, daß mit der Ausbreitung globaler politischer und vor allem kommerzieller Strukturen eine „Ökumene der Herrschenden" entstanden sei, welche mit der „Ökumene der Solidarität" unvermeidlich in Konflikt geraten mußte. Die ökumenische Bewegung habe darum wählen müssen zwischen einer Interpretation der weltweiten Entwicklung aus der Sicht der Herrschenden oder aus der Sicht der Abhängigen und der Opfer neoimperialer Interessen. Und tatsächlich habe sie gewählt, nämlich so, wie sie – werde das Problem in dieser Weise als einfache Alternative gestellt – offensichtlich gar nicht anders wählen konnte[6].

In dieser Option für die Unterdrückten liegt der Punkt des Umschlags, wie es scheint, von einer primär an der dogmatischen Frage des Glaubens und Bekennens orientierten Theologie der Kirche zu einer in erster Linie an der Frage des praktischen Handelns sich orientierenden Ethik des Sozialen im ökumenischen Horizont[7]. Eben hier liegt auch der Grund für die zunehmend größer werdende Bereitschaft der Kirchen der Ökumene, sich den Anliegen der „Kirche der Armen" zu stellen und auf die diese Anliegen artikulierende „Theologie der Befreiung" zu hören. Wie von selbst war damit die Nähe zum ursprünglichen Marxismus hergestellt, gibt es doch anscheinend eine Gemeinsamkeit auf jeden Fall zwischen der Botschaft der Bibel und der noch nicht pervertierten Lehre von Marx – jene, die in der Weise liegt, wie gesellschaftliche Wirklichkeit überhaupt wahrgenommen wird. Und eben dies ist die schon angedeutete Perspektive „von unten", die Sehweise der „Ökumene der Solidarität", nach der ein politisch-ökonomisches System aus der Sicht derer zu bewerten ist, deren Existenz es auf die Dauer mitleidlos zerstört[8]. Insofern war es kein Zufall, daß schließlich der äußere Anstoß zum konziliaren Prozeß in Vancouver von einer Kirche kam, die einerseits hatte lernen müssen, zu ihren Herkunftsbedingungen im Bürgertum auf Distanz zu gehen, und die andererseits doch nicht umhin konnte, nun auch an dem real existierenden als pervertiertem Sozialismus schneidende Kritik zu üben – eben dadurch, daß sie ihn an seinem ursprünglichen Anspruch maß[9].

Nun hat die Befreiungstheologie als exemplarische Gestalt einer Kontexttheologie auf die Kirchen, die sich für eine gerechte Weltwirtschaftsordnung, für eine weitgehende Entmilitarisierung der internationalen Beziehungen und für die ökologische Überlebensfähigkeit der Erde einzusetzen und so auf neue Weise aufeinander zuzugehen begannen, ihren Eindruck in der Tat nicht verfehlt. Sie erfuhr hier im Zug der Rezeption ihrer leitenden Impulse verständlicherweise eine Entgrenzung aus bestimmten soziologischen Gegebenheiten und historischen Bedingungen, wie sie namentlich in Lateinamerika anzutreffen sind. Das änderte indessen nichts an der Tatsache, daß man sie als eine je konkret gebundene Artikulation des Glaubens aufmerksam zur Kenntnis nahm, und daß man dazu überging, sich das allgemeine Muster ihrer Argumentation seinerseits anzueignen. Kennzeichnend für das Verfahren der Befreiungstheologie ist eine theologische Reflexion, welche „bei konkreten gesellschaftlichen Bindungen, Versklavungen und Lebenserschwernissen" einsetzt, „die für das jeweilige gesellschaftliche Umfeld prägend und typisch sind, und die beabsichtigt, die Christus-Botschaft in der betreffenden sozialen Situation so zur Sprache zu bringen, daß die sozialen Miß-Verhältnisse als sündig erkannt und entweder gemildert oder (überhaupt) behoben werden können"[10]. Diesen beiden Hauptkomponenten werden die konkreten Themen zugeordnet. Voraussetzung dafür ist allerdings, daß es zu einer wirklichen Annahme der Situation der Betroffenen kommt; erst das bewußte „Mit-er-leben" und „Mit-er-leiden" ist es, das hinführt zu einer verändernden Praxis, einem Handeln, das für seinen Teil wiederum angelegt ist auf eine eschatologische Interpretation der Welt[11]. Denn wie jene Annahme und dieser ihr entsprechende Entschluß zum Handeln als Grundentscheidungen im Rahmen einer Auffassung von Metanoia verstanden werden, die den ganzen Menschen einbeziehen soll, so steht die theologische Begründung dieses Vorgangs ihrerseits in einem endzeitlichen Horizont. In diesem wird die prophetische Rede und die politische Dimension des Lebens und Sterbens Jesu Christi als Norm des Handelns vergegenwärtigt. Methodisch vollzieht die Befreiungstheologie „als Reflexion aus der Praxis für die Praxis" demgemäß einen Dreischritt; man spricht in äußerster, noch zulässiger Vereinfachung von „Sehen", „Urteilen", „Handeln"[12]. Und genau nach der in diesem Schema aufgezeigten Abfolge der Fragestellungen sind nun auch mit einer Reihe von Modifikationen die bisher vorgelegten Erklärungen, Stellungnahmen und Dokumente der ökumenischen Foren zum konziliaren Prozeß abgefaßt, also namentlich das gemeinsam von der Konferenz Europäischer Kirchen (KEK) und dem Rat der Bischofskonferenzen in Europa (CCEE) herausgegebene „Basler Dokument"[13] sowie der Entwurf „Zwischen Sintflut und Regenbogen", der der Versammlung in Seoul zur Beschlußfassung vorgelegt werden sollte[14].

Man wird diese Dokumente – im Gedanken an die in der Tat nicht unangreifbaren Konzepte lateinamerikanischer Befreiungstheologen – kritisch lesen müssen. Welche Erwartungen tragen sie? Mit welchem Anspruch an sich selber treten ihre Unterzeichner auf den Plan?

Christliche Ethik, die sich von der Dogmatik, der Lehre vom christlichen Glauben, löst und dieser gegenüber verselbständigt, steht allemal in der Gefahr, einen Rollentausch einzuleiten – nicht nur disziplinär in der Weise, daß sie sich als theologische Grundwissenschaft an die Stelle der Dogmatik setzt und diese ihrerseits in eine Art Ethik zu verwandeln sucht, sondern in einem damit auch in sachlicher Hinsicht: in der Weise, daß es zu einer fatalen Vertauschung der Subjekte kommt, nämlich Gottes und des Menschen. Dazu zwei Zitate: „Theologie als kritische Reflexion auf die historische Praxis ist also eine befreiende Theologie, eine Theologie der befreienden Veränderung von Geschichte und Menschheit ... (sie) beschränkt sich dann nicht mehr darauf, die Welt gedanklich zu ergründen, sondern versucht, sich als ein Moment in dem Prozeß zu verstehen, mittels dessen die Welt verändert wird ... Orthopraxie an Stelle der Orthodoxie wird daher zu ihrem Kriterium"[15]. Und: „Wenn wir also feststellen, der Mensch verwirkliche sich, indem er mittels seiner Arbeit die Schöpfungstat Gottes fortführe, dann behaupten wir gleichzeitig, daß er in einem umfassenden Heilsprozeß steht. Wer arbeitet und diese Welt verändert, wird mehr Mensch, trägt zur Gestaltung einer menschlichen Gesellschaft bei und – wirkt erlösend"[16]. Wir müssen fragen: Wäre der konziliare Prozeß der Kirchen für Gerechtigkeit, Frieden und Bewahrung der Schöpfung auf der Linie dieses Verständnisses von christlicher Theologie als Praxis der Befreiung zu begreifen, der Befreiung von Ungerechtigkeit und Unfriede und von den unübersehbar vielen bedrückenden Umständen, die zur Zerstörung der Schöpfung führen – auf der Linie eines messianischen Selbstverständnisses also, das Weltgeschichte als „Heilsgeschichte" zu deuten erlaubt? Doch wiederum: Was wäre, wenn die Christen, noch einmal mit Worten von G. Gutierrez gesprochen, „im Warteraum der Geschichte" verharrten und die Kirchen ausschließlich ihr „Rette deine Seele" verkündeten, ihre Theologie also nichts anderes wäre als „Konformismus" und langsam zu einer Ideologie der Rechtfertigung der fortgeschrittenen Industriegesellschaft verkäme[17]? M. a. W. was wäre, wenn die praktische Distanzierung der Christen vom konziliaren Prozeß Distanzierung vom Evangelium, ja Gottlosigkeit in dem Sinne bedeutete, daß sie den Anruf Gottes, sein ihnen geltendes, gegenwärtiges Gebieten, überhörten?

Wir haben, wie erwähnt, nacheinander beiden Einwendungen nachzugehen: zuerst der kritischen, die sich gegen den konziliaren Prozeß und das ihn – möglicherweise – tragende christlich-religiöse Selbstverständnis richtet; sodann der gegenkritischen, die uns vor Augen führt, welche Schuld womöglich erst recht damit verbunden sein könnte, wenn wir uns dem Aufbruch der Gewissen, der hier quer durch viele Konfessionen hoffnungsvoll in Gang gekommen scheint, rundheraus verweigerten.

II. Kritik: Ekklesiologie und Dogmatik

Dem konziliaren Prozeß der Kirchen für Gerechtigkeit, Frieden und Bewahrung der Schöpfung ist nicht nur von offizieller römisch-katholischer Seite mit Vorbehalt begegnet worden; er ist auch im Raum der nicht-katholischen Christenheit, und hier besonders in Kreisen eines bekenntnistreuen Protestantismus auf Kritik gestoßen. Deutlich wurde daran, daß die heute vorherrschende innerchristliche Spannung quer zu den traditionell-konfessionellen Abgrenzungen verläuft. Damit ist schon gesagt, daß mit solcher Kritik nicht die Haltung etwa der Kirchen in der Bundesrepublik gemeint ist. Diese tun sich aus Sorge vor dem Vorwurf politischer Einseitigkeit notorisch schwer, in der Weise aus sich herauszutreten und unmißverständlich Partei zu ergreifen, wie es der konziliare Prozeß verlangt. Um diesem ungeteilten Herzens zu entsprechen, sind die Verflechtungen mit den etablierten Gruppen und Institutionen in Gesellschaft und Wirtschaft zu eng – sie werden in dem die äußere Erscheinung der Ekklesia tragenden System der Kirchensteuern manifest. Ich meine mit jener Kritik die Stimme der evangelischen Theologie, sofern sich deren Vertreter, unabhängig von solchen Rücksichtnahmen, ein eigenes freies Urteil bewahrten – ein Urteil, das man gelegentlich als weltfremd zu empfinden neigt, das aber nicht überhört werden darf, weil sich in ihm nach protestantischer Auffassung das Gewissen der Kirche zu Wort meldet und es als dieses für die Kursbestimmung gerade auch des Schiffs der Ökumene erhebliches Gewicht besitzt. Ich beziehe mich im folgenden – exempli causa – auf Reinhard Slenczka, den Erlanger lutherischen Systematiker. Dieser hat in der Zeitschrift „Kerygma und Dogma" zur Frage des konziliaren Prozesses kritisch Stellung genommen[18]. Die Blick- und Urteilsweise, der wir uns von nun ab zu bedienen haben, ist infolgedessen die der Systematischen Theologie, speziell der Dogmatik. Als deren Kriterium vermag ich kein anderes zu benennen als dasjenige, das die 1. These der Barmer Theologischen Erklärung mit folgenden Worten bekennt: „Jesus Christus, wie er uns in der Heiligen Schrift bezeugt wird, ist das eine Wort Gottes, das wir zu hören, dem wir im Leben und im Sterben zu vertrauen und zu gehorchen haben"[19].

Wie immer, wenn die Kirche Jesu Christi mit sich selbst im Streit begriffen ist um ihr Wesen und ihren Auftrag, um ihre Selbigkeit und Identität durch die Zeiten, geht es um Prüfung und Unterscheidung der Geister. Zum Prüfstein wird dabei das einzige ihr übergebene Kriterium – der Satz „Kyrios Jesous", 1 Kor 12,3; 1 Joh 2,22; 4,2. Wir sind in der Regel der Meinung, bei diesen Worten handele es sich um eine fromme Selbstverständlichkeit, eine bloße liturgische Formel. Dem ist indessen keineswegs so. Vielmehr entscheidet sich an dem Satz „Herr ist Jesus", da er eine Aussage des bekennenden Glaubens darstellt, „was christlich ist und was antichristlich ist, nämlich in dem Sinne, daß etwas anderes an die Stelle der Erlösung in Jesus Christus und der Versöhnung mit Gott gesetzt wird"[20]. Welche Bedeutung kommt dieser Aussage zu für die Kritik am konziliaren Prozeß der Kirchen? Ich deute, von dieser Mitte her denkend und argumentierend, die Antwort auf diese Frage, Slenczka folgend, in zwei Horizonten an: zuerst in einem im weiteren Sinn ekklesiologischen Horizont, sodann in dem im engeren Sinn dogmatischen Horizont.

Wir sahen: Auf den Begriff „Konzil" ist zur Bezeichnung der Weltkonvokation in Seoul vom Ökumenischen Rat der Kirchen bewußt verzichtet worden. Der Begriff „konziliarer Prozeß", von dem das Substantiv in ein Adjektiv zurückgenommen wird, bezeichnet nicht eine Instanz, sondern erst einmal eine Bewegung. „Konzil" dagegen meint eine kirchliche Instanz, die historisch und kanonisch fixiert ist. Der orthodoxe Osten zählt sieben ökumenische Konzile, der lateinische Westen eine ununterbrochene Reihe, die bis hinauf zum II. Vaticanum reicht, dem derzeit 21. Konzil der Ecclesia Romana. Die Aufgabe solcher Konzile liegt gleichbleibend in der Erstellung dogmatischer Definitionen und darin, daß sie kanonische Entscheidungen zu treffen haben. Es geht also bei solchen Entscheidungen nicht darum, den Glaubensinhalt in den Vorstellungen dieser oder jener Zeit zu interpretieren – daß es dies bezwecke, lautete bekanntlich der Vorwurf, der von konservativer katholischer Seite gegen das Programm des „aggiornamento" Johannes' XXIII. erhoben worden ist. Sondern: es geht, wenn ein Konzil zusammentritt, um die Unterscheidung von wahrer und falscher Lehre, von Orthodoxie und Heterodoxie und so auch von wahrer und falscher Kirche! Die Reformation hat die Aufgabe eines Konzils nicht anders verstanden. Die Kirche und ihre Glieder sollen beim Worte Gottes bleiben, auf daß die Einheit in der Wahrheit festgehalten werde[21]. Der Unterschied besteht darin, daß für das Konzil nach römisch-katholischem Verständnis „die Einheit der wahren Kirche in der geschichtlichen Kontinuität der bischöflichen Sukzession und

Gemeinschaft unter dem Primat des römischen Stuhls" vorausgesetzt wird, denn es ist die konziliare Instanz, die die Einheit in der Wahrheit manifestiert und legitimiert. Die Reformatoren haben dem bekanntlich entgegengehalten, daß nicht eine Instanz oder ein Amt die Wahrheit garantiere, sondern daß diese letztere immer aufs neue danach verlange, auf Grund der Heiligen Schrift erkannt und nach dieser als „normierender Norm" unterschieden zu werden. „Die Prüfung und Unterscheidung der Geister in der Verantwortung für die Kirche wird daher nicht nur durch die Instanz von Konzil und Synode vollzogen, sondern sie ist auch an dieser zu vollziehen"[22]. Denn aus dem Hören auf Christus allein, die Stimme des Guten Hirten, gewinnt die Herde, die zu ihm gehört, den Maßstab für ihre Unterscheidungen.

Das klare Verständnis der Aufgabe eines Konzils oder einer Synode sei in den evangelischen Kirchen – so lautet nun die Kritik – auf beklagenswerte Weise „verwischt" worden. Die heutige synodale Praxis gehe offensichtlich „nicht mehr vom schriftgebundenen Lehramt aus", sondern versuche, „in der personellen Zusammensetzung wie auch in der Auswahl der zu behandelnden Themen ein Meinungsbild der Gemeinde nach ihren verschiedenen Gruppierungen . . . aufzunehmen und widerzuspiegeln." Dabei rücke das Verhältnis von Kirche und Gesellschaft in den Vordergrund, und zwar in dem Maß, in dem man dazu übergegangen sei, die „weitere Öffentlichkeit" mit den diese jeweils bewegenden Themen als seinen Ansprechpartner zu betrachten. „Die Unterscheidung von wahrer und falscher Kirche bzw. von wahrer und falscher Lehre und Gottesdienst tritt zurück hinter den Problemen, die sich aus dem Verhältnis von Kirche und Gesellschaft ergeben können, und das Ziel mit dem entsprechenden Verfahren besteht darin, einerseits Meinungen aufzunehmen und andererseits bewußtseinsbildend und aktivierend zu wirken." Entsprechend beherrsche „die Konsensbildung zu Fragen von öffentlichem Interesse innerhalb der Kirche und mit der öffentlichen Meinung" in den meisten unserer Landeskirchen schlechterdings das Feld[23].

Es ist nun eine der leitenden Thesen von Slenczka, daß „diese verbreitete synodale Praxis in den evangelischen Kirchen" die „Grundlage" und das „Modell" auch für den konziliaren Prozeß darstelle. Tatsächlich heißt es in dem grundlegenden Dokument der Fachgruppe 6 „Für Gerechtigkeit und Menschheit kämpfen" der 6. Vollversammlung des ÖRK in Vancouver 1983 wörtlich: „Die Kirchen sollten auf allen Ebenen – Gemeinden, Diözesen und Synoden, Netzwerken christlicher Gruppen und Basisgemeinschaften – zusammen mit dem

ÖRK in einem ‚konziliaren Prozeß' zu einem Bund zusammenfinden ..."[24]. Der konziliare Prozeß schließt danach also Kirchenleitung und Kirchenverwaltung mit christlichen Gruppen und Basisgemeinschaften in grundsätzlich offener, nach draußen weit geöffneter, universalistischer Form zusammen. Doch gerade diese Öffnung durch Verbindung ist es, die auf seiten der theologischen Kritiker gravierende Fragen hervorruft: „Kirchenleitung ist Hirtenamt, und dieses besteht in der Verantwortung für die Einheit der Wahrheit auf dem ‚Grund der Apostel und Propheten, da Jesus Christus der Eckstein ist' (Eph 3,20)". Und wehe, ein Bischof oder Pfarrer vernachlässigte das Wort! Er wäre, so Luther, „selbst wenn er ein Heiliger wäre, ein Wolf und ein Apostel des Satans"[25]! Was aber wäre demgegenüber unter „Basisgemeinschaften" zu verstehen? Sehen diese sich nicht selber einerseits „im erklärten Gegensatz zu geordneten Institutionen", andererseits als Sprecher solcher Menschengruppen, „die sich als tragendes Fundament der Gesellschaft verstehen, ohne jedoch eine unmittelbare Möglichkeit der Artikulation zu haben"? Basisgruppen – dieser Begriff bedeutet im Verständnis konservativer Gemeindekreise „eine Sammelbezeichnung für ein Feld höchst diffuser, aber ebenso wirkungsvoller Erscheinungen außerhalb und innerhalb der Kirche"[26]. Unter die Kennzeichen dieser Gruppen seien vor allem zu zählen: „die Zufälligkeit von Auftreten und Zusammensetzung"; „die Lautstärke von Aktion und Demonstration"; und nicht zuletzt die eigenwillige Handhabung des für den konziliaren Prozeß so wichtigen „Konsensprinzips", bilde in diesen Gruppen doch die Übereinstimmung in der ideologischen Überzeugung und in den Zielen die Grundlage ihrer Existenz als Avantgarde, und lasse doch der Ausschließlichkeitsanspruch, der für die betreffende Ansicht erhoben werde, anders Gesonnene nurmehr als Gegner erscheinen. Kurz: „die Intensität der Überzeugung, nicht aber die Einsicht und Verantwortung" mache in diesen Gruppierungen den Wahrheitsanspruch aus[27].

Ich nehme zu dieser Charakterisierung im gegenwärtigen Zusammenhang nicht Stellung. Sie ist immerhin dazu angetan, uns zu verdeutlichen, warum sich einem evangelischen Systematischen Theologen mit Blick auf Artikel VII der Confessio Augustana[28] abschließend hierzu die Frage aufdrängen muß, ob es in den so zusammengesetzten Gremien des konziliaren Prozesses „bei den vielen verhandelten Themen, für die ein Konsens in den Kirchen und zwischen ihnen angestrebt wird", tatsächlich um das gehe, „worin Einheit in der Kirche notwendig ist, nämlich die reine Verkündigung des Evangeliums und die rechte Verwaltung der Sakramente, weil das die Dinge sind, durch die allein Kirche Kirche ist." Und: Führt, „wenn in anderen Bereichen

Einheit gefordert und Übereinstimmung durchgesetzt wird", dies nicht letztlich dazu, „daß menschliche Interessen und Programme für heilsnotwendig erklärt werden?"[(29)].

Im Zuge des konziliaren Prozesses für Gerechtigkeit, Frieden und Bewahrung der Schöpfung sind auf den verschiedenen ökumenischen Foren, die zum Zweck gemeinsamen Nachdenkens über die mit diesen Begriffen verbundenen Aufgaben stattgefunden haben, eine Fülle von Problemen verhandelt worden, deren Erörterung zur Verabschiedung einer inzwischen beträchtlich angewachsenen Zahl von Konsenspapieren führte. Bei den vorwiegend politischen Fragen, die dabei Gegenstand der Debatte waren, ging es letztlich immer nur um ein und denselben Punkt: um die Aufgabe, der sich im Grunde heute keiner mehr entziehen kann – die Antwort auf die Frage, wie wir gemeinsam überleben können. Es ist das Gefühl einer tiefen Angst, das Menschen nicht nur der jüngeren Generation, sondern bis ins hohe Alter hinein angesichts der Überlebensfragen eingestandener- oder uneingestandenermaßen bedrängt. Denn was bei der Vergegenwärtigung der Gefahren der eingetretenen Situation zur Sprache kommt und mit Sicherheit weiterhin zur Sprache kommen wird, betrifft ja nicht nur einzelne, sondern die Menschheit im ganzen. Es handelt sich in jeder Hinsicht um globale Probleme, denen keiner zu entrinnen oder sich zu entziehen vermag mit der hypnotisierenden Versicherung, er sei von alledem ja selber nicht betroffen. „Angst ergreift und beherrscht Menschen individuell und kollektiv." Gerade weil sie „irrational ist, kann man nicht rational dagegen argumentieren. Angst aber ist, wie die Perikope von der Sturmstillung Mt 8,23–27 zeigt, der Gegensatz zum Glauben." Die Angst erwächst dort bei den Jüngern aus der Begegnung mit den Naturgewalten; der Glaube aber bezieht sich auf das Herrsein Jesu Christi, und davon wird er getragen. „Bereits hier", so gibt Slenczka zu bedenken, „geht es also um die Glaubensentscheidung zwischen Natur und Gott, zwischen Geschöpflichem und Schöpfer"[(30)]. Nicht von ungefähr werde in der Bibel darum mehrfach darauf hingewiesen, „daß die Angst vor dem Kreatürlichen in dem Maße wächst, wie der Glaubensgehorsam gegenüber Gott abnimmt (Lev 26,36; Dtn 28,65ff.; Ps 53,6) . . . Bei dieser Gegenüberstellung von wahrem Glauben und Angst aus Unglauben" gehe es also nicht darum, „die Wirklichkeit der betreffenden Erscheinungen und Probleme zu bestreiten", wohl aber darum zu erkennen, „daß die sog. ,Überlebensfragen' nicht einfach Probleme für den Glauben sind, sondern die Frage nach rechtem und falschem Glauben betreffen"[(31)].

Natürlich kann es sich für einen, der auf so eindringliche Weise theologisch-kritisch fragt, nicht darum handeln zu verkennen oder gar zu leugnen, daß die Autoren der vorliegenden Verlautbarungen zum konziliaren Prozeß ihrerseits auf eine biblisch-theologische Begründung ihrer Sicht der Dinge klar erkennbares Gewicht zu legen suchten[32]. Es geht in seinen Augen auch nicht darum, jemandem den Glauben einfach abzusprechen und ihn damit in der Tiefe seines Herzens zu verletzen, nur weil der Betreffende bezüglich der Bewertung dieser oder jener Sachfrage unleugbar anderer Ansicht ist als der, die sein Gegenüber hegt. Die eigentliche Schwierigkeit, die sich im Streit um die gebotene christliche Entscheidung zeigt, sei vielmehr die, „daß nicht nur Glaube gegen Angst, sondern auch Glaube gegen Glaube steht". Muß nicht bereits der geringste Einwand im Hinblick auf ein als voreilig empfundenes politisches Engagement sofort als Verweigerung gegenüber lebensnotwendigen Aufgaben und als Verletzung der Glaubensgefühle anderer verstanden werden? Gleichwohl erscheine es als tief problematisch, wie in Erklärungen des konziliaren Prozesses einerseits ständig die Überlebensfragen beschworen werden und wie man die gegenwärtige Entwicklung als „mit Vergangenem nicht zu vergleichende Eskalation" beschreibt. Man fördere damit eine Bindung und Inanspruchnahme des Bewußtseins, welche so total ist, daß es nicht verwundere, wenn andererseits die freiwilligen Handlungsverpflichtungen, in die der konziliare Prozeß einmündet, den einzelnen ebenso radikal und total mit Beschlag belegen[33].

Der Dogmatiker weiß, daß die Prüfung und Unterscheidung der Geister nach dem Worte Gottes, wie es uns in der Heiligen Schrift bezeugt wird, unter den Bedingungen der gegenwärtigen Problemlage alles andere als leicht ist; und trotzdem sei sie, wie Slenczka meint, ganz einfach, dann nämlich, wenn man weiß, was die Stimme des Guten Hirten ist. Tatsächlich gehe es vor alledem, was uns Not macht, „in rechtem christlichem Verständnis … um die Tat Gottes, daß diese Welt, die durch menschliche Schuld unter der Herrschaft der Sünde und der Strafe des Todes steht, erhalten wird, (um die Tat Gottes), der den Sünder leben läßt und der das Gericht über alle Welt aufhält (Röm 3,21–26; 5,12–21; 6,23)! Das ist die der christlichen Gemeinde gesetzte Frist für die Verkündigung des Evangeliums zur Rettung aus dem Gericht bis zu dem von Gott festgesetzten Tag des Gerichtes und dem Ende der Welt (Mt 28,18–20; Acta 17,30f. u. a.)"[34]. Es fällt in der Tat auf, daß dieser eschatologische Horizont der Geschichte in den Dokumenten des konziliaren Prozesses mit keiner Silbe erwähnt wird. Wohl sei die Rede von einer ‚Ehrfurcht vor dem Leben', „aber schon die

Erwartung ‚eines neuen Himmels und einer neuen Erde' (2 Petr 3,13)"
werde „nicht als Ende, sondern als ‚Vollendung der Welt' bezeichnet"[35].

Keine Frage: Die Erinnerung an den biblischen Primat der Eschatologie
vor der Ethik (statt der Empfehlung einer Ethik, die sich selbst zu einer
Art von säkularer Eschatologie erhebt) führt zu einer heilsamen
Ernüchterung im Blick auf alle jene Appelle, die die „Bewahrung der
Schöpfung" als eine rückhaltlos durch den Menschen zu erfüllende
Aufgabe unterstellen. Denn eben ihnen steht ein prinzipieller Einwand
gegenüber: „Erhaltung oder Bewahrung der Schöpfung (conservatio)
heißt in rechtem theologischem Verständnis, daß Gott diese von ihm
geschaffene Welt trotz Ungehorsam und Abfall des Menschen bis zu
dem von ihm festgesetzten Ende erhält." Diese Bewahrung ist Gottes
Zusage und Tat zugleich (Gen 8,21–22)! „Darunter steht und davon
umgriffen ist der Auftrag des Schöpfers an den Menschen, der seine
Lebensfristung und sein Verhältnis zu der übrigen Kreatur betrifft (Gen
1,18; 2,15)!" Damit sei unmißverständlich gesagt: „Wird, wie es in den
Erklärungen aus dem konziliaren Prozeß ständig geschieht, die ‚Bewahrung der Schöpfung' vor ihrem Untergang als menschliche Aufgabe und
Notwendigkeit proklamiert, dann rückt der Mensch in blindem Hochmut in die Allmacht Gottes ein", in einen Anspruch, der ihn schlechterdings überfordern muß, unter dem er darum – „in angstvoller Verzweiflung" – nur zerbrechen kann[36].

Ein Letztes ist im gegenwärtigen Zusammenhang zu sagen: Dem Primat
der Ethik vor der Dogmatik, wie er in den Konsenspapieren des
konziliaren Prozesses zum Ausdruck gebracht worden ist, entspricht der
anthropologisch bestimmte Außenaspekt im theologischen Ansatz,
und hier zunächst im Verständnis der Heiligen Schrift. Diese werde, so
lautet der Vorwurf, „als Dokument menschlicher Frömmigkeitsge-
schichte und menschlicher Gottesvorstellungen und Bewußtseinsprä-
gungen aufgefaßt, die sich im Handeln und Verhalten von einzelnen
sowie in der Sozialgestalt und Sozialverantwortung der Kirche konkretisieren"[37]. Führen wir uns deutlicher vor Augen, was mit dieser
Kennzeichnung gemeint ist: Eine von den Wortführern des konziliaren
Prozesses unter dem Eindruck der Theologie der Befreiung bevorzugte
Variante des Verständnisses ist die sozial- und wirtschaftsgeschichtliche
Betrachtung von Texten des Alten und des Neuen Testaments. Nicht,
daß diese Sehweisen mit ihren Aussagen an ihrem Ort nicht möglich
und nicht rechtens wären. Ein Sozialgeschichtler oder ein Religionswis-
senschaftler (zur Not aber auch ein historischer Theologe, der nur
Historiker ist oder sein will) wird sich mit ihren Ergebnissen zufrieden
geben; nicht dagegen der systematische Theologe, und schon gar nicht

dann, wenn er sieht, wie die Resultate jener Sehweisen als „theologische" behauptet werden. Von der Mitte des christlichen Glaubens aus muß er ihrer unreflektierten Übernahme in seine Disziplin, in das Gefüge von Dogmatik und theologischer Ethik, ja, in die Theologie als ganze hinein, mit Nachdruck widersprechen! Denn in den Zeugnissen der Heiligen Schrift geht es in der Tat zentral nicht um ein so oder so geartetes, unter diesen oder jenen sozioökonomischen Bedingungen erwachsenes religiöses Selbstverständnis, das Menschen sich gebildet haben, sondern – in revolutionärer Umkehrung der „anthropotheologischen" in eine „theanthropologische" Blickrichtung (K. Barth) – um Gottes-Erkenntnis, Erkenntnis des Gottes, der der Sprecher seines Wortes und das Subjekt seines Handelns ist! Im Gegensatz dazu folgt aus dem Ansatz der genannten Schriftauslegungsweisen, wie schon immer aus einer religionsgeschichtlichen Betrachtungsart dann, wenn diese sich als definitive Sicht der Dinge verstand, daß „menschliche Leitbilder und Projektionen" („Gottesbilder", wie es heute, das Verfahren einfältig entlarvend, heißt) in die Funktion des Wortes Gottes eintreten, mit der Folge, daß das Gegenüber von und die Unterscheidung zwischen Gotteswort und Menschenwort im Wort der Zeugen aufgehoben wird[38].

Trifft es also zu, daß sich der Primat der Ethik vor der Dogmatik und folglich der anthropologisch bestimmte Außenaspekt im theologischen Ansatz der Konsenspapiere dahingehend auswirkt, „daß das personale Gegenüber von Gott und Mensch prozessual aufgelöst wird", so liegt ein Weiteres auf der Hand: Die Zwangsläufigkeit dieses Vorgangs wird auch auf das Verständnis des Schriftzeugnisses im einzelnen, und eben das heißt: auf das der Grundaussagen des christlichen Glaubens als solcher, nicht ohne Folgen bleiben. Wäre es darum nicht in der Tat ein Gebot der Stunde, die Dokumente des konziliaren Prozesses daraufhin zu prüfen, inwieweit sich in ihnen noch „wahrer" Glaube zur Sprache bringt? Reinhard Slenczka hat die Notwendigkeit eines solchen Schrittes, wie wir sahen, mit dem Vorwurf der Verkehrung des Sinnes der biblischen Eschatologie unmißverständlich zum Ausdruck gebracht. Desgleichen unterstellt er: Die Aussagen über die göttliche Trinität seien „aus der personalen Bestimmung, die sich an den Namen und Personen orientiert, in einen exemplarischen Prozeß überführt". Exemplarisch nämlich werde am Christusgeschehen jetzt anschaulich, „was effektiv die Geschichte der Welt und den Weg des Menschen in ihr bestimmen soll. Von stellvertretendem Strafleiden für unsere Sünde, von Tod und Auferstehung mit dem Sitzen zur Rechten Gottes sowie von der Wiederkunft Christi zum Gericht am Ende der Zeit ist hier nicht mehr die Rede." Vielmehr habe man die Dreieinigkeit Gottes „nach Vorbildern in der deutschen Geistesgeschichte in den Prozeß der Weltgeschichte aufgelöst"[39]. Mit dieser Demaskierung befinden wir uns im Zenit der theologischen Kritik! Denn einer solchen Auffassung von der Dreieinigkeit sei nichts Geringeres vorzuwerfen, als daß sie alle Züge der Gnosis trage, bestehe diese, jedenfalls was ihre Grundform anbetrifft, doch darin, „daß der Mensch aus seiner Entfremdung von Gott und seiner Gefangenschaft unter die Weltprinzipien durch vernünftige Erkenntnis und Handeln zurückkehrt in die Gemeinschaft mit Gott." Fazit: „Menschliches Bewußtsein in globalem Konsens zusammenzuführen mit dem Ziel, das Überleben der Menschheit zu sichern, diese Welt zu erhalten und zu vollenden, bildet das religiöse Pathos einer solchen Bewegung, für die im Grunde Weltgeschichte und Heilsgeschichte konvergieren"[40].

Wäre – so müssen wir offenbar nach dieser Kritik als Schlußfolgerung aus ihr fragen – mit Blick auf dessen klassische Aufgabe, die definitio fidei, ein Konzil zur Feststellung der Orthodoxie nicht allemal vor einem orthopraktischen Friedenskonzil ins Auge zu fassen, wenn es denn zugleich mit der Abwehr der mit dem konziliaren Prozeß verbundenen Überforderung des Menschen um die Verwerfung einer neuen Form von Gnosis gehen sollte – einer Überzeugung, die den Willen zu strikt rationaler, wenngleich christlich überformter Selbstbefreiung aus der Überlebenskrise formuliert? Ich denke: damit wäre der berechtigte kritische Einwand konservativer Gemeindekreise und einer streng über der Wahrheit des christlichen Bekenntnisses wachenden kirchlichen Orthodoxie gegen den Geist und gegen das mit ihm im Aufbruch begriffene Selbstverständnis der Träger des konziliaren Prozesses denn doch überzogen, und zwar in zum Teil beklemmender Verkennung des Gewichtes der doch gleichzeitig mit Glaube und Bekenntnis – ja, im Blick auf die Verhungernden vor unseren Toren – praktisch zuerst und vor allem geforderten christlichen Tat!

III. Grundlegung

1. Kritik der Kritik: Politische Ethik I

Es steht nach dem Dargelegten außer Zweifel, daß es das Kernanliegen der „dogmatischen Beurteilung" des konziliaren Prozesses durch den Erlanger Systematiker ist, an die Grunderkenntnis der lutherischen

Reformation, die Wahrheit der Rechtfertigung des Sünders, zu erinnern. Die Freiheit, die dem Menschen auf Grund der Vergebung der Sünden durch Gottes Urteil zugesprochen wird, entlastet ihn von der Überforderung durch einen Anspruch, den er so, wie er ihn heute an sich stellt, nicht erfüllen kann, und der ihn, wollte er ihn gleichwohl um des eigenen Überlebens willen zu erfüllen suchen, unausweichlich scheitern lassen müßte. Wir werden dieser – für sich genommen unstreitig richtigen – Einsicht entgegenhalten müssen, daß sie theologisch zutreffend nur dann verstanden ist, wenn sie uns nicht dazu verleitet, angesichts der Herausforderungen durch die Krise unserer Zivilisation die Haltung von Zuschauern einzunehmen: von Christen, welche dem Anwachsen weltweiter Ungerechtigkeit durch die Scherenentwicklung zwischen Reich und Arm, der dadurch bedingten Zunahme des Unfriedens, von struktureller Gewalt und Gegengewalt, und der mit dieser Zunahme wiederum einhergehenden progressiven Zerstörung der Schöpfung resignativ gegenüberstehen, in Untätigkeit oder Schicksalsergebenheit verharrend oder damit sich tröstend, daß andere, nicht sie, die Last der Verantwortung für die Krisenbewältigung trügen. Es steht außer Zweifel: Die Gefahr, schuldig zu werden durch Unterlassung, ist heute nicht nur nicht ebenso groß, sondern größer als die, schuldig zu werden durch Selbstüberforderung!

Wenn wir gleichwohl danach zu fragen haben, was wir aus der vorgetragenen theologischen Kritik positiv lernen können, so ist es zuerst und vor allem dies Grundlegende: Es gilt, Gotteswort und Menschenwort streng zu unterscheiden und, wenn immer die Bestimmung der Grundrichtung unseres Lebens in Frage steht, nicht zuerst auf das zu hören, was, uns schier erdrückend, durch die äußere Situation an uns herangetragen wird, sondern auf die Stimme Jesu Christi (Joh 14,6; 10,1.5). Nun kann man es bis zu einem gewissen Grade verstehen, daß sich ein lutherischer Theologe nicht expressis verbis auf die 1. These der Barmer Theologischen Erklärung von 1934 zu berufen wagt – zu grundsätzlich war damals, zu Beginn des deutschen Kirchenkampfs, von prominenten Wortführern seiner Konfession Einspruch gegen sie erhoben worden[41]. Dennoch zeigt die Anspielung auf Joh 10 sowie ein Nachwort, daß auch Slenczka – indirekt zumindest – auf dem Boden dieser These stehen möchte, spricht ihr Schlußteil doch unmißverständlich eine Verwerfung der Ansicht als „falsche Lehre" aus, „als könne und müsse die Kirche als Quelle ihrer Verkündigung außer und neben diesem einen Worte Gottes auch noch andere Ereignisse und Mächte, Gestalten und Wahrheiten als Gottes Offenbarung anerkennen"[42]. In die Schranken gewiesen werden damit also heute wie damals „Ereignisse und Mächte" des geschichtlichen Lebens, die einen absoluten Anspruch erheben, indem sie – und dazu gehören ersichtlich die Umstände, welche den konziliaren Prozeß auslösten – von unserem Bewußtsein total Besitz zu ergreifen versuchen.

Es fällt nun aber auf, daß Slenczka nach dem ersten Schritt, der indirekten, mahnenden Erinnerung an Barmen I, den sachlich auf ihn folgenden, sich auch der zweiten These der Erklärung anzuschließen, ausdrücklich nicht vollzogen hat. Man darf dies nicht für überraschend halten, ist es doch gerade die zweite Barmer These, auf deren Boden ein theologisch-positives Verständnis dessen, was sich in und mit dem ökumenischen Aufbruch im Zeichen des konziliaren Prozesses ereignet hat und weiter ereignet, möglich, ja unausweichlich wird! Mit seinem Bibelwort und in seinem positiven Teil lautet dieser zweite Leitsatz nämlich folgendermaßen: „,Jesus Christus ist uns gemacht von Gott zur Weisheit und zur Gerechtigkeit und zur Heiligung und zur Erlösung', 1 Kor 1,30. Wie Jesus Christus Gottes Zuspruch der Vergebung aller unserer Sünden ist, so und mit gleichem Ernst ist er auch Gottes kräftiger Anspruch auf unser ganzes Leben; durch ihn widerfährt uns frohe Befreiung aus den gottlosen Bindungen dieser Welt zu freiem, dankbarem Dienst an seinen Geschöpfen"[43]. Wir befinden uns mit dieser These an dem Punkt, in dem – nach der dogmatischen Differenz in der Frage der natürlichen Theologie[44] – eine weitere innerprotestantische Spannung aufbricht. Hierbei handelt es sich im weiteren Sinn zunächst um eine auf diesem zweiten Leitsatz aufbauende, von der herrschenden Lehre sich unterscheidende Theorie der christlichen politischen Ethik. Der neulutherischen Lehre von den beiden Reichen hat die 1. Bekenntnissynode der Deutschen Evangelischen Kirche im Jahr nach der Machtergreifung Adolf Hitlers mit Barmen II das Fundament der später so genannten Lehre von der Königsherrschaft Christi entgegengestellt. Beide Konzeptionen schließen einander nicht schlechterdings aus; beide sind teilweise miteinander durchaus zur Deckung zu bringen, ja stehen sogar in manchem im Verhältnis wechselseitiger Ergänzung zueinander[45]. Gleichwohl wirken sich die sie jeweils leitenden theologischen Grundüberzeugungen auf eine stark unterschiedliche Beurteilung des konziliaren Prozesses aus, so daß sie heute erneut als von erheblicher kirchlicher Bedeutung erscheinen. Versuchen wir, uns das im folgenden mit einigen wenigen Feststellungen vor Augen zu führen, und zwar in der Weise, daß dabei zunächst erneut dem Kritiker des konziliaren Prozesses das Wort gegeben werden soll. Er ist ein kompromißloser Vertreter der Zwei-Reiche-

Lehre. Von der diese theologisch radikalisierenden anderen politisch-ethischen Theorie wird in späterem Zusammenhang die Rede sein.

Zunächst: Es ist beileibe nicht so, wie oft unterstellt, daß ein politisch konservativer Theologe sich genötigt sähe, aus seiner Konzentration auf den Rechtfertigungsglauben die Folgerung abzuleiten, er habe angesichts der Herausforderungen, die die gegenwärtigen ökumenischen Aktivitäten in Gang gesetzt haben, vor einem übertriebenen Engagement zu warnen, ja, gegebenenfalls geradezu zu einer Nicht-Wahrnehmung konkreter Verantwortung aufzurufen: „Das Gesamtthema des konziliaren Prozesses für ‚Gerechtigkeit, Frieden und Bewahrung der Schöpfung' bündelt eine Fülle von Problemen und damit verbundenen Aufgaben, von denen viele Menschen zutiefst bewegt sind und denen man sich als Mensch schlechterdings nicht entziehen kann. Denn wer wäre nicht für die Gerechtigkeit, den Frieden und die Bewahrung der Schöpfung? Wer könnte, ja dürfte sich den damit verbundenen Aufgaben entziehen, von denen es immer wieder heißt, daß es dabei um das ‚Überleben der Menschheit' gehe . . . Der Vorwurf, sich als Mensch, ja als Christ diesen Aufgaben zu entziehen, trifft in seinem Kern nicht nur mitmenschliche Solidarität im moralischen Sinne, sondern das Menschsein des Menschen und das Christsein des Christen"[46]. Daß es nötig sei, in dieser Lage die ethische Frage aufzuwerfen und sich konkreter Verantwortung zu stellen, hat Slenczka also keineswegs geleugnet; nur hat er die Wahrnehmung solcher Verantwortung an den Ort verwiesen, an dem sie gemäß der Zwei-Reiche-Lehre – im Sinne also Max Webers sowohl wie Luthers – als eine solche für öffentliche Belange in erster Linie realisiert zu werden verlangt: Sie ist Sache der dafür vorgesehenen Ämter und Institutionen bzw. deren Träger (im vorliegenden Falle also des Ministeriums für Entwicklungshilfe und Soziales, des Außen- sowie Innenministeriums und des Bundesministeriums für den Umweltschutz). Wohl uns übrigen, das ist die geheime Hoffnung, wenn die betreffenden Amtsträger obendrein Christen sind, die ihre Aufgabe uneigennützig, mit sachlichem Ernst und – falls sie unpopuläre Maßnahmen verfügen müssen – ohne Seitenblick auf ihre potentielle Wählerschaft erfüllen! Und wohl den Inhabern der Ämter, wenn sie ihrerseits die Sachkenntnis von Experten, Juristen, Soziologen, Wirtschaftswissenschaftlern und Technikern, die in den fraglichen Bereichen tätig sind, an ihrer Seite haben! In den Grenzen menschlicher Einsicht und Möglichkeit werden sie die Last der Verantwortung für ihr Tun stellvertretend für uns andere tragen. Wir haben sie gewählt; sie handeln öffentlich im Amt für uns; wir haben Anlaß, ihnen zu vertrauen und ihren Weisungen zu folgen. – Es fällt an dieser Argumentation auf, wie stark in der Regel auf die Erprobtheit und zeitlose Gültigkeit des Zwei-Reiche-Modells verwiesen wird. Hat seine Ordnungsstruktur sich in der Vergangenheit auch schwierigeren Herausforderungen als gewachsen erwiesen, warum sollte sie nicht geeignet sein, uns den Weg für den richtigen Umgang auch mit den gegenwärtigen Menschheitsaufgaben zu weisen? Und überhaupt: Hat es nicht Ähnliches wie das, was uns heute Not macht, in dieser oder jener Form schon immer gegeben? Und wird nicht im einzelnen in der Art verwerflicher Dramatisierungen, die den Blick für die realen Tatsachen trüben, gewaltig übertrieben? Wenn wie in der „Stuttgarter Erklärung" die gegenwärtige Situation als „mit Vergangenem nicht zu vergleichende Eskalation" beschrieben wird, so schlage, meint Slenczka, „die Behandlung von Sachfragen, für die ohnehin zumeist die notwendige Sachkenntnis fehlt, in Demagogie um", und eben dafür gebe es nun einmal „in der neueren Geschichte ebenso peinliche wie verhängnisvolle Beispiele"[47].

Begreiflich, wenn unter Voraussetzung dieser Sicht und mit dieser Einschätzung der Dinge mit den Wortführern des konziliaren Prozesses streng ins Gericht gegangen wird! Bei ihrer Initiative und dem für diese erhobenen kirchlichen Anspruch gehe es „nicht bloß um politische Richtungsfragen, sondern um Glaubensfragen". Es gehe „nicht um Meinungen zum Glauben, sondern um die Grundlagen des Glaubens, die weder historisch relativiert noch pluralistisch zur Disposition gestellt werden können. Politische Richtungsfragen haben in einer funktionierenden Demokratie ihr gutes Recht im Zusammenspiel von Parteien, von Regierung und Opposition, aber auch in den Entscheidungen über das, was nötig und was möglich ist. Dies spielt sich immer in den Grenzen ab, die menschlicher Einsicht und Tat gesetzt sind. Durch das ständig auftauchende Schlagwort der ‚Überlebensfragen' jedoch wird die Wahrnehmung konkreter Verantwortung in Politik, Wirtschaft und Technik außer Kraft gesetzt. An die Stelle verantwortlicher Rationalität tritt ein von Angst getriebener emotionaler und irrationaler Aktionismus, der sich in öffentlichen Erklärungen, Forderungen, Demonstrationen etc. niederschlägt. Wenn der Notstand oder Ausnahmezustand zum Prinzip politischen Handelns erklärt" werde, wie dies nicht erst im Zuge des konziliaren Prozesses, sondern in radikalen christlichen Kreisen und Basisgruppen seit Jahren geschehe, dann stelle sich „die ernste Frage an die politische Verantwortung der Kirchen, ob sie die Basis für die Auflösung einer funktionierenden Demokratie und die Einführung einer Diktatur liefern wollen"[48]. Aber nicht nur die staatliche Ordnung werde so in Gefahr gebracht, sondern auch die der

Kirche. So lasse sich dies, in welcher Weise es bei den ökumenischen Foren, die zu den gegenwärtigen gesellschaftlichen Herausforderungen veranstaltet werden, um Glaubensfragen geht, „an charakteristischen, wenn auch nicht immer leicht durchschaubaren Surrogaten" erkennen. Freilich sei deren Ambivalenz auch das eigentlich Irritierende, das, was dazu führen kann, daß man ihnen – unter Umständen sogar im Protest gegen sie – erliegt. „Wenn z. B. Gottesdienste, Gebetsversammlungen, Prozessionen und dergleichen zur Durchsetzung bestimmter sozialer oder politischer Ziele verwendet werden, dann ist das einerseits eine Entstellung des Gottesdienstes, andererseits aber auch eine religiöse Überhöhung des Politischen" – ein Phänomen, das allerdings sofort mit einer wichtigen, selbstkritischen Einsicht zu verbinden ist; diese lautet: „Die Gemeinde wird in dem Maße anfällig für solche Vorgänge, wie ihr nicht mehr das Wort Gottes nach der Heiligen Schrift zugesprochen wird, sondern wie sie statt dessen in ihren Fragen, Bedürfnissen und Ängsten angesprochen und umworben wird. An die Stelle des Glaubensgehorsams tritt dann die Bedürfnisbefriedigung in den Wechselfällen des Lebens. Das Gegenüber von Gott und Mensch wird aufgehoben in die Verwirklichung oder Bewahrung des Menschlichen. „Im Grunde", so Slenczka, „ist das die Theologie einer Wohlstandsgesellschaft. Die Bestandssicherung der Kirche wird vor der öffentlichen Meinung, nicht aber vor dem Wort Gottes verantwortet. Ohne dieses Wort Gottes der Heiligen Schrift aber wird die Gemeinde entmündigt und zugleich anderen Vormündern unterstellt (Gal 4, 1ff.; Kol 2, 20ff.)"[49].

Unmißverständliche Sätze, so scheint es! Wer auch wollte die Richtigkeit der darin zum Ausdruck gebrachten kritischen Einsichten bestreiten? Aber ist der Begriff des „Wortes Gottes der Heiligen Schrift" wirklich so klar, wie ihn der theologische Kritiker hier – nun also auch im Blick auf die Beziehung „Kirche – Gesellschaft" – ins Feld führt als den entscheidenden Maßstab, der die Geister unterscheiden helfen soll? Klar ist einstweilen doch nur so viel, daß hier einer den Initiatoren des konziliaren Prozesses unterstellten Tendenz zur Politisierung der Kirche das entschlossene Bestreben entgegengehalten wird, Kirche (unbeschadet der politischen Betätigung einzelner ihrer Glieder) mit Nachdruck auf ihren Verkündigungsauftrag zu verweisen. Dabei gilt als selbstverständliche Voraussetzung, daß dieser völlig unpolitisch sei. Die Stärke dieses Mahnrufs ist es ohne Zweifel, daß er sich nicht nur auf unmißverständliche Stellen im Evangelium berufen, sondern zugleich von einer Tatsache der Erfahrung seinen Ausgang nehmen kann: Der christlichen Gemeinde scheinen genuin theologische Kriterien für eine politische Urteilsbildung und eine aus dieser resultierenden Praxis zu fehlen. Aber wäre damit schon gesagt, daß sie ihr notwendigerweise fehlen müssen? Und könnte es nicht sein, daß sie ihr u. a. deshalb fehlen, weil „das Bewußtsein von dem verlorenzugehen droht, wodurch die christliche Gemeinde als ein spezifisches Subjekt entsteht"[(50)]? Nun läßt sich bis heute nicht verkennen, daß man in unserem Lande der Krise der Identität der protestantischen Christenheit durch eine gegenläufige Bemühung entgegenzuwirken versucht. Auf der einen Seite wird durch einen bestimmten Typus neuer „Politischer Theologie" angesichts des Auseinanderfalls von Kirche und Gesellschaft das Vermittlungsprogramm des liberalen Kulturprotestantismus erneuert. Wie es diesem theoretisch um die wissenschaftstheoretische Legitimation von Theologie geht, so praktisch „um die gesellschaftspolitische Etablierung des neuzeitlich-christlichen Autonomiebewußtseins als Religion der industriellen bzw. postindustriellen Gesellschaft"[(51)]. Unschwer konnte man in den vergangenen Jahren zu diesem Bestreben das analoge Bemühen, „über eine sozialistische Praxis hinaus so etwas wie eine sozialistische Theologie zu entwerfen"[(52)], in Parallele setzen und folglich versucht sein, auf dieser doppelten vermittlungstheologischen Linie in ökumenischem Horizont dann auch den konziliaren Prozeß anzusiedeln. Auf der anderen Seite steht nun aber die strenge Unterscheidung von Kirche und Staat, Kirche und Gesellschaft, christlichem Geist und öffentlicher Verantwortung, die konservative lutherische Theologen unter Berufung auf Luthers Zwei-Reiche-Lehre neu eingeklagt haben, in nur scheinbarem Widerspruch zu diesen Vermittlungsversuchen (und der mit ihnen verbundenen Gefahr, heillose Synkretismen heraufzubeschwören). Denn damit, daß der innere Mensch im Glauben unter dem Evangelium, wie man meint, apolitisch existiert, wird hier indirekt die Freisetzung der politischen Existenz des äußeren Menschen gerechtfertigt – seine Unterordnung unter das Gesetz. Dabei verzichtet man darauf, sich darüber Gedanken zu machen, daß dessen inhaltliche Füllung und Bestimmung „einer Orientierung an traditionellen Wertvorstellungen ebenso . . . offensteht wie seiner Interpretation im Sinne säkularer Vernünftigkeit." In jedem Fall ist mit der angemahnten Unterscheidung „im Gegensatz zu ihrer ursprünglich eschatologisch bestimmten Dialektik die komplementäre Zuordnung von regnum Christi und regnum mundi" gemeint. Und eben „in diesem Formalprinzip des ausgeschlossenen Widerspruchs beider ‚Reiche' konvergieren die wiedererstarkte, eher konservative Zwei-Reiche-Konzeption und die wiedererstandene, eher liberale Vermittlungstheologie in ihren mannigfaltigen Spielarten"[(53)]. Ihre

Gemeinsamkeit kommt denn in theologischer Hinsicht auch darin zum Ausdruck, daß sie sich jedem Versuch einer christologischen Begründung der sozialen und politischen Ethik versagen, welcher die Theologische Erklärung der Bekenntnissynode von Barmen zu seinem Ausgangs- und Ansatzpunkt nimmt. Gleichwohl waren und sind es die christologischen Grundentscheidungen dieser Erklärung, welche ein biblisch begründetes und unverzichtbares Sachkriterium in den Mittelpunkt der Bemühung um christlich-politische Orientierung rückten, dessen Zurückweisung so, wie sie bei uns in den vergangenen Jahren die Mehrheit der etablierten Kirchen praktizierte und wie sie infolgedessen zu einer Krise der Identität der evangelischen Christenheit führte, heute darüber hinaus eine Fehleinschätzung des weltweit gewordenen konziliaren Prozesses zur Folge haben muß.

2. Barmen I: Glauben

Wir werden durch die Frage nach einem biblisch begründeten Sachkriterium für die Möglichkeit politischer, d. h. in ihrer unmittelbaren Auswirkung über die Grenzen der Christengemeinde hinausreichender Urteilsbildung und Praxis von der Ebene der politischen Ethik zunächst auf die der Dogmatik zurückverwiesen. Auf ihrem Boden ist nach der Begründung des Handelns der ökumenischen Kirchen und Gruppen als wesenhaft „christlichen" Handelns zu fragen. R. Slenczka stellt in dieser Beziehung ein Defizit in den Dokumenten und bei den tonangebenden Theologen des konziliaren Prozesses fest, das man dogmatisch als Unterfangen bezeichnen könnte, die „Heiligung" christlichen Tuns und Lassens ohne „Rechtfertigung" denken und praktizieren zu wollen. Dem äußeren Eindruck nach wird man ihm, zumindest in zahlreichen Fällen, nicht unrecht geben können. Ein bestimmter, zu einer Art kirchlichem Lebensstil aufgestiegener ökumenischer Aktivismus macht es sich mit der Besinnung auf die theologische Bedingung der Möglichkeit seiner Aktionen entschieden zu leicht. Wo immer man aber den Anspruch vom Zuspruch des Evangeliums, die Liebe vom Glauben, das ethische Engagement vom Hören der Frohen Botschaft trennt und etwa die pure Praxis alternativen Handelns vor sich und anderen als die eigentliche Verifikation des Evangeliums preist, da kommt es in Wahrheit an diesem vorbei zu einer Bindung der Gewissen an menschliche Normen und zur Wiederkehr von Werkgerechtigkeit.

Diese Form der Verkürzung im Verständnis christlichen Handelns läßt sich in der Tat leicht am Begriff der Umkehr aufzeigen, der wie in anderen Resolutionen der ökumenischen Foren so auch im „Basler Dokument" vom Mai 1989 sachlich im Zentrum steht. Umkehr soll danach das Mittel zur Bewältigung der Weltbedrohung sein: „Gott ruft uns zur Umkehr, die allein den Zugang zum Leben öffnet", und „Umkehr zu Gott bedeutet heute die Verpflichtung, einen Weg zu suchen", der geeignet ist, aus den Aporien, die wir über uns heraufbeschworen haben, schrittweise herauszuführen[54]. Aber, so wendet Slenczka hier nicht grundlos ein, weder sage man, daß in der Heiligen Schrift „zur Umkehr im Namen Jesu Christi unter der Ankündigung des kommenden Reiches Gottes und zum Glauben an das Evangelium gerufen wird" (Mk 1,15), noch werde klipp und klar bezeugt, daß „damit der Weg nicht zu suchen, sondern bereits gefunden" (Joh 14,6) sei[55]. Wir müssen deshalb offensichtlich fragen: Wäre in diesem Entwurf einer gegenüber dem Rechtfertigungsglauben sich isolierenden „Heiligung" christlichen Handelns die Umkehr zu einem alternativen Lebensstil auf den verschiedensten Ebenen und in den unterschiedlichsten Beziehungen unseres heutigen Daseins in Wahrheit an die Stelle der Umkehr zum Glauben getreten – dem Glauben an das in Christus die Sünde der Menschen richtende, um seinet-, des Sohnes willen den Sünder aber auch freisprechende Urteil Gottes des Vaters? Nichts Geringeres als diese Ersetzung der einen Form von Metanoia durch die andere unterstellt in der Tat der Erlanger Systematiker, wenn er konstatiert: „Die Realität der Sünde, für die der Sohn Gottes gestorben ist, und die Größe des Heils, durch den Glauben an das Evangelium von Jesus Christus aus dem über alle Welt kommenden Gericht gerettet zu werden, ist in diesem und ähnlichen Dokumenten nicht nur bagatellisiert, sondern völlig aufgelöst"[56]. Die neue Heilsbotschaft, wie sie im „Basler Dokument" enthalten sei, aber laute: „Angesichts der Gefahren für die Zukunft der Menschheit wollen wir die Wahrheit des Evangeliums bekennen. Wenn wir auf das Wort Gottes hören, erkennen wir unsere Verantwortung. Wir glauben, daß die Zukunft sich uns dann öffnen wird, wenn wir uns Jesus Christus zuwenden. Die Sackgasse, in der wir uns heute befinden, ist letztlich darauf zurückzuführen, daß wir von Gottes Wegen abgewichen sind. Wir wollen verkünden, daß Gott denen Zukunft eröffnet, die zu ihm umkehren"[57]. Eine klare Widerlegung des geäußerten Verdachts auf Trennung der Umkehr von christlicher Buße? Der Kritiker verneint und behauptet das genaue Gegenteil: „Christlich kann dies nur für den klingen, der nicht mehr weiß, daß das Evangelium von Jesus Christus die frohe Botschaft von der Rettung aus dem Gericht über alle Welt durch den Glauben an Jesus Christus ist (Apg 17,31). Statt dessen heißt es nun: ‚Unsere Umkehr zu

Gott fordert, daß wir uns aktiv Gottes Gerechtigkeit zuwenden, Gottes Schalom annehmen und in Harmonie mit der ganzen Schöpfung leben'"[58].

Spätestens auf diese Entgegnung hin wird man nun allerdings die umgekehrte Frage stellen müssen, ob nicht, wer so argumentiert, indem er die Folge, die hier aus dem christlichen Glauben gezogen worden ist, in einen Vorwurf gegen den so verstandenen Glauben ummünzt, dem entgegengesetzten Mißverständnis verfallen sei: die Rechtfertigung des Sünders ohne die ihr nach dem Zeugnis der Heiligen Schrift (1 Kor 1,30) doch zugeordnete Heiligung zu denken. „Wie Jesus Christus Gottes Zuspruch der Vergebung aller unserer Sünden ist, so und mit gleichem Ernst ist er auch Gottes kräftiger Anspruch auf unser ganzes Leben"[59], lautet die zweite Barmer These. Damit, daß man bei ihrer Abfassung den Akzent auf die Worte „so und mit gleichem Ernst" gelegt hat, wollte man zweifellos sagen, daß es gerade Gottes Gnade ist, die uns mit Beschlag belegt! Es gibt also nach dem Zeugnis der Heiligen Schrift, als dessen zusammenfassende Darlegung die Barmer Erklärung sich versteht, „keine Rechtfertigung ohne Heiligung, keinen Freispruch ohne Indienststellung. Gottes Zusage und sein Gebot sind wohl zu unterscheiden, aber nicht zu trennen, geschweige denn, daß sie sich widersprechen"[60]. Grundsätzlich bekennt sich selbstverständlich auch das Luthertum zu dieser Erkenntnis[61], auch wenn sich Formulierungen, welche in ähnlicher Weise wie das Barmer Bekenntnis die Gleichrangigkeit von Rechtfertigung und Heiligung betonen, in keiner seiner Bekenntnisschriften finden. Vielmehr hat die Tatsache, daß schon die Apologie der Confessio Augustana von 1530 den Artikel von der Rechtfertigung zum vornehmsten der ganzen christlichen Lehre erklärte[62], faktisch zur Folge gehabt, daß die paulinisch-reformatorische Rechtfertigungslehre immer wieder in der Weise mißverstanden worden ist, daß sich das strenge biblische Zugleich von Zuspruch und Anspruch, Glaube und Gehorsam durch Zuordnung in der Form eines zeitlichen Nacheinander lockerte – daß man den Glauben infolgedessen als „Theorie" zu verstehen begann, die erst nachträglich in „Praxis" umzusetzen sei. Es lag unter diesen Umständen auf der Hand – und das ist ein neuer, über die gegenwärtige Fragestellung uns hinausführender theologischer Sachverhalt von erheblicher Bedeutung –, daß ein so verstandener Glaube leicht zu einem „Werk", d. h. einem toten, seinen Inhalt lediglich für wahr haltenden Glauben werden konnte, zu einer Zumutung an den Intellekt, die ihre ersten liberalen Kritiker nicht zufällig schon in der Epoche der altprotestantischen Orthodoxie als Richter über sich heraufbeschwor.

Wäre der Erlanger Systematiker in seiner Orthodoxie auf der Linie eines solchen, von der Heiligung sich nicht nur unterscheidenden, sondern sich lösenden und nun – in Form einer paradoxerweise womöglich verdienstvollen Leistung – für wahr zu haltenden Rechtfertigungsglaubens zu behaften? Und wäre infolgedessen von seinem Schriftverständnis zu sagen, daß es dem fundamentalistisch-gesetzlichen zumindest nicht vollkommen fremd gegenübersteht?

Warum haben wir diese Fragen in unserem Zusammenhang aufzuwerfen? Nun, ich denke, gerade der entscheidende Punkt innerhalb der bisher vorgetragenen Kritik an der „Theologie" des konziliaren Prozesses sei es, der sie keineswegs als abwegig erscheinen läßt. Slenczkas Verständnis des „Endes der Welt", für das er sich auf 2 Petr 3,13 beruft, erweckt den Eindruck, als läge es auf der gleichen historischen Ebene wie das der „Vollendung der Welt", das er an den Unterzeichnern der „Stuttgarter Erklärung" rügt. Handelt es sich also, näher betrachtet, nicht lediglich um die apokalyptische Variante der Auffassung von den letzten Dingen, die hier der chiliastischen entgegengehalten wird? Träfe diese Annahme zu, so sähen wir uns einmal mehr einem, wie es scheint, nicht untypischen Grundzug lutherischer Frömmigkeit gegenüber. Tatsächlich hat das Luthertum oft genug im Lauf seiner Geschichte erkennen lassen, daß ihm ein irritierendes Schwanken zwischen leichtgläubigem Kulturenthusiasmus einerseits und tiefem Kulturpessimismus andererseits eigentümlich sein kann; es bewies damit eine innere Wandlungsfähigkeit, die kaum anders zu erklären ist als dadurch, daß man sich im Blick auf die Bestimmung der inneren Verfassung der Selbst- und Welterfahrung oft stärker überläßt als der Erkenntnis des Glaubens, zu der das Evangelium doch gerade befreit. Wir müssen deshalb hier zum Abschluß nüchtern fragen: Sähe dieser Kritiker der sich im konziliaren Prozeß engagierenden – und zwar gegen die weit verbreitete Untergangsstimmung sich engagierenden – christlichen Kirchen und Gruppen nicht, daß das „Ende der Welt" im Neuen Testament theologisch anders begriffen wird als in den zeitbedingten Formen jüdischer Apokalyptik? Und sähe er ferner nicht, daß dieses Verständnis, wo immer das Ende der Welt im Sinne des Evangeliums verkündigt wird, zu anderen Konsequenzen bezüglich der Praxis des konziliaren Prozesses führt, als er sie als „christliche" Konsequenzen für eine ökumenische Praxis offensichtlich gelten lassen kann und will?

3. Eschatologie und Ethik

3.1 Das biblische Zeugnis

Die durch die Herausforderungen der Krise unserer wissenschaftlich-technischen Zivilisation veranlaßte Kontroverse darüber, ob es sich bei dem Ziel der ökumenischen Initiativen um eine durch uns ins Werk zu setzende „Vollendung der Schöpfung" handele, oder ob wir, entlastet von solcher Anmaßung, das „Ende der Welt" in Nüchternheit zu erwarten hätten, hat auf jeden Fall für sich, daß sie uns nötigt, neu auf das biblische Zeugnis zu hören. Dessen entscheidende theologische Aussagen hinsichtlich des Eschaton sind eindeutig und unmißverständlich. Wer sie aufmerksam zur Kenntnis nimmt, braucht keineswegs in Abrede zu stellen, daß sich das Zeugnis des Neuen Testaments von den Letzten Dingen dem Blick des Historikers fast überall in apokalyptischer Gestalt darstellt, haben doch grundsätzlich auch Jesus und Paulus endgeschichtliche Ereignisse vor Augen, die diese Weltzeit real beenden und Gottes Welt heraufführen werden, und setzt doch auch das Johannesevangelium neben der von ihm bevorzugt vertretenen präsentischen Eschatologie Vorstellungen ähnlicher Art noch voraus. Gleiches gilt von der Naherwartung, dem anderen Element der in urchristlicher Zeit bestimmenden Form der Zukunftserwartung. Fragt man indessen, geleitet vom Interesse an der Aktualisierbarkeit jener Vorstellungen, weiter, ob es sich um nebensächliche oder integrale Elemente der urchristlichen Botschaft handele und wie eine von diesen Zügen zunächst entkleidete neutestamentliche Eschatologie wohl aussehen würde, so erhält man als Auskunft die Antwort, die nun allerdings von höchster theologischer Bedeutung ist: Gegenwart, Welt und Zeit bleiben, auch wenn man von den apokalyptischen und chiliastischen Zukunftsbildern als je für sich zeitbedingten und für uns zerronnenen absieht, entscheidend und grundsätzlich durch das Ereignis bestimmt, das im Neuen Testament als das eschatologische schlechthin in den Mittelpunkt getreten ist: die Erscheinung Jesu Christi[63]! Seitdem der Gekreuzigte von den Toten auferstanden ist, ja seitdem Gottes Wort Fleisch geworden ist, ist nichts mehr so, wie es vorher war. Alles ist in bestimmter Weise auf dieses Ereignis bezogen und empfängt von ihm her seine Eigentümlichkeit. Und eben auch und gerade von den künftigen Ereignissen ist dies zu sagen: Ihren Charakter und ihre Bedeutung haben sie für die neutestamentlichen Zeugen erst von Jesus Christus her erhalten, und nur unter dieser Voraussetzung werden sie „eschatologische", d. h. durch ihre Bezogenheit auf den Eschatos (Offb

1,11) bestimmte Ereignisse genannt. Die Wende, die darin im Blick auf das Denken der zeitgenössischen Apokalyptik zum Ausdruck kommt, ist offenkundig: Nicht sah man, weil man in der Erwartung eines bevorstehenden Weltendes mit Gericht und kosmischen Katastrophen lebte, auch in der Erscheinung Jesu Christi ein Endzeitereignis, sondern umgekehrt: Weil Jesus Christus kam, um unserer Sünde willen gekreuzigt wurde und auferweckt ward von den Toten, so daß „auch wir in einem neuen Leben wandeln sollen" (Röm 6,4) deshalb war und ist in ihm für die, welche an ihn glauben und ihn vor der Welt bekennen, die Geschichte dieser Welt schon ans Ziel gelangt und die Zeit erfüllt; deshalb gab und gibt es aber auch für sie über die Zukunft, in der das Reich Gottes nicht nur geglaubt, sondern geschaut werden wird, nicht den geringsten Zweifel. Denn es ist das bereits in Erscheinung getretene Eschaton, es ist Jesus Christus selbst aufgrund seiner Auferweckung von den Toten, der das zukünftige Eschaton, die Offenbarung des Reiches Gottes in Herrlichkeit, verbürgt!

3.2 Gottes Erwählung

Denken wir über Charakter, Ziel und Richtung des konziliaren Prozesses der Kirchen im Licht der christologischen Dimension der neutestamentlichen Eschatologie systematisch-theologisch nach, so haben wir Anlaß, uns daran zu erinnern, daß die Wiederentdeckung dieser Dimension in unserem Jahrhundert nicht zu trennen ist von der Entstehung einer Theologie des Wortes Gottes, die der ökumenischen Bewegung wichtige und weittragende Impulse verliehen hat. Eschatologie bezeichnet für Karl Barth, den Verfasser der „Kirchlichen Dogmatik", eines theologischen Hauptwerkes unserer Epoche, nicht bloß einen bestimmt umgrenzten Aussagenbereich, einen locus innerhalb der Dogmatik, sondern zuerst und allgemein eine Beziehung – die Beziehung auf ein von uns aus gesehen für unser Erfahren und Denken noch Ausstehendes, Zukünftiges, das christliche Theologie als solches zur Sprache zu bringen hat[64]. Eben dieses Unverfügbare, Zukünftige ist das Ereignis und Wunder der Offenbarung Gottes, wie es uns in der Heiligen Schrift bezeugt wird. Denn daß der in der Bibel verkündigte Gott uns grundsätzlich voraus sei, daß er also grundsätzlich und auf der ganzen Linie herauszunehmen sei aus dem Zusammenhang dessen, was immer schon Offenbarung in irgendwelchen Religionen genannt worden ist, das ist es, was der große Basler Theologe schon in seinen frühen Jahren mit unüberhörbarem Nachdruck herausgestellt hat: Gott ist als der „ganz Andere" zu erkennen! Auch da, wo er hervortritt und von uns erkannt wird, gibt es keinen Begriff, mit dem man ihn fassen, begreifen, ihn sich erklärlich machen könnte. Deus non est in genere! Indem er, der uns in Jesus Christus begegnet, in unsere Welt hineintritt, bleibt er, der er ist, „unvermischt mit der Welt, keiner Logik unterworfen als der ihm eigenen; keiner Ontologie oder Metaphysik zugänglich. Denn Zugang zu ihm gibt es nur durch ihn selber". Nicht umsonst redet denn auch die Bibel dort, wo es um die Begegnung des Menschen mit diesem Gott geht, vom Heiligen Geist. Allein, indem er der Welt offenbar wird als der souveräne Herr dieser Welt, wird diese ihrerseits „eine andere. Sie hat ihren Meister gefunden, die Hand Gottes liegt auf ihr. Die herrenlosen Gewalten, die in ihr walten, werden entmächtigt. ‚Die Götzen wackeln' ... Ja, die ganze Gestalt dieser Welt mit allen ihren Institutionen ... beginnt zu vergehen. Gott kündigt in Christus eine neue Welt an, in der Gerechtigkeit und Friede herrschen. Das ist die ‚Revolution Gottes', von der Barth damals zu reden begann. Dieser Begriff weist über alles Irdische hinaus, tritt aber jetzt schon in Kraft"[65].

In der ersten These der Barmer Theologischen Erklärung hat dieses Verständnis von christlicher Theologie als Eschatologie, begründet im Christusereignis, einen prägnanten, sowohl für den Weg der evangelischen Kirche in Deutschland wie dann auch für den der Ökumene bedeutungsvollen Ausdruck gefunden. Daß Jesus Christus als der Eschatos das eine Wort Gottes, die unwiderrufliche und allein maßgebliche Offenbarung seines Willens ist, besagt für Barth allerdings schon 1934 nicht, daß die Werke Gottes des Schöpfers, Versöhners und Erlösers nicht genau unterschieden werden müßten. Vielmehr: Wie die Beziehung des Christen zu Gott in Christus in ihrer Verschiedenheit zu sehen ist, wie Glaube, Liebe, Hoffnung entsprechend dem „einst", dem „jetzt", dem „dann" der einen Parusie Jesu Christi in ihren drei Gestalten je für sich ins Auge gefaßt werden müssen, so ist auch dies, „daß Gott eine geschöpfliche Welt ins Leben rief und erhält, daß er die gottfeindliche Menschheit mit sich versöhnt und daß er sie künftig erlösen wird, ... jeweils ein anderes. Aber alle Werke Gottes stehen in einer differenzierten Einheit"[66]. Vom generellen Begriff der Eschatologie ist darum der spezielle ausdrücklich zu unterscheiden, auch wenn er von dem ersteren umschlossen wird[67].

Wir haben nach diesen Andeutungen den Punkt erreicht, an dem wir auf eine weitere, wichtige Station in der Entfaltung der neuen, die ökumenische Bewegung fortan entscheidend mittragenden Theologie wenigstens noch hinweisen wollen. Denn daß es Jesus Christus ist, der als „der Erste und der Letzte" (Offb 22,13) Gottes Ja zu Mensch und Welt darstellt, daß „auf ihm und nicht auf einer Analyse von Natur und Geschichte . . . der Glaube an die Güte des Schöpfers, an die Gnade des Versöhners und an die Herrlichkeit des Erlösers" gründet, und ferner: daß der in ihm offenbarte gnädige Wille Gottes nicht beschränkt ist auf die, welche ihn schon „kennen und anerkennen", sondern daß er sich als der Wille des Herrn der Welt universal an alle richtet[68] – eben das lenkt unseren Blick nach vorn auf die christozentrische Gestalt, die das Zeugnis von der Gnadenwahl Gottes in der Kirchlichen Dogmatik angenommen hat. Barths Darlegungen hierzu sind in den Jahren nach der Synode von Barmen, aber noch während der nationalsozialistischen Herrschaft entstanden und stellen den Höhepunkt der christologisch-eschatologisch begründeten Gotteslehre dar. Daß der Mensch sich selbst zum Heil erwählen könnte und also in der Lage wäre, dieses „Heil" aus eigener Macht hervorzubringen, wie es die Christen der europäischen und außereuropäischen Kirchen in den Eroberungskriegen der nach Weltherrschaft strebenden totalitären Bewegung des Hitler-Regimes sich ereignen sahen, ist hierin definitiv als das dämonische Widerspiel des Fürsten dieser Welt entlarvt. Die in der Bibel bezeugte Erwählung Gottes ist darum von Anfang an die Überwindung jenes Spuks, sie enthält darum von vornherein „die Summe des Evangeliums", wie Barth im Hinblick auf das eschatologisch Neue der in Christus offenbar gewordenen Wirklichkeit Gottes und dessen siegreich sich durchsetzenden Willens formuliert, weil dies das Beste sei, was je gesagt und gehört werden könne: „daß Gott den Menschen wählt und also auch für ihn der in Freiheit Liebende ist." Die Erwählungslehre ist m. a. W. darum „in der Erkenntnis Jesu Christi begründet, weil dieser der erwählende Gott und der erwählte Mensch in Einem ist. Sie gehört darum zur Lehre von Gott, weil Gott, indem er den Menschen wählt, nicht nur über diesen, sondern in ursprünglicher Weise über sich selbst bestimmt". Und so bestehe denn auch ihre Funktion in nichts Geringerem als „in der grundlegenden Bezeugung der ewigen, freien, beständigen Gnade als des Anfangs aller Wege und Werke Gottes"[69]!

3.3 Bund und Versöhnung

3.3.1 Rechtfertigung

Soviel ist nach diesen Hinweisen immerhin deutlich: Die Schrift bezeugt uns Gott auf Grund der in Christus von Ewigkeit her geschehenen und verbürgten Wahl seiner freien Gnade nicht als einen statischen, sondern als in sich bewegten und uns in diese Bewegung von vornherein miteinbeziehenden Gott. Doch ist es nun gerade das erwählende Handeln Gottes als sein entscheidendes Tun und Verfügen, das uns in seiner Dynamik und Teleologie auf unüberbietbare Weise an unsere Grenze erinnert! Denn darin, daß dem Menschen – seinem Tun und Lassen immer schon vorangehend – in Christus Gottes gnädiges Erwählen von Ewigkeit her gilt, liegt ausgesprochen, daß dieses Tun und Verfügen ein einziges Nein zu dem Wahn ist, es wäre der gottentfremdete Mensch von sich aus in der Lage, etwas wie einen neuen Menschen hervorzubringen, eine neue Menschheit oder eine neue Welt zu schaffen und mit alledem die geschundene und versehrte Schöpfung „zu vollenden". Der Mensch, der sich vor offenkundige Schranken seines Vermögens gestellt erkennt, der die Bedrohung seiner Existenz durch die Zerstörung der Umwelt heute nicht weniger als die Endlichkeit und Fragwürdigkeit seines Lebens überhaupt zu spüren bekommt: die Ungerechtigkeit und Sinnlosigkeit der Weltgeschichte, die Vergänglichkeit alles Irdischen und so auch das unaufhaltsame Nahen des eigenen Endes – er zeigt sich bekanntlich als unendlich erfinderisch darin, „aus Trümmern Stufen zu bauen und am Grabe selbst das Banner der Hoffnung zu entfalten"[70]. Mit dem Zeugnis von Gottes Erwählung tritt nun aber genauso wie mit dem Hinweis auf Gottes letztes Gericht die Erinnerung an eine Grenze ganz anderer Art auf den Plan. Eben diese schiebt kraft ihrer Unübersteigbarkeit die Träume des Menschen von einer Ewigkeit, die er sich selber verschafft, oder von Möglichkeiten, wie er sich selbst überschreiten und so den archimedischen Punkt entdecken könnte, von dem aus er Herr seines Lebens zu sein und dessen Krisen zu meistern vermag, einen Riegel vor. Wie immer darum die Erwartungen an die auch mit dem konziliaren Prozeß verbundenen Aktionen der christlichen Kirchen und Gruppen geartet sein mögen: daß sie sich in das Gewand von Utopien hüllen dürften, die den einzelnen zuletzt auch über diese Grenze täuschen, um ihn vorbehaltlos auf sich zu verpflichten, das ist vom Geheimnis der Mitte des christlichen Glaubens her gänzlich ausgeschlossen. Verhält es sich wirklich so, „daß Gott den Menschen wählt und also auch für ihn der in

Freiheit Liebende ist", und ist dies tatsächlich „das Beste, was je gesagt und gehört werden kann", so darum, weil durch die frohe Kunde von dieser Tat – wie einst Israel bei seiner Herausführung aus Ägypten, so am Ostermorgen in Gestalt einer unerhörten Radikalisierung und Universalisierung dieses Geschehens – allen Menschen die Befreiung aus dem Grundwiderspruch ihrer Existenz eröffnet worden ist: ihre Heimholung aus der Entfremdung von Gott statt ihrer endgültigen Überantwortung an die Macht der Illusion, die Macht der Sünde und des Todes, der Anfang eines neuen Lebens statt der Besiegelung ihrer Verschlossenheit unter das alte – eines Lebens im Bunde, in der Gemeinschaft mit Gott!

Auf die Frage, woraufhin es sich so mit dem Menschen verhalte, hat Barth im Hinblick auf die Wirklichkeit der in Christus geschehenen und offenbar gewordenen Versöhnung mit der Lehre von der Rechtfertigung geantwortet. Dieser ist für das theologische Verständnis der neueren Geschichte, wie sie mit ihrem uns bedrängenden Gefälle immer deutlicher erkennbar wurde, eine nicht zu übersehende Bedeutung zugewachsen: Durch das dieser Lehre Grund und Richtung gebende Christuszeugnis wird der Weg menschlicher Selbstbehauptung und Selbstrechtfertigung um des mit ihm verbundenen gnadenlosen Anspruchs willen nicht allein in Frage gestellt – er enthüllt sich vielmehr der Erkenntnis des Glaubens zugleich als Ursprung des tödlichen Widerspruchs, in den sich der Mensch der Neuzeit verstrickte, drohen doch jene Werke der Selbstbestätigung und Selbstrechtfertigung, durch die er in und mit den Errungenschaften seiner Kultur eine Welt der Ungerechtigkeit, des Unfriedens und der verwüsteten Schöpfung heraufgeführt hat, in Folgewirkungen der Selbstzerstörung umzuschlagen.

Demgegenüber heißt es in der Kirchlichen Dogmatik: „Das dem menschlichen Unrecht zum Trotz im Tode Jesu Christi aufgerichtete und in seiner Auferstehung proklamierte Recht Gottes ist als solches der Grund eines neuen, ihm entsprechenden Rechtes auch des Menschen"[71]! Rechtfertigung als Beseitigung des menschlichen Unrechts ist begründet in der Offenbarung der Gerechtigkeit Gottes. Diese bedeutet freilich nicht einfach einen Akt der Begnadigung, vielmehr den Konflikt Gottes mit dem Menschen der Sünde. Im Gericht dieses Richters vollzieht sich darum eine tiefe, folgenschwere Scheidung: Gottes Werk „zu seiner Linken" besteht darin, daß er in seinem „den Sünder mit seiner Sünde verzehrenden Zorn" gerecht ist; er verurteilt ganz; der Mensch in seinem Unrecht hat vor ihm keine Zukunft; er muß sterben [72]! Andererseits handelt Gott „zu seiner Rechten" aber so, daß er seinen Zorn begrenzt, ihm „Sinn" verleiht darin, daß er am Menschen selbst festhält und sein Freispruch über ihn ergeht [73]! Bei dieser Scheidung handelt es sich nicht um einen statischen Dualismus, sondern um ein „dynamisches" Nacheinander und Ineinander. Denn Rechtfertigung ist nach Barth das Geschehen einer rätselhaften Geschichte Gottes mit dem Menschen, deren Rätsel darin besteht, daß sich in ihr unsere Geschichte ereignet, unser Gestern zur Vergangenheit und unser Morgen zur Zukunft gemacht wird, und zwar ohne daß wir in der Lage wären, dies an uns selber wahrzunehmen: daß der Tod hinter uns, das Leben mit Gott aber vor uns liegt. Es ist vielmehr ein „fremdes Heute", welches hier die Scheidelinie bildet; es ist die „fremde Gerechtigkeit" Jesu Christi, in der beide: Gottes Gericht und seine Gnade, für uns wahr und wirklich sind [74]! In ihm, dem wahren Gott und wahren Menschen, dem Richter, der sich an unserer Stelle zum Gerichteten macht, ist dem Menschen einerseits „die Vernichtung seines Unrechts und seine eigene Beseitigung" als dessen Täter widerfahren, andererseits „die Aufrichtung seines Rechtes und damit die Heraufführung des Lebens" – eben jenes neuen Lebens in der Gemeinschaft, im Bunde mit Gott. Beides steht nicht nur in einem unlösbaren Zusammenhang, sondern stellt auch eine unumkehrbare Folge dar: „Was in Jesus Christus gewesen ist", das kann, so gewiß es in ihm eben als Gewesenes noch gegenwärtig" ist, „nicht wieder Zukunft werden" [76]! Der gerechtfertigte Mensch ist unterwegs. Sein Dasein hat eine neue Richtung erhalten, in die er, der Gottlose, durch seinen Freispruch von Gott versetzt worden ist.

3.3.2 Jesus Christus – die Erfüllung des Bundes

Man kann die Tatsache der Unumkehrbarkeit der Folge von Tod und Auferstehung Jesu Christi, von Tod und Leben des in ihm gerechtfertigten Menschen – man kann die neue Richtung, die damit dem Dasein dieses letzteren gegeben und eröffnet worden ist, im Sinne K. Barths nicht deutlich genug unterstreichen. Daß Gott im Geschehen der Rechtfertigung nicht nur sein Recht durchsetzt, indem er das dem Menschen in seinem Unrecht geltende Todesurteil in Jesus Christus auf sich nimmt und eben darin „sich selbst treu bleibt und als treu bekennt", sondern daß er sich in diesem Tun auch und zugleich gegenüber dem Menschen als „treu bewährt und kundgibt" [77] – dieser „positive" Sinn der Rechtfertigungslehre macht als ihr Ziel das offenkundig, was sie mit der Lehre von der Versöhnung im ganzen verbindet: Gottes Handeln ist auch und gerade in der Aufrichtung seines Rechtes Gnade! Er läßt den Menschen nicht fallen; er bestätigt seinen Bundeswillen darin, daß er mit ihm ins Gericht geht, aber ihn in der Weise „richtet", daß er ihn zu einem neuen Leben im Bunde, in der Gemeinschaft mit sich befreit. Das weist uns hin auf das Verhältnis von „Bund" und „Versöhnung", das Barth zu Beginn seiner Lehre von der Versöhnung erörtert[78]. Für eine Dogmatik und Ethik des christlichen Glaubens, die sich der Botschaft der Bibel als Norm verpflichtet wissen, ist der Gedanke des Bundes fundamental. Er ist aus diesem Grund nicht zufällig in den Vordergrund derjenigen Erwägungen getreten, die den konziliaren Prozeß theologisch begründen und legitimieren sollen[79]. Wir müssen ihm deshalb nun nähertreten und uns wenigstens im Ansatz vor Augen zu führen versuchen, was theologisch damit gesagt ist, daß man sich ethisch auf ihn beruft.

Der Bund Gottes mit dem Menschen – jenes große „Gott mit uns" – steht im Zentrum der durch die Bibel bezeugten Heilsgeschichte! Denn daß die Dynamik und Teleologie des göttlichen Handelns von der ewigen Gnadenwahl her auf die Offenbarung und Durchsetzung der Erwählung in der Geschichte drängt, das auszusagen und zu bezeugen, ist erst auf Grund der Offenbarung der Versöhnung möglich geworden. Im Leben, Leiden und Sterben Jesu Christi am Kreuz und in seiner Auferweckung von den Toten ist das große Ja der Gnadenwahl Gottes siegreich an den Tag getreten. Es ist offenbar geworden als „die freie Tat der Treue Gottes, in der er die verlorene Sache des Menschen, der ihn als seinen Schöpfer verleugnet und damit sich selbst als sein Geschöpf ins Verderben gestürzt hat, in Jesus Christus zu seiner eigenen Sache macht, zu ihrem Ziele führt und eben damit seine eigene Ehre in der Welt anzeigt und behauptet"[80]. Ausdrücklich ist darauf also zu bestehen, daß das theologische Nachdenken und die christliche Verkündigung bei der in der Geschichte offenbar gewordenen Tat Gottes als der Tat des Versöhners einzusetzen haben, soll über Gott und seinen Bund mit uns Menschen recht geredet werden! Barth begründet diese grundlegende Erkenntnis mit dem Satz: „Die Versöhnung ist die Erfüllung des Bundes zwischen Gott und Mensch" – erst und nur als erfüllter ist dieser die Mitte der christlichen Botschaft[81]! Daß Gott sich dem Menschen, dessen Widersetzlichkeit zum Trotz, zuwendet, daß er auch jetzt nicht ohne, sondern nur mit ihm Gott sein will, ist seine freie Tat, durch die des Menschen Heil aufgerichtet wird: jenes erfüllte, Gott und sich selber nicht länger entfremdete Leben, das dem einzelnen aus der Freiheit seines Schöpfers heraus vom Ursprung her zugedacht und bestimmt worden ist, obgleich er es seinerseits kläglich verwirkte. Zu dieser Tat, diesem „Gott mit uns" bestimmte sich der Vater und der Sohn in der Einheit des Heiligen Geistes von Ewigkeit her. Es ist das Wunder seines göttlichen Vermögens, Mensch zu werden – aber Mensch nun doch „ganz anders als wir anderen alle". Eben darum ist es gleichfalls Seine und nicht unsere Tat, daß auch „wir mit Gott" sein dürfen[82]!

Damit, daß die Versöhnung als die Erfüllung des Bundes zu begreifen ist, ist gesagt, daß wir den Bund Gottes mit dem Menschen seinerseits als die „Voraussetzung der Versöhnung" zu verstehen haben. Ist nämlich wirklich Jesus Christus der Inhalt und die Gestalt des ersten ewigen Wortes Gottes, so heißt und bedeutet dies nach Barth, daß Gottes Bund – „seine Verheißung, in der er sich dem Menschen, und sein Gebot, in welchem er den Menschen sich verbindet und verpflichtet" – am Anfang aller Dinge steht, daß er im Willen Gottes also „auch der Schöpfung als deren Sinn und Grund" vorangeht[83]. In freier Gnade aufgerichtet, ist er keine Vereinbarung zwischen zwei gleichrangigen Partnern, sondern von der Art, daß der Wille des Bundesherrn dem Bundesvolk seine Ordnung gibt, für deren Einhaltung er je und je Rechenschaft fordert. Im Alten Testament stellt der so gestiftete Bund die Voraussetzung der Geschichte Israels dar; als „Israelbund" ist er jedoch nur das Vorspiel und Vorzeichen des universalen Bundes, den Gott mit der Menschheit als solcher zu schließen beabsichtigt. So weist denn auch das Alte Testament selber bereits auf seine universale Erfüllung voraus und damit auf Jesus, den Christus, der diese Erfüllung ist[84].

Inwiefern aber kann, so müssen wir offenbar fragen, im Hinblick auf die Mitte der christlichen Botschaft von einer „Erfüllung" des Bundes die Rede sein? Barth hebt hervor, daß der Bund nach biblischer Bezeugung von Beginn an als ein „Gnadenbund" erscheint. Gott stehe dem Menschen von vornherein nicht neutral gegenüber. Er habe sich vielmehr von Ewigkeit her dazu bestimmt, des Menschen Gott zu sein („Ich will euer Gott sein!"). Ist der von ihm begründete Bund von Anfang an aber Gnadenbund, so eignet ihm der Charakter der Freiheit, der dem Menschen in dieser Freiheit gewährten Wohltat und damit auch dies, daß der Mensch seinerseits gegenüber Gott nicht neutral ist, sondern als das zum Empfang dieser Wohltat bestimmte und also unter das Gebot als die Form der Verheißung gestellte Geschöpf erscheint („Ihr sollt mein Volk sein!"). Gilt ferner, daß die Tat der freien Selbstbestimmung Gottes je schon Selbstbestimmung zur „Versöhnung" in dem Sinne war, daß sie Gottes Ja zur Gemeinschaft mit dem menschlichen Geschöpf in Jesus Christus in sich trug, dann bedeutet dies nach Barth unzweideutig, daß die Versöhnung zwar durch die Sünde des Menschen veranlaßt, nicht aber in ihr begründet ist, daß wir unter „Versöhnung" also nicht ein zufälliges Werk unter anderen Werken Gottes zu verstehen haben, sondern das seinem Bundeswillen wesenhaft entsprechende, ja, von diesem Willen her unumgängliche, notwendige Geschehen[85]!

Wir befinden uns im Zentrum unserer theologischen Erwägungen zum konziliaren Prozeß. Lassen wir uns darum an dieser Stelle die eben ausgesprochene Grundeinsicht in ihrem vollen Gewicht noch deutlicher vor Augen führen. In der Kirchlichen Dogmatik heißt es erklärend: Nicht erst, um die Sünde aus dem Feld zu schlagen, wollte Gott Mensch werden und ist er es tatsächlich geworden. „Er wollte und wurde es vielmehr zuerst und vor allem positiv dazu, um der Verheißung: ‚Ich will euer Gott sein!' und dem Gebot: ‚Ihr sollt mein Volk sein!' inmitten der Menschheit . . . konkrete Realität, Wirksamkeit zu geben. Er wollte und wurde es, um beide, die Verheißung und das Gebot, in göttlicher Wahrheit und Vollmacht zu erfüllen"[86]! Haben wir also im Blick auf den Bund als Voraussetzung der Versöhnung von zweierlei Tun zu reden: dem Tun Gottes, der in seinem Wort, dem Wort der Verheißung, zu uns spricht, und dem Tun des Menschen, der durch Gottes Ruf und Gebot dazu aufgefordert ist, diese Verheißung zu hören, ihr im Leben und im Sterben zu vertrauen und zu gehorchen, so gilt, was das letztere betrifft, die Erkenntnis, daß die Macht der Sünde, daß des Menschen Unglaube und Ungehorsam nicht stark genug sind, Gottes ursprüngliche Absicht zu vereiteln. Die Überwindung der menschlichen Sünde im Geschehen der Versöhnung ist vielmehr in ihrer wahren Bedeutung erst wirklich verstanden, wenn wir in ihr einen Akt der „Bestätigung und Ausführung" jener ursprünglichen Absicht Gottes in seinem Verhältnis zu uns Menschen erkennen.

Denn Jesus Christus ist darin der Versöhner, d. h. er hat den Bund Gottes insofern erfüllt, als er das „in der Zeit gehaltene und erfüllte, erste und ewige Wort Gottes", das Unterpfand der Treue Gottes gegen sich selbst und gerade damit gegen uns Menschen ist[87]! Eben damit aber ist gesagt: Er ist und verbürgt auf Grund seiner Menschwerdung in seinem Leben, Leiden und Sterben wie in seiner Auferweckung von den Toten sowohl die gnädige Zuwendung Gottes zum Menschen wie die Hinwendung des Menschen zu Gott. Indem Gott selber sich in ihm erniedrigt und unser Menschsein annimmt, wird dieses zugleich erhoben, geheiligt, für Ihn in Anspruch genommen und so zu einem Organ seines göttlichen Willens! Aus diesem Grunde bekennt der Glaube, daß Jesus Christus nicht allein der Sohn Gottes ist, der sich zu uns herabläßt, sondern auch der erhöhte Mensch. Eines kann hier nicht ohne das andere sein; beides fällt zeitlich zusammen. Allerdings muß man, was als zeitlich koinzident zu sehen ist und auch sachlich untrennbar zusammengehört, begrifflich unterscheiden, sagt mit Recht W. Kreck: „Erniedrigung ist nicht gleich Erhöhung, Gottes Sein und Handeln ist nicht austauschbar mit menschlichem Tun. Hier herrscht vielmehr eine strenge, unumkehrbare Ordnung. Die Bewegung, von der hier die Rede ist, geht von oben nach unten, um erst daraufhin, wenn auch sofort und zugleich eine Bewegung von unten nach oben zu sein"[88].

Besteht das uns gebotene menschliche Tun nun darin, daß wir das Wort der Verheißung, das Gott in Christus zu uns spricht, zu hören, daß wir ihm im Leben und im Sterben zu vertrauen und zu gehorchen haben, so wird deutlich, daß der Reihenfolge, von der hierbei im einzelnen die Rede ist, klar erkennbares Gewicht zukommt. Auf das Hören und Vertrauen folgt wie das Amen nach der Predigt das Gehorchen, ja, das letztere erscheint geradezu als das Ziel der einen großen Bewegung, in welcher Gott dem Menschen in Jesus Christus gegenübertritt und sein lebendiges Wort an ihn richtet[89]: Weil der dreieinige Gott in seinem Sohn unser Menschsein angenommen und damit in Dienst genommen hat, gibt es m. a. W. keinen Freispruch und Zuspruch von seiner Seite, der nicht sogleich die ungeteilte Inanspruchnahme des menschlichen Lebens durch ihn bedeutete! Nicht kann der Glaube also Glaube an unsere in Christus geschehene Rechtfertigung sein, ohne gleichzeitig Glaube an unsere – in ihm nicht weniger begründete und vollzogene – Heiligung zu sein! „Daß es endlich zu gehorchenden, zu an Gottes Ziel auf Erden mitarbeitenden, ihm als Helfer sich zur Verfügung stellenden Menschen auf Erden kommt, dazu sind das Hören und Vertrauen, zu dem Barmen I uns aufruft, nötig"[90]! Wir werden präzisierend sagen dürfen: Besteht der Grund der Heiligung unseres Lebens in der Rechtfertigung, und liegt wiederum das Ziel der Rechtfertigung darin, daß wir gehorchende Menschen werden, so daß es insofern zur Heiligung unseres Lebens kommt, so wird die erste, unmittelbare Gestalt dieser letzteren und also unsere Antwort auf Gottes Tun die Dankbarkeit sein. Denn im Bunde Gottes mit uns Menschen gehören Gnade und Dankbarkeit zusammen „wie Himmel und Erde", ist der Dank doch „der eine, alles umfassende, aber eben so gültige und unumgängliche Inhalt des dem Menschen auferlegten Gesetzes des Bundes"[91].

Mit diesem Hinweis auf die in Christus geschehene Erfüllung des Bundes steht ein Weiteres in Zusammenhang, das wir nun in Blick zu fassen haben. K. Barth hat die überlieferten Lehren von der „Person" Jesu Christi und von seinem „Werk" nicht länger nebeneinander behandelt, sondern sie, so sahen wir, in eins gesehen. Beide treffen sich in der Sicht vom „Amt" des sich erniedrigenden Sohnes Gottes und des von Gott erhöhten Menschensohns. Christus ist danach freilich nicht nur „Hoher Priester" und nicht allein „König" der mit Gott durch ihn versöhnten neuen Menschheit, sondern auch „Prophet", und zwar – wie mit klaren Gründen aus der Schrift nachgewiesen wird[92] – sein eigener Prophet! Als der „wahrhaftige Zeuge" (Offb 3,14) bürgt er für die in ihm geschehene Erfüllung des Bundes und die in dieser wiederum begründete unterschiedene Einheit von Rechtfertigung und Heiligung. Er ist m. a. W. der Offenbarer seiner selbst, der mit sich selber dafür einsteht, daß er das eine Wort Gottes ist, an dem sich unser Heil entscheidet, weil er „lebt", weil er „der Sieger ist" und beides ist und tut als der, der seinen Jüngern seinen Geist verheißt! Als der Gekommene ist er der Gegenwärtige, der – wie in seiner Auferstehung von den Toten und zu Pfingsten in der Ausgießung des Geistes, so in seiner letzten Parusie – gegenwärtig an den Seinen handelt. Daß es sich so verhält, ist nichts Geringeres als ein Wunder – das Wunder des Selbsterweises der Wahrheit und Wirklichkeit des uns in Christus von allen Seiten umgebenden, nicht toten, sondern lebendigen Gottes. Eben darum aber gilt, daß das „illic et tunc" seines Werkes und dessen „hic et nunc" nicht auseinanderfallen, sondern daß des Menschen dort in Christus geschehene Rechtfertigung und Heiligung „hier, in unserem Leben als unsere im Glauben zu ergreifende Rechtfertigung, als unsere in der Liebe zu bestätigende Heiligung Ereignis wird"[93] – hier in unserem Leben! Denn Jesus Christus ist nicht „ohne die Seinen". Er ist infolgedessen niemals nur „dort", sondern immer auch „hier", einer, der übergreifend, umgreifend, ausgreifend handelt und der eben daran als sein eigener tätig gegenwärtiger Zeuge erkannt wird, daß er sich als dieser – als der Auferstandene, Lebendige – selbst offenbart.

Wir haben von der Tat der freien Gnade Gottes, seinem Bunde mit dem Menschen als der Voraussetzung der Versöhnung gehört; wir haben uns deutlich werden lassen, daß und warum die Versöhnung, durch Christus vollbracht, als die Erfüllung dieses Bundes angesehen werden darf; schließlich war darauf hinzuweisen, daß es nach den Zeugnissen des

Neuen Testamentes Jesus Christus selber ist, der für die Geltung und Durchsetzung des Gnadenbundes in der Geschichte der Menschen bürgt. Auf Grund alles dessen wären wir nun in der Lage, genauer nach dem der Tat der freien Gnade Gottes entsprechenden menschlichen Tun, der christlichen Tat, zu fragen. Für diese freilich wird uns der Blick in der Regel dadurch getrübt, daß wir spontan die ethische Frage aufwerfen – die, was sollen wir tun, was ist das für uns Gute? Nicht, daß uns zugemutet würde, diese Frage einfachhin zu ignorieren. Sie ist ja, indem sie die „nach der Güte, der Würde, der Richtigkeit, der echten Kontinuität" des Handelns des Menschen ist, „nicht mehr und nicht weniger als die ... nach der Güte, Würde, Richtigkeit und echten Kontinuität seiner Existenz"[94]! Doch ist nun gerade von ihr zu sagen, daß sie auf Grund des in Christus geschlossenen Bundes zwischen Gott und Mensch, auf Grund der in ihm geschehenen Gnadenwahl und des kraft dieser wiederum an den Menschen sich richtenden Gebotes Gottes immer schon eine Antwort erfahren hat. Sie gleichwohl stellen, ihr nachgehen und unsererseits eine Antwort auf sie geben, kann infolgedessen in der Lage, in der wir uns in Wirklichkeit befinden, schwerlich etwas anderes bedeuten, als daß wir eine Surrogatfrage formulieren und daß wir mit unserer Antwort auf sie, wie immer diese auch ausfallen möge, eine Art babylonischen Turmbaus errichten, ein Hindernis, durch das wir uns die in Wahrheit an uns gerichtete Frage und die uns tatsächlich gegebene Antwort gerade verstellen[95]. Der durch sein lebendiges Wort und in der Kraft seines Geistes für uns und an uns handelnde Christus bezeugt uns als erstes Gottes Tun und Gebieten! Doch eben: er bezeugt es uns so, daß wir nicht im geringsten zu befürchten brauchen, hinsichtlich des eigenen Tuns zu kurz zu kommen. Vielmehr wird dieses unser Tun allererst darin „kräftig und klar ..., daß es sich Gottes Handeln gefallen läßt, daß es in erster Linie Bekenntnis ist" zu dem, was Gott in seiner Gerechtigkeit für uns tut[96]. So nimmt denn das an den Menschen sich richtende göttliche Gebot seinen Grund, seinen Inhalt und seine Vollmacht in der Tat von daher, daß Gottes erwählendes, gnädiges Handeln all unserem Tun zuvorgekommen ist (Ps 103,1f.). Im Horizont des Gnadenbundes wird der Mensch ja nicht voraussetzungslos angeredet und in der Weise zu verantwortlichem Handeln aufgerufen, als stünde er unter einem abstrakten Sittengesetz, mit dessen reiner Forderung als Last er dann alleingelassen wäre. Er wird vielmehr als einer angesprochen, der seinem Herrn bereits gehört, der in bezug auf ihn gewiß nicht souveränes Ich ist, sondern Gottes Eigentum[97], der aber darin sehr wohl frei ist, indem er seine Freiheit aus den Händen dessen allererst empfängt, der als sein Herr ein Knecht geworden ist, um seine Last zu tragen . . .

Unter dieser allgemeinen Voraussetzung theologischer Ethik als einer Ethik der Gnade kann es nicht nur möglich, sondern in der Tat gegebenenfalls notwendig und geboten sein, daß Christen – wie nun im Zuge des konziliaren Prozesses geschehen – sich dazu entschließen, als der Tat der Treue Gottes entsprechende menschliche Tat, als dem Bunde Gottes entsprechendes und so ihn bezeugendes menschliches Tun in einen Bund untereinander einzutreten, um ihre Treue gegen den Schöpfer durch ihr gemeinsames Eintreten für die Bewahrung der Schöpfung an der Welt, die Gott gehört (Ps 24) zu bewähren[98]. Freilich: Können sie das ohne weiteres? Steht das wie etwas Selbstverständliches in ihrer Macht?

3.3.3 Heiligung

Der Entschluß, für die von Zerstörung bedrohte Schöpfung, für eine dauerhafte Friedensordnung und ihre Ermöglichung durch Realisierung von größerer sozialer Gerechtigkeit einzutreten, wie er in den Bundesschlüssen der ökumenischen Foren verbindliche Gestalt angenommen hat, setzt in der Tat die Erneuerung des Lebens durch Umkehr voraus! Die Welt, in der wir leben, wurde in Wahrheit durch menschliche Untreue gegen Gott in die Krise gestürzt: durch Menschen, welche – „die Erhöhung des Menschensohnes" nicht achtend – von ihrer Freiheit keinen Gebrauch machen wollten, sondern es vorzogen, sich „in der Niederung eines in sich verschlossenen Seins" zu genügen, durch ihre Trägheit wie durch ihren Hochmut, durch die Versäumnisse und Unterlassungen ebenso wie die Vermessenheiten ihres Denkens, ihres Handelns[99]. Wie also sollte dieser unserer Welt wieder aufzuhelfen, wie die verwüstete Natur und die gestörten Ordnungen in ihr und wie die zwischen Menschen sowie Völkern wiederherzustellen sein, wenn nicht dadurch, daß die Verursacher der Krise Buße tun und sich von der „Liebe zur Macht" zur „Macht der Liebe" um Christi willen bekehren[100]?

Theologisch stehen wir mit dieser Überlegung an der Schwelle dessen, was die christliche Dogmatik als die der Lehre von der Rechtfertigung entsprechende Lehre von der Heiligung bezeichnet. Diese bezeugt nach Barth „die dem menschlichen Versagen zum Trotz im Tode Jesu Christi geschehene und in seiner Auferstehung kundgemachte Erhebung des

Menschen", durch die er zu einer neuen Existenz erschaffen wird, eben der eines Bundesgenossen, der Gottes Treue durch seine eigene Treue entspricht[101]. Trifft es zu, daß so, wie die Rechtfertigung des Menschen der Grund seiner Heiligung ist, die Heiligung das Ziel der Rechtfertigung bedeutet, und daß beide in Christus, dem Heiligen, eine untrennbare Einheit bilden, dann ist das, was Glaubende zu neuen Menschen und so der Heiligung teilhaftig macht, dies, daß sie an Christus selber Teil bekommen, d. h. an ihm, dem Heiligen, als Gottes Heilige partizipieren. De jure ist in ihm sowohl die Welt als ganze wie jeder Mensch als einzelner bereits mit Gott versöhnt, gerechtfertigt und geheiligt, auch wenn sich dies de facto so nur von den christlich Glaubenden als Gliedern der communio sanctorum sagen läßt. Christus tritt für alle ein; er ist der wahre, der gehorsame Bundespartner, der kraft seiner Heiligung den Gnadenbund erfüllt. Wir anderen sind durch ihn gefragt – nach unserem Gehorsam, unserem Glauben, unserer Liebe, aber nicht von ihm alleingelassen: Es ist die christliche Gemeinde, welche die in ihm geschehene Heiligung bezeugt als seine Weisung, die konkret ergeht. Sie kann dies tun, kann von einer solchen Weisung reden, weil er lebt, weil er selbst als der Lebendige den Seinen gegenübertritt und sie aus ihrer Trägheit reißt, ist er es doch – und sind nicht Menschen es an seiner Stelle –, der seinen Ruf in die Nachfolge an sie richtet und dessen Wort sie zur Umkehr „erweckt"[102]! Deutlich genug dürfte damit noch einmal zum Ausdruck gebracht worden sein, daß evangelisch-theologische Ethik nicht an ein Gesetz bindet, weder an eine Summe ethischer Vorschriften noch an ein Tugendideal, sondern allein „an den Namen und die Person dieses Einen", in dem das Wort und der Wille Gottes für uns offenbar werden[103]. Wo immer aber dieses Wort vernommen und dieser Wille erkannt und anerkannt wird, da tritt eine „reale Veränderung" im Leben der Menschen ein, da geraten sie in Bewegung – jene Bewegung, „in der ihr Dasein . . . dem Dasein ihres Herrn konform wird und ist. Ihr Dasein da drunten seinem Dasein dort droben"[104]. Das ist ihre Freiheit, aber eben: eine Freiheit, die betätigt werden will!

Grundsätzlich ist damit bereits die Antwort auf die Frage gegeben, wie Christen sich in einer Situation verhalten sollen, in der es angesichts der Bedrohung der Schöpfung im ganzen zu begreiflichen Verdrängungen des Ernstes der Herausforderung gekommen ist, aber auch zu einer erschreckenden Lähmung des Handlungswillens: In einem „eschatologischen" Horizont, den er durch die Erwartung des Endes in Form einer Folge unabwendbarer Katastrophen begrenzt sein läßt, drängt sich dem Apokalyptiker heute ja wirklich nicht anders als damals in frühjüdischer oder ältester christlicher Zeit die Frage auf, welchen Sinn es denn noch habe, darüber auch nur nachzudenken, wie man sich in einer vergehenden Welt verhalten soll. Könnte ein solches Verhalten ernstlich in etwas anderem bestehen als „im Abbrechen der Zelte, in einem großen, letzten Aufräumen und Abschließen", einem Tun, über dem alles, was den einzelnen an einzelnes noch binden möchte, absolut belanglos wird[105]? Wir werden dem entgegenhalten müssen: Welche Hoffnungen es auch immer sein mögen, die sich auf die mit dem konziliaren Prozeß verbundenen Aktionen der christlichen Kirchen und Gruppen richten – daß solche Aktionen unter dem Eindruck apokalyptischer Endzeiterwartung mitleidig belächelt oder resigniert abgewertet oder überhaupt verworfen werden dürften, ist von der in Christus offenbaren Wirklichkeit der Heiligung des christlichen Lebens, von der mit ihr in Gang gekommenen Bewegung her ausgeschlossen! Durchaus will diese heute auch und gerade in solchen Aufbrüchen, Initiativen und gemeinschaftlichen Unternehmungen Gestalt annehmen, wie sie auf den ökumenischen Versammlungen des vergangenen Jahrzehnts beschlossen worden sind! Angesichts von bloßen Vermutungen über ein nahes Ende der Welt hat jedenfalls schon die älteste Christenheit auf Grund ihrer Erkenntnis des wirklichen „Endes der Welt", der in der Heiligung Jesu Christi ihr zuteil gewordenen Weisung, die der Resignation entgegengesetzte Folgerung gezogen: die, nicht nur zu warten, sondern zu eilen, nicht die Hände in den Schoß zu legen, sondern zu handeln und sich, ihrem Herrn vertrauend, darauf zu verlassen, daß sie durch ihn auch in dieser Lage nicht alleingelassen sei (vgl. 2 Kor 5,9f.). Wie sollte die gegenwärtige Christenheit deshalb mit etwas anderem zu rechnen haben als damit, daß auch sie nicht alleingelassen, sondern aufgerufen sei, gerade wartend auf das Kommen ihres Herrn, das in seiner Nachfolge jetzt und hier durch ihn Gebotene zu tun und sich handelnd nicht zuletzt auch von den Gründen ihres Handelns kritisch Rechenschaft zu geben?

3.4 Gottes Gebot

Wir werden mit diesen Erwägungen auf die Grundlegung der theologischen Ethik verwiesen. Denn wie die Lehre von der Heiligung, in der, was Ethik zur „christlichen" Ethik macht, seine thematische Mitte hat, im Horizont der Versöhnung als der Erfüllung des Bundes der Lehre von der Rechtfertigung korrespondiert, so entspricht die Grundlegung der theologischen Ethik als Lehre von Gottes Gebot im Horizont des

Bundes als der Voraussetzung der Versöhnung der Lehre von der Erwählung. Barth kann aus diesem Grunde sagen, daß die theologische Ethik „das Gesetz als Gestalt des Evangeliums" erklärt, will sagen: als die Inanspruchnahme oder Heiligung des Menschen, welche diesem durch den ihn erwählenden Gott widerfährt, und daß sie darum in der Erkenntnis Jesu Christi gründe, „weil dieser der heilige Gott und der geheiligte Mensch in Einem ist"[106].

Damit ist unzweideutig zum Ausdruck gebracht, daß theologische Ethik – im Unterschied zur philosophischen – ihren Ausgang nicht von der Anthropologie, sondern von der Gotteslehre nimmt! Eben dieser Sachverhalt ist für das Selbstverständnis des konziliaren Prozesses von höchster Bedeutung: Er will im Zusammenhang mit dem Neuaufbruch der evangelischen Theologie im 20. Jahrhundert gesehen werden, ist er doch nichts anderes als auf seine Art ein Ausdruck der im Zuge dieses Neuaufbruchs herbeigeführten reformatorischen Wende! Von Anfang an stand der Versuch der dialektischen Theologie, neu auf das Zeugnis der Heiligen Schrift zu hören, im Zeichen der Wiedergewinnung von Autorität. Er darf insofern in der Tat als Antwort auf jene Autoritätskritik verstanden werden, die einst die treibende Kraft der Aufklärung war, deren Freisetzung der menschlichen Autonomie aber auch – im Hinblick auf die zerstörerischen Folgen der bürgerlichen als „kapitalistischer" Freiheit – am Ende der Neuzeit als eine Entwicklung von abgründiger Ambivalenz offenbar geworden war. In ihrer Reflexion auf diese Freiheit hatte die „bürgerliche Religion" der europäischen Aufklärung bekanntlich zuerst die ethische Frage auf ihre Weise beantwortet, „um dann nach der autonomen Begründung der unbedingten Geltung des Sittengesetzes der Freiheit auch noch zu erlauben, als den Sinn der Freiheit ‚Gott' zu denken"[107]. Barth ordnete demgegenüber in seiner radikalen Kritik an der neuprotestantischen Perversion des biblischen Zeugnisses die Ethik erneut der Eschatologie (im allgemeinen Sinne) zu und verknüpfte sie insofern – noch vor der Lehre von der Schöpfung und noch vor derjenigen von der Versöhnung – mit der Gotteslehre. Denn „daß wir nicht einfach tun, was wir müssen, sondern verantwortlich fragen müssen, was wir tun sollen, daß wir also durchaus ethische Wesen sind", das liegt für ihn gemäß dem neu gehörten Worte Gottes „vor aller Schöpfung, aller Sünde und aller Erlösung" in der Tat in Gottes Erwählung selbst begründet[108]! Der Mensch erkennt Gottes ihm geltende Forderung nur, indem er es mit seinem in Christus begründeten und ihn insofern zur Freiheit bestimmenden Wollen zu tun bekommt. Da es indessen für eine allein dem Zeugnis der Heiligen Schrift verpflichtete Theologie des Wortes und der

Offenbarung keinen vom Willen Jesu Christi verschiedenen Willen Gottes gibt, haben wir es nach Barth in Christus wie mit dem erwählenden so mit dem heiligen Gott zu tun, der in und mit seiner eigenen Heiligung auch diejenige seines Geschöpfes, des Menschen, will[109]. Ist Jesus Christus m. a. W. „der heilige Gott und der geheiligte Mensch in Einem", dann ist, so lautet das alles tragende Argument, die theologische Ethik als Lehre von Gottes Gebot darum der Lehre von Gott von vornherein zuzuordnen, „weil der den Menschen für sich in Anspruch nehmende Gott eben damit in ursprünglicher Weise sich selbst für diesen verantwortlich macht." Deshalb besteht auch ihre Funktion nicht anders als die der Erwählungslehre in der für alle anderen Sätze des christlichen Glaubens konstitutiven Bedeutung der Gnade Gottes. Sie bezeugt die Gnade allerdings insofern als den Anfang „aller Wege und Werke Gottes", als diese gleichzeitig „des Menschen heilsame Bindung und Verpflichtung ist"[110].

Die Gestalt theologischer Ethik, deren Grundlegung K. Barth im 2. Band seiner Kirchlichen Dogmatik vorgenommen hat und die er hier mit der christozentrisch neugefaßten Lehre von der Gnadenwahl verknüpfte, stellt die gedankliche Ausführung der in und mit der II. Barmer These erstmals formulierten unterschiedenen Einheit von Evangelium und Gesetz, Zuspruch und Anspruch Gottes dar, unter Berufung auf die die Bekennende Kirche in Deutschland einst den Totalitätsanspruch des nationalsozialistischen Staates vollmächtig zurückgewiesen hatte. Weil Jesus Christus „mit gleichem Ernst" wie Gottes Zuspruch Gottes Anspruch an die christlich Glaubenden darstellt, darum könne es, so wurde damals öffentlich erklärt, für diese kein von Gottes Ja zum Menschen abgesondertes Gebot geben, das die Kirche etwa ebenfalls als „Gottes Wille" zu bezeugen hätte. Mit dieser Bestimmung, die von den Gegnern der Barmer Theologischen Erklärung als „Antinomismus" gerügt worden ist[111], war und ist inzwischen in einer für viele Kirchen der Ökumene verbindlich gewordenen Weise jeder Gestalt einer eigengesetzlichen Ordnung die theologische Legitimation entzogen worden,von der sich nicht zweifelsfrei sagen läßt, ob sie im Dienst des göttlichen Liebeswillens steht oder ihm nicht vielmehr direkt oder indirekt widerspricht[112]. Im Mai 1989 hat man diese Erkenntnis in Basel neu aufgenommen und angesichts des „eigengesetzlich" gewordenen, die Schöpfung bedrohenden Kulturprozesses mit dem Bundesgedanken verknüpft: nicht, weil dieser Prozeß – wie etwa unter dem Aspekt der „Machterhaltung der weißen Rasse" – neuerdings darauf angewiesen scheint, ebenfalls nach Kriterien des christlichen Glaubens legitimiert zu werden[113]; wohl aber, weil er faktisch, wenn auch weithin auf verhüllte Weise Anspruch auf Allein-herrschaft erhebt, so daß sich Christen heute einmal mehr weltweit dazu aufgefordert sehen, in für sie verbindlicher Gestalt zu erklären, wem sie „zur vorrangigen Treue verpflichtet" sind und weshalb sich ihnen auf Grund ihrer Bindung an das 1. Gebot „alle anderen Loyalitäten" und Abhängigkeiten grundsätzlich relativieren[114].

Im Maß, in dem der zum Glauben an Christus und damit zur Freiheit Berufene jedweder religiösen Fremdbestimmung entnommen ist, wird er, so sahen wir, durch Gottes Gebot dafür in Anspruch genommen, den eigenen Willen in Übereinstimmung mit Gottes in Christus ihm offenbarten Willen zu bringen. Konkret bedeutet das die in der Nachfolge Jesu je neu zu gewinnende und zu bewährende Einsicht, daß der Glaube an das Größte und Letzte die Arbeit und das Leiden im Unvollkommenen und Vorletzten nicht aus-, sondern einschließt, wie Barth seinen Freund Eduard Thurneysen schon 1915 wissen ließ[115]. So dürfte denn nicht zu bestreiten sein, daß die Bestimmungen der zweiten Barmer These ihre Ermöglichung ihrerseits den Ursprüngen der neuen Theologie verdanken, die während des 1. Weltkrieges Gestalt annahm und die offensichtlich sogleich Folgen für die Verwirklichung des christlichen Lebens hatte. Jedenfalls war sie von Beginn an nicht ein Erstes, das neben dem Zweiten, einer liberalen, christlich-sozialen oder auch sozialistischen Praxis, stand; vielmehr zeigte sich, daß gerade die letztere – im Spannungsgegensatz zur ersteren – verstanden sein wollte als Auswirkung des neu vernommenen und theologisch neu durchdach-ten Wortes Gottes, einer Instanz, die sich kraft der ihr eigenen Autorität sofort auf die ganze – und das hieß: die gesellschaftliche – Wirklichkeit bezog. Wie bei Chr. Blumhardt und H. Kutter entsprachen die „sozialistischen" Stellungnahmen des Autors des Römerbriefkommen-tars „dem Auftrag seiner Verkündigung", ja, waren selber „eine Verdeutlichung und Bekräftigung dessen, was er als Botschaft vom Reiche Gottes in seinen Predigten und Vorträgen auszurichten trach-tete"[116]. Fest stand dabei freilich von vornherein, daß die Errungen-schaften eines radikalen Sozialismus, was auch immer dieser an Veränderungen der gesellschaftlichen Wirklichkeit hervorbringen wür-de, nie als eine Vorstufe des kommenden Gottesreiches würden angesehen werden können. Barth hat den „eschatologischen Vorbe-halt", unter dem alles, auch das aufopferungsvollste, ehrenwerteste, edelste Tun von Menschen erblickt werden muß, immer unverwandt festgehalten. „Es war ihm im Tiefsten klar, daß das kommende Reich der Gerechtigkeit und des Friedens auf Erden durch Jesus Christus siegreich angebrochen sei und sich in seiner Wiederkunft auf Erden vollenden werde durch Gottes Macht. Gott schafft sein Reich und nicht wir Menschen!"[117] Doch eben: nicht weniger lag ihm daran, durch das Tatzeugnis des gesellschaftlichen Engagements unbeirrt darauf hinzuweisen, daß jener Vorbehalt unter keinen Umständen zur Rechtfertigung eines „repressiven Konservatismus" dienen dürfe. „Das Warten auf Gott und das Hereinbrechen seines Reiches soll nicht dazu führen, daß wir Menschen . . . jede Umgestaltung ungerechter gesellschaftlicher Strukturen für unmöglich oder gar unerlaubt halten. Die Bitte um das Geschehen des Willens Gottes auf Erden gebietet geradezu den Einsatz menschlichen Willens zur Erzielung besserer Zustände auf Erden durch menschliche Kraft . . . Gott will", so lautet das grundlegende Zeugnis der neuen Theologie von damals für die Befreiungstheologen und die Wortführer des konziliaren Prozesses von heute, „daß wir, indem wir auf sein Reich hoffen, Zeichen errichten, die Hinweise sind auf eine neue Erde und einen neuen Himmel, die Gott schaffen wird. Die große Ungleichung, die wahrhaftig besteht zwischen der heutigen Welt und der himmlischen Welt, soll uns nicht entmutigen, sondern ruft uns auf zu gleichnishaften Handlungen der Beseitigung bestehender Unmenschlichkeit im Leben des Einzelnen und der Völker"[118].

3.5 Das kirchliche Bekenntnis

Damit ist deutlich gesagt, daß die in Christus „schon" geschehene Versöhnung auf eine Erlösung hindrängt, derer wir „noch nicht" teilhaftig sind – christlicher Glaube ist immer auch noch Hoffnung! Er erwartet Christus, gerade weil er sich auf ihn als den Gekommenen, Gekreuzigten und Auferstandenen gründet, als Kommenden, der der Macht der Finsternis, der Sünde und des Todes, aller Anfechtung und allem Fluche des Vergehens endgültig ein Ende setzen wird. Gottes jetzt verborgene Herrschaft wird dann offenbar werden vor den Augen aller und sich universal und unwiderstehlich durchsetzen in der ganzen Schöpfung. Die Kirche als die Schar derer, die sich durch Gottes in Christus erfülltes Gebot in Anspruch nehmen lassen für die je neue Aufgabe, die Gott ihnen zumutet und deren tätige Wahrnehmung er von ihnen fordert, glaubt und bezeugt sein kommendes Reich schon jetzt als ihre und aller Welt Zukunft! Kann man – trotz allem, was dagegen zu sprechen scheint – in die Welt nicht ohne Hoffnung schauen, so ist sie es, welche ohne Furcht davor, enttäuscht zu werden, erste kleine Schritte machen kann, weil ihr der Blick dafür geöffnet wurde, daß alles einmal neu und anders werden wird . . .[119]. Als Zeuge der Hoffnung in diesem Sinne war Barth ein Theologe der Kirche. Diese hat sein biblisch in dem gekommenen als wiederkommenden Herrn begründetes Zeugnis aufgenommen und darauf schon 1963 mit einem für die Orientierung des konziliaren Prozesses der Christenheit in der Gegenwart wichtigen und eindrucksvollen Bekenntnis geantwortet. Darin heißt es zum Schluß: „Den Sieg ihres Herrn bekennt die christliche Gemeinde als die entscheidende, wenn auch verborgene Realität in Welt und Geschichte. Dies gibt ihr eine getroste Erwartung des Endes, stärkt sie in ihrem Dienst und Kampf in der Welt, läßt sie die Leiden dieser Zeit geduldig ertragen, hält sie fern von aller falschen Aktivität und macht sie fest zu nüchternem Tun an jedem irdischen Tag . . ."[(120)].

4. Barmen II: Handeln

Keine Frage: dieses Bekenntnis der Kirche, gesprochen unter den Bedingungen des ehemals real existierenden Sozialismus, bezeugt auf seine Weise in Übereinstimmung mit dem Zeugnis der Heiligen Schrift, daß das „Ende der Welt" nicht apokalyptisch mißverstanden werden darf. Die biblische Eschatologie, auf die es verweist und in deren Horizont es sich seinerseits ereignet, eröffnet den Weg zu Geschichte und Ethik. Sie macht es unmöglich, in resignierender Weltbetrachtung und frommer, sich selbst genügender Innerlichkeit zu verharren, ist es der Auferstandene, den die Gemeinde als „Ende" verkündigt, doch selber, der sie als der Erstgeborene von den Toten mit dem Auftrag der Verkündigung sendet und in untrennbarer Einheit damit auf den Weg zeichenhaften Handelns ruft (Mt 28,18ff.)! Unter seiner Herrschaft ist ihr keine Zeit gelassen, zwischen Kulturenthusiasmus und Weltuntergangsstimmung zu schwanken, die Eschatologie einerseits von der Ethik zu entfernen, andererseits beide auf heillose Weise in eins zu setzen (Jes 22,13; 1 Kor 15,32). Durch ihn ist sie vielmehr in die Zeit zwischen den Zeiten verwiesen, denn sie geht, indem sie von der Auferstehung Jesu Christi herkommt, seiner Wiederkunft entgegen. Existiert sie in einer Zeit, die nicht mehr die Osterzeit und noch nicht diejenige der letzten Parusie ihres Herrn ist, hat sie vielmehr in diesen beiden Gestalten der Zeit das Ende sowohl vor sich wie schon hinter sich, so darf, ja muß offenbar die Frage aufgeworfen werden, warum ihr dieses Intervall von Gott gegeben ist, worin sie m. a. W. den Sinn ihres Seins in der Zeit zwischen den Zeiten zu erkennen hat[(121)]. Gott hat, so lautet die Auskunft, die man in der Kirchlichen Dogmatik hierzu erhält,

„sein letztes Wort nicht zu Ende sprechen und die von ihm beschlossene, vollzogene und proklamierte Vollendung in ihrer letzten Gestalt nicht Ereignis werden lassen" wollen, „ohne zuvor eine menschliche Antwort darauf, ein menschliches Ja dazu gehört zu haben." Er wollte und will, daß seine Gnade „in einer Stimme menschlichen Dankes aus der Tiefe der mit ihm versöhnten Welt ihre Entsprechung" finde, daß das in Christus begründete Heil nicht nur geschehen sei, sondern die Kunde von ihm auch laut werde und Menschen zum Glauben erwecke[122]. Eben dazu läßt er der Gemeinde, wartend auf ihr „armes Lob auf Erden", Zeit. Wäre es wirklich abwegig, daraus zu folgern, daß dieses ihr Lob und dieser ihr Dank – unterschieden zwar von der Verkündigung des Evangeliums, aber doch keineswegs von ihr getrennt – auch in solchen der Versöhnungstat Gottes entsprechenden Taten menschlicher Weltverantwortung dargebracht werden will, und daß ihr gerade auch dafür noch Zeit – Gnadenzeit – gelassen ist?

Als der, der ihm in Christus gnädig ist, nimmt Gott den Menschen in der Tat als ganzen für sich in Beschlag: mit seinem Lobpreis und Gebet wie mit seiner Arbeit und in seiner Wahrnehmung von weltlicher Verantwortung! In Barmen bekannte man darum, daß sich Gottes Anspruch auf unser ganzes Leben erstrecke. Wenn man in heutigen ökumenischen Kreisen der Ansicht ist, ein solches Bekenntnis nicht länger aufrechterhalten zu können, und an Stelle dessen die „selbstkritische Überprüfung der christologischen Prämissen" des alten „ökumenischen Paradigmas" fordert[123], so verkennt man offenbar völlig, daß Gottes Ganzheitsanspruch an den Menschen anderer Natur ist als derjenige totalitärer Staaten, mit dem man ihn heimlich parallelisiert. Es handelt sich ja um den Anspruch, die Weisung des gekreuzigten Christus, der sich in keiner Weise mit Gewalt durchsetzt, sondern der als der sich selbst Erniedrigende, uns Dienende der Herr und unser „König" ist[124]! Als dieser allerdings gebietet er und fordert unausweichlich unseren Gehorsam. Rechtfertigung, so sahen wir, gibt es nicht ohne Heiligung. Der Glaube führt vielmehr kraft der ihm eigenen Erkenntnis allemal in die Praxis! Doch vermag das Tun der Nachfolgenden seiner innersten Natur entsprechend weder machtausübend noch machtbeanspruchend zu sein. Es kann dem Tun Jesu Christi nur entsprechen, indem auch sie nicht herrschen, sondern dienen! Dienen, das will sagen: indem sie ihrerseits im Blick auf den jeweils ihnen zu verantwortlichem Umgang mit ihr anvertrauten Teil der geschaffenen Welt alles daran setzen, um „Leben zu erhalten, anstatt es zu zerstören", indem sie „vergeben, anstatt zu vergelten, Zukunft eröffnen, anstatt in Angst und Resignation zu versetzen (vgl. Mk 10,43–45)"[125].

Die durch den Anspruch Gottes auf ihr ganzes Leben von den Glaubenden geforderte Nachfolge wird dementsprechend durch die zweite Barmer These als „Dienst an seinen Geschöpfen" bezeichnet. Damals (1934) blieb, was dies im einzelnen bedeuten kann und muß, noch in vieler Hinsicht unerkannt. Anfang der siebziger Jahre sah man in dieser Beziehung schärfer. So bemerkten die Verfasser des Votums der EKU auf Grund inzwischen gewachsener Einsicht erklärend, daß sich solcher „Dienst" keineswegs auf das Handeln innerhalb der Grenzen und Möglichkeiten eines bestehenden Ordnungsgefüges beschränke, sondern auch „zur Kritik und Änderung der Strukturen" nötigen könne! Gewiß bedeutet das nicht, so gab man sich sofort selbstkritisch Rechenschaft, daß ein Gesellschaftssystem jemals „christlich" werden kann (vermag es als solches doch weder zu glauben noch sich zu bekehren). Wiederum sei aber damit nicht gesagt, „daß sich der Gehorsam gegen den Anspruch Gottes nicht darauf auswirkte, werde ein solches System doch sehr wohl ‚positiv oder negativ' von ihm ‚tangiert'". Das Votum läuft auf eine elementare, für den konservativen Protestantismus sicherlich unbequeme, gemessen an Schrift und Bekenntnis – dem Bekenntnis der Kirche von Barmen – aber schwerlich als „heterodox" zu bezeichnende Schlußfolgerung hinaus, auf einen Satz, wie er für den konziliaren Prozeß der Zukunft immer größeres Gewicht erlangen könnte: Politische und gesellschaftliche Strukturen sind daraufhin zu prüfen, „ob sie ein wahrhaft menschliches Leben ermöglichen oder dem im Wege stehen"[126]. Genauer gesagt, bedeutet das, daß mit Barmen II von „gottlosen Bindungen dieser Welt" immer dann gesprochen werden muß, „wenn natürliche oder geschichtliche Bindungen dem Herrsein Jesu Christi im Wege stehen und damit auch wahres Menschsein verhindern"[127]. Darf auf der anderen Seite betont von „Befreiung" aus ihnen die Rede sein, so ist damit nicht nur eine Abgrenzung gemeint, sondern zugleich und vor allem eine positive Bestimmung in Blick genommen: Es handelt sich ja um die Befreiung, die uns durch Gottes Anspruch widerfährt. Eben durch diesen ist die Gemeinde „zu freiem, dankbarem Dienst an seinen Geschöpfen" gerufen! Damit sei, so erklären die Verfasser des Votums, indirekt zum Ausdruck gebracht, daß der Vernunft für die christliche Praxis „fundamentale Bedeutung" zukommt. Allerdings genügt es nicht, „die Gestaltung des politischen und sozialen Lebens" einfachhin an sie „zu delegieren", ohne daß man danach fragt, „von welchen Motiven und Interessen" sie im einzelnen geleitet bzw. irregeleitet wird[128]. Der Blick auf diese ihre Bindungen ändert indessen nichts an der Tatsache, daß sie für den Dienst an Gottes Geschöpfen grundsätzlich unverzichtbar ist!

Der Glaube ist auf sie angewiesen; er braucht sie, wie sie umgekehrt den Glauben: Als vernehmende, befreite, weil unter den Gehorsam Christi gefangen genommene Vernunft (2 Kor 10,5) ist sie ihm unerläßlich sowohl für die Analyse der jeweils konkreten ethischen Situation wie für die Vergewisserung der Weisung, die Gott dem Einzelnen nicht anders als seiner Gemeinde als ganzer je neu auf ihrem Weg durch die Zeiten zu geben verheißen hat.

Bleibt uns im Blick auf den konziliaren Prozeß nun lediglich zusammenzufassen, was dem zweiten Satz der Barmer Theologischen Erklärung einst auf seine Weise unzweideutig auszusagen aufgegeben war: Es darf der Dienst der Christen und der christlichen Gemeinde, wie er im Horizont ihrer Hoffnung auf Gottes kommendes Reich je und je neu wahrgenommen werden will, nicht gegen den Grund seiner Ermöglichung isoliert, die nova lex nicht vom Evangelium getrennt und also die christliche Praxis nicht als Verifikation des Evangeliums mißverstanden werden! Die christliche Tat als Bekundung der Heiligung beruht ganz und gar auf der Rechtfertigung. Es ist der Glaube, der das Wort Gottes hört und hat – nur er! Aber es gilt, so sahen wir, auch das andere: Die Rechtfertigung zielt auf die Heiligung! „Nur der gehorsame, der auf das Hören hin handelnde Glaube, der Glaube im Akt der Entscheidung, in der alles Betrachten und Erwägen, alles Zugleich von Ja und Nein dahinten bleibt", ist es, nach dem Gottes Wort uns fragt[129]! Beides: die Freiheit sowohl wie die Verantwortlichkeit christlichen Dienens in ihrer untrennbaren, aber zu unterscheidenden Einheit zu wahren, wird für den konziliaren Prozeß als eine Bewegung der christlichen Praxis auch in Zukunft von äußerster Wichtigkeit sein! Können die allgemeinen Voraussetzungen, die man von evangelisch-theologischer Seite für ihn geltend machen muß, insoweit als geklärt angesehen werden (und ist er selber damit gegen den Vorwurf der Eigenmächtigkeit und der Selbstbehauptung seiner Träger, wie er sich vermutlich immer wieder nahelegen wird, hinreichend in Schutz genommen), so dürfen wir nun von der dogmatischen und dogmatisch-ethischen Besinnung im engeren Sinn zu Grundaspekten der aus ihr folgenden sozialen und politischen Ethik im weiteren Sinne übergehen und uns angesichts der Not der Menschen in der Dritten Welt die Feststellung unsererseits zu eigen machen, daß das Evangelium, wie Gutierrez formuliert, „dem historischen Projekt" nicht fremd gegenübersteht[130].

Wir sahen, daß die zweite These der Barmer Theologischen Erklärung nicht anders als die erste auf den gleichen urchristlichen Satz zurückgeht, den R. Slenczka an den Anfang seiner kritischen Beurteilung des konziliaren Prozesses stellt: „Herr ist Jesus!" Dieser Satz – Inbegriff des zugleich theologisch wichtigsten wie historisch ältesten christlichen Glaubensbekenntnisses[131] – wurde von der Bekennenden Kirche in Deutschland aufgenommen und später auf Grund seiner Bestätigung durch das übrige Zeugnis der Heiligen Schrift näher entfaltet durch die Formel von der „Königsherrschaft Christi". Im weitesten Sinn kann man diesen Begriff als das zentrale Leitmotiv für die Bestimmung des Ausgangspunktes und für die Legitimierung der sozialen und politischen Ethik einer noch immer beachtlichen Strömung innerhalb der evangelischen Theologie der Gegenwart bezeichnen, einer Richtung, die sich dem reformatorischen Aufbruch dieses Jahrhunderts in besonderer Weise verpflichtet weiß[132]. Offenkundig ist, daß sich die Lehre von der Königsherrschaft Christi in einem Spannungsverhältnis zur Theologie der Ordnungen und zur neulutherischen Lehre von den beiden Reichen einerseits, zur Politischen Theologie des liberalen Protestantismus und dessen vermittlungstheologischen Bestrebungen andererseits befindet. Sie ist indessen nicht ihrerseits, wie ihren Vertretern mit den Epitheta „Christomonismus" und „Christokratie" häufig vorgeworfen worden ist, konfessioneller Erstarrung erlegen, sondern hat sich während der vergangenen Jahrzehnte als gleicherweise verbindlich und offen genug erwiesen, um sowohl bei der ökumenischen Einigung christlicher Kirchen und Gruppen wie bei der Lösung der diesen weltweit aufgegebenen sozialen Probleme eine bedeutende Rolle zu spielen. Fern davon, als theologische Grundorientierung für das wandernde Gottesvolk aus Christen verschiedener Denominationen ausgedient zu haben und durch ein anderes ökumenisches Paradigma abgelöst zu werden, richten sich vielmehr die Erwartungen bezüglich der Begründung von „Zeugnis" und „Dienst" der Kirchen nach wie vor auf sie, und zwar vor allem auch darum, weil eine theologisch tragfähige Rechtfertigung der Initiativen, Programme und Vorhaben, die heute im Zuge des konziliaren Prozesses verwirklicht zu werden verlangen, offensichtlich nur von ihr her zu gewinnen ist.

Mit Recht hat nun freilich schon E. Wolf darauf hingewiesen, daß die Formel von der Königsherrschaft Christi in erster Linie ein Satz des Bekenntnisses und nicht etwa ein „Prinzip" der Sozialethik ist[133]! Wird

131

nämlich die Ansicht als falsche Lehre verworfen, „als gebe es Bereiche unseres Lebens, in denen wir nicht Jesus Christus, sondern anderen Herren zu eigen wären, Bereiche, in denen wir nicht der Rechtfertigung und Heiligung durch ihn bedürften"[134], so ist damit zugleich die Auffassung verneint, als sei es der Kirche oder der Christenheit aufgegeben, der Herrschaft Christi nach eigenem Vermögen und nach eigener Vorstellung Gestalt zu verleihen. Wir sahen längst: Die Welt bedarf nicht der Verchristlichung; sie wird vielmehr als eine Welt gesehen, die von vornherein unter dieser Herrschaft steht und die aus diesem Grund in ihrer Weltlichkeit gerade freigegeben werden darf! Der in Christus offenbarte Wille Gottes ist daher auch „nicht auf die beschränkt, die ihn bereits kennen und anerkennen, sondern er ist universal: Jesus Christus ist das Haupt der Gemeinde und der Herr der Welt (Mt 28,18), dem sich alle Knie beugen werden!" Zwar muß zwischen der Gemeinde, die der Botschaft von der freien Gnade glaubt, und der Welt, die ihr nicht glaubt, klar unterschieden werden. „Jedem Vermittlungsversuch, der diese Grenzen verwischt und die Kirche in der Welt aufgehen lassen möchte", ist mit Entschiedenheit zu widerstehen (2 Kor 6,14f.). „Keine Idee, und wäre es die der Gerechtigkeit oder der Freiheit, kann als solche", so warnt das Votum der EKU, „an die Stelle des von der Gemeinde verkündigten Evangeliums treten! Aber die Grenze zwischen Kirche und Welt ist nicht endgültig, sondern vorläufig und in Bewegung befindlich." Die Kirche ist nicht Selbstzweck. Vielmehr: indem sie Gott dient, ist sie zum Dienen auch in der Welt und für die Welt gerufen[135]! Besteht ihr Auftrag in der Verkündigung des Evangeliums, so bliebe diese also offensichtlich unvollkommen, wenn ihre Verkünder von vornherein davon absehen wollten, zu jeweils bestimmten Verhältnissen und Ereignissen des geschichtlichen Lebens von der Wahrheit der christlichen Botschaft her Stellung zu nehmen. Wäre, so müssen wir deshalb fragen, mit dem Bekenntnis zum Herrsein Christi in Kirche und Welt und folglich mit dem „Öffentlichkeitsauftrag" christlicher Verkündigung einer Politisierung der Kirche das Wort geredet? Die Antwort kann nur lauten, daß dem keineswegs so ist! Sieht man davon ab, daß kirchliches Handeln immer auch gesellschaftliche und politische Auswirkungen hat, so steht außer Frage, daß es im engeren Sinne nicht politisch ist. Der Zeugendienst der christlichen Gemeinde ist eines, der Auftrag des Staates, „unter Androhung und Ausübung von Gewalt für Recht und Frieden zu sorgen"[136], ein anderes. Eine Verquickung der Funktionen, eine Übernahme also dieses rechtlichen und politischen Auftrages durch die Kirche wird durch das recht verstandene Bekenntnis zur Herrschaft Christi ebenso ausgeschlossen wie ein Übergriff des Staates auf das kirchliche Gebiet: die Verkündigung des Wortes Gottes! Dennoch besteht ein Zusammenhang: „Heil" und „Wohl", die Gerechtigkeit und Freiheit, welche dem Menschen in Christus verheißen sind, und die Freiheit und Gerechtigkeit im gesellschaftlichen und politischen Bereich existieren nicht einfach beziehungslos nebeneinander. Verhalten sich nämlich für die Erkenntnis des Glaubens Kirche und Gesellschaft, Kirche und Staat, Kirche und Völkerwelt jeweils wie zwei konzentrische Kreise zueinander, hat, wie K. Barth es formulierte, die „Bürgergemeinde" als äußerer Kreis mit der „Christengemeinde" als innerem Kreis „sowohl den Ursprung als auch das Zentrum gemeinsam"[137], dann waltet statt der Trennung oder auch faktischen Identität ein Verhältnis der Beziehung und Entsprechung zwischen beiden Reichen. Politische und ökonomische Strukturen und Institutionen können dann des Menschen wahres Menschsein, wie es Gott in Jesus Christus jedem einzelnen eröffnet hat, zwar nicht ihrerseits verwirklichen, „aber sie können ihm äußerlich Raum schaffen oder ihm im Wege stehen". Eben darum gehört es zur Aufgabe evangelischer Theologie, namentlich ihrer sozialen und politischen Ethik, sowohl die dem Menschen durch den Anspruch Gottes widerfahrende „Befreiung aus den gottlosen Bindungen dieser Welt" wie den mit ihr verbundenen „freien, dankbaren Dienst an seinen Geschöpfen" auch auf den sozialen und ökonomischen Kontext zu beziehen und nach theologischen Kriterien für die politische Urteilsbildung zu fragen. Freilich nur eine solche kann es sein, die es den Gliedern der Christengemeinde ermöglicht, „das ihnen befohlene Werk des Glaubens, der Liebe und der Hoffnung" – entsprechend den anderen Aufgaben im Raum der Bürgergemeinde – in anderer Gestalt auch hier zu verrichten[138].

Hätten sie für die Wahrnehmung dieser Verantwortung – für die Entschlossenheit also, bestehende Ordnungen und Verhältnisse nicht nur zu erhalten, sondern gegebenenfalls auf ihre Veränderung hinzuwirken – das biblische Zeugnis für sich? Offenkundig ist, daß jedenfalls das Neue Testament „nicht programmatisch zum Kampf für bestimmte gesellschaftliche oder gar politische Strukturen und Institutionen aufruft. Gewiß . . . soll die Liebe alles durchdringen. Aber es fehlt der Appell zu einem Vorstoß in Richtung auf Gesellschaftsveränderung", wie er heute, und zwar nicht erst seit und mit Beginn des konziliaren Prozesses an vielen Orten in der Kirche lautgeworden ist[139]. Immerhin kann mit W. Schrage darauf hingewiesen werden, daß im Neuen Testament „die Liebe die Strukturen und Institutionen nicht nur prägen und durchwalten, sondern unter Umständen auch limitieren und durchbrechen kann", daß sie „auch in die profanen Strukturen der Gesellschaft eindringt und diese eben dadurch ihrer eigenen Gesetzlichkeit auch entrissen werden"[140]. Hinzu kommt nun aber in der Tat der Unterschied der Zeiten und Verhältnisse, der zwischen jenem Damals und unserem Heute besteht. Es ist der Gekreuzigte selber, der von der Gemeinde der Seinen fordert, daß sie sich angesichts der gewandelten Lage zu seiner Herrschaft auf neue Weise bekennt: mit der die Verhältnisse ändernden Tat nicht weniger als mit dem Wort der Verheißung, sind es doch gerade die Trägheit von Christen und ihre Ignoranz in bezug auf die wirklichen Ursachen des Elends unter den Menschen, welche die Wahrheit des christlichen Glaubens nachhaltig diskreditieren! Man kann in der Tat „nicht Nächstenliebe in der Gemeinde predigen und sich unangefochten damit abfinden, daß die einen (noch dazu meist sog. christliche Völker) im Überfluß leben, während Millionen anderer hungern. Der Kampf um gerechtere Strukturen, die Ausbeutung verhindern, eine bessere Verteilung des Sozialproduktes ermöglichen, Kriegsgefahr eindämmen, Bildungschancen für alle eröffnen, kann die Gemeinde nicht gleichgültig lassen"[141]! Doch eben: Ist dies begriffen und anerkannt, wie müßte dann die Antwort lauten auf die Frage nach Kriterien, die für solches Handeln leitend sind? Es genügt offenbar nicht, das hier geltende göttliche Gebot einfach auf ein Motiv wie das der Liebe im Sinne eines Gesinnungsimpulses zu reduzieren und weder danach zu fragen, wie solche Liebe begründet ist, noch was dies für die Tatsache bedeutet, daß unser Leben institutionell verfaßt ist, in dieser Verfassung aber auch geschichtlich gestaltet und darin vor Gottes Gebot verantwortet sein will[142]. Trifft es zu, daß die Glieder der Gemeinde Jesu Christi unter ihrem Haupt zugleich im äußeren wie im inneren Kreis seiner Herrschaft existieren und daß zwischen beiden Bereichen ein Verhältnis der Entsprechung, nicht der Trennung oder der ununterschiedenen Einheit besteht, so werden wir sagen dürfen, daß es sich auch, was den Maßstab betrifft, der für das Handeln in und an den Strukturen und Institutionen in Anschlag zu bringen ist, um eine Entsprechung handeln wird, nämlich um eine Analogie zu der Liebe, welche sich in Jesus Christus offenbart. Aus dieser Erkenntnis heraus formuliert W. Kreck klar und unmißverständlich: „Weil Gott sich im Leben, Leiden und Sterben Jesu als der erwiesen hat, der unwiderruflich für den Menschen, und zwar gerade den ohnmächtigen, den schuldigen und dem Verderben ausgesetzten Menschen eingetreten ist und sich mit ihm verbunden hat, darum kann für alle Ethik, auch im Blick auf die Strukturen, nur dieser von Gott geliebte Mensch, sein Wohl und seine Würde, Maß des Handelns sein"[143]!

Wir sehen: Es geht, wo immer man sich auf den Boden des Bekenntnisses zur Königsherrschaft Christi stellt, weder darum zu bestreiten, daß die Welt nicht mit dem Evangelium regiert werden kann[144], noch darum, in Zweifel zu ziehen, daß die Kirche bei ihrer eigentlichen Aufgabe, der Verkündigung des Evangeliums, zu bleiben habe. Wohl aber kommt es darauf an zu erkennen, daß der christlichen Gemeinde mit dem letzteren Aspekte an die Hand gegeben werden, die sie im Blick auf die noch nicht erlöste Welt zur Einsicht in Analogien befähigen. Eben solche Entsprechungen sind es, die es ihr möglich machen, sich zu Fragen auch des gesellschaftlichen und politischen Lebens ein eigenes Urteil zu bilden. Vernimmt sie dahinter den Anruf von Gottes Gebot, so besteht kein Grund für sie zu zögern, zu den betreffenden Problemen auch öffentlich Stellung zu nehmen – nicht dekretierend, wohl aber „an Gottes Reich, an Gottes Gebot und Gerechtigkeit und damit an die Veranwortung der Regierenden und Regierten" erinnernd[145] – und sich mit zeichenhaften Beiträgen an ihrer Lösung zu beteiligen. Geschähe dies nicht, wie anders sollte vermieden werden, daß – um an das klassische Beispiel zu erinnern – „die Befreiung zu sachgemäßem politischem Handeln nicht schließlich doch zur Emanzipation der Politik von allen vermeintlich sachfremden, nämlich ethischen Gesichtspunkten führt" und also zu einer Reduktion auf ihre angebliche Eigengesetzlichkeit, so daß der Erfolg – im Fall der „Fortsetzung der Politik mit anderen Mitteln" die nackte Gewalt – zum einzigen Kriterium für das Handeln wird[146]? Angesichts der noch bestehenden Gefahr des jederzeit möglichen Aufstands eines säkularen Sachgebiets (und diese ist für die Ökonomie ja wahrhaftig nicht weniger real als für die Politik gegeben) und der solcher Rebellion allemal entsprechenden moralischen Bankrotterklärung der Betroffenen ist es den Christen auf Grund der durch Christus schon vollbrachten Entdämonisierung der Welt geboten, sagt E. Wolf, die Herrschaft Christi „im Ganzen ihres irdischen Daseins durch weltliches Handeln aus dem Gehorsam des Glaubens zu bezeugen" und damit zugleich ihre spezifische Mitverantwortung für die Gestaltung des öffentlichen Lebens und für die Sicherung der Menschlichkeit des Menschen „als ihnen befohlene, nicht nur erlaubte Mitarbeit in den weltlichen Ordnungen" zu bewähren, und zwar „aus der ihnen durch die Rechtfertigung geschenkten Freiheit heraus"[147]. Gerade diese Freiheit bedeutet nun aber, so sahen wir, Freiheit zur Mitarbeit in Form einer allezeit wachsamen und das heißt gegebenenfalls durchaus kritischen Solidarität! Fragen wir deshalb an dieser Stelle: Verhält es sich wirklich so, wie R. Slenczka es als Folge einer solchen Einstellung befürchtet, daß Gemeinden, welche sich hinter einzelne ihrer Glieder und deren so verstandene „Mitverantwortung" stellen, Gefahr laufen, ihre Gottesdienste zu entstellen: sie in einem zu politisieren und das Politische religiös zu überhöhen, weil an die Stelle des Wortes Gottes unter der Hand die Ängste und Bedürfnisse der Menschen getreten und zum kaum verhüllten Hauptthema geworden wären? Wir werden den Ernst und das Gewicht dieses Einwands keineswegs verkennen dürfen, ihm aber dennoch zunächst eine Feststellung des Votums der EKU von grundsätzlicher Natur entgegenhalten müssen: Gerade weil es sich umgekehrt so verhält, daß die christliche Gemeinde „über allem Elend des Menschen das rettende, lebendige Wort von der Güte Gottes" zu verkündigen hat, „das zu jeder Zeit dem Leben des einzelnen und der Welt Hoffnung und Weisung gibt", wird ihr zugemutet zu erkennen, daß sie „bereits durch ihre Existenz ein politischer Faktor" ist, kann sie sich also „der politischen Verantwortung nicht entziehen. Tut sie es dennoch, dann läuft sie die Gefahr einer unbewußten Sanktionierung und Stabilisierung der bestehenden Verhältnisse". Denn „das Programm einer prinzipiell apolitischen Gemeinde bedeutet faktisch die Ausklammerung von Staat, Wirtschaft und Gesellschaft aus dem Bereich des göttlichen Anspruchs"[148]. Wohl geht es darum zu erkennen, daß sich eine christliche Gemeinde selbst entmündigt und zum Spielball gegensätzlicher Interessen innerhalb des Streites der politischen Parteien wird, wenn ihr über der Prädominanz dieses oder jenes Punktes auf der Tagesordnung dieser Welt Gottes Wort abhanden kommt. Dennoch hat sie, hörend auf dieses Wort als Grund ihres Glaubens und Norm ihres Handelns, darauf ausdrücklich zu achten, daß sie nicht der Gefahr erliegt, durch eigenmächtige Begrenzung des Hoheitsbereichs Jesu Christi auf den Bezirk des Privaten und der persönlichen Frömmigkeit – indirekt zwar, aber gemessen an ihrem Auftrag dennoch real – zur Komplizin des Unrechts, ja von Verbrechen zu werden[149].

Wenn die Christengemeinde bekennt, daß sie nicht nur sich selbst, sondern auf Grund ihres Glaubens auch Staat, Wirtschaft und Gesellschaft unter die Herrschaft Christi gestellt erkennt, dann bedeutet das freilich nicht, daß sie sich in ihrer Existenzweise als ein Modell für die Institutionen in Staat und Gesellschaft versteht, ja, als ein Muster, nach dem womöglich die Bürgergemeinde als solche zu formen und zu gestalten wäre. Weil die Versuchung in der Tat naheliegt, die letztere als eine Entsprechung zur christlichen Gemeinde aufzufassen, sind die

Begriffe Analogie, Spiegel oder Gleichnis, die K. Barth in unserem Zusammenhang gebraucht, oft in dieser Weise mißverstanden worden. Nichts indessen, was einer allein am Zeugnis der Heiligen Schrift sich orientierenden christlichen Theologie ferner liegen müßte, als – im Gegenzug zur kulturprotestantischen Utopie von der Aufhebung der Kirche im Staat – eine schwärmerische Umgestaltung von Staat und Gesellschaft nach kirchlichem Vorbild ins Auge zu fassen[150], etwa weil die christliche Gemeinde meinen dürfte, sie allein verfüge über das erschöpfende, weil wirklich an die Wurzeln gehende Konzept für die Meisterung der Überlebensfragen. Sähen es kirchliche Umwelt- und Friedensgruppen so, dann könnten die ihnen zum Vorwurf gemachte Außerkraftsetzung von konkreter Verantwortung in Politik, Wirtschaft, Wissenschaft und Technik und ihre Ersetzung durch pauschale Verweigerungen und solche die geduldige Erörterung von Einzelfragen diffamierende Initiativen in der Tat nur dazu führen, daß der Ausnahmezustand, zum Prinzip erhoben, der Aufrichtung der Diktatur den Weg bereitete. Wenn K. Barth demgegenüber die christliche Gemeinde selbst als ein Gleichnis bezeichnen kann, d. h. als eine „nachträgliche und vorläufige Darstellung der von ihr unterschiedenen gottmenschlichen Wirklichkeit"[151], so ist diese Wesensbestimmung von Kirche allerdings nicht im Sinne eines Zustands gemeint, sondern in dem eines aufs höchste bewegten Prozesses, eines Vorgangs, welcher ständig neu Ereignis werden will[152], welcher aber keineswegs ohne weiteres identisch ist mit irgendeiner von christlichen Basisgruppen getragenen Bürgerbewegung. Daß auch der demokratische Staat und seine Gesellschaft als in ständiger Bewegung begriffen zu verstehen ist, daß es m. a. W. zwischen Polis und Ekklesia in der Tat eine Entsprechung im Prozeßcharakter gibt, darf infolgedessen den tiefgreifenden Unterschied nicht übersehen lassen, der zwischen Christengemeinde und Bürgergemeinde besteht. Barth lehnt die Christlichkeit der letzteren ausdrücklich ab und fordert mit Rücksicht darauf, „daß die Christen dort nicht mehr als solche unter sich, sondern mit Nicht-Christen (oder zweifelhaften Christen) beieinander sind", seinerseits die strikte Neutralität des Staates in allen Fragen, welche die religiöse Überzeugung der Bürger betreffen[153].

Die Tatsache dieses Unterschieds ändert indessen nichts daran, daß auch die Polis für die Erkenntnis des Glaubens ein Gleichnis ist, genauer gesagt: daß sie der Möglichkeit, ein solches zu werden, fähig, aber auch bedürftig ist! Gleichnisfähig ist sie, sofern – nicht zwischen ihr und der Ekklesia, sondern – zwischen ihr und dem von dieser verkündeten Reich Gottes, der zukünftigen himmlischen Polis, Ähnlichkeit besteht; gleichnisbedürftig ist sie, sofern sie hinsichtlich dieser Eignung immer aufs neue gefährdet erscheint, so daß sie „immer wieder einer Geschichte" bedarf, „die ihre Gestaltung zum Gleichnis des Reiches Gottes und also die Erfüllung ihrer Gerechtigkeit zum Ziel und Inhalt hat". Da die menschliche Initiative in dieser Geschichte aber nicht von ihr ausgehen kann – „sie ist ja als Bürgergemeinde dem Geheimnis des Reiches Gottes, dem Geheimnis ihres eigenen Zentrums gegenüber unwissend, dem Bekenntnis und der Botschaft der Christengemeinde gegenüber neutral" –, ist sie auf die Existenz der letzteren angewiesen[154]. Christen und die christliche Gemeinde aber haben sich für die Gestalt und die Wirklichkeit der Bürgergemeinde nicht so oder so, sondern in einem ganz bestimmten Sinne verantwortlich zu machen. Denn „ihre Mitverantwortung besteht in dem, was sie in diesem Raum vor Gott wollen, im Blick auf das, wofür sie sich in diesem Raum vor Gott entscheiden müssen". Ihr Wollen und Sich-Entscheiden hat sich infolgedessen an „keine Idee, kein System, kein Programm" zu binden, wohl aber wird es eine bestimmte „Richtung und Linie" haben, über die es in der christlichen Gemeinde im einzelnen sicherlich „immer neuer Verständigung bedarf, über die es aber in der Sache keine Diskussion geben und die sie auch nach außen nicht zum Gegenstand von Nachgiebigkeiten und Kompromissen machen kann"[155]. Eben diese Richtung und Linie christlicher Entscheidungen im politischen Bereich ist orientiert am Inbegriff der christlichen Hoffnung: an Gottes gnädiger Zuwendung zu der in ihrem Selbstwiderspruch gefangen gehaltenen Welt, an der Verheißung des allen geltenden, kommenden Reiches Gottes! Demgemäß unterscheidet und wählt die christliche Gemeinde zwar „unter den sich jeweils bietenden politischen Möglichkeiten unter Zurückstellung und Ablehnung der anderen immer diejenigen, in deren Realisierung ein Gleichnis, eine Entsprechung, eine Analogie, das Spiegelbild dessen sichtbar wird, was den Inhalt ihres Bekenntnisses und ihrer Botschaft bildet". Aber sie tut es zugleich im klaren Wissen darum, daß ihr politisches Handeln unter der Voraussetzung der großen, ihr als ihre politische Mitverantwortung gebotenen und notwendigen „metabasis eis allo genos" nur ein „implizites", „indirektes", wenn auch zweifellos „reales Zeugnis" darzustellen in der Lage ist. „Gerade das Christliche, nämlich ihre Botschaft", kann sie ja hier im politischen Raum tatsächlich nur im Spiegelbild ihrer politischen Entscheidungen sichtbar machen, wie denn auch diese Entscheidungen selbst „nicht dadurch, daß sie christlich begründet, sondern allein dadurch, daß sie politisch besser, zur Erhaltung und zum Aufbau des Gemeinwesens faktisch heilsamer sind, einleuchtend gemacht und zum Sieg geführt werden" können! „Sie können", sagt Barth, „hier nur Zeugnis sein und als solches wirken. Der Titel und Anspruch, daß sie ein solches Zeugnis seien, macht sie aber noch nicht dazu ... Im politischen Raum können nun einmal Christen gerade mit ihrem Christentum nur anonym auftreten"[156].

Dieser Anonymität entspreche es, meint W. Kreck, wenn die christliche Gemeinde sich nicht scheut, u. a. den Begriff der Humanität ihrerseits aufzugreifen und als „sozialethischen Richtpunkt" in Anspruch zu nehmen. Gewiß tue sie das, „weil sie diesen Begriff von der Menschenfreundlichkeit Gottes in Jesus Christus her versteht." Aber indem sie sich an der Diskussion um wahre Humanität und um die ihr gemäßen ökonomischen und gesellschaftlichen Ordnungen beteilige, sei sie genötigt, „sich in der Säkularität zu bewegen und sich um ‚weltliche' Gestaltungsformen zu bemühen, deren Brauchbarkeit auch solchen einleuchten können . . ., die sich nicht zu Christus bekennen"[157]. Wenn Kreck in diesem Zusammenhang an Bonhoeffers Unterscheidung von Letztem und Vorletztem und an die relative Bedeutung des Natürlichen erinnert, so weist er damit auf Horizonte hin, innerhalb deren vornehmlich ein weites Feld von Ermessensfragen in den Blick zu treten pflegt. Wäre also, wer hier zu urteilen hat, letzten Endes doch auf sich selber verwiesen: auf sein Gutdünken, seine Intuition oder das, was er als den „gesunden Menschenverstand" ansieht? Der theologische Ethiker wird dem beharrlich die Einsicht entgegenzusetzen haben, die aus dem Wesen des ergehenden Wortes Gottes als Zuspruch und Anspruch und aus dem Bekenntnis zur Herrschaft Christi auch hier unausweichlich folgt: daß nämlich von der Forderung, eine Entscheidung im Gehorsam des Glaubens zu treffen und zu verantworten, grundsätzlich kein Problembereich ausgenommen werden kann! Es gibt eben keine ein für allemal gültige Grenze zwischen Glaubens- und Ermessensfragen, ist doch niemals auszuschließen, daß Zeit und Situation mit bestimmten Tendenzen zu einer Herausforderung für den Glauben werden oder daß neue gesellschaftliche oder gesamtkulturelle Entwicklungen den Gehorsam gegen Gottes Gebot zu berühren beginnen, wo und wie das bisher eben nicht geschah[158]. In diesem Falle müssen, so empfiehlt das Votum der EKU, die Bindung an die Tradition und die Herausforderung durch die gegenwärtige Situation zueinander „in die rechte Beziehung" gesetzt werden. Denn es darf weder die Berufung auf die Tradition der Väter noch auf einen Bibeltext als Vorwand dienen, um den Problemen auszuweichen, die uns aus der

Zeit heraus erwachsen. In seiner Weltverantwortung ist der einzelne Christ so gut wie die christliche Verkündigung und Lehre als solche insoweit in der Tat an die „Tagesordnung der Welt" verwiesen! Freilich gilt unter dieser Voraussetzung auch auf der anderen Seite: Nicht vermag diese Ordnung selber schon zu sagen, was das von Gott hier und jetzt Gebotene ist, kann doch „weder die Ehrfurcht vor der Tradition noch die Aufgeschlossenheit für die Situation, noch einfach ein Kompromiß zwischen beiden" davon entbinden, „nach dem im Christuszeugnis der Heiligen Schrift begegnenden Anspruch Gottes neu zu fragen. Über das, was Gott heute will, verfügt auch die christliche Gemeinde nicht, sondern sie hat stets neu kritisch und selbstkritisch danach zu suchen (Phil 1,10)"[159].

Wäre sie also von einem Augenblick auf den anderen auf je neue Einzeloffenbarungen angewiesen? Wäre m. a. W. das Ja zu einer ans Schwärmerische grenzenden Situationsethik die Konsequenz aus dieser Erkenntnis? Und würde nicht dies sofort die weitere Frage nach sich ziehen, was denn hier konkret als gottgewollte Bestimmung der Wirklichkeit zu erkennen sei, da doch namentlich die Wirklichkeit der Ordnungen und Institutionen nicht mehr ohne weiteres als Ausdruck des göttlichen Willens angesehen werden könne? K. Barth, dem diese Fragen oft gestellt worden sind, hat sich die Lösung aus der Erkenntnis ergeben, daß die Schöpfung als solche in Jesus Christus gegründet ist (Kol 1,16) und ihre Strukturen deshalb dazu bestimmt sind, als „äußerer Grund" dem Bund zu entsprechen. Man habe, heißt es demgemäß bei ihm, „wenn man vor der ethischen Frage steht, nicht nur eine Vertikale zu beachten: nicht nur jenes Ereignis, jene vielen Ereignisse der Begegnung zwischen Gottes Gebot und dem menschlichen Handeln in ihrer . . . Je-Einmaligkeit und Einzigartigkeit. Denn eben diese Ereignisse spielen sich alle in einem bestimmten Zusammenhang ab . . . Nur indem die Vertikale eine Horizontale durchschneidet, kann sie selbst Vertikale sein"[160]. Diese – im Grunde über die gesamte theologische Ethik Barths entscheidende – Grundeinsicht hat sich vor Augen zu halten, wer begreifen will, warum der Autor der Kirchlichen Dogmatik auch auf dem Felde der politischen Ethik die „Stetigkeit und Kontinuität" menschlichen Handelns, wie sie auf Grund der „Konstanz göttlichen Gebietens" möglich und realisierbar geworden ist, nicht etwa ausgeblendet sehen will, warum er vielmehr ausdrücklich darum bemüht ist, an einer Reihe von Beispielen aufzuzeigen, daß es auch hier eine „stetige Richtung" und eine „kontinuierliche Linie" christlicher Entscheidungen gibt. Weil es „die gleichnishafte, aber höchst konkrete Beziehung zwischen der christlichen Botschaft und bestimmten politi-

schen Entscheidungen und Verhaltensweisen sichtbar zu machen"
galt[161], ist Barth in „Christengemeinde und Bürgergemeinde" denn
auch dazu übergegangen, aus Offenbarungs- und Versöhnungslehre,
aus Ekklesiologie und Eschatologie Grundkomponenten des christlichen Glaubens zu erheben, aus denen sich wie für das Handeln der
Christen überhaupt, so für ihr politisches Denken und Handeln
unverzichtbare Maßstäbe ableiten lassen[162]. Der Basler Theologe hat
für die Erkenntnis Zustimmung gefunden, daß die Grundrichtung
solcher Entscheidungen durch das Nach-Denken über die Mitte des
christlichen Glaubens, namentlich über die Rechtfertigungsbotschaft
und die Verkündigung des Reiches Gottes, ermittelt werden müsse.
Ihm ist aber auch kritisch entgegengehalten worden, er erwecke mit
dieser Empfehlung den Anschein, als ergebe sich jene Grundrichtung
„auf dem Wege einer einlinigen Deduktion" unmittelbar aus dem
biblischen Zeugnis. Dieser Anschein täusche; vielmehr bedürfe es für
die Ermittlung dieser Richtung „eines methodisch durchdachten
Zusammenspiels zwischen der Analyse der neuzeitlichen politischen
Entwicklung sowie der gegenwärtigen politischen Situation auf der
einen und der Reflexion auf die Impulse der christlichen Tradition auf
der anderen Seite", gehe es doch um nichts anderes als eine Hermeneutik politisch-ethischer Entscheidungen, eine „politische Hermeneutik
des Evangeliums"[163].

Diese an K. Barth geübte Kritik führt uns zunächst zurück auf die Frage
nach dem Verhältnis der Lehre von der Königsherrschaft Christi zur
lutherischen Zwei-Reiche-Lehre. Beide Theorieansätze der politischen
Ethik, so unterstellten wir, befänden sich nicht notwendig im Gegensatz, vielmehr in einer Beziehung wechselseitiger Ergänzung zueinander. Jetzt sind wir imstande, die Bedingung zu nennen, unter der diese
Annahme verifizierbar erscheint. Beide Ansätze sind einander nicht
zwangsläufig entgegengerichtet, sondern korrespondieren einander,
wenn zumindest ein Zweifaches nicht aus dem Blick verloren wird:
einerseits dies, daß die Zwei-Reiche-Lehre nur unter der Voraussetzung
des Bekenntnisses zur eschatologischen Herrschaft Christi Gültigkeit
beanspruchen kann – in Kirche und Welt ist das Verhalten des Christen
als ganzes dem regnum Christi unterstellt und der Gefahr der Trennung
der beiden Reiche gerade im Hinblick auf ihre notwendige Unterscheidung der Boden entzogen. Andererseits gilt, daß sich die Lehre von der
Königsherrschaft Christi nicht gegen den Glauben isolieren und in das
Instrument etwa einer christokratischen Staatsbegründung verwandeln
läßt, denn es ist und bleibt das Geschehen der Rechtfertigung, das dem
Christen die Freiheit vermittelt, aus der heraus er im Gehorsam des

Glaubens gegen Gottes Gebot auch zu politischem Handeln befähigt wird und das ihn zugleich daran hindert, das eigene Bekenntnis zum Herrsein Christi statt als theologische als ontologische Aussage zu begreifen[164]. Die nicht zu bestreitende Tatsache, daß in der regionalen und ökumenischen Diskussion aus beiden Lehransätzen für die konkrete politisch-ethische Urteilsbildung gegensätzliche Folgerungen gezogen worden sind, ist infolgedessen mit Recht nicht lediglich auf die unterschiedlichen Auslegungen dieser Lehren zurückgeführt worden. Vielmehr hat man gemeint, den diesen Deutungen gemeinsamen entscheidenden Mangel darin erblicken zu können, daß ihnen die oben erwähnte, reflektierte politische Hermeneutik fehle. So habe in der Tat der Anschein erweckt werden können, als ergäben sich bestimmte politische Entscheidungen „auf einlinig-deduktivem Wege" aus der Lehre von der Königsherrschaft Christi einerseits, der Zwei-Reiche-Lehre andererseits und als wiesen die Gegensätze in der politischen Entscheidung in jedem Fall auf die Unvereinbarkeit dieser Prämissen hin, während es sich in Wahrheit doch so verhalte, daß das Gewicht unterschätzt worden ist, „das der Wahrnehmung der gegenwärtigen Handlungsbedingungen und Handlungsalternativen für ein theologisches Urteil auch dann zukommt, wenn man meint, dieses Urteil komme auf einem rein deduktiven Wege zustande"[165].

Es kann keine Frage sein, daß es in der Ethik, zumal derjenigen des konziliaren Prozesses, demgegenüber darauf ankommt, möglichst konkret – unter Verwendung aller erreichbaren Information und Sachkenntnis – eine gegebene geschichtliche Situation zu analysieren. Zwischen den beiden Abwegen einer von vornherein alles festlegenden Kasuistik, die in reine Gesetzlichkeit mündet, und einer alles offen lassenden Situationsethik, die überhaupt keine kontinuierliche Linie ethischer Orientierung gelten zu lassen scheint, gilt es, auf Grund einer solchen Analyse den mittleren Weg zu beschreiten. Schon vor Jahren hat in diesem Zusammenhang J. H. Oldham von der Suche nach sog. Mittelaxiomen gesprochen – ethische Kriterien, die weder allgemeine Grundsätze noch spezifische Programme für gesellschaftliches und politisches Handeln bieten wollen, sondern einen Versuch darstellen, „die Richtungen zu definieren, in denen in einem bestimmten Zustand der Gesellschaft der christliche Glaube sich ausdrücken muß"[166]. Entsprechend ging es auch Barth, wenn er für den Bereich der politischen Ethik jene vorhin erwähnten Beispiele anführt, die Analogien zur Botschaft vom Reiche Gottes im Raum der Bürgergemeinde anzeigen sollen, nicht darum, diese Beziehung festzulegen, sondern einzig darum, sie zu illustrieren. Natürlich soll es sich anderseits nicht um beliebige Beispiele handeln; vielmehr habe in einer christlich verantworteten Politik die Bemühung auf „eine stetige Richtung" und „eine kontinuierliche Linie doppelseitiger Entdeckungen" zu zielen: auf einen „Zusammenhang von Explikationen und Applikationen", was eindeutig zu dem Rückschluß berechtigt, schon Barth selber habe das Unabdingbare ethischer Konkretisierung keineswegs ausgeschlossen, vielmehr ausdrücklich auf deren Beachtung bestanden[167]. Wenn freilich in den vergangenen Jahren immer neu auf die Notwendigkeit einer methodischen Klärung des Verhältnisses von biblischem Zeugnis und situationsgerechter Analyse hingewiesen worden ist, so ist im Sinne des Autors von „Christengemeinde und Bürgergemeinde" mit Kreck zu fragen, „was hier generell methodisch zu leisten ist und was einer nicht regulierbaren geistlich-prophetischen Erkenntnis vorbehalten bleibt." Darf nämlich von dem Sachverhalt nicht einfach abgesehen werden, daß keine Ethik die letzte Entscheidung vorwegnehmen kann, daß vielmehr der zu verantwortlichem Handeln Gerufene selbst das letzte Wort zu sprechen hat, dann liegt klar zutage, daß die methodische Klärung von Fragen der speziellen Ethik, so unumgänglich sie ist, im Grunde nur „einige Richtpunkte und Regeln" an die Hand geben kann, die andeuten sollen, wie der Zirkel zu begehen ist, der zwischen der biblischen Botschaft und der geschichtlichen Situation besteht[168]. Denn daß es einen solchen Zirkel gibt und daß es mit ihm eine eigene Bewandtnis hat, darf nicht länger unreflektiert übergangen werden. Alles kommt vielmehr darauf an zu erkennen, daß die Richtung, in der er zu begehen ist, nicht für beliebig umkehrbar gehalten werden darf! Wohl kann es methodisch geraten und sinnvoll erscheinen, etwa mit christlichen Basisgruppen in Lateinamerika von bestehenden Unrechts-verhältnissen auszugehen und im Licht des Evangeliums nach Wegen zu ihrer Veränderung heute zu fragen. Dennoch darf nicht aus dem Blick geraten, daß es „bei allem methodischen Hinüber- und Herüber-fragen" um ein sachliches Gefälle in der Urteilsbildung geht, das als solches unumkehrbar ist. Allgemein gesprochen heißt das, „daß in dem notwendigen Dialog zwischen christlicher Tradition und heutiger Situation, zwischen Theologie und Humanwissenschaft, weder diese noch jene Seite diktiert, wohl aber, daß der Sinn des Dialoges ist, auf jene dritte, d. h. im Grunde erste und entscheidende Instanz zu hören, auf die alle Theologie nur aufmerksam machen kann . . ."[169].

Mit diesem Hinweis schließt sich der Kreis. Wir stehen erneut vor der Wahrheit von Barmen I, von der wir mit Slenczka bei den Erwägungen dieses Abschnitts unseren Ausgang genommen haben. Kreck kommt das Verdienst zu, daß er auf die Entsprechung verwiesen hat, in der sich das Begehen des Zirkels von biblischer Botschaft und geschichtlicher Situation zu jenem Grundgeschehen befindet, das Gegenstand christologischer Aussagen ist.[170]. Denn wie uns das biblische Zeugnis von Jesus Christus anhält, von der Fleischwerdung des Wortes, nicht aber im gleichen Sinn von einer Wortwerdung des Fleisches zu sprechen, so werden wir aufgefordert, auch bei der Vermittlung von Ethos und Situation in der Nachfolge Jesu das sachliche Gefälle, die Unumkehrbarkeit der Richtung zu beachten, in der die konkrete ethische Entscheidung als eine Entscheidung im Gehorsam des Glaubens gegen Gottes Gebot zu treffen und zu verantworten ist. Es geht hierbei also keineswegs um ein Randproblem theologischer Ethik; es geht vielmehr um jene Frage, an der sich heute sowohl im Rahmen des konziliaren Prozesses wie dem der Theologie der Befreiung Irrtum und Wahrheit, Häresie und Orthodoxie der Kirche Jesu Christi entscheiden! Ist dies gesehen und erkannt, so wird allerdings auch das andere festgehalten werden müssen, um das es entscheidend in diesem Abschnitt ging: daß Barmen I von Barmen II nicht zu trennen ist, so wahr Rechtfertigung und Heiligung zusammengehören und alle christliche Ethik ihren Ursprung in der Eschatologie, der endzeitlichen Offenbarung von Gottes den Menschen in Christus von Ewigkeit her erwählendem gnädigem Handeln besitzt! Wir haben uns bei der systematischen Fassung des biblischen Zeugnisses von der in sich unterschiedenen, aber untrennbaren Einheit von Gottes Zuspruch und Anspruch in Jesus Christus entscheidend durch die Theologische Erklärung von 1934 und den auf sie folgenden Erläuterungen in der Kirchlichen Dogmatik Barths leiten lassen. „Barmen war eine Tat, und alles im Barmer Bekenntnis läuft auf ein Tun hinaus", bemerkt H. Gollwitzer vierzig Jahre später[171]. Daß die Rechtfertigung zwar der Grund der Heiligung, diese aber das Ziel der Rechtfertigung sei, ist durch diesen Zeugen des Evangeliums der Gemeinde Jesu Christi während der vergangenen Jahrzehnte immer dringlicher ans Herz gelegt worden.

Anmerkungen

(*) Die hier vorgelegten Überlegungen stellen einen ersten Teil einer größeren Untersuchung dar, die den Herausforderungen gewidmet sind, die den Kirchen durch die Krisis der Weltgesellschaft zugewachsen ist.
(1) Der Überblick. Zeitschrift für ökumenische Begegnung und internationale Zusammenarbeit, 24. Jg. (1988) H. 4, 58.
(2) Kirche und Völkerwelt, Rede, gehalten am 28. August 1934 in Fanö, in: Ges. Schriften, hg. v. E. Bethge, 1. Bd., München 1958, 216-219.

(3) Die offizielle Abkürzung lautet seitdem JPIC = Justice, Peace, Integrity of Creation.

(4) Die Zeit drängt. München 1987.

(5) Frankfurter Rundschau, 12. Februar 1990.

(6) Ökumene im Übergang. Paradigmenwechsel in der ökumenischen Bewegung, München 1989.

(7) Die äußeren Stationen dieses Umbruchs stellen die Tagung des Zentralausschusses des ÖRK „Kirche und Gesellschaft" 1966 in Genf und die 4. Vollversammlung des Weltkirchenrates in Uppsala 1968 dar.

(8) Vgl. C. Boff, Zum Gebrauch des „Marxismus" in der Theologie, in: Junge Kirche, 50. Jg. (1989) H. 5, 301–306.

(9) Vgl. H. Falcke, Zukunft der kleinen Herde, in: Ev. Kommentare, 23. Jg. (1990) H. 3, 163–166.

(10) U. Bach, „Zur Freiheit hat uns Christus befreit" (Gal 5,1). Thesen zu einer abendländischen Befreiungs-Theologie, in: Junge Kirche, 49. Jg. (1988) H. 9, 478–481. 478.

(11) Vgl. A. Blatezky, Sprache des Glaubens in Lateinamerika. Eine Studie zu Selbstverständnis und Methode der „Theologie der Befreiung", Frankfurt a. M., Bern, Las Vegas 1978, 132.

(12) Vgl. G. Vergauwen, Theologie der Befreiung. Zum gegenwärtigen Stand der Diskussion, in: Kirche und Zukunft VII (Dokumentation 47/85), hg. v. d. Ev. Akademie Berlin (West) 1985, 6–56.

(13) Das „Basler Dokument". 2. Entwurf f. die Europ. Ökum. Versammlung „Friede in Gerechtigkeit", 21. bis 25. Mai 1989, Basel, hg. v. d. Konferenz Europ. Kirchen (150, route de Ferney, CH–1211 Geneva 2) u. d. Rat der Bischofskonferenzen in Europa (Klosterhof 6 B, CH–9000 St. Gallen), April 1989.

(14) „Zwischen Sintflut und Regenbogen". 2. Entwurf zur Weltversammlung über „Gerechtigkeit, Frieden und Bewahrung der Schöpfung" in Seoul, Korea, März 1990, in: epd-Dokumentation Nr. 3/90, Frankfurt a. M., 18. Januar 1990.

(15) J. M. Bonino, Theologie im Kontext der Befreiung, Göttingen 1977, 77, zit. n. N. Greinacher, Die Kirche der Armen, München 1980, 14f. 49f.

(16) G. Gutierrez, Theologie der Befreiung, München 1973, 21. 148.

(17) A. a. O. 213.

(18) Das Forum ‚Gerechtigkeit, Frieden und Bewahrung der Schöpfung'. Dogmatische Beurteilung eines ‚konziliaren Prozesses'. In: Kerygma und Dogma, 35. Jg. (1989) 317–335.

(19) Die Barmer Theologische Erklärung. Einführung u. Dokumentation, hg. v. A. Burgsmüller u. R. Weth, Neukirchen-Vluyn 1983, 34.

(20) R. Slenczka, a.a.O. 318.

(21) Man denke etwa an M. Luthers Schmalkaldische Artikel von 1537, in: Die Bekenntnisschriften der evang. lutherischen Kirche (= BSLK), Göttingen 1959⁴, 407ff.

(22) R. Slenczka, a.a.O. 320.

(23) A.a.O. 320f.

(24) Bericht aus Vancouver 1983. Offizieller Bericht der Sechsten Vollversammlung des Ökumenischen Rates der Kirchen, hg. v. W. Müller-Römheld, Frankfurt a. M. 1983, 116.

(25) R. Slenczka, a.a.O. 322, unter Berufung auf M. Luther, Rationis Latomianae confutatio 1521, WA 8, 49, 31f.

(26) A.a.O. ebenda, unter Hinweis auf Bedenken, die auch von M. Honecker, dem Bonner Sozialethiker, vorgetragen worden sind: Nochmals: Seelsorge an der Gesellschaft?, in: Ev. Theol. 23. Jg. (1963), 373–389 v. a. 386ff.

(27) A.a.O. 323f.
(28) Vgl. BSLK, 61.
(29) R. Slenczka, a.a.O. 324f.
(30) A.a.O. 326f.
(31) A.a.O. 327.
(32) In der Präambel zur „Stuttgarter Erklärung" vom Oktober 1988 heißt es beispielsweise: „Als Delegierte unserer Kirchen und Gemeinden haben wir in Königstein und Stuttgart neu gelernt, was der dreieinige Gott uns anvertraut hat und wozu er uns ruft. Dieser Ruf trifft uns in einer Zeit, in der sich die Möglichkeiten menschlichen Handelns ständig erweitern. Sie lassen zusammen mit den erkennbaren Folgen dieses Handelns die Notwendigkeit einer biblisch-theologischen, geistlichen und ethischen Orientierung der Christen dringender und schwieriger werden. Als Christen fragen wir, wie andere verantwortungsbewußte Menschen, nach klaren Maßstäben für unser Verhalten: Können wir angesichts einer noch nie dagewesenen Bedrohung des Überlebens Gerechtigkeit, Frieden und eine unversehrte Schöpfung fördern und schützen? Im Gehorsam gegen Christus und in seiner Nachfolge wollen wir heute notwendige Wege suchen.", n. epd-Dokumentation, Nr. 46/88 Frankfurt a. M., 7. November 1988.
(33) R. Slenczka, a.a.O. 327f.
(34) A.a.O. 328f.
(35) A.a.O. 329.
(36) A.a.O. ebenda, unter Hinweis auf Gen 11,1–9.
(37) A.a.O. 329f.
(38) A.a.O. 330.
(39) A.a.O. ebenda.
(40) A.a.O. 330f.
(41) Vgl. W. Elert, Confessio Barmensis. AELKZ vom 29. Juni 1934, Nr. 26, 602; P. Althaus, Bedenken zur ‚Theologischen Erklärung' der Barmer Bekenntnissynode. Korrespondenzblatt für die evangelisch-lutherischen Geistlichen in Bayern, Nr. 28 vom 9. Juli 1934; ders., Die christliche Wahrheit. Lehrbuch der Dogmatik, 1959⁵, 227.
(42) Die Barmer Theologische Erklärung, a.a.O. 34.
(43) Die Barmer Theologische Erklärung, a.a.O. 35.
(44) S. Anm. 42. Die gegen E. Brunners Konzept von Natur und Gnade gerichtete Streitschrift K. Barths, Nein! Antwort an Emil Brunner, ThExh, H. 15, München 1934, stellt eine exemplarische Anwendung der I. Barmer These und ihrer Zurückweisung natürlich theologischer Ansätze dar.
(45) Vgl. J. Rogge, H. Zeddies, Hg., Kirchengemeinschaft und politische Ethik. Ergebnis eines theologischen Gespräches zum Verhältnis von Zwei-Reiche-Lehre und Lehre von der Königsherrschaft Christi, Berlin 1980, 29ff.
(46) R. Slenczka, a.a.O. 326.
(47) A.a.O. 327f.
(48) A.a.O. 331. Vgl. dazu: R. Slenczka, Kirche und Politik. Ein ekklesiologischer Abriß, in: Weisheit Gottes – Weisheit der Welt, FS Joseph Kardinal Ratzinger, St. Ottilien 1987. 1073–1086.
(49) A.a.O. 332.
(50) So das Votum des Theologischen Ausschusses der Evangelischen Kirche der Union zu Barmen II, in: A. Burgsmüller, Hg., Zum politischen Auftrag der christlichen Gemeinde, Gütersloh 1974, 238 (zit. Votum d. EKU).
(51) A.a.O. 240.
(52) A.a.O. ebenda.
(53) A.a.O. ebenda.

(54) Basler Dokument, a.a.O. 16ff.
(55) R. Slenczka, a.a.O. 334.
(56) A.a.O. ebenda.
(57) Basler Dokument, a.a.O. 16.
(58) R. Slenczka, a.a.O. 335.
(59) S. Anm. 43.
(60) Votum d. EKU, 242f.
(61) FC Art. III De iustitia fidei coram Deo, BSLK 913ff. v. a. 922ff.
(62) Apol. Art. IV De iustificatione, BSLK 158f. 2.
(63) K. Weiß, Eschatologie und Ethik im NT, in: Das Gedächtnis des Glaubens zu Fragen der Zeit, hg. v. J. Rogge, Ev. Akademie Ilsenburg 1980, 95ff. 98.
(64) D. Clausert, Theologischer Zeitbegriff und politisches Zeitbewußtsein in Karl Barths Dogmatik, dargestellt am Beispiel der Prolegomena, München 1982, 245f.
(65) So in einem zusammenfassenden Rückblick auf den frühen Barth: E. Thurneysen, Karl Barth, ‚Theologie und Sozialismus‘ in den Briefen seiner Frühzeit, Zürich 1973, 21ff.
(66) Votum d. EKU 241.
(67) Zur notwendigen Unterscheidung beider Begriffe bei Barth vgl. D. Clausert, a.a.O. 250f.
(68) Votum d. EKU 241f.
(69) KD II,2 § 32, 1.
(70) W. Kreck, Grundfragen christlicher Ethik, München 1979², 144.
(71) KD IV,1, 573.
(72) A.a.O. 601.
(73) A.a.O. 604.
(74) A.a.O. 611ff.
(75) A.a.O. 616ff. 619f.
(76) A.a.O. 622f.
(77) A.a.O. 574.
(78) KD IV,1 § 57 „Das Werk Gottes des Versöhners“, 1ff.
(79) Basler Dokument, a.a.O. 26; „Zwischen Sintflut und Regenbogen“, a.a.O. 23ff.
(80) KD IV,1 Leitsatz zu § 57, 1. Vgl. damit den sachidentischen Leitsatz zu § 32 „Die Erwählung Jesu Christi“, KD II,2, 1.
(81) A.a.O. 22ff.
(82) A.a.O. 11. 13.
(83) A.a.O. 56.
(84) S. Anm. 81.
(85) A.a.O. 37. 48.
(86) A.a.O. 49.
(87) A.a.O. 50.
(88) W. Kreck, a.a.O. 87.
(89) H. Gollwitzer, Das eine Wort für alle. Zur 1. und 6. These der Theologischen Erklärung von Barmen, in: Junge Kirche 45 (1984) H. 8/9. 451ff. 458.
(90) H. Gollwitzer, a.a.O. ebenda.
(91) KD IV,1, 43.
(92) KD IV,3, Erste Hälfte 18.
(93) A.a.O. 319.
(94) KD II,2, 572.
(95) A.a.O. 573f. Das Bild vom Turmbau zu Babel gebraucht K. Barth in seinem mit Recht berühmt gewordenen Vortrag „Die Gerechtigkeit Gottes“ von 1916, in dem er erstmals das Verhältnis von „allgemeiner Ethik“ und „theologischer Ethik“ zum

Thema erhebt, in: K. Barth, Das Wort Gottes und die Theologie. Ges. Vorträge, München 1925, 8ff.

(96) D. Schellong, „Gleichnisse des Himmelreichs". Ein systematisch tragender Gedanke in der Theologie K. Barths, in: Anstöße, Ztschr. d. Ev. Akademie Hofgeismar, 34 (1987) H. 1, 10.

(97) W. Kreck, a.a.O. 78. Dahinter steht das große „. . . nostri non sumus, sed Domini" Calvins: Inst. III,7.1.

(98) Basler Dokument, a.a.O. 26; „Zwischen Sintflut und Regenbogen", a.a.O. 22ff.

(99) Vgl. KD IV,2, 423ff.

(100) „Zwischen Sintflut und Regenbogen", a.a.O. 32.

(101) KD IV,2 Leitsatz zu § 66 „Des Menschen Heiligung", 565.

(102) A.a.O. 603ff. 626ff.

(103) W. Kreck, a.a.O. 81.

(104) KD IV,2, 599.

(105) K. Weiß, a.a.O. 95.

(106) KD II,2 Leitsatz zu § 36 „Ethik als Aufgabe der Gotteslehre", 564.

(107) P. Eicher, Gottes Wahl: Unsere Freiheit. Karl Barths Beitrag zur Theologie der Befreiung, in: Einwürfe 3, hg. v. F.-W. Marquardt, D. Schellong, M. Weinrich, München 1986, 232.

(108) P. Eicher, a.a.O. ebenda.

(109) KD II,2, 115. 124.

(110) A.a.O. 564.

(111) s. oben Anm. 41.

(112) Votum der EKU 236.

(113) Vgl. U. Duchrow, Weltwirtschaft heute – Ein Feld für Bekennende Kirche? München 1986, 150ff.

(114) Basler Dokument, a.a.O. 20.

(115) Vgl. Brief vom 5. Februar 1915, in: Karl Barth – Eduard Thurneysen. Briefwechsel, Bd. 1: 1913–1921, bearbeitet u. herausgeg. v. E. Thurneysen, GA V, Zürich 1973, 30.

(116) E. Thurneysen, Karl Barth – „Theologie und Sozialismus" in den Briefen seiner Frühzeit, Zürich 1973, 31; vgl. zum Ganzen dieser Thematik das Werk, auf das Thurneysen umsichtig eingeht: F.-W. Marquardt, Theologie und Sozialismus. Das Beispiel Karl Barths, München 1972.

(117) E. Thurneysen, a.a.O. 32.

(118) E. Thurneysen, a.a.O. 32f. Zur Bedeutung der Gleichnisrede bei Barth vgl. D. Schellong, a.a.O. 2ff.

(119) Vgl. hierzu K. Barth, Letzte Zeugnisse, Zürich 1969, 24.

(120) „. . . Die Gemeinde wartet wachend und betend auf ihren kommenden Herrn und verkündigt das Evangelium allen Völkern, bis er seine Herrschaft offenbar machen wird. In dieser Zuversicht wendet sie sich ab von allen Ideen und Plänen menschlicher Selbstvollendung und warnt alle Menschen vor dem Versuch, durch eigene Werke sich selbst zu erlösen . . . In dieser Zuversicht hilft die Gemeinde im Rahmen des Möglichen die Leiden und Nöte in dieser Welt zu überwinden und Besseres an die Stelle des Schlechteren zu setzen. Sie weiß, daß alles menschliche Bemühen vorläufig ist und der Vollkommenheit ermangelt. Sie harrt des Tages, da vor aller Welt offenbar wird, was sie jetzt schon glaubt: ‚Es sind die Reiche der Welt unseres Herrn und seines Christus geworden, und er wird regieren von Ewigkeit zu Ewigkeit' (Offbg. 11,15)". „Zehn Artikel über Freiheit und Dienst der Kirche" der Konferenz der Ev. Kirchenleitungen in der DDR, in: Junge Kirche 24 (1963), 329–334, zit. 334.

(121) KD IV,1, 822: Wäre es „der Ehre Gottes und auch dem Heil der Menschheit nicht angemessener gewesen . . ., wenn alles seither Geschehene nicht geschehen, wenn also damals in der Tat der ewige Sabbat angebrochen wäre: weil es dieses Nachhers doch wahrlich nicht bedurfte, mehr noch: weil dieses Nachher die in Jesus Christus geschehene Wendung doch nur verdunkeln und zweifelhaft machen konnte und faktisch dunkel und zweifelhaft genug gemacht hat?"

(122) A.a.O. 824.

(123) K. Raiser, Wie weit trägt die ökumenische Utopie? Zwanzig Jahre nach der Weltkirchenkonferenz in Uppsala, in: Ev. Kommentare 21 (1988) H. 6, 322.

(124) KD IV,2, 1ff.

(125) Votum der EKU, 244.

(126) A.a.O. ebenda.

(127) A.a.O. 245. Gerade das Wissen der Kirche darum, daß sie in der Zeit zwischen den Zeiten unterwegs und also ein „wanderndes Gottesvolk" ist, ist es ja, welches ihr zeigt, daß solche Blockierungen jeweils dann entstehen, wenn es in chiliastischer Absicht zu säkularen Vorwegnahmen des angeblichen Endzustandes kommt: Das Vorletzte wird mit dem Letzten, das als Wohl des Menschen Angesehene mit seinem Heil verwechselt, während das es verheißende und legitimierende weltliche Macht unbedingten Gehorsam für sich beansprucht.

(128) A.a.O. 246

(129) K. Barth, Die Kirche und die Kultur, 1928, in: ders., Die Theologie und die Kirche, Ges. Vorträge Bd. 2, München 1928, 366.

(130) Wenn G. Gutierrez schreibt: auf Christus zu hoffen, bedeute zugleich, an das Abenteuer der Geschichte zu glauben, so ist mit einem solchen „Glauben" ja nichts anderes als die gewisse Zuversicht, daß Gott seinem Volk in die Zukunft der Geschichte immer schon vorangegangen ist, und daß eben sie es ist, die „ein Feld unbegrenzter Möglichkeiten für die Liebe und den Einsatz des Christen eröffnet". A.a.O. 159. 233.

(131) O. Cullmann, Les Premières confessions de foi Chrétiennes, Paris 1948², p. 39sq.

(132) E. Wolf, Art. Königsherrschaft Christi, Ev. Staatslexikon, Stuttgart 1972², Sp. 1317–1319, m. weit. Lit. Zur neutestamentlichen Begründung, vgl. v. a. O. Cullmann, Königsherrschaft Christi und Kirche im Neuen Testament, Theol. Stud. H. 10 Zürich 1941.

(133) E. Wolf, a.a.O. Sp. 1318.

(134) Die Barmer Theologische Erklärung, a.a.O. 35.

(135) Votum der EKU, 242.

(136) Die Barmer Theologische Erklärung, a.a.O. 38.

(137) K. Barth, Christengemeinde und Bürgergemeinde, Theol. Stud. H. 20, Zürich 1946, 10.

(138) Votum der EKU, 245; K. Barth, a.a.O. 12f.: „Im Raum der Bürgergemeinde ist die Christengemeinde mit der Welt solidarisch und hat sie diese Solidarität resolut ins Werk zu setzen." Sie tut es, indem sie für sie betet, indem sie damit aber auch „tätig für sie arbeitet", d. h. sich selbst der Sache der Bürgergemeinde „unterordnet". Sich unterordnen bedeutet, sich für den Bestand der Bürgergemeinde mitverantwortlich zu wissen, ihre Sache auf das eigene Gewissen zu nehmen, eben „weil auch sie (und also nicht allein die Sache der Christengemeinde!) des einen Gottes Sache ist".

(139) W. Kreck, a.a.O. 206f. unter Hinweis auf den Bericht der Sektion III: „Wirtschaftliche und soziale Weltentwicklung" der Weltkirchenkonferenz von Uppsala 1968: „In ihrem Glauben an das kommende Reich Gottes und in ihrer Suche nach seiner Gerechtigkeit sind die Christen gefordert, am Kampf von Millionen Menschen um größere soziale Gerechtigkeit und um die Weltentwicklung teilzunehmen . . . Keine Struktu-

ren – seien es kirchliche, industrielle, innenpolitische oder internationale – sollten außerhalb des Aufgabenbereiches der Kirchen liegen." Bericht aus Uppsala 1968, hg. v. N. Goodall, deutsche Ausgabe v. W. Müller-Römheld, Genf 1968, 46. 54.

(140) Barmen II und das Neue Testament, in: A. Burgsmüller, Hg., Zum politischen Auftrag der christlichen Gemeinde, Gütersloh 1974, 127ff. 166. 171.

(141) W. Kreck, a.a.O. 208.

(142) Vgl. Votum der EKU, 246f., sowie zum theologisch-ethischen Begriff der Institution die Definition von E. Wolf: „Institutionen sind soziale Daseinsstrukturen der geschaffenen Welt als Einladung Gottes zu ordnender und gestaltender Tat in der Freiheit des Glaubensgehorsams gegen sein Gebot." Sozialethik. Theologische Grundfragen, Göttingen 1975, 173.

(143) A.a.O. 208f. Man mag infolgedessen hier mit A. Rich von Mitmenschlichkeit als „Hauptkriterium" sprechen und diesen Begriff durch Worte wie Freiheit, Solidarität oder Partnerschaft umschreiben (Glaube in politischer Entscheidung, 196, 125) – es wird sich, urteilt Kreck mit Recht, für den Christen präziser um eine Humanität handeln müssen, welche darin zu bewähren ist, „daß sie sich den Hilfsbedürftigen, Diskriminierten, Unterdrückten und unter ihrem Versagen Leidenden zuwendet, also ein Gefälle hat zugunsten der Niedrigen." Sei es richtig, „daß Gottes versöhnendes Handeln in Christus der Kern aller christlichen Verkündigung ist (2 Kor 5,19f.) . . ., dann müßte . . . auch im Kampf um irdische Gerechtigkeit, Freiheit und Frieden uns als oberster Gesichtspunkt vor Augen stehen, daß Gott in Christus den Menschen mit sich versöhnt, ihn gerecht und frei gesprochen hat und daß darum auch in den institutionellen Ordnungen diejenigen Möglichkeiten zu wählen und zu erstreben sind, die solcher Würde des Menschen am ehesten Rechnung tragen . . .".

(144) Vgl. M. Luther, Von weltlicher Oberkeit 1523, WA 11, 245ff. v. a. 251,22ff.

(145) Barmen V. Die Barmer Theologische Erklärung, a.a.O. 38; vgl. hierzu K. Barth, Christengemeinde und Bürgergemeinde, a.a.O. 21f.

(146) H. Gollwitzer, Die christliche Gemeinde in der politischen Welt, in: Ders., Forderungen der Freiheit, München 1962, 20.

(147) A.a.O. Sp. 1318.

(148) Votum der EKU, 248; s. oben Anm. 138: Daran, daß die Christengemeinde für die Bürgergemeinde betet (1 Tim 2,1-7) und sich hieraus die tätige Mitverantwortung der Christen für den Staat ergibt, zeigt sich besonders deutlich, daß sie innerhalb des letzteren ein politischer Faktor ist, der gewisse politische Rechte in Anspruch nimmt und entsprechende politische Funktionen erfüllt.

(149) Zu denken ist in diesem Zusammenhang an die Erfahrungen der deutschen evangelischen Kirche im Dritten Reich, auf die sie – unzulänglich genug – mit dem Stuttgarter Schuldbekenntnis von 1945 zu antworten suchte. Vgl. K. G. Steck, Schuld und Schuldbekenntnis. Ein kritischer Bericht, in: Ev. Theol. 1946/47 H. 6, v. a. 375.

(150) K. Barth, a.a.O. 20ff.

(151) K. Barth, KD IV,3, 2. Hälfte, 906.

(152) So auch: H. G. Geyer, Einige vorläufige Erwägungen über Notwendigkeit und Möglichkeit einer politischen Ethik in der evangelischen Theologie, in: A. Burgsmüller, Zum politischen Auftrag der christlichen Gemeinde, a.a.O. 181.

(153) K. Barth, Christengemeinde und Bürgergemeinde, a.a.O. 5. 11f. 21f. 24.

(154) A.a.O. 22ff.

(155) A.a.O. 16f.

(156) A.a.O. 24f. 38.

(157) Grundfragen christlicher Ethik, a.a.O. 211f.

(158) Votum der EKU, 49.

(159) Votum der EKU, ebenda: „Dabei darf sie sich nicht scheuen, auch von Nichtchristen bzw. Atheisten zu lernen – im Sinne des Wortes: ‚Prüfet alles und behaltet das Gute!' (1 Thess 5,21; vgl. Phil 4,8)".

(160) KD III,4, 17f.

(161) Christengemeinde und Bürgergemeinde, a.a.O. 34.

(162) A.a.O. 25–33. Stichworte, welche nach Barth die Grundrichtung für politische Entscheidungen der christlichen Gemeinde anzeigen, sind: „Die Würde und der Vorrang des Menschen vor dem Zwang anonymer Sachen, die Sicherung des Rechts des Nächsten, der Einsatz für die wirtschaftlich und gesellschaftlich Schwachen, die Freiheit der Person, die Verantwortlichkeit für politische Entscheidungen vor der Bürgergemeinde, die Gleichheit aller als mündig anzusprechender Bürger bei aller Verschiedenheit ihrer Aufgaben und Funktionen", die Notwendigkeit einer Politik des Glasnost, „die Freiheit der Meinungsäußerung und Diskussion, der dienende Charakter aller Herrschaft, die ökumenische Offenheit an der Stelle von partikularen Lokal-, Regional- und Nationalinteressen, der Vorrang des Friedens als des Ziels politischen Handelns", n. W. Huber, Kirche und Öffentlichkeit, Stuttgart 1970, 462.

(163) W. Huber, a.a.O. 462f. 488f.

(164) Es ist an dieser Stelle nicht möglich, auf das Verhältnis beider Lehren näher und genauer einzugehen. Vgl. neben der Anm. 45 gen. vergleichenden Studie aus der Fülle der Literatur vor allem den von H. H. Schrey herausgegebenen Sammelband: Reich Gottes und Welt, WdF CVIII, Darmstadt 1969, aber auch die Arbeit von G. Ebeling, Die Notwendigkeit der Lehre von den beiden Reichen, in: Ders., Wort und Glaube, Tübingen 1960, 407ff.

(165) W. Huber, a.a.O. 488f.

(166) „. . . Sie sind nicht für alle Zeit bindend, sondern sind provisorische Definitionen der Art des Verhaltens, das von Christen zu einer gegebenen Zeit und unter gegebenen Umständen gefordert ist." Visser't Hooft, J. H. Oldham, The Church and its Function in Society, 210, zit. n. W. Kreck, a.a.O. 213.

(167) Christengemeinde und Bürgergemeinde, a.a.O. 34.

(168) W. Kreck, a.a.O. 217. Offensichtlich hat Barth diesen Zirkel im Auge, wenn er sagt: „Was grundsätzlich sichtbar zu machen war und ist, ist die Möglichkeit und Notwendigkeit des Vergleichs der beiden Räume und der in diesem Vergleich vom ersten Raum hinüber in den zweiten zu vollziehenden Entscheidungen." A.a.O. 217. „Der heute ständig erhobene Einwand", so bemerkt W. Kreck hierzu, „betrifft dies Gefälle, und die Frage lautet, ob nicht auch umgekehrt von dem zweiten Raum in den ersten hinein Entscheidungen gefordert sind."

(169) W. Kreck, a.a.O. 218.

(170) A.a.O. 217.

(171) Das eine Wort für alle, a.a.O. 458.

CARL FRIEDRICH GETHMANN

Ethische Aspekte des Handelns unter Risiko

Daß das Problem des Handelns unter Risiko außer epistemischen und technischen auch ethische Aspekte aufweist, wird häufig als überraschend empfunden. Auch mit Blick auf die Geschichte der Ethik handelt es sich keineswegs um eine übliche Fragestellung. Die Philosophen behandeln das Risikothema gewöhnlich im Rahmen der Entscheidungstheorie, also einer logischen Disziplin. Diese ist allerdings keine deskriptive Theorie (sie beschreibt nicht die Strukturen des Handelns), sondern eine normative Theorie (sie nennt Forderungen an das Handeln, sofern es bestimmte Qualifikationen erfüllen soll).

Nun ist zwar auch die Ethik eine normative Theorie, aber nicht alle normativen Gebilde sind von Haus aus Gegenstände der Ethik. Die Ethik beschäftigt sich vielmehr nur mit bestimmten normativen Fragen, nämlich den konfliktrelevanten. Unter einem Konflikt ist dabei eine Situation zu verstehen, in welcher zwei Agenten unvereinbare Zwecke anstreben. Zwei Zwecke sind unvereinbar, wenn ihre Realisierung nicht zugleich möglich ist, d. h. selbst dann nicht möglich ist, wenn beide an einem übergeordneten Zweck festhalten. Die Auflösung eines Konflikts ist auf vielerlei Weise möglich, z. B. durch die Liquidation des Opponenten. Wird die Auflösung von Konflikten mit den Mitteln argumentierender Rede versucht, dann soll von diskursiver Konfliktlösung gesprochen werden. Die Ethik ist die Kunst (und die Lehre ihrer Beherrschung), derartige konfliktbezogene Diskurse (Rechtfertigungsdiskurse) führen zu können.[1]

Das Handeln unter Risiko ist allerdings nicht in jedem Falle konfliktanfällig, sondern nur in den Fällen, in denen es darum geht, anderen die Folgen des eigenen risikobehafteten Handelns zuzumuten. Soweit und solange die Risiken von Handlungsfolgen eine bloß private Angelegenheit sind, z. B.

– weil die Folgen nur den Agenten selbst betreffen, oder

– weil die Folgen für andere aufgrund der Unzulänglichkeiten des Wissens um Kausal- bzw. Konditionalzusammenhänge nicht erkennbar sind, oder

– weil die Folgen zwar absehbar sind, aber die Betroffenen nicht als moralische Subjekte den Agenten gleichgestellt sind, soweit und solange ist das Handeln unter Risiko kein spezifisch ethisches Problem; es läßt sich auf die ethischen Probleme des Handelns mit determinierten Folgen reduzieren.

Damit ist deutlich, daß das Thema „Handeln unter Risiko" als Problem der Ethik ein neues Thema ist, so daß wir aus dem Tresor der Argumente der Philosophie wenig Schätze zur Unterstützung unserer Überlegungen heranziehen können.

Heute aber ist das Handeln unter Risiko ein Thema der Ethik,

- weil insbesondere die moderne Technik unsere Handlungsmöglichkeiten mit diachronen und synchronen Fernfolgen dramatisch erweitert hat,

- weil ferner die moderne Wissenschaft unser Wissen um die kausalen Zusammenhänge zwischen unseren Handlungen und ihren Folgen erheblich verbessert hat,

- weil schließlich unser durch die Aufklärung geprägtes Menschenbild alle Betroffenen als gleichberechtigt herausstellt.

Für die Entstehung des ethischen Problems des Handelns unter Risiko ist also eine bestimmte historische Konstellation technischen Könnens, epistemischen Wissens und praktischen Wollens vorausgesetzt, die für uns heute gegeben ist, in früheren Zeiten dagegen nur rudimentär verwirklicht war. Vormoderne Technik hat keine spezifisch ethischen Implikationen. Die ethischen Probleme, die gegeben sind, wenn wir einen Menschen mit dem Hammer erschlagen, lassen sich auf das Töten mit bloßen Händen reduzieren. Wer dagegen ein Verkehrssystem etabliert, bei dem eine gewisse Tötungswahrscheinlichkeit gegen einen Transportnutzen aufgewogen werden muß, kann dieses Problem ethisch nicht auf das Töten unter Zuhilfenahme eines Fahrzeugs reduzieren.

Um das ethische Problem genauer zu bestimmen, beziehen wir uns auf die übliche rationale Rekonstruktion des Risikomaßes, wonach der Risikograd gleich dem Produkt aus numerisch gewichteter Eintrittswahrscheinlichkeit und numerisch gewichtetem Schadensumfang ist.[2] Der hier verwendete Risikobegriff soll im folgenden „rationaler Risikobegriff" heißen. Mit seiner Hilfe läßt sich ein einfaches Rationalitätspostulat für das Handeln unter Risiko formulieren, demgemäß man von zwei möglichen Handlungen diejenige mit dem geringeren Risikograd wählen soll. Dieses Postulat setzt einen rationalen Risikovergleich voraus, der jedoch nur durchführbar ist, wenn unterstellt werden kann, daß die Eintrittswahrscheinlichkeit eines Ereignisses und der Schaden (die negative Präferenz) dieses Ereignisses nach intersubjektiven Kriterien meßbar sind. Es läßt sich leicht einsehen, daß diese Bedingungen nur unter Annahmen erfüllbar sind, die de facto kaum je eintreten. Der rationale Risikovergleich muß also wesentlich auf Idealisierungen zurückgreifen. Folglich ist auch die Subsumption unter das Rationalitätspostulat in vielen Fällen uneindeutig. Die Ethik hat es jedoch mit realen Problemen des Sollens und Dürfens zu tun, d. h., sie muß ihre Imperative auch für solche Situationen formulieren, für die die Idealisierungen nicht erfüllt sind. Das generelle Problem, mit dem sich die folgenden Überlegungen beschäftigen, ist die Frage, wie der Begriff des Handelns unter Risiko für ethische Fragestellungen hinreichend operationalisiert werden kann.

Darüber hinaus gibt es aber auch ein spezielles Problem, das vor allem mit Blick auf die Kerntechnik relevant ist. Von vielen wird der rationale Risikobegriff grundsätzlich mit dem Argument angefochten, daß bei Schadensumfängen bestimmter Größe („Katastrophen") die Eintrittswahrscheinlichkeit zu vernachlässigen sei.[3] Nach dieser Argumentation ist der rationale Risikobegriff allenfalls für „gewöhnliche" Schadensfälle zulässig. Das spezielle Problem lautet also: Was dürfen wir uns und anderen in Situationen mit großem Schadenspotential und geringer Eintrittswahrscheinlichkeit zumuten?

Die folgenden Überlegungen wollen Beiträge leisten für die Begründung von drei Thesen:

– Der rationale Risikovergleich ist in den heute interessanten Fällen nur durchführbar, wenn man sich auf die subjektive Wahrscheinlichkeit und die subjektive Präferenz der Agenten bezieht.

– Ethische Imperative mit Allgemeinverbindlichkeit lassen sich gleichwohl formulieren, wenn man ein allgemeines Konsistenzpostulat akzeptiert.[4]

– Unter Anwendung dieses Postulats ergibt sich, daß der rationale Risikovergleich ein universelles Rationalitätspostulat liefert, also auch bei großen Schadenspotentialen heranzuziehen ist.

Handlungsunsicherheit

Der Begriff der Wahrscheinlichkeit, der wesentlich in die Definition des rationalen Risikobegriffs eingeht, ist Gegenstand tiefgreifender Kontroversen der modernen Wissenschaftstheorie.[5] Bezüglich des Explikationsproblems von „Wahrscheinlichkeit" stehen sich der Frequentismus und der Subjektivismus gegenüber. Der Frequentismus betrachtet die Wahrscheinlichkeit als Grenzwert von relativen Häufigkeiten; das Paradigma ist der ideale Zufallsgenerator, z. B. der Würfel. Demgegenüber betrachtet der Subjektivismus die Wahrscheinlichkeit als Grad einer Überzeugung relativ zu verfügbaren Informationen; das Paradigma ist die Einsatzbereitschaft eines rationalen Wettspielers.

Bezüglich dieses Problems werde ich im folgenden von einem hypothetischen Dualismus ausgehen, demgemäß beide Wahrscheinlichkeitsbegriffe ihre genuinen Anwendungsbereiche haben. Dazu genügt es in diesem Zusammenhang, deutlich zu machen, daß der Frequentismus, wie er sich z. B. in einer statistischen Sicht von Ereignishäufigkeiten ausdrückt, häufig für die Rekonstruktion der Probleme des menschlichen Handelns unzureichend ist. Es gibt viele Entscheidungsprobleme, die nicht durch Rekurs auf ein perfektes Wissen um relative Häufigkeiten gelöst werden können. Das ist z. B. dann der Fall, wenn die Eintrittswahrscheinlichkeit mit den Bewertungen von einzelnen Ereignissen korreliert werden muß, wie es für das Handeln unter Risiko typisch ist. Der Grund dafür ist, daß der Gegenstand der statistischen (objektiven) Wahrscheinlichkeitsaussage eine große Klasse von Ereignissen darstellt, so daß keinerlei Schluß auf eine zur Debatte stehende singuläre Handlung zulässig ist. Es gibt keinen Approximationswert der relativen Häufigkeit, wenn man damit meint, daß dieser Wert objektiv mit einem bestimmten Ereignis verknüpft sein könnte. Lediglich dann, wenn das Handlungsrisiko ein Kollektiv von Ereignissen betrifft, etwa eine Gewinn-/Verlustrechnung für eine große Zahl von Einsätzen in einer Spielbank oder die Mortalität und Morbidität einer Gesamtpopulation in der Gesundheitspolitik, ist der statistische Wahrscheinlichkeitsbegriff von Relevanz. Haben wir es jedoch mit singulären Entscheidungen zu tun, wie es für viele Fälle des technischen, ökonomischen und therapeutischen Handelns typisch ist, gibt die statistische Wahrscheinlichkeit im günstigen Falle lediglich einen Korridor von akzeptablen Optionen vor. Daher ist für den rationalen Risikobegriff die subjektive Wahrscheinlichkeit (d. h. die Einsatzbereitschaft der betroffenen Individuen) als adäquate Explikation des Wahrscheinlichkeitselements zu unterstellen.

Eine zweite Kontroverse betrifft die Frage, ob die Wahrscheinlichkeitsbehauptung auf die Realität selbst referiert (Indeterminismus), oder ob unsere Wahrscheinlichkeitsbehauptungen lediglich auf unzureichenden Informationen über eine an sich vollständig determinierte Wirklichkeit beruhen (Determinismus). Auch in dieser Frage wird im folgenden ein hypothetischer Dualismus angenommen; d. h. unabhängig davon, ob es auch deterministisch organisierte Sektoren der Realität gibt, wird unterstellt, daß die in technischen Entscheidungszusammenhängen notwendigen Entscheidungen nicht objektiv determiniert sind. Würde man dagegen von einem universellen Determinismus ausgehen, wäre das gesamte Problem des Handelns unter Risiko das Ergebnis einer Entscheidungsfiktion. Unterstellt man dagegen, daß wir in wichtigen Fällen echte Entscheidungen treffen müssen, dann muß man wenigstens partieller Indeterminist sein. Das bedeutet, daß wenigstens einige Probleme des Handelns unter Risiko nicht Folgen menschlicher Unwissenheit über die an sich determinierte Realität sind, sondern daß auch der Besitzer eines perfekten Wissens in diesen Fällen nicht wissen kann, was geschehen wird, d. h., das Handeln ist wenigstens teilweise wesentlich durch Unsicherheit ausgezeichnet.

Die Unsicherheit des Handelns hat die Mehrdeutigkeit der Zweck-Mittel-Relation menschlichen Handelns zur Folge. So wie fast jeder Zweck durch viele Handlungen realisiert werden kann, so kann fast jede Handlung Mittel zur Realisierung vieler Zwecke sein. Nur weil wir auf diese Weise in vielen Fällen die Wahl haben, sind wir frei.

Unerwünschtheit

Das Handeln unter Bedingungen der Unsicherheit ist dann von besonderem Interesse, wenn wir bestimmte Handlungsfolgen als unerwünscht bewerten. Nicht die Unsicherheit allein, sondern die Bewertung der Handlungsfolgen unter Handlungsunsicherheit charakterisieren das Handeln unter Risiko. Genauer gesagt sind es solche Handlungsfolgen, die eintreten, wenn erwünschte Handlungsfolgen realisiert werden. Handlungen unter Risiko sind somit definitionsgemäß solche Handlungen, bei denen die Unsicherheit besteht, ob nicht bei der Realisierung des intendierten Zwecks auch unerwünschte Folgen realisiert werden.

In manchen Fällen ist es möglich, die Handlungsfolgen gemäß ihrer Erwünschtheit bzw. Unerwünschtheit in eine numerisch ausgedrückte Präferenzordnung zu bringen. Für den rationalen Risikovergleich wird unterstellt, daß diese Bedingung jeweils erfüllt ist. Auch wenn eine solche Präferenzordnung wenigstens rekonstruktiv hergestellt werden kann, besteht jedoch keine Chance, so etwas wie eine objektive Präferenzordnung zu etablieren. Die Frage, ob eine bestimmte Handlungsfolge mehr oder weniger erwünscht ist, hängt wesentlich von den individuell und kollektiv gewählten Lebensformen ab. Somit ist die Frage der Risikobereitschaft unaufhebbar subjektiv.

Damit erweisen sich beide Elemente des rationalen Risikobegriffs, das Wahrscheinlichkeitselement und das Präferenzelement, als durch subjektive (individuelle oder kollektive) Faktoren bestimmt. Es gibt daher auch nicht den „richtigen" Risikograd, der für eine bestimmte Handlungsoption von jedermann zu wählen wäre. Niemand, auch nicht der Ethik betreibende Philosoph, kann die Subjektivität in Richtung einer irgendwo zu entdeckenden Objektivität überschreiten. Wäre dies das letzte Wort bezüglich des Risikothemas, dann wäre allerdings ein rationaler Risikovergleich mit Aussicht auf gesellschaftliche Anerkennung unmöglich. Auf dem Hintergrund diesbezüglicher Resignation würde sich ein Freiraum für Weltanschauungen verschiedener Herkunft und verschiedener Zielsetzung ergeben; damit ist wohl auch der Charakter der gegenwärtigen öffentlichen Diskussion zu unserem Thema zu erklären.

Zu einer solchen Resignation besteht allerdings kein Grund, wenn man das Handeln unter Risiko zum Gegenstand genauerer philosophischer Rekonstruktion macht. Zur Vermeidung einer Reihe von Paradoxien sind für das folgende jedoch einige grundlegende Unterscheidungen zu beachten:

Zunächst ist grundsätzlich zu unterscheiden zwischen dem Eingehen eines Risikos und dem Leben unter einem Risiko, dem *gewählten* und dem *gegebenen* Risiko. Es ist eine Binsenwahrheit, daß das Leben des Menschen von Risiken bedroht ist. Dazu gehören solche Risiken, die in keinem ursächlichen Zusammenhang mit unseren Handlungen oder Handlungsentwürfen stehen. Das gilt sowohl für Naturvorgänge (wie Erdbeben) als auch für bestimmte soziale Zustände bzw. Vorgänge (wie Revolutionen). Häufig ist die Unterscheidung zwischen gewähltem und gegebenem Risiko schwierig anzuwenden, da wir oft bloß meinen, daß natürliche Risiken in ursächlichem Zusammenhang mit unseren Handlungen stehen (manche betrachten Erdbeben als Strafe Gottes für schuldhafte Handlungen). Oft wissen wir nicht, welche Risiken Handlungsfolgen sind, weil dazu auf wissenschaftliche Erklärungen rekurriert werden müßte, die mehr oder weniger irrtumsgefährdet sind. Zum Beispiel wird die Meinung vertreten, soziale Revolutionen seien Folgen des Festhaltens am Privateigentum oder Überschwemmungen seien

Folgen von Flußbegradigungen. Trotz dieser Subsumptionsprobleme müssen wir die angeführte Unterscheidung beachten, weil die gegebenen Risiken, unter denen Menschen vermeintlich oder wirklich leben, nicht in einen rationalen Risikovergleich eingestellt werden dürfen. Würde man etwa das Risiko, daß Menschen früher oder später sterben, mit in den rationalen Risikovergleich einbeziehen, würde sich jede Frage nach dem Eingehen eines Risikos erübrigen.[6] Zu den Risiken, unter denen Menschen leben, gehört auch ihre grundsätzliche Energiebedürftigkeit, während die Wahl einer Energietechnik zu den Risiken gehört, die eingegangen werden.

Eine weitere wichtige Unterscheidung ist die zwischen einem *direkten* und einem *invertierten* Risiko. Ein invertiertes Risiko betrifft einen unerwünschten Zustand, der aber billigerweise nicht anders erwartet werden durfte. Wer ein Los kauft, geht ein direktes Risiko ein, seinen Einsatz zu verlieren. Wer dagegen ein gültiges Losticket findet, geht dadurch kein direktes, sondern ein invertiertes Risiko ein. Ebenso hat ein invertiertes Risiko vor Augen, wer argumentiert, durch ein zusätzliches Energieangebot gehe man das Risiko ein, daß mehr Waffen hergestellt oder die Menschen unbescheidener und ausschweifiger würden. In einen rationalen Risikovergleich dürfen nur direkte Handlungsfolgen eingestellt werden, also solche, die der Handlung direkt anzulasten wären. Direkte Handlungsfolgen schließen unmittelbare und mittelbare („Nebenwirkungen") selbstverständlich ein; gerade die direkten, aber mittelbaren Folgen geben technischen Entscheidungen oft ihre Dramatik.

Schließlich ist darauf hinzuweisen, daß die subjektiven Präferenzen trotz der unaufhebbaren Subjektivität für Zwecke der numerischen Vergleichbarkeit auf kollektive Präferenzen bezogen werden müssen. In ärztlichen Entscheidungssituationen ist es üblich, die Morbidität oder Mortalität einer therapeutischen Maßnahme als *Präferenzmaß* anzusetzen. In ökonomischen Zusammenhängen sind z. B. ausgefallene Mannstunden ein denkbares Maß. Bezüglich dieser Präferenzgrößen lassen sich oft auch unbefriedigende Aspekte finden. In unserem Zusammenhang ist wichtig festzuhalten, daß man lediglich fordern muß, daß es überhaupt eine Präferenzgröße gibt, auf welche die subjektiven Präferenzen bezogen werden können. Das heißt keineswegs, die subjektiven Präferenzen in objektive zu überführen, weil ja die subjektiven Varianzen durchaus durch einen unterschiedlichen Grad der Bezugsgröße ausgedrückt werden können.

Wenn das Verhältnis des Menschen zum Risiko nicht mit Mitteln der statistischen Wahrscheinlichkeit und einer objektiven Präferenzskala zu lösen ist, dann scheint alles für die einfache Lösung zu sprechen, als Grad der Einsatzbereitschaft und als subjektive Präferenzordnung genau diejenigen anzunehmen, die die Betroffenen als die ihren tatsächlich äußern. Die Frage der richtigen riskanten Entscheidung wäre dann ein einfaches plebiszitäres Problem: Jeder Betroffene gibt bezüglich einer Handlungsoption seine Risikobereitschaft an. Dieser Ansatz[7] mag für individuelle Entscheidungen (z. B. bei einer therapeutischen Maßnahme) noch erwogen werden können, obwohl viele psychische und soziale Verzerrungen der Beurteilung der eigenen Einsatzbereitschaft auch hier zu Vorsicht mahnen, – für kollektive Entscheidungen (z. B. für Großtechniken) entfällt dieser Weg, solange und soweit nicht realisierbar ist, daß sich jeder seine Technik individuell wählt. Gerade dadurch entsteht das Problem, daß anderen etwas zugemutet werden muß, was mit ihrer subjektiven Risikobereitschaft nicht in Einklang steht, bzw. sich jeder fragen muß, was er sich zumuten lassen soll. Gerade weil diese Frage in vielen Fällen nicht dispensiert werden kann, entsteht ein ethisches Problem des Handelns unter Risiko.

Hinzu kommt, daß die Risikoakzeptanz, also die faktische, unter Umständen empirisch-sozialwissenschaftlich erhebbare Bereitschaft eines Individuums oder einer Gruppe, einen bestimmten Risikograd zu übernehmen, mit dem Postulat des rationalen Risikovergleichs häufig nicht in Einklang ist. Dazu brauchen nur einige Ergebnisse der empirischen Akzeptanzforschung, wie sie im Zusammenhang mit der Kernenergie herausgestellt worden sind, betrachtet zu werden.[8] Danach zeichnet die faktische Risikoakzeptanz folgende Einstellungen aus:

– Freiwillig eingegangene Risiken werden mehr akzeptiert als unfreiwillig eingegangene. Daher kommt es, daß die Schadensgefahr beim Skifahren eher akzeptiert wird, obwohl sie um vieles größer ist als z. B. die Gefahr der Schädigung durch verunreinigte oder chemisch beeinflußte Lebensmittel. Das ist besonders auffällig, weil man sicher nicht behaupten kann, Skifahren sei in irgendeiner Hinsicht nützlicher als Essen.

– Risiken, deren Akzeptanz (scheinbar oder wirklich) revidiert werden kann, werden eher akzeptiert als solche, bei denen das nicht der Fall ist. Darauf beruht auch, daß die Risikoakzeptanz beim Autofahren höher ist als beim Fliegen mit Linienflugzeugen. Beim Autofahren besteht der Schein, jederzeit das Risiko unter Kontrolle zu haben, während man das Flugzeug als Passagier nicht kontrollieren kann.

- Vertraute Risiken werden eher akzeptiert als unvertraute. Es gibt offenkundig eine Gewöhnung an Risiken. Darauf beruht, daß viele Menschen Grubenunglücke für akzeptabler halten als Unfälle in Kernkraftwerken. Übrigens gilt auch hier, daß die Transparenz in vielen Fällen nur vermeintlich besteht; viele glauben, die Vorgänge in einer Grube zu kennen, während die in einem Kernkraftwerk fremdartig wirken.

- Später eintretende Folgen werden eher akzeptiert als unmittelbar eintretende. Für viele Raucher ist das Rauchen sicher auch deshalb ein akzeptables Risiko, weil die Folgen viel später eintreten, so daß man darauf hofft, daß intervenierende Variablen eine Rolle spielen.

- Kumuliert auftretende Risiken werden weniger akzeptiert als nicht-kumuliert auftretende. So wird ein Autobusunfall mit 30 Toten als weniger akzeptabel beurteilt als 30 Autounfälle mit je einem Toten. Es sei angemerkt, daß es aus der Sicht der Ethik keinen Grund für eine derartige Wertung gibt.

- Sogenannte natürliche Risiken werden leichter akzeptiert als kulturell erzeugte Risiken. So werden Strahlenschäden durch Sonnenbaden ganz anders bewertet als solche durch radioaktive Belastungen aufgrund technischer Maßnahmen, obwohl der Nutzen der sogenannten natürlichen riskanten Handlung klein oder überhaupt nicht gegeben ist.

- Ein Risiko mit einem großen Schadenspotential wird weniger akzeptiert als ein solches mit einem kleinen Schadenspotential, und das unabhängig von der Eintrittswahrscheinlichkeit. Dem entspricht umgekehrt, daß das Lottospielen in der Bundesrepublik Deutschland nach Erhöhung der Gewinnsumme attraktiver wurde, obwohl die Wahrscheinlichkeit des Gewinns gleich groß bleiben mußte oder wegen der höheren Attraktivität und somit der zu erwartenden größeren Teilnehmerzahl sogar sank.

Aus solchen Ergebnissen muß man schließen, daß das tatsächliche Akzeptanzverhalten des Menschen gegenüber riskanten Handlungen häufig irrational ist; das gilt, wohlgemerkt, auch dann, wenn man die subjektive Einsatzbereitschaft und die subjektive Präferenz der Individuen in Rechnung stellt. Anders formuliert: Die Irrationalität im Risikoverhalten vieler Menschen beruht nicht auf der Subjektivität der Einschätzungen, sondern auf der Komplexität der Rationalitätsbedingungen des Handelns unter Risiko.

Akzeptabilität von Risiken

Die Akzeptabilität einer riskanten Handlung ist die Festlegung ihrer Akzeptanz aufgrund rationaler Kriterien des Handelns unter Risikobedingungen. Akzeptabilität ist somit ein normativer Begriff. Er bezeichnet dasjenige Akzeptanzverhalten, das ein kognitiv und operativ perfektes Individuum an den Tag legen würde. Das impliziert aufgrund der Subjektivität der Einsatzbereitschaft und der Subjektivität der Präferenzen allerdings nicht, daß sich alle rational handelnden Individuen ceteris paribus gleich verhalten werden. Selbst wenn also alle Bedingungen für die Anwendung eines rationalen Risikovergleichs erfüllt wären, bliebe diese Rechnung von „subjektiven" Parametern abhängig. Daher kann als Antwort auf die Frage, welche Risiken wir uns und anderen zumuten dürfen, kein kategorischer Imperativ erwartet werden (z. B.: „Das Risiko des Fliegens soll jeder auf sich nehmen!"). Es bleibt aber der Weg offen, hypothetische Imperative zu rechtfertigen (z. B.: „Wer das Risiko eingeht, Auto zu fahren, der soll auch das Risiko eingehen, zu fliegen!"). Übrigens gilt, daß alle Sätze der Ethik, bis auf wenige grundsätzliche Ausnahmen, hypothetische Imperative sind. Das gilt auch für das Wahrhaftigkeitsgebot und das Tötungsverbot.

Die Formulierung hypothetischer Rationalitätsvorschriften ist der Weg, der auch bei Anerkennung des subjektiven Charakters von Einsatzbereitschaft und Schadenseinschätzung offen steht. Läßt sich über die subjektive Risikoeinschätzung eines handelnden Individuums oder einer Gruppe nichts verbindlich beschreiben, so kann man doch wenigstens eine Forderung vorschreiben, nämlich die, daß die Agenten in ihrem Handeln eine kontinuierliche Verläßlichkeit aufweisen. Entsprechend soll hier ein Prinzip der pragmatischen Konsistenz für das Handeln unter Risiko formuliert werden: *Hat jemand durch die Wahl einer Lebensform den Grad eines Risikos akzeptiert, so darf dieser auch für eine zur Debatte stehende Handlung unterstellt werden.*

Dieses Akzeptabilitätskriterium ist keineswegs trivial, sondern durchaus leistungsfähig. Wer akzeptiert, daß technische Installationen mit etwa 9000 Unfalltoten in der Bundesrepublik Deutschland pro Jahr etabliert werden, nämlich der individuelle Straßenverkehr, der muß auch akzeptieren, daß dieses Risiko für alternative verkehrstechnische Installationen hingenommen wird.

Gegen diese Überlegung liegt der Einwand nahe, daß man ein bestimmtes Risiko hinnimmt mit der Unterstellung, daß weitere, zusätzliche Risiken nicht in Kauf genommen werden können. Tatsächlich ist es so, daß Risiken sich kumulieren lassen, so daß ein potentieller Gesamtschaden zu errechnen ist. Für ein Akzeptabilitätsprinzip ist die Gesamtschadensbetrachtung jedoch irrelevant. Dieses Prinzip soll ja keine Prognose liefern, sondern ein Kriterium für die Beurteilung einer abgrenzbaren, singulären Handlung. Gegenüber dieser zur Debatte stehenden Handlung verhalten sich alle übrigen Risiken wie „gegebene" Risiken, denen wir unterworfen sind (was nicht ausschließt, daß viele von diesen Produkte menschlichen Handelns und somit zu ändern sind). Wenn wir uns also überlegen, ob wir ein Risiko eingehen wollen, dürfen wir dieses nicht zu den bestehenden Risiken hinzuaddieren, weil ja durchaus sein könnte, daß erst durch das neue Risiko ein schon bestehendes inakzeptabel wird. Andernfalls dürfte fast niemals ein neues Risiko eingegangen werden, und das hätte schon für ein gutes Stück menschlicher Zivilisationsgeschichte gelten müssen.

Pragmatische Konsistenz

Das Prinzip pragmatischer Konsistenz ist keine Frage faktischer Überzeugungen (Moralen), daher weder eine Frage des Bekenntnisses noch der sozialwissenschaftlichen Akzeptanzforschung, sondern ein Problem normativer Überlegungen bezüglich der Frage, was jedermann unter gegebenen Bedingungen an Risikoakzeptanz zugemutet werden kann, also eine Frage der Ethik. Für die Rechtfertigung dieses Prinzips kann hier keine umfassende Überlegung angestellt werden. Der philosophisch Gebildete wird in ihm eine Anwendung des kategorischen Imperativs Kants erkennen.[9]

Eine Komplikation bei der Anwendung des Kriteriums ergibt sich jedoch dadurch, daß wir in vielen Fällen nicht sicher sagen können, welche subjektive Risikobereitschaft überhaupt besteht. Zwar läßt sich aus den Handlungen der Menschen oft konkludent ihre Risikobereitschaften erkennen. Es gibt jedoch durchaus Fälle,

- in denen die Wahl der diesen Handlungen zugrundeliegenden Lebensform nicht frei erfolgt ist,
- in denen psychische oder soziale Zwänge eine Rolle spielen,
- in denen die Wahl einer Präferenzordnung bloß traditionsbestimmt ist, so daß wir unterstellen müssen, daß sich ein Individuum im Falle anderer Optionen auch anders entscheiden würde.

Schließlich gibt es das Phänomen der radikalen Umkehr, das uns verwehrt, die früheren Handlungen eines Menschen als Kriteriengrundlage für seine künftige Risikobereitschaft anzusehen. Wenn einerseits die Subjektivität unhintergehbar ist, andererseits die faktischen Akzeptanzäußerungen hinsichtlich ihrer Rationalität unzuverlässig sind, dann kann weder der Rekurs auf eine wissenschaftliche Theorie noch der faktische Diskurs zu einem Ergebnis führen. Als Ausweg ist das Verfahren des „fiktiven" Diskurses geeignet. Es ist der Diskurs, der mit dem Betroffenen geführt werden würde, wenn alle kognitiven und operativen Elemente des Handelnden vollständig rational geordnet wären. Es handelt sich um eine Diskursform, wie wir sie auch in Fällen der Delegation, Antizipation und Repräsentation von Handlungen kennen. Diskursformen dieser Art sind schon in Primitivgesellschaften im Interesse der Handlungsentlastung eingeführt, in komplexen Gesellschaften gerinnen sie in vielen Fällen zu sozialen Institutionen. In einen fiktiven Diskurs kann als Äußerung eingehen, was zwar nicht real gesagt ist, gleichwohl ein „beredtes Zeugnis" abgibt.

Was im Einzelfall Ergebnis eines solchen fiktiven Diskurses wäre, läßt sich wiederum nicht antizipieren. Jedoch läßt sich antizipieren, was Ergebnis eines solchen Diskurses ist, wenn bestimmte Prämissen gegeben sind. So ist es möglich, einige zum Teil komparative Postulate zu formulieren, die in einem solchen Diskurs anwendbar sind.

- Begrenzbarkeitspostulat

„Verwirf diejenige Handlung, deren Handlungsfolgenraum prinzipiell unbegrenzbar ist!"
Eine Handlung mit einem unbegrenzbaren Handlungsfolgenraum hat ein unendlich hohes Risiko, weil jede denkbare Handlungsfolge auch irgendwann eintritt. Die Frage der Begrenzbarkeit ist im Einzelfall oft schwer zu rekonstruieren. Die Anwendung des Postulats hängt wesentlich vom Stand der Wissenschaft und Technik ab, weil wir nur durch diese das Kausal- und Konditionalwissen erhalten, das uns erlaubt, die Grenze des Handlungsfolgenraums zu bestimmen. – Mit Hilfe des Begrenzbarkeitspostulats lassen sich folgende komparative Postulate formulieren:

- Überschaubarkeitspostulat

Auch wenn der Handlungsfolgenraum begrenzt ist, kann er pragmatisch doch sehr groß sein. Daher gilt: „Von zwei alternativen Handlungsmöglichkeiten wähle diejenige, deren Handlungsfolgenraum kleiner ist!"

- Beherrschbarkeitspostulat

„Von zwei Handlungen mit überschaubaren Handlungsfolgenräumen wähle diejenige, deren Handlungsfolgen technisch besser beherrschbar sind!"

- Zurückführbarkeitspostulat

„Von zwei Handlungen mit beherrschbaren Handlungsfolgenräumen wähle diejenige, deren Handlungsfolgen eher revidierbar sind!"

In der gegenwärtigen Technikdiskussion wird anstelle derartiger Kriterien häufig das Postulat der Sicherheit verwendet.[10] „Sicherheit" ist jedoch keineswegs ein klarer Begriff. Häufig wird er synonym mit „Unfallfreiheit" verwendet. Eine Handlungsfolge kann jedoch faktisch durch Unfallfreiheit charakterisiert sein, obwohl die Handlung mit hohem Risiko behaftet ist. Mit „Sicherheit" darf also keine Beschreibung versucht, sondern es muß ein normatives Postulat formuliert werden. Eine technische Maßnahme ist danach als um so sicherer zu betrachten, je besser sie die oben genannten Postulate erfüllt.

Folgende in der Literatur diskutierten Postulate[11] sind dagegen keine rationalen Explikationen des Prinzips der pragmatischen Konsistenz:

- Freiwilligkeitspostulat

Wird diese Forderung auf die Individuen bezogen, wird sie den Bedingungen der condition humaine nicht gerecht. Freiwilligkeit besteht weder bezüglich der öffentlichen Abfallbeseitigung noch der allgemeinen Schulpflicht. In beiden Fällen hat kaum jemand Risikobedenken. Die Zumutbarkeit hängt also nicht von der Freiwilligkeit ab.

- Vertrautheitspostulat

Würde man riskante Handlungen nur in solchen Fällen erlauben, in denen die Betroffenen mit den Risiken vertraut sind, würde man die Menschheit auf einem sehr niedrigen Stand der technischen Entwicklung fixieren. Weder die Kartoffel noch der Blitzableiter waren bei ihrer Einführung den Betroffenen vertraut.

- Kontrollierbarkeitspostulat

Nach diesem Postulat müssen alle technischen Maßnahmen von jedermann kontrollierbar sein. Auch dieses Postulat ist nicht realistisch. Der Wechsel der Ampelphasen ist beispielsweise von den betroffenen Individuen nicht kontrollierbar. Eine Beeinflußbarkeit der Ampelphasen etwa durch die betroffenen Fahrzeugführer („Grünomat") wäre geradezu widersinnig.

Katastrophen

Im Zentrum der aktuellen Risikodiskussion um die Kerntechnik steht die Frage, ob es im Kontinuum der Wahrscheinlichkeiten Schwellen gibt, die durch Schadenspotentiale großen Ausmaßes („Katastrophen") charakterisiert sind, so daß die betreffende Technik unbeachtlich der Eintrittswahrscheinlichkeit nicht riskiert werden darf.[12] Diese Frage ist nach dem Gesagten ein ethisches Problem, jedenfalls eine normative und keine deskriptive Frage, weil es im Kontinuum der Wahrscheinlichkeiten nicht so etwas wie eine natürliche Schwelle gibt, die nur noch der Entdeckung harrt. Vielmehr müssen wir uns fragen, ob es in der Risikozumutung gegenüber uns und anderen normative Grenzen gibt, die durch Schadenspotentiale definiert sind.

Zunächst ist unzutreffend, daß es Schadenspotentiale gibt, die für jede Eintrittswahrscheinlichkeit eine Schwelle vorgeben. Zum Beispiel würde niemand das für die Wahrscheinlichkeit 0 fordern können. Ferner dürfte das für Wahrscheinlichkeiten gelten, die pragmatisch gleich 0 sind, z. B. für solche Ereignisse, deren Eintritt aus logischen und physikalischen Gründen unmöglich sind, jedenfalls soweit solche Gesetze der Physik betroffen sind, die zum „reifen Teil" der Wissenschaft im Sinne Heisenbergs gehören. Auch wenn der Fall trivial erscheinen mag, so sieht man an ihm, daß von der Eintrittswahrscheinlichkeit nicht abgesehen werden kann.

Ferner ist durchaus unklar, bei welchem Schadenspotential der Katastrophenbegriff eingesetzt werden soll. Es ist üblich, Schadenspotentiale zu formulieren, die z. B. eine große Zahl von Toten oder den Untergang ganzer Zivilisationen enthalten. Demgegenüber ist selbstverständlich auch die Sicht zulässig, z. B. den eigenen Tod oder den Tod der eigenen Kinder als die größte Katastrophe zu betrachten. Nur solange der Schadensumfang „bestimmt" ausgedrückt wird, läßt sich rational mit ihm argumentieren. Dann allerdings gilt in vielen Fällen, daß, je umfassender der Schadensbegriff gewählt wird, desto kleiner die Eintrittswahrscheinlichkeit ist. Hier entsteht nun für den Vertreter der zur Debatte stehenden Position das Dilemma, daß derjenige, der beispielsweise seinen eigenen Tod als *die* Katastrophe betrachtet, gelegentlich gute Argumente hat, eine technische Maßnahme hier und da abzulehnen, aber er wird kaum je Argumente gegen eine solche Maßnahme schlechthin haben. Wer mit Schäden von hoher Bestimmtheit argumentiert, ist im Einzelfall glaubwürdiger als der, der mit unübersehbaren Schäden argumentiert; allerdings kann er in der Regel nicht so weitreichende Forderungen rechtfertigen. Wer dagegen mit Schäden unüberschaubarer Größe argumentiert, muß sich in manchen Fällen mit dem Problem der Wahrscheinlichkeit nahe 0 auseinandersetzen.

Hier zeigt sich zunächst eine Schwierigkeit in der logischen und pragmatischen Betrachtung der Entscheidungstheorie, die von *Bernoulli* als „St.-Petersburg-Paradox" formuliert worden ist.[13] Wird vom Spieler verlangt, daß er 2^n DM bezahlen muß, wenn beim n-ten Wurf Kopf erscheint, dann muß er, logisch gesehen, auf einen unendlich hohen Einsatz vorbereitet sein. Pragmatisch wird er jedoch von einem begrenzten, recht kleinen Einsatz ausgehen, weil niemand damit rechnen muß, daß eine Münze sehr oft geworfen wird, bis Kopf erscheint. Jeder Münzwerfer setzt also pragmatisch eine Wahrscheinlichkeit nahe 0 mit 0 gleich. Ähnlich verhält sich jeder Tourist, der das Risiko einer Urlaubsreise mit seiner Familie abschätzt. Auch er setzt eine Wahrscheinlichkeit nahe 0, wie wenn sie 0 wäre. Wie groß der Abstand von 0 zur tatsächlichen Wahrscheinlichkeit sein darf, ist eine Frage der subjektiven Risikobereitschaft. Hier kann wiederum nur hypothetisch argumentiert werden: Wer ein bestimmtes Wahrscheinlichkeitsmaß nahe 0, „wie wenn es 0 wäre", in seine Planung einstellt, muß das auch im Falle eines anderen Risikos bei gleichem Schadensausmaß tun. Diese Formulierung ist lediglich eine Instanz des Prinzips der pragmatischen Konsistenz. Kasuistisch dürfte das zur Folge haben, daß jemand, der den Verlust des eigenen Lebens als größten Schaden annimmt und Raucher ist, gegen kein heute diskutiertes Energiesystem rational auftreten kann.

Allerdings könnte man noch bezüglich einer sekuristischen Restgruppe argumentieren, daß wenigstens diese einen Anspruch darauf hätte, daß ihr keine Energietechnik zugemutet werden darf. Hingegen ist nach dem Konsistenzprinzip zu beachten, daß auch für diejenigen, die bewußt auf alle technisch gewonnene Energie verzichten, das Risiko dieses Verzichts nicht 0 ist. Auch hier kann daher gefordert werden, daß den Sekuristen alle technischen Maßnahmen zugemutet werden können, deren Risiko kleiner/gleich dem Risiko eines Lebens ohne technisch gewonnene Energie ist.

Auch der Sekurist ist nämlich keineswegs jemand, der ohne das Eingehen von Risiken leben könnte, sondern nur jemand, der bestimmte Risiken ablehnt. Da wir keine Chance haben, eine Lebensform zu realisieren, die mit einem Schadenspotential gleich 0 und/oder einer Eintrittswahrscheinlichkeit gleich 0 charakterisiert ist, ist der rationale Risikovergleich nicht zu dispensieren. Auch bei modernen Großtechniken mit großen Schadenspotentialen dürfen wir den rationalen Risikovergleich daher nicht außer Kraft setzen.

Da die Menschen nicht wählen können, ob sie Risiken wählen wollen oder nicht, gilt für jeden durch technische Entscheidungen Betroffenen: Nimm diejenigen Risiken in Kauf, die kleiner/gleich dem Risikomaß sind, auf das du dich durch die Wahl deiner Lebensform schon eingelassen hast!

Anmerkungen

(1) Vgl. O. Schwemmer, Philosophie der Praxis; P. Lorenzen / O. Schwemmer, Konstruktive Logik, Ethik und Wissenschaftstheorie; C. F. Gethmann, „Proto-Ethik"; ders., „Lebensweltliche Präsuppositionen praktischer Subjektivität".

(2) Dieser Risiko-Begriff, der in vielen wissenschaftlichen Disziplinen Verwendung findet, ist dadurch ausgezeichnet, daß er lebensweltlicher Geschickbewältigungspraxis entspricht. Vgl. zur Analyse dieses Risiko-Begriffs aus philosophischer Sicht N. Rescher, Risk; zum Problem der lebensweltlichen Fundierung vgl. C. F. Gethmann, „Zur Ethik des Handelns unter Risiko im Umweltstaat".

(3) So beispielsweise bei U. Beck, Risikogesellschaft, 38 f.

(4) Konsistent handelt derjenige, der eine Handlungsoption wählt, die er in einer in relevanter Hinsicht gleichen (= ähnlichen) Situation ebenfalls wählt oder gewählt hätte.

(5) Vgl. die Darstellung bei W. Stegmüller, Bd. IV: Personelle und statistische Wahrscheinlichkeit.

(6) Eine Berechnung des Risikos (die Eintrittswahrscheinlichkeit des eigenen Todes ist gleich 1) würde sich nicht „lohnen"; das Risiko einer bestimmten Handlungsoption wäre immer zu klein.

(7) Einen solchen Ansatz verfolgen zahlreiche psychologische Untersuchungen; vgl. z. B. H. Jungermann / P. Slovic, „Die Psychologie der Kognition und Evaluation von Risiko".

167

(8) Vgl. die empirischen Untersuchungen von C. Starr, „Social Benefit versus Technological Risk“; B. Fischhoff et al., „How Safe ist Safe Enough?“; vgl. ferner C. Starr et al., „Philosophical Basis for Risk Analysis“; B. Fischhoff et al., Acceptable Risk; D. Birnbacher, „Zum Problem der Rationalität in der Akzeptanz technologischer Risiken“; O. Renn, Risikowahrnehmung der Kernenergie; ders., „Risikowahrnehmung“.

(9) I. Kant, Grundlegung zur Metaphysik der Sitten; O. Schwemmer, Philosophie der Praxis.

(10) Vgl. K. M. Meyer-Abich, „Von der Wohlstandsgesellschaft zur Risikogesellschaft“, 37f.

(11) Vgl. A. F. Fritzsche, Wie sicher leben wir?

(12) Daß das Katastrophenpotential einer Großtechnik unbedingt zum Verzicht auf ihren Einsatz führen sollte, verlangt z. B. Beck, Risikogesellschaft.

(13) Genauer beschrieben in: M. Cantor, Vorlesungen über die Geschichte der Mathematik, Bd. III, 630 f.

Literatur

– Beck, Ulrich: Risikogesellschaft. Auf dem Weg in eine andere Moderne, Frankfurt a. M. 1986.

– Birnbacher, Dieter/Koch, Dietrich: „Zum Problem der Rationalität in der Akzeptanz technologischer Risiken“: G. Frey/H. Zelger (Hgg.), Der Mensch und die Wissenschaft vom Menschen (Die Beiträge des XII. Deutschen Kongresses für Philosophie in Innsbruck vom 29. Sept. bis 3. Okt. 1981), Innsbruck 1983, 487–498.

– Cantor, Moritz: Vorlesungen über die Geschichte der Mathematik, Bd. III, Leipzig 1898 (Reprint Stuttgart 1965).

– Fischhoff, Baruch et al.: „How Safe is Safe Enough? A Psychometric Study of Attitudes towards Technological Risks and Benefits“: Policy Sciences 9 (1978) 127–152.

– ders., et al.: Acceptable Risk: A Critical Guide, New Rochelle/New York 1981.

– Fritzsche, Andreas F.: Wie sicher leben wir? Risikobeurteilung und -bewältigung in unserer Gesellschaft, Köln 1988.

– Gethmann, Carl Friedrich: „Proto-Ethik. Zur formalen Pragmatik von Rechtfertigungsdiskursen“: Th. Ellwein / H. Stachowiak (Hgg.), Bedürfnisse, Werte und Normen im Wandel, Bd. 1, München 1982, 113-143 (englisch: „Proto-Ethics. Towards a Formal Pragmatics of Justificatory Discourse“: R. E. Butts / J. R. Brown (eds.), Constructivism and Science. Essays in Recent German Philosophy, Dordrecht 1989, 19–45).

– ders., „Lebensweltliche Präsuppositionen praktischer Subjektivität. Zu einem Grundproblem der ‚angewandten Ethik‘“: W. Jacobs (Hg.), Akten des 1. Internationalen Schellingkongresses, Stuttgart 1991, (in Vorb.).

– ders. / Kloepfer, Michael: Das Handeln unter Risiko im Umweltstaat, München 1991.

– Jungermann, Helmut / Slovic, Paul: „Die Psychologie der Kognition und Evaluation von Risiko“: G. Bechmann (Hg.), Technik und Gesellschaft, Opladen 1988.

– Kant, Immanuel: Grundlegung zur Metaphysik der Sitten: WW (Akademie) Bd. 4, Berlin 1973.

– Lorenzen, Paul / Schwemmer, Oswald: Konstruktive Logik, Ethik und Wissenschaftstheorie, Mannheim, 1973, ²1975.

- Meyer-Abich, Klaus Michael: „Von der Wohlstandsgesellschaft zur Risikogesellschaft. Die gesellschaftliche Bewertung industriewirtschaftlicher Risiken": Aus Politik und Zeitgeschichte (Beilage zur Wochenzeitschrift ‚Das Parlament') B 36/89, 31–42.
- Renn, Ortwin: Risikowahrnehmung der Kernenergie, Frankfurt a. M. / New York 1984.
- ders., „Risikowahrnehmung – Psychologische Determinanten bei der intuitiven Erfassung und Bewertung von technischen Risiken": G. Hosemann (Hg.), Risiko in der Industriegesellschaft. Analysen, Vorsorge und Akzeptanz, Erlangen 1989, 167–192.
- Rescher, Nicholas: Risk. A Philosophical Introduction to the Theory of Risk Evaluation and Management, Washington D. C. 1983.
- Schwemmer, Oswald: Philosophie der Praxis. Versuch zur Grundlegung einer Lehre vom moralischen Argumentieren, Frankfurt a. M. 1971, ²1980 (mit einem Nachwort zur Neuausgabe: 246–276).
- Starr, Chauncey: „Social Benefit versus Technological Risk": Science 165 (1969) 1232–1238.
- ders. / Rudman, R. /Whipple, C.: „Philosophical Basis for Risk Analysis": Annual Review of Energy 1 (1976) 629–662.
- Stegmüller, Wolfgang: Probleme und Resultate der Wissenschaftstheorie und Analytischen Philosophie, Bd. IV. Personelle und statistische Wahrscheinlichkeit, Berlin / Heidelberg / New York 1973.

LUDGER HONNEFELDER

Güterabwägung und Folgenabschätzung in der biomedizinischen Ethik

Zu den Problemfeldern, die in den letzten beiden Jahrzehnten zu einer neuen Konjunktur ethischer Fragen geführt haben, gehört an bevorzugter Stelle die Entwicklung in den modernen biomedizinischen Wissenschaften. Der Bedarf an ethischer Normierung scheint ebenso offenkundig wie unabweisbar, doch über die Wege, auf denen diese Normierung erfolgen könnte, besteht alles andere als Klarheit. Warum stößt die tradierte hippokratische Standesethik an ihre Grenzen? Was kann an ihre Stelle treten? An welches Paradigma kann sich die gesuchte neue medizinische Ethik halten? Um einer Antwort auf diese Fragen näherzukommen, möchte ich zunächst darlegen, warum die lange Zeit dominierende Berufsethik der neuen Lage nicht gewachsen ist (I) und aus welchem Grunde eine Ethik der Folgenabschätzung als Nachfolgemodell nicht ausreicht (II), um dann zwei andere Lösungsmodelle zu diskutieren: die Regel- und Prinzipienethik der nordamerikanischen Bioethik (III) und die Ethik der Güterabwägung und Folgenabschätzung, wie sie sich aus einem aristotelischen Ansatz ergibt (IV).

I.

Unter den Faktoren, die zu dem Wandel der medizinischen Ethik in den letzten beiden Jahrzehnten geführt haben, ist als erste externe Ursache die immense Erweiterung der medizinischen Handlungsmöglichkeiten zu nennen. Auf dem Hintergrund der Entwicklung, die die Medizin seit dem 19. Jahrhundert vor allem durch die Verbindung mit der naturwissenschaftlichen Forschung genommen hat, stellt sie nicht nur eine enorme quantitative, sondern auch eine in diesem Ausmaß unerwartete qualitative Anreicherung des medizinischen Handlungsspektrums dar. Ich nenne als Beispiele für den Bereich der Diagnostik die Untersuchungsmöglichkeiten mit Hilfe von Computertomographie, Sono- und Szintigraphie sowie invasive Methoden, aber auch die prä- und postnatale genetische Bestimmung von Risiko- und Krankheitsfaktoren. In den operativen Disziplinen sind die Fortschritte in der Anästhesie und Immunologie und die Möglichkeit der maschinellen Aufrechterhaltung der Vitalfunktionen zu nennen, die die medizinische Intervention in Krisensituationen sowie Organersatz und -transplantation möglich gemacht haben, ferner die neuartigen chirurgischen Verfahren und nicht zuletzt die Möglichkeit von In-vitro-Fertilisation, Gameten- und Embryonentransfer. In der medikamentösen Therapie haben die Weiterentwicklung der Antibiotika und Psychopharmaka dem Arzt neue Wege eröffnet, in der Prävention haben die mit Hilfe probabilistischer Methoden gewonnenen Erkenntnisse der Sozial- und Arbeitsmedizin bislang unbekannte Möglichkeiten medizinischen Handelns entstehen lassen.

Für die medizinische Ethik ist aber nicht minder die mit dem Zuwachs der Handlungsmöglichkeiten in eins gehende Erweiterung der Erkenntnisdimension von Bedeutung. Mit der intensiven Erforschung der Zusammenhänge von Zeugung und embryonaler Entwicklung sowie der Vital- und Hirnfunktionen im Vorgang des Sterbens hat sich unser Bild von Lebensanfang und -ende verändert. Durch die sich abzeichnende Genomanalyse wird die spezifisch und individuell vorgegebene naturale Disposition des Menschen durchsichtig. Die Einsicht in die Komplexität der Bedingungsfaktoren vieler Krankheitsbilder hat an die Stelle der festen, kausal interpretierbaren Einheit von Krankheit und dazugehörigen Symptomen eine nur noch probabilistisch zu interpretierende Kombination von Symptomen zu bestimmten Krankheitseinheiten treten lassen, die nicht nur – etwa in bezug auf sogenannte Risikofaktoren – bislang unbekannte Handlungsmöglichkeiten eröffnet, sondern den Arzt zugleich vor ganz neuartige Entscheidungsprobleme gestellt hat.

Wesentlicher Grund für die Erweiterung der Handlungs- und Erkenntnismöglichkeiten ist der Fortschritt in der Erforschung der naturwissenschaftlichen Grundlagen der Medizin. Mit dem Stichwort der Naturwissenschaften ist aber ein weiterer Grund berührt, der bei dem Umbruch in der medizinischen Ethik eine Rolle spielt, nämlich die Unsicherheit im wissenschaftstheoretischen Selbstverständnis der Medizin. Ohne Zweifel sind es die Naturwissenschaften, die der modernen Medizin die Einsichten vermittelt haben, mit deren Hilfe sie die für die neuere Entwicklung maßgeblichen Erkenntnis- und Handlungsfortschritte erzielt hat. Doch kann diese Tatsache nicht als Bestätigung für die seit dem 19. Jahrhundert zunehmend vertretene Auffassung angesehen werden, Medizin sei angewandte Naturwissenschaft. Die naturwissenschaftlichen Disziplinen, so muß dieser Auffassung entgegengehalten werden, betrachten ihrem eigenen Verständnis nach ihren Gegenstand in theoretischer Einstellung und untersuchen einen Zusammenhang von zuvor methodisch isolierten einzelnen Faktoren mit dem einzigen, von allen Werturteilen absehenden Ziel, die Regelmäßigkeit in den Zusammenhängen dessen zu erfassen, was der Fall ist. Die Medizin dagegen betrachtet in praktischer Einstellung den Einzelfall und untersucht die Gesamtheit des konkreten Bedingungsgefüges mit dem von vornherein alles beherrschenden Ziel, die konkrete Antwort auf die Frage zu finden, was im Blick auf das Ziel der Heilung des jeweiligen Patienten zu tun ist. Für die medizinische Ethik ist dieser Unterschied von erheblicher Bedeutung. Denn wenn die Medizin nicht wie die Naturwissenschaften unter einem reinen Erkenntnisapriori und auch nicht wie die technischen Disziplinen unter einem Herstellungs-, sondern unter einem Handlungsapriori steht – und deshalb nach W. Wielands Vorschlag besser als praktische Wissenschaft zu verstehen ist[1] –, steht jedes medizinische Tun von Beginn an unter der für jedes Handeln spezifischen moralischen Differenz. Jede ethische Überlegung hat an der Handlungsteleologie des Arztes anzusetzen. Die naturwissenschaftliche Aussage tritt als überaus wichtige Prämisse in die für den Arzt charakteristische praktische Überlegung ein, sie ist nicht die Formulierung einer bloßen Feststellung, die erst durch nachträgliche Anwendung praktisch wird.

Auch als Prämisse im praktischen Zusammenhang ärztlichen Handelns betrachtet, haben die für die moderne Medizin wichtigen naturwissenschaftlichen Aussagen nicht nur eine Erweiterung des medizinischen Handlungsfeldes zur Folge, sie verändern zugleich die Struktur dieses Handlungsfeldes.[2] Hängt nämlich der Erfolg der naturwissenschaftlichen Methode an der quantitativen und qualitativen Begrenzung, unter der sie ihren Gegenstand in den Blick nimmt, dann muß sich mit ihrer Anwendung in der Medizin auch das ihr eigene Prinzip der methodischen Begrenzung zur Geltung bringen: Der Einzelfall wird anonymisiert, nach Teilaspekten differenziert und arbeitsteilig unter je spezieller Hinsicht untersucht bzw. behandelt. Mit dem Erfolg der naturwissenschaftlichen Methode muß deshalb die Differenzierung der medizinischen Disziplinen und die Spezialisierung der in ihr Tätigen wachsen. An die Stelle des Arztes tritt die Kooperation der Spezialisten; die Unteilbarkeit der ärztlichen Verantwortung wird zu einem zunehmenden Problem. Die vielbeklagte Unübersichtlichkeit der modernen arbeitsteilig verfahrenden Medizin, die damit verbundene Anonymisierung und Depersonalisierung des Patienten und die festzustellende Dissoziation von wissenschaftlicher und ethischer Kompetenz ist nicht Resultat mangelnder Sorgfalt der beteiligten Ärzte, sondern Folge der erfolgreichen, aber nicht hinlänglich in ein der Medizin angemessenes Selbstverständnis integrierten Indienstnahme der arbeitsteilig betriebenen naturwissenschaftlichen Methode. Welche Bedeutung der Differenz zwischen rein naturwissenschaftlicher und medizinischer Methode zukommt, zeigt sich nicht zuletzt bei der ethischen Beurteilung des Handlungsfeldes, in dem beide Methoden je für sich auftreten, nämlich in dem der klinischen Forschungen am Menschen.

Die Problematik muß sich noch verschärfen, wenn sich die durch den Einsatz der naturwissenschaftlichen Methode bedingte Struktur des Handelns mit der ökonomischen Zweckrationalität verbindet, nach denen die maßgeblichen Institutionen der Medizin in der modernen westlichen Gesellschaft verfahren, nämlich die Klinik, aber auch die anderen Einrichtungen der öffentlichen Gesundheitsfürsorge. Gesundheit wird zu einem Gut, das aufgrund der zunehmend für sie aufzuwendenden Mittel knapp wird und dessen Verteilung nicht nur medizinischen, sondern zugleich ökonomischen Regeln zu gehorchen hat, deren Aufstellung ihrerseits durch politische Verfahren bestimmt werden muß.

Es liegt auf der Hand, daß sich mit dem beschriebenen Wandel in den Bedingungen die ursprünglich für das ärztliche Handeln allein konstitutive Beziehung von Arzt und Patient nicht nur erweitern, sondern auch strukturell verändern muß.[3] Der Arzt hat es in dem, was er tut, nicht nur mit dem betreffenden Patienten, sondern auch mit zahlreichen anderen an dem Fall beteiligten Bezugspersonen und -instanzen zu tun: den anderen untersuchenden und behandelnden Ärzten, dem jeweiligen medizinischen Personal, den klinischen Institutionen, den Kostenträgern und Arbeitgebern usf. Das natürliche Handeln, in dem der Arzt der in ungeteilter Verantwortung Handelnde und der Patient der allein Betroffene sind, wird von institutionellem Handeln überlagert, das Verantwortung auf verschiedene Instanzen verteilt und von Kriterien unterschiedlicher Art bestimmt wird.

II.

Der Wandel im öffentlichen Wertbewußtsein, der sich parallel zur Veränderung der strukturellen Bedingungen des medizinischen Handelns ereignet hat und dieser Veränderung erst ihre Bedeutung für die medizinische Ethik gibt, geht zumindest zum Teil auf die gleichen

Voraussetzungen zurück wie die bereits beschriebenen Veränderungen. Denn das Projekt der Moderne, das zu der expansiven Entwicklung der empirischen Wissenschaften und ihrer technischen Anwendung geführt und damit die Bedingungen der modernen Medizin geschaffen hat, ist zugleich unlöslich mit den beiden Faktoren verbunden, die zur Veränderung unseres Wertbewußtseins geführt haben, nämlich der Differenzierung der Gesellschaft und der Säkularisierung und Pluralisierung ihrer Ethosformen. Erst durch die Segmentierung der einen vormodernen Gesellschaft in die Teilsysteme von Wirtschaft, Wissenschaft, Kultur, Religion, Kunst usf. und die Autonomisierung und die zweckrationale Organisation bestimmter dieser Subsysteme, wie vor allem der Wirtschaft und der Wissenschaft, ist die Effizienz des Handelns möglich geworden, die unsere moderne Welt heraufgeführt hat und ohne die diese Welt mit ihrer gestiegenen Bevölkerungszahl und ihren gewachsenen Ansprüchen gar nicht mehr denkbar ist. Zugleich aber haben sich durch diese Entwicklung die moralischen Wertgesichtspunkte aus den Subsystemen heraus in die Wahl ihrer Globalziele und ihrer Randbedingungen verlagert. Sind die Ziele einmal gesetzt und die strukturellen Bedingungen festgelegt, funktioniert das Subsystem ausschließlich nach den Regeln der optimalen Mittelwahl.

Das ist aber nur möglich, wenn zugleich die Gesamtgesellschaft auf die Einheit eines alles Handeln bis ins Einzelne bestimmenden Ethos verzichtet. Zur modernen Gesellschaft westlichen Typs gehört es daher, die Verbindlichkeit eines solchen Ethos und seine religiöse Verankerung aufzugeben und sich als ganze auf ein Minimum von Grundwerten zu beschränken, das auf dem Hintergrund unterschiedlicher religiöser Bekenntnisse und Weltanschauungen festgehalten werden kann, im übrigen aber den Raum offenzulassen für die Ethosentwürfe der in der betreffenden Gesellschaft lebenden Gruppen und Individuen. Die Ambivalenz, die diese Entwicklung in ihren Auswirkungen mit sich bringt, ist unübersehbar: Auf der einen Seite gibt sie – in Form der Religions-, Meinungs- und Gewissensfreiheit – den Raum frei, in dem sich – über das gesamtgesellschaftliche Minimum weit hinausgehende – Hochethosformen ausbilden können, zu denen sich bestimmte gesellschaftliche Gruppen aufgrund ihres Glaubens oder ihrer Weltanschauung befähigt und gedrängt sehen. Auf der anderen Seite mutet sie in einem bisher nicht bekannten Maß dem einzelnen die Last zu, selbst die Ethosform zu wählen oder gar zu konstituieren, an der er sein Handeln orientieren und seine individuelle personale Identität gewinnen kann.

Ihre Brisanz für die medizinische Ethik gewinnt die moderne Säkularisierung und Pluralisierung der Moral jedoch erst durch die Tatsache, daß sie sich mit einer Position verbindet, die nicht notwendig im Projekt der Moderne impliziert ist, nämlich mit der Reduktion der Vernünftigkeit auf Zweckrationalität. Ohne Zweifel ist es sinnvoll, wie dies Max Weber paradigmatisch für die Moderne getan hat, zwischen Tatsachenurteilen und Werturteilen, d. h. zwischen deskriptiver und normativer Vernunft zu unterscheiden und der empirischen Wissenschaft ausschließlich die Fragen danach zuzuweisen, was der Fall ist und warum es der Fall ist. Nicht sinnvoll und erst recht nicht zwingend aber ist es, nur diesen Typ des Vernunftvollzugs für wissenschaftsfähig, ja für rational zu erklären und die Rationalität im Bereich des Handelns auf die optimale Zuordnung von Mitteln zu gegebenen Zwecken zu reduzieren, die Wahl der Zwecke aber als eine durch Gründe nicht mehr zu rechtfertigende Entscheidung aufzufassen. Als Resultat blinder Dezision interpretiert, müssen die Werturteile zwangsläufig beliebig werden. Der Streit über zu treffende Wertsetzungen erscheint als bloße Machtfrage; soweit gemeinsame Wertsetzungen unverzichtbar sind, tritt zunehmend das Recht an die Stelle der Moral.

Nach dem Gesagten leuchtet ein, daß für ein ärztliches Handeln, dessen externe und interne Strukturbedingungen sich, wie angedeutet, verändert haben, eine an der Idee des Standes- bzw. Berufsethos orientierte medizinische Ethik nicht mehr ausreichen kann.[4] Versteht man unter Berufsethos ein Gesamtmuster von Handlungsregeln und -dispositionen, das sich – wie am Hippokratischen Eid greifbar – die Gilde der diesen Beruf Ausübenden selbst auferlegt, dann ist ohne Zweifel das ärztliche Berufsethos über Jahrhunderte hinweg die Institution gewesen, die die ärztliche Kompetenz im umfassenden Sinn sichergestellt und dem Patienten das Vertrauen erlaubt hat, daß der Arzt nach den Regeln des Berufs und nur nach ihnen handeln werde. Doch kann das Berufsethos dieser Tradition seine Leistung nur so lange uneingeschränkt erbringen, als seine Voraussetzungen zutreffen: daß es allein der Stand ist, der die Regeln autonom festlegt, daß sich das ärztliche Handeln auf das Verhältnis Arzt-Patient beschränkt und daß das Standesethos in ein akzeptiertes Gesamtethos eingebettet ist. Längst ist aber das ärztliche Handeln aufgrund des skizzierten Strukturwandels zu einem Gesundheitssystem geworden, das aufgrund seiner Voraussetzungen und Folgen alle betrifft und dessen Regelung deshalb nicht mehr innerhalb der Dyade Arzt-Patient und nicht mehr allein durch die Gilde der Ärzte erfolgen kann, sondern öffentlich geschehen muß. Die Ärzte bilden nicht mehr einen Stand in einer nach Ständen geordneten

Gesellschaft, ihr Berufsbild wird nicht mehr vorrangig durch das Ethos, sondern primär durch wissenschaftliche und andere funktionale Kompetenzen bestimmt. Der einzelne Arzt selbst übt längst eine Mehrheit von Funktionen aus. Er ist nicht nur der unmittelbar Heilende, sondern zugleich der Gesundheitsberater bzw. -pädagoge, er ist untersuchender bzw. forschender Wissenschaftler, Mitglied eines Teams oder selbständiger Unternehmer, Angestellter oder Arbeitgeber usw. Der Patient sieht ihn nicht mehr nur als die für- und vorsorgende ärztliche Autorität, der er sich wie in Zeiten eines unbefragten Paternalismus vorbehaltlos überläßt, sondern zugleich als den Vertragspartner, von dem er die Serviceleistung erwartet, mit der er ihn beauftragt hat. Die Handlungskompetenz wird nicht mehr wie ehedem durch das in praxi erlebte Vorbild des Lehrers auf den Schüler übertragen, sondern als ein Ensemble kognitiver Kenntnisse und technischer Fertigkeiten vermittelt, das durch multiple-choice-Verfahren überprüfbar ist. Und so wenig es noch die ständisch geordnete Gesellschaft gibt, in die der Stand der Ärzte eingegliedert ist, so wenig gibt es das alle umfassende Ethos, auf dessen fraglose Geltung sich das spezifische Berufsethos der Mediziner beziehen könnte.

III.

Ohne Zweifel dürfte die medizinische Ethik auch in Zukunft nicht ohne Elemente eines Berufs- oder Standesethos auskommen, doch steht es ebenso außer Zweifel, daß dem strukturellen Wandel nicht durch eine einfache Fortsetzung der tradierten berufsethischen Handlungsmuster zu begegnen ist. Wie groß das inzwischen entstandene Defizit und die damit verbundene Unsicherheit sind, zeigt sich nicht zuletzt an den Ersatzstrategien. Der deutlich erkennbaren Tendenz zu einer Neutralisierung des ärztlichen Handelns in bezug auf ethische Entscheidungen steht eine nicht minder ausgeprägte Tendenz zu seiner Moralisierung gegenüber. So versteht man etwa den ethischen Entscheidungen im Bereich der Intensivmedizin dadurch zu entgehen, daß man entweder einfach alle Möglichkeiten einsetzt, die zur Verfügung stehen, oder aber die technischen Mittel, die von der modernen Intensivmedizin in Gebrauch genommen worden sind, generell ablehnt. Flucht in die Technik kann aber ebensowenig als angemessene Lösung der ethischen Probleme betrachtet werden wie Verteufelung der technischen Rationalität überhaupt. Auch die zunehmende Verrechtlichung der Entschei-

dungskonflikte des Arztes belegt nur, wie sehr die alte Orientierungs-
größe Berufsethos zur persönlichen Sache des Arztes und damit zu
einer subjektiven Instanz geworden ist. Als angemessene Lösung der
mit den Entscheidungskonflikten verbundenen ethischen Fragen kann
man die Juridifizierung nicht betrachten.[5] Ins Extrem getrieben führt
sie dazu, daß der Arzt mehr darum bemüht ist, die vorwerfbaren
falschen Handlungen zu vermeiden als die richtigen zu tun. Je stärker er
sich in seinem Handeln durch den Blick auf eine mögliche Rechtfertigung vor Gericht bestimmen läßt, um so mehr wird er zu Überdiagno-
stik und Defensivmedizin tendieren. Offensichtlich ist ethische Verantwortung in forensische Rechtfertigung nicht auflösbar. Als Ersatz bietet
sich – vor allem, wenn man von einem Verständnis der Medizin als
angewandter Naturwissenschaft ausgeht – eine Ethik der Folgenabschätzung nach utilitaristischem Muster an. Die sittliche Qualität einer
Handlung, so lautet die These, bemißt sich ausschließlich nach ihren
guten oder schlechten Folgen, oder anders ausgedrückt, sie bemißt sich
nach ihrem größeren oder geringeren Nutzen. Sittlich verbindlich ist
daher eine Handlung, „wenn sie mehr ‚Gutes' bewirkt oder wahrscheinlich bewirkt als jede andere Handlung, die dem Handelnden auch
möglich wäre"[6], die – um es mit Benthams klassisch gewordener
Formulierung zu sagen – „das größtmögliche Glück der größten Zahl"[7]
zur Folge hat, oder die bei unterschiedlichen Chancen den am
wenigsten begünstigten gesellschaftlichen Gruppen den größten Vorteil
verschafft, wie es Rawls fordert.

Behebt man die Schwierigkeiten, die sich aus der Betrachtung der
Folgen der einzelnen Handlung ergeben, dadurch, daß man wie im
Regelutilitarismus nur die Folgen der jeweiligen Klasse von Handlungen ins Kalkül zieht, dann scheint sich ein Ansatz von bemerkenswerter
Eindeutigkeit und Stringenz darzubieten: Was als sittlich gut gilt, wird
mit Hilfe der Abschätzung der Folgen ermittelt, welche Folge als gut
oder schlecht zu betrachten ist, mit Hilfe außermoralischer Werturteile,
nämlich durch Abwägung präsittlicher Güter geklärt. Dies ist etwa der
Fall, wenn einer gewissen Lebensverlängerung bei jedoch rein vegetati-
vem Status der Patienten eine frühere, aber natürlich eintretende
Beendigung des Lebens gegenübergestellt wird. Die Ethik erscheint als
die Verbindung einer Theorie von Verpflichtungsurteilen mit einer
Theorie der Werturteile, als Zusammenspiel von Folgenabschätzung
und Güterabwägung.

Bei näherem Zusehen zeigt sich jedoch, daß der Gewinn an Eindeutigkeit und Stringenz mit einem Verlust an Wirklichkeitsnähe erkauft wird.

Ohne Zweifel sind die Folgen einer Handlung ein wichtiges Kriterium für die Beurteilung ihrer sittlichen Qualität, aber sind sie das einzige Kriterium? Und ohne Zweifel kommt dem Kern des Regelutilitarismus, nämlich den Prinzipien der Gleichheit und der Verallgemeinbarkeit, erhebliche Dignität für das Feld des Sittlichen zu, aber reichen sie zur Begründung aus? Prüft man die Theorie an der sittlichen Erfahrung, wie sie jedermann kennt, dann zeigt sich, daß für die moralische Qualität einer Handlung nicht nur die Folgen eine Rolle spielen, sondern auch die vom Handelnden intendierten Ziele, ferner die zu deren Erreichung gewährten Mittel und nicht zuletzt die den Handelnden leitenden Absichten. Sittlich schlechte Mittel sind nicht durch gute Zwecke zu rechtfertigen, Umstände können den Charakter der Handlung verändern, die Absicht des Handelnden kann eine andere sein als das seiner Handlung immanente Ziel. An die Stelle der Totalität der Handlung tritt bei der Beurteilung des sittlich Guten im Regelutilitarismus die Totalität der Handlungsfolgen. Für den Handelnden werden die Probleme dadurch aber eher größer: denn die Verantwortung für die Totalität der Handlung, die ich als die meine übersehen kann, ist eher wahrnehmbar und zumutbar als die Verantwortung für die Totalität der Folgen, die potentiell ins Unabsehbare wachsen. Vor allem aber entspricht die Orientierung an der Handlung als ganzer dem Selbstverständnis der Medizin selbst: Wenn ärztliches Handeln nicht technische Applikation naturwissenschaftlicher Erkenntnis ist, sondern Handeln mit dem Ziel der Heilung eines bestimmten Patienten unter Indienstnahme naturwissenschaftlicher Erkenntis, muß die ethische Beurteilung dieser Teleologie einer konkreten Handlung folgen, nicht aber dem isolierten, abstrakt genommenen Moment der Folgen.

Schwierigkeiten ergeben sich aber nicht nur bei der Abgrenzung des Gegenstandes des sittlichen Urteils, sondern auch bei seiner Begründung, insbesondere beim Übergang von den außermoralischen Wert- zu den moralischen Verpflichtungsurteilen: Stiftet die Güterabwägung erst das sittlich Gute oder setzt sie dieses Gute nicht eher voraus? Darüber hinaus steht der Regelutilitarismus als Theorie der Abschätzung der Folgen einer Klasse von Handlungen vor den gleichen Problemen, denen sich jede an einem isolierten Verallgemeinerungsprinzip orientierte Ethik gegenübersieht. Er vermag nämlich weder die Individualität der Handlung und des Handelnden angemessen einzubeziehen, noch kann er die anderen Handelnden anders als in ihrer konstruierten Idealität, also gerade nicht in ihrer konkreten Faktizität in Rechnung stellen, und schließlich vermag er auch nicht der Verankerung der moralischen Regeln in einem individuellen und kollektiven Gesamtmuster des sittlichen Lebens einen rechten Ort anzuweisen.

IV.

Am frühesten hat die medizinische Ethik in den USA auf die mit dem Umbruch in der modernen Medizin verbundenen Herausforderungen reagiert. Die bis in die späten 60er Jahre vorherrschende ärztliche Standesethik wie der anschließende Versuch, die ethischen Probleme in der Medizin von bestimmten Wertsystemen theologischer oder philosophischer Provenienz aus deduktiv zu lösen, sind, so lautet die seit Mitte der 70er Jahre in den Vereinigten Staaten sich durchsetzende Überzeugung, abzulösen durch eine medizinische Ethik, die sich gezielt als „angewandte Ethik (applied ethics)" versteht. Medizinische Ethik hat nicht eigene oberste Prinzipien, sondern ist, ähnlich wie Politische Ethik oder Wirtschaftsethik, die Anwendung der allgemein ethisch handlungsleitenden Prinzipien auf einen besonderen Bereich des Handelns. Da man zu dem Anwendungsbereich nicht nur das therapeutische Handeln des Arztes, sondern auch das gesamte Gesundheitswesen und die biologische und medizinische Forschung zählt („Biomedicine" als Kurztitel für „Science, Medicine and Health Care"), zieht man zur Bezeichnung den Titel „Bioethics" oder „Biomedical Ethics" vor.[8]

Für eine so verstandene Ethik hängt alles davon ab, ob es gelingt, durch eine umfassende Untersuchung die, wie es 1974 im Zusammenhang der Einrichtung einer National Commission for the Protection of Human Subjects of Biomedical and Behavioral Research durch den Kongreß heißt, „grundlegenden ethischen Prinzipien (basic ethical principles) zu identifizieren, die bei der Durchführung von biomedizinischen und sozialwissenschaftlichen Forschungen zu beachten sind, bei denen Menschen als Versuchspersonen dienen".[9] Im Belmont Report, der dem diesbezüglichen Gesetz, dem National Research Act, im Anhang beigefügt ist, werden von den „in unserer kulturellen Tradition allgemein akzeptierten Prinzipien"[10] drei ausgezeichnet als solche, die für die Regelung der Forschung am Menschen besonders bedeutsam sind: Die Achtung vor der Würde der Person (respect for persons), die die Pflicht auferlegt, die Selbstbestimmung (autonomy) von jedermann anzuerkennen und im Fall der Minderung zu schützen, die Fürsorgepflicht (beneficence), die es gebietet, niemandem Schaden zuzufügen, möglichen Nutzen zu befördern bzw. möglichen Schaden zu mindern,

179

und schließlich die Gerechtigkeit (justice), aus der die Forderung erwächst, jedermann gleich zu behandeln und deshalb Wohltaten und Lasten gleichmäßig auf jedermann zu verteilen. Als Belege für die kulturelle Tradition, der diese Prinzipien entstammen, werden nicht nur das Hippokratische Ethos mit seinem Gebot „Primum nil nocere" genannt, sondern auch der sogenannte Nürnberger Kodex, in dem die Regierung der Vereinigten Staaten 1947 die zehn Bedingungen formuliert hatte, unter denen allein Versuche am Menschen zulässig sein können und nach denen die an den Experimenten mit Menschen in Konzentrationslagern und anderen Anstalten beteiligten Ärzte und Funktionäre bei den Nürnberger Prozessen verurteilt wurden. Darüber hinaus aber ist es ohne Zweifel die angloamerikanische Tradition der Ethik, die den genannten Prinzipien für den nordamerikanischen Kontext ihre Plausibilität verleiht.

Deutlich wird dies in den „Principles of Biomedical Ethics" von T. L. Beauchamp und J. F. Childress, einem aus dem jährlich veranstalteten Bioethics Course des Kennedy Institute an der Georgetown University in Washington D. C. hervorgegangenen, inzwischen in dritter Auflage vorliegenden Lehrbuch.[11] Die Autoren verstehen die (an die im Belmont Report genannte Trias anschließenden) vier Grundnormen – Autonomie, Prinzip der Schadensvermeidung, Fürsorgepflicht und Gerechtigkeit (autonomy, nonmaleficence, beneficence, justice) als Prinzipien erster Ordnung, die in der Art von Prima-facie-Pflichten unabhängig von der ethischen Theorie, die man vertritt, Geltung besitzen und zu denen dann Prinzipien zweiter Ordnung wie die der Wahrhaftigkeit, der Schweigepflicht, der Wahrung der Privatsphäre und der Vertrauenswürdigkeit (veracity, confidentiality, privacy, fidelity) sowie bestimmte Leitbilder (ideals) und Handlungsdispositionen in Form von Tugenden (virtues) hinzutreten. Da es für die vier Prinzipien der ersten Stufe keine allgemein verbindliche Rangordnung gibt, gilt für den Konfliktfall, daß unter Beachtung aller genannten Prinzipien und in Berücksichtigung aller Betroffenen die verschiedenen Optionen herauszuarbeiten und an ihren jeweiligen Gegengründen zu bewähren sind. Erst in der Wahl zwischen mehreren Optionen spielt es eine Rolle, von welcher ethischen Hintergrundtheorie ich mich bestimmen lasse, ob ich beispielsweise als Utilitarist dem Prinzip des Nutzens die ausschlaggebende Rolle zumesse oder als Anhänger einer deontologischen Position einem anderen Prinzip den Vorrang einräume.

Gegenüber einem konkreten, in bestimmten Tugenden sich auslegenden Ethos hat das beschriebene Modell den Vorzug, von „mittleren"

Prinzipien auszugehen, die von Anhängern unterschiedlicher Ethosentwürfe akzeptierbar sind und auf Handlungsfelder appliziert werden können, für die es aufgrund ihrer Neuartigkeit noch gar keine habituell gewordenen ethischen Handlungsdispositionen geben kann. Der Rahmen der akzeptierten Regeln erlaubt eine Beurteilung des einzelnen Falles in Form eines rationalen Diskurses, der als unverzichtbares Element in die etablierte klinische Diagnose integriert sowie innerhalb der medizinischen Ausbildung eingeübt und auch als Grundlage für die Diskussion schwieriger Probleme in Ethikkommissionen benutzt werden kann. Die Grenzen des Modells zeigen sich nicht nur in seiner verbleibenden Rückbindung an eine bestimmte ethische Tradition und im Mangel eines Rangkriteriums bzw. einer Metaregel für den Konkurrenzfall der Prinzipien erster Ordnung, sondern auch daran, daß der Prinzipienrahmen, wie an der Ergänzung durch Ideale und Tugenden ersichtlich, offensichtlich nicht ausreicht, um die ethische Struktur des ärztlichen Handelns in seiner ganzen unverzichtbaren Konkretion zu erfassen.

In Europa und in Deutschland hat die Diskussion um eine den veränderten Bedingungen genügende medizinische Ethik in vergleichbarer Breite erst mit Verzögerung und zunächst beschränkt auf die mit den neuen Handlungsmöglichkeiten verbundenen konkreten Problemfelder eingesetzt. Was den normativen Bezugsrahmen betrifft, ist die Diskussion durch eine Verschiedenartigkeit der Ansätze bestimmt. Sass und Viefhues haben versucht, die Ansätze der nordamerikanischen Bioethik aufzunehmen und ein in bestimmten Punkten (stärkere Trennung zwischen ethischer und medizinischer Expertise, veränderte Wertung der Patientenautonomie, stärkere Berücksichtigung epistemologischer Fragen) verändertes und der europäischen Tradition stärker angepaßtes Modell auszuarbeiten.[12] Andere Autoren folgen stärker deontologisch bestimmten, kantianisch oder diskursethisch ausgelegten Ansätzen, legen das utilitaristische Prinzip zugrunde, gehen von den ethisch relevanten Grundkonstanten aus, die aus der zwischen Arzt und Patient bestehenden Situation von Not und Hilfe zu erheben sind, oder folgen einem erneuerten aristotelischen, Prinzipien- und Ethosethik verbindenden Ansatz.

Trotz der inzwischen breiter verlaufenden Diskussion hat die Integration der ethischen in die medizinische Expertise in Deutschland bislang nicht die Selbstverständlichkeit gewinnen können, die sie in den USA inzwischen besitzt. Auch die von vielen geforderte Aufnahme der medizinischen Ethik als eines eigenen Elements in das obligatorische medizinische Curriculum[13] hat sich bis jetzt nicht erreichen lassen. Die Gründe für die unterschiedliche Situation im Vergleich zu den USA dürften vielschichtig sein.[14] Während der Mißbrauch der Versuche am Menschen im Nationalsozialismus in den Vereinigten Staaten die medizinethische Diskussion gefördert hat, hat er in Deutschland selbst eher zum Gegenteil geführt. Mit Sicherheit dürfte auch die stärkere Verankerung der nordamerikanischen Medical Schools in der Tradition des Verständnisses der Medizin als einer „Kunst", d. h. einer durch den Bezug auf das Handeln gekennzeichneten Disziplin, für die explizite Integration der medizinischen Ethik günstigere Voraussetzungen schaffen als das im deutschen Kontext weitverbreitete Selbstverständnis der Medizin als einer angewandten Naturwissenschaft samt der damit verbundenen Wissenschaftsgläubigkeit. Der wichtige Aufbruch der psychosomatischen Medizin in Deutschland schließlich hat zwar die für die medizinische Ethik bedeutsame Struktur des Arzt-Patient-Verhältnisses herausgestellt, der expliziten ethischen Urteilsbildung dagegen weniger Beachtung geschenkt.

V.

Halten wir fest:

1. Angesichts der Ausweitung und Strukturveränderung des ärztlichen Handlungsraumes kann es nicht mehr genügen, medizinische Ethik als ausschließliche Sache der persönlichen Entscheidung des einzelnen Arztes oder der Ethossetzung des ärztlichen Standes aufzufassen. Da die mit den veränderten Handlungsmöglichkeiten verbundenen Probleme weit über die jeweilige Dyade Arzt-Patient hinausgehen, müssen sie auf einer Grundlage entschieden werden, die geeignet ist, prinzipiell die Zustimmung aller zu finden. Für die medizinische Ethik bedeutet dies, daß sie sich als angewandte Ethik verstehen muß, nämlich als das Verfahren einer praktischen Überlegung, in der das jeweilige Handlungsurteil im Rekurs auf allgemein akzeptierte Regeln und Einstellungen bestimmt wird. Nur in dieser Form wird das ethische Urteil unter den veränderten Bedingungen einen Teil des ärztlichen Urteils bilden können, der ebenso argumentativ ausweisbar ist wie die im engeren Sinn medizinischen Teile. Nur eine auf eine solche Urteils- und Entscheidungskompetenz abzielende medizinische Ethik ist mit Erfolg als Teil der medizinischen Lehre zu vermitteln.

2. Der Kern der Regeln, auf den sich die praktische Überlegung des Arztes in ethischer Hinsicht gründet, wird den Status von mittleren Prinzipien haben müssen. Als mittlere Prinzipien sind solche Normen zu betrachten, die eine Gültigkeit besitzen, die unabhängig ist von der übergeordneten Wertüberzeugung, der ethischen Theorie bzw. der Letztbegründung, wie sie für den Einzelnen maßgeblich ist, und die in der Lage sind, konkrete Handlungsurteile zu vermitteln. Die Einbettung von solchen mittleren Prinzipien in letzte Wertüberzeugungen ist für den Bestand dieser Prinzipien von besonderer Bedeutung, doch ist deren Geltung nicht einfach mit der Geltung der jeweiligen letzten bzw. ersten Prinzipien identisch; vielmehr ist es für sie charakteristisch, eine eigene Plausibilität zu besitzen.[15]

3. Es ist sinnvoll, bei der Gewinnung der als mittlere Prinzipien geeigneten Regeln vom ärztlichen Handeln selbst, der in ihm implizierten Arzt-Patient-Beziehung und der mit ihm verbundenen Zwecksetzung auszugehen. Da Medizin als praktische Wissenschaft ihren Erkenntnis- und Handlungssinn von ihrem Zweck her, nämlich der Ermöglichung und Wiederherstellung von Leben und Gesundheit, gewinnt, kann medizinische Ethik, die sagen soll, was zu tun ist, nur in dieser Teleologie des ärztlichen Handelns selbst gründen. Sie ist nicht eine bloße Folgenabschätzung der technischen Anwendung, durch die bestimmte kognitive Sätze praktisch werden, sondern Handlungsleitung im Horizont der mit dem ärztlichen Handeln immer schon verbundenen und akzeptierten Ziele. Achtung der Selbstbestimmung des Patienten, Schadensvermeidung, Fürsorgepflicht und gerechte Behandlung können als die Regeln verstanden werden, in denen sich für das ärztliche Handeln der oberste für alles Handeln verbindliche praktische Grundsatz entfaltet, daß das als gut Erkannte auch zu tun und das als böse Beurteilte zu lassen ist.

4. Die praktische Überlegung, die im Horizont der Zielsetzung des ärztlichen Handelns und der daraus gewonnenen Regeln zu konkreten handlungsleitenden Urteilen führen soll, kann nicht ohne Abwägung der in Frage stehenden Ziele und Güter vor sich gehen. Eine solche Abwägung wird in Form von Vorzugsregeln der Rahmenstruktur folgen müssen, gemäß der die Ziele und Güter für das gelingende menschliche Leben konstitutiv sind, wobei zu beachten ist, daß die Rahmenstruktur selbst nicht eine gegebene Ordnung darstellt, die nur abgelesen zu werden bräuchte, sondern eine aufgegebene Ordnung, die allererst zu entdecken und herzustellen ist.[16]

5. Bei der zur praktischen Überlegung in der medizinischen Ethik gehörigen Güterabwägung kann die Natur des Menschen nicht unbeachtet bleiben. Denn ärztliches Handeln ist mit seinem Ziel, der Wahrung von Leben und Gesundheit, auf Bedürfnisse bezogen, die für den Menschen fundamentalen Rang haben, weil seine Natur solcher Art ist, daß ohne die Erfüllung dieser Bedürfnisse kein Handeln überhaupt und damit kein gelingendes Leben im ganzen möglich ist. Bedürfnisse, ohne deren Erfüllung der Mensch seiner Natur nach weder überleben noch handeln kann, sind auf Grund der Einheit des personalen mit dem organischen System nicht nur Ansprüche der Natur, sondern auch solche der Person. Es sind gerade die Ansprüche der Natur, die zu den Kontroversen in der medizinischen Ethik führen: Gehört zum Beispiel die Zufälligkeit, durch die mein individuelles Genom zustande gekommen ist, so zu meiner Natur, daß daraus ein Anspruch der Person auf Unantastbarkeit dieser Zufälligkeit abzuleiten ist? Ist der Schleier der Unkenntnis von diesem Genom so sehr Bestandteil meiner Natur, daß schon die Erforschung der Möglichkeit seiner Entschlüsselung ethisch abzulehnen ist? Welcher Schmerz ist dem Menschen zumutbar? Warum ist die Transplantation eines Herzens ethisch unbedenklich, nicht aber die einer Großhirnrinde? Zur Natur des Menschen gehört es auch, so wäre das Stichwort Natur fortzuführen, daß die fundamentalen Bedürfnisse nur durch den jeweils anderen, also im Miteinander, erfüllbar sind. Das aber bedeutet, daß aus den naturalen Bedürfnissen des einen personale Ansprüche an den anderen erwachsen. Im sozialen Miteinander ist der Mensch seiner Natur nach für den anderen stets Bedürfniswesen, Aggressor, nämlich Wesen der Selbstbehauptung, und Fürsorger zugleich.[17] Wie die modernen Humanwissenschaften gezeigt haben, sind die fundamentalen Bedürfnisse dieses Typs als ein unbeliebiges, aber entwurfsoffenes Regelsystem zu verstehen. Für das ärztliche Handeln sind sie in doppelter Weise von Belang: Da sie fundamentale Bedingungen der Natur sind, bestimmen sie das Richtig- und Falschsein der Mittel; da die Natur mit der Person identisch ist, artikulieren sich in ihnen zugleich die vom Arzt in bezug auf die Wahl der Ziele ethisch zu respektierenden Ansprüche der Person: auf Selbstbestimmung, auf Hilfe usf.

6. Da die sittliche Grundnorm und die im ärztlichen Handeln implizierten mittleren Prinzipien nur den normativen Rahmen dieses Handelns abstecken, bedarf es zur konkreten Handlungsleitung einer doppelten Vermittlung: der Vermittlung durch geeignete strukturelle Institutionen und durch ein mit diesen Institutionen verbundenes ärztliches

Ethos. Wenn die oben getroffenen Feststellungen zur Veränderung der Struktur ärztlichen Handelns zutreffen, wird sich die medizinische Ethik der Zukunft nicht auf die Frage nach den Prinzipien und deren Anwendung beschränken können, und sie wird sich zur Ergänzung nicht mehr nur auf das Ethos des Berufsstandes stützen können. Es wird eines neuen Nachdenkens über die in den Strukturen selbst realisierte oder nichtrealisierte Ethik bedürfen. Wie können die in der Teleologie des ärztlichen Handelns enthaltenen Forderungen nach naturwissenschaftlich-methodischer Korrektheit, technischer Richtigkeit und ökonomischer Zweckmäßigkeit mit den in der gleichen Teleologie enthaltenen ethischen Zielen strukturell so verbunden werden, daß das Ergebnis dem Gesamtziel ärztlichen Handelns entspricht, daß ihre strukturelle Einheit institutionalisierte Humanität und nicht nur institutionalisierte Zweckmäßigkeit ist? Ohne Zweifel wird die zukünftige medizinische Ethik sich, wie bereits in den USA abzulesen, in einem bisher nicht gekannten Maß mit dem Gesundheitswesen als ganzem befassen müssen.

7. Prinzipien und Strukturen werden aber auch in Zukunft die Frage nach dem Ethos nicht erübrigen. Da die institutionellen Strukturen den akzeptierten Prinzipienrahmen ergänzen, aber nicht vollständig determinieren, wird es zur konkreten Handlungsanleitung des Ethos bedürfen, das in Ausfüllung dieses Rahmens entworfen und vom einzelnen angeeignet wird. Im Ethos gewinnen ja die allgemeinen Regeln die Gestalt eines konkreten, von der jeweiligen Gesellschaft akzeptierten umfassenden Handlungsmusters. Als Entwurf des gelingenden Lebens ist es dem einzelnen in dem Maß verbindlich vorgegeben, in dem es für ihn den ermöglichenden Rahmen seines Menschseins darstellt. Medizinische Ethik, die handlungsleitend sein soll, wird sich daher nicht nur auf die allgemein gültigen Regeln beziehen können, sondern auch die konkreten Muster des in der betreffenden Gesellschaft akzeptierten Ethos einschließlich der dazu gehörigen persongebundenen Einstellungen und Tugenden berücksichtigen müssen. Als angewandte Ethik hat sie es nicht nur mit den allgemeinen Regeln für das ärztliche Handeln, sondern auch mit dem Ethos des Arztes in einem bestimmten sozio-kulturellen Kontext zu tun, in dem sich die Regeln zur konkreten Einheit eines Handelns zusammenschließen.

(1) Vgl. W. Wieland, Diagnose. Überlegungen zur Medizintheorie, Berlin 1975; ders., Strukturwandel der Medizin und ärztliche Ethik. Philosophische Überlegungen zu Grundfragen einer praktischen Wissenschaft, Heidelberg 1986.

(2) Vgl. ebd.

(3) Vgl. dazu H. P. Wolff, Arzt und Patient, Bochumer Materialien zur Medizinethik H. 23, 1989; W. Wieland, Strukturwandel (Anm. 1), 49–55.

(4) Vgl. dazu W. Kluxen, Dauer und Wandel im ärztlichen Ethos, in: Langenbecks Arch. Chir. 342 (Kongreßbericht 1976) 457–470; W. Korff, Nachhippokratische Medizinmoral, in: ders., Wie kann der Mensch glücken?, München 1985, 296–308.

(5) Vgl. dazu W. Wieland, Strukturwandel (Anm. 1), 74–90.

(6) M. G. Singer, Verallgemeinerung in der Ethik. Zur Logik moralischen Argumentierens, Frankfurt 1975, 231.

(7) Vgl. J. Bentham, An Introduction to the Principles of Morals and Legislation. I 1 Anm., hg. v. J. H. Burns u. H. L. A. Hart, London 1970, 11.

(8) Vgl. T. L. Beauchamp – F. Childress, Principles of Biomedical Ethics (1979), 3. Aufl. New York-Oxfort 1989.

(9) Vgl. Public Law 93–348 (zit. nach T. L. Beauchamp – F. Childress, Principles of Biomedical Ethics, 2. Aufl., New York-Oxfort 1983, 14).

(10) The National Commission for the Protection of Human Subjects of Biomedical and Behavioral Research, Ethical Principles and Guidelines for the Protection of Human Subjects of Research (The Belmont Report), OPRR Reports 1979, 3–5.

(11) Vgl. Anm. 6.

(12) Vgl. die Beiträge in: H.-M. Sass (Hg.), Medizin und Ethik, Stuttgart 1989.

(13) Vgl. Akademie für Ethik in der Medizin e. V., Ethik in der ärztlichen Ausbildung. Eine Empfehlung für die Weiterentwicklung des Unterrichtsangebotes zu Fragen der Ethik in der Medizin, in: Ethik in der Medizin 1 (1988), 59–62.

(14) Vgl. dazu E. Seidler, Das Problem ethischer Entscheidung in der Medizin, Vortrag beim VII. Bochumer Forschungskolloquium zur Medizinischen Ethik, 9. 2. 1990.

(15) Vgl. dazu L. Honnefelder, Die Begründbarkeit des Ethischen und die Einheit der Menschheit, in: G. W. Hunold – W. Korff (Hg.), Die Welt für morgen. Ethische Herausforderungen im Anspruch der Zukunft, München 1986, 315–327.

(16) Vgl. dazu L. Honnefelder, Güterabwägung und Folgenabschätzung in der Ethik, in: H. M. Sass – H. Viefhues (Hg.), Güterabwägung in der Medizin. Ethische und ärztliche Probleme, Berlin 1991, 44–61.

(17) Vgl. W. Korff, Norm und Sittlichkeit, 2. Aufl., Freiburg 1985, 76–101.

BERNHARD IRRGANG

Grundlagen der Wirtschaftsethik

Wirtschafts- und Unternehmensethik hat Konjunktur. Die Gründe, warum allerorts Unternehmensleitlinien oder eine Ethik für Manager entworfen werden, liegen in konkreten Problemen. Auf der Ebene der Moral entstehen drängende, unbewältigte Fragen. Um sie zu lösen, hofft man auf Hilfestellungen von seiten der Wirtschaftsethik. Doch kann diese Erwartung leicht enttäuscht werden. Denn trotz zahlreicher Veröffentlichungen zum Thema ist die Diskussion um diese Disziplin noch sehr kontrovers, insbesondere was ihre Grundlegung als wissenschaftliches Teilgebiet der Ethik oder gar der Ökonomie betrifft. In den folgenden Überlegungen möchte ich die Frage nach den methodischen Grundlagen der Wirtschaftsethik erläutern.

1. Der Streit um die methodische Grundlegung der Wirtschaftsethik

Bereits der Begriff Wirtschaftsethik läßt sich in zweifacher Weise verstehen. Er kann zum einen ausgelegt werden als Ethik für die Wirtschaft im Sinne eines „genitivus objectivus" und meint dann die Anwendung von ethischen Prinzipien auf die Wirtschaft. Als „genitivus subjectivus" bezeichnet Wirtschaftsethik die ethische Reflexion der Wirtschaft. Wirtschaftsethik kann zudem als Theorie oder als angewandte Ethik mit Praxisbezug konzipiert werden.[1] Insgesamt gibt es drei logische Möglichkeiten der Verhältnisbestimmung von Ethik und Ökonomie.[2] Modell 1 geht von einer Dominanz der Ethik über die Ökonomie aus. Dieser Typ basiert häufig auf naturrechtlichen Argumentationen oder auf einer transzendentalphilosophischen Ableitung der Normen aus der Einheit der Vernunft, etwa aus dem Kategorischen Imperativ. Modell 2 setzt eine Dominanz der Wirtschaftswissenschaften über die Ethik voraus. Diese Version eines ökonomischen Imperialismus entwickelt Wirtschaftsethik aus dem ökonomischen Rationalitätsbegriff. Eine andere Variante dieses Modells geht von der Verpflichtung zur Erhellung der normativen Grundlagen der Wirtschaftwissenschaften aus. Gemeinsam ist ihnen die Ablehnung kognitiver Ethiken. Drittens gibt es Interdependenzkonzepte, die beide Disziplinen als gleichwertig und gleichberechtigt anerkennen. Diese basieren auf ihrer wechselseitigen Kritik und Limitierung sowie dem Aufweis und der Lösung von Konflikten zwischen ihnen.

Die Dominanzkonzepte haben Probleme, alle relevanten Phänomene zu erfassen. Die Interdependenzkonzepte kämpfen mit methodischen Schwierigkeiten, die unterschiedlichen Bereiche aufeinander zu beziehen. Die bei interdisziplinären Unternehmungen auftretenden Schwierigkeiten hat Hans Poser folgendermaßen umschrieben: „Jeder, der sich auf das Abenteuer interdisziplinärer Gespräche oder gar Forschungen eingelassen hat, kennt die babylonische Sprachverwirrung, die am Anfang steht, die offenen Feldschlachten um die Leitmethode, also um die als Basiswissenschaft anzuerkennende Disziplin, die hernach Unterordnung und Tribut verlangen darf und die Interdisziplinarität vergessen läßt."[3] Um dem zu entgehen, sind Überlegungen zur Methodologie einer Wirtschaftsethik erforderlich. Basis ist dann weder die Ökonomie noch die Ethik.

2. Die Kapitalismusdebatte und Autonomiediskussion

Die Dominanz-Diskussion und die Ablehnung der Wirtschaftsethik könnten eine Folge der Kapitalismuskritik sein. Deren Argumentation griff häufig mehr oder weniger explizit auf die ökonomische Ethik des Mittelalters zurück. Hier galt ein absoluter Primat der Ethik vor der Ökonomie.[4] Vorneuzeitlich diente alles Wirtschaften der Bedürfnisbefriedigung. Die Erwerbstätigkeit richtete sich nach dem Konsumbedarf und der Idee des standesgemäßen Unterhaltes. Habsucht wurde als Sünde angesehen.[5] In einer stationären Konsum- und Ausgabenwirtschaft, die als Nullsummenspiel begriffen wurde, war das Umverteilungsgebot eine vollkommene Pflicht. So begründete sich das kanonische Zinsverbot, weil nämlich in einer naturalen Tauschwirtschaft Kredite im Regelfall konsumtiv waren oder Notkredite darstellten.[6]

In der Neuzeit tritt die Idee des Wachstums an die Stelle der Bedürfnisbefriedigung und des naturalwirtschaftlichen Nullsummenspiels. Damit wandelt sich die Gerechtigkeitsvorstellung von einer Umverteilungsnorm zum neuzeitlichen Autonomiepostulat. Dies zeigt sich bereits an der Bewertung der Lohnarbeit. Sie wird bei Hobbes unter Hinweis auf ihre Vertragsform als ethisch unbedenklich ausgewiesen.[7] Gerecht sei ein Austausch dann, wenn er der freiwilligen Übereinkunft der Tauschpartner entspringt. Das Dilemma der Rechtfertigung des bürgerlich-kapitalistischen Wirtschaftsethos trete dann bei Locke zu Tage: Der Feudalismus werde zwar mittels der naturrechtlichen Losung von Freiheit und Gleichheit abgelehnt, doch die Rechtfertigung der kapitalistischen Gesellschaft könne nur ökonomisch im Hinblick auf den Nutzen erfolgen.[8] Die ökonomische Begründung ersetzt die ethische. Dieses Defizit wird zum Ansatzpunkt der Kapitalismuskritik, als dessen Protagonist Rousseau gelten darf. Er legt bei seinem Angriff den mittelalterlichen Standpunkt einer stationären Wirtschaft als Nullsummenspiel zugrunde.[9] Obwohl die Aufklärung das Prinzip der rationalen Begründungsverpflichtung eingeführt habe, scheitere sie bei der sittlichen Rechtfertigung ihrer Form von Ökonomie.

Die Kapitalismuskritik hat jedoch ihre Grenzen. Denn in der Rechtfertigungsfrage der Neuzeit sind kollektivistischer und individualistischer Konsens zu unterscheiden.[10] Zwar gibt es für die Vertragsfreiheit, den individualistischen Konsens, kein allgemeines Herstellungsverfahren. Die neuzeitliche individuelle Autonomie markiert die Grenzen der Idee des Vernunftkonsensus. Dies gilt jedoch nicht für den demokratischen Konsens einer Gesellschaft. Im Hinblick auf die Rechtfertigung des Kapitalismus sind nur egoistisch-rationale Maßstäbe wie bei Hobbes oder Locke von der Kritik betroffen.[11] Daher ist nicht die Idee der Vertragsfreiheit der richtige Ausweg aus dem Legitimationsdefizit, sondern die Widerlegung der Prämissen des Dilemmas, die im individuellen Egoismus liegen.[12] Die Spieltheorie zeigt im Gefangenendilemma auf, daß eine egoistische Grundhaltung, von allen Beteiligten eingenommen, zu suboptimalen Lösungen führt. Der individuelle Konsens ist nicht der adäquate Ausweg; kollektive Konsense sind jedoch nur unter einschränkenden Bedingungen möglich. Freiheitsbeschränkungen dürfen aber nicht willkürlich sein.[13] Ist diese Argumentation zutreffend, dann erhält die Ethik ihren Platz bei der Konstitution der Rahmenbedingungen des Marktes.

Auch der Begriff der Autonomie in der Rechtfertigungsdebatte der Neuzeit ist nicht einheitlich. Mindestens drei Bedeutungen sind im 18. und 19. Jahrhundert zu unterscheiden. Die erste Ebene stellt die Idee der Vernunft als methodischer Progression und Innovation im Sinne eines sich selbst kritisierenden und steuernden Prozesses dar. Diese Bedeutung von Autonomie artikuliert sich in der Wissenschaftslehre (Comte), in der Naturphilosophie (La Mettrie, d'Holbach), in der

Ökonomie (Adam Smith) und in der Geschichtsphilosophie (Helvetius, Condorcet). Die zweite Ebene ist die Autonomie des großen Individuums und prometheischen Subjektes. Derartige Vorstellungen treten mit Goethe, Schiller, Feuerbach und Nietzsche um 1780 erstmals auf. Auf einer dritten Ebene meint Autonomie die Autonomie des Sittlichen, die insbesondere in der Ethik Kants eine herausragende Bedeutung in der Neuzeit gewonnen hat. Die drei Ebenen neuzeitlicher Autonomie gewannen seit der Spätaufklärung zunehmend an Eigenständigkeit. So klaffen heute Wissenschaftsexpansion, ökonomisches Wachstum, gesellschaftliche Entwicklung sowie der Stand des moralischen Bewußtseins auseinander. Vor allem dem sittlichen Bewußtsein sagt man nach, daß es mit dem exponentiellen Wachstum von Wissenschaft, Technik und Ökonomie nicht mehr Schritt halten könne.

Allerdings wurde in der Spätaufklärung ein Modell entwickelt, alle drei Ebenen neuzeitlicher Autonomie miteinander in einem Prozeß der Selbststeuerung zu verknüpfen. Exponent dieses Vorschlags ist Adam Smith. Sein Werk „Der Wohlstand der Nationen" von 1776 entwickelt die der marktwirtschaftlichen Ökonomie inhärente formale Gerechtigkeitsvorstellung im Wettbewerbsgedanken.[14] Smith rekonstruiert im kulturgeschichtlichen Rahmen den Ursprung der modernen Tausch- und Marktwirtschaft über die vier Stadien des Jägerdaseins, des Hirtentums, des Ackerbaus bis hin zur Entwicklung von Handel und Gewerbe. Hier setzt er seine Theorie der Arbeitsteilung, der Wohlstandssteigerung, des technischen Fortschritts, des Preismechanismus, die funktionale Distributionstheorie mit den Ideen von Tauschwert- und Tauschgerechtigkeit sowie seine Besteuerungstheorie an. Für das sinnvolle Ineinandergreifen dieser disparaten Bereiche muß er allerdings die „Vorsehung" im Sinne einer „unsichtbaren Hand" in Anspruch nehmen. Kein rationales apriorisches Prinzip kann eine Garantie für das Funktionieren dieses Mechanismus geben, und die These begründen, daß privater Egoismus die Wohlfahrt des Gemeinwesens notwendigerweise fördert. Das Bild der „unsichtbaren Hand" bezeichnet die Idee der inneren und äußeren Selbststeuerung eines marktwirtschaftlichen Systems durch den Wettbewerb. Smith scheint diesen Prozeß in Analogie zu einem sich selbst regulierenden Gleichgewichtsmechanismus in der Natur zu begreifen.

Auch der Tausch funktioniert nach einem Selbstorganisationsprozeß. Smith betrachtet ihn als Charakterzug des Menschen. Aus der hier erforderlichen Gegenseitigkeit könne eine Art Gerechtigkeit herausgelesen werden, die dann eintritt, wenn der Tausch zustande komme. Da jeder Mensch einen Sinn für Gerechtigkeit habe, würde ihn dieser beim Tausch leiten. Dieser Sinn ist ein Merkmal des Menschen wie die Eigenliebe, die den Motor für den anwachsenden Wohlstand darstelle.[15] Die von Smith zugrundegelegten „natürlichen Regeln" der Gerechtigkeit bestehen in einem „Ausfeilschen",[16] einer Art Konsensbildung über den Tauschwert einer Sache, der sich annähernd durch die aufgewendete Arbeitsmenge bestimme.

Gemäß seiner ökonomisch-anthropologischen Theorie zentriert sich Smiths Moralphilosophie um das einzelne Individuum. Nächstenliebe als wichtigstes Motiv für menschliches Verhalten zu erwarten oder gar zu fordern, verstoße gegen die menschliche Natur. Eine Verpflichtung zur Fürsorge bestehe zunächst für sich selbst und die eigene Gesundheit.[17] Gegenüber anderen richte sich die Fürsorgepflicht nach dem Verwandtschaftsgrad, den persönlichen Eigenschaften des Empfängers oder nach dessen früheren Dienstleistungen. Was letztlich als Sittlichkeit zu gelten habe, „muß durchaus der Entscheidung des Menschen in unserer Brust überlassen werden, der Entscheidung jenes vorgestellten unparteiischen Zuschauers, des großen Richters und Schiedsherrn über unser Verhalten".[18] Trotz seines individualistischen Ansatzes hält Smith an einem universellen Wohlwollen fest, denn unser guter Wille ist einer, der durch keine Gesetze eingeschränkt ist.[19]

Smith postuliert als sittlichen Grundsatz eine Art von Transsubjektivitätsprinzip, das er psychologisch in der menschlichen Natur verankert. In der Sympathie und im Mitleid werde die Glückseligkeit des anderen zum eigenen Bedürfnis.[20] Daraus entstünden Wohltätigkeit und Gerechtigkeit, die bisweilen in das Ausfeilschen im ökonomischen Bereich eingreifen sollten. Die Gerechtigkeit als Rechtlichkeit verhindere meistens nur, daß dem Nachbarn Schaden zugefügt werde. Die Wiedervergeltung des Gleichen mit Gleichem scheine aber das große Gesetz zu sein, das durch den Gedanken der Gegenseitigkeit den anderen ins Spiel bringe.[21] Denn die gegenseitige Schädigung könne nicht Prinzip einer Gesellschaft sein.[22]

Smiths Ethik als Theorie des menschlichen Urteilens über das Verhalten aufgrund von moralischen Gefühlen, die er psychologisch erklärt, ist in seine Konzeption der Ökonomie integriert. Dabei schlägt Smith vor, die Zuordnung der drei Ebenen des neuzeitlichen Autonomieverständnisses nach dem Modell der Selbststeuerung autonom zu organisieren. Sympathie und Gerechtigkeitssinn leiten die ökonomischen Akteure beim Tauschprozeß, insofern sie Menschen sind. Allerdings ist angesichts der ökologischen Krise das Modell der Selbststeuerung problematisch geworden. Deutlicher als Smith ist uns bewußt geworden, daß der Selbststeuerungsprozeß, soll er frei, gerecht und ökologisch verträglich sein, an Rahmenbedingungen gebunden ist, die mit dem liberalen Minimalstaatsprinzip nicht vereinbar sind.

Diese Rahmenbedingungen des Marktes und deren Sittlichkeit müßte eine ökologisch und sozial orientierte Wirtschaftsethik erörtern. Damit ein Selbststeuerungsprozeß funktioniert, bedarf es der Rahmenbedingungen, die mittels eines gesellschaftlichen Konsenses zu etablieren und zu rechtfertigen sind. Hier hat Wirtschaftsethik eine ihrer vordringlichen Aufgaben, ohne daß dieses Modell auf eine Revitalisierung der mittelalterlichen Dominanz der Ethik über die Ökonomie führen müßte. Eine christliche Wirtschaftsethik muß die individuelle Autonomie der handelnden, ökonomischen Subjekte und die Autonomie des Kultursachbereiches Wirtschaft anerkennen. Tut sie dies nicht, so läuft sie trotz ihrer Gemeinwohlorientiertheit Gefahr, die für den Konsens erforderlichen Einschränkungen – etwa Rahmenbedingungen einer ökologisch-sozialen Marktwirtschaft – nicht einsichtig machen zu können.

Dies akzeptiert die christliche Sozialethik im Anschluß an Alfons Auers Buch „Autonome Moral und christlicher Glaube".[23] In der Philosophie der Neuzeit wurde die „Emanzipation des Ethischen" – also sittliche Autonomie – propagiert. Traditionelle Normen werden beiseite geschoben, wenn sie sich nicht rational begründen lassen. Daher sei die „Autonomie des Sittlichen" auch in der Theologie der einzig sinnvolle Ansatz.[24] Ausgehend von der Sachgerechtigkeit[25] ist das Sittliche als der Anspruch zu bestimmen, den die Wirklichkeit – in unserem Falle der autonome Kultursachbereich Wirtschaft als sich selbst steuernder Prozeß – an die menschliche Person stellt.[26] Nach Eph 4,15 gehe es um die Wahrheit in Liebe. Dabei sei die menschliche Person in ihrer dialogischen Beziehung zu der sie umgebenden Umwelt, zu ihrer Sozialität zu sehen.[27] Andererseits darf aber auch die Verwiesenheit auf eine absolute, transzendente und personale Wirklichkeit als eine menschliche Urerfahrung nicht übersehen werden.[28] Franz Böckle hat für diesen Ansatz die Formel einer „theonomen Autonomie" geprägt.[29] Auer bezieht die Autonomie auf das Weltethos und nicht auf das Heilsethos. In gleicher Weise gehe auch die Bibel vor, denn insbesondere im Dekalog und in den Tugend- und Lasterkatalogen übernimmt sie Elemente des Weltethos und ordnet sie in einen religiösen Kontext ein.[30]

Bruno Schüller wendet mit seinen Aussagen zur teleologischen Begründung der Moraltheologie diese Konzeption auf die Ebene der Methodologie, indem er das sittliche Urteil über eine Handlung von ihren voraussehbaren Folgen abhängig macht. Biblisch begründet ist diese Haltung im Doppelgebot der Gottes- und Nächstenliebe, in der Zuwendung Jesu zum Sünder, die „so etwas wie eine Liebe auf Hoffnung hin"[31] ist. Liebe ist Gesinnung und Tat,[32] sie sucht eine Entscheidung für die vorrangige Handlungsnotwendigkeit bei Pflichtenkollisionen und fragt nach dem angemessenen Gewissensurteil. Folgenabschätzung wird die Methode des Gewissensentscheids gemäß der Richtschnur der Goldenen Regel, die ihre Begründung in einem biblischen Ethos sucht.

Die Autonomie des eigenständigen Kultursachbereiches Wirtschaft wie die sittliche Autonomie des einzelnen ist von einer christlich orientierten Wirtschaftsethik durchaus anzuerkennen. Diese Einsicht darf allerdings nicht zu der Forderung führen, die Ethik habe kein Recht, sich in die Bereiche der Wirtschaft einzumischen. Einspruch zu erheben gehört zu ihren Aufgaben. Daher können Immunisierungsstrategien gegenüber Ethik von seiten der Unternehmer wie der Ökonomie nicht einfach hingenommen werden. Eine derartige Strategie verficht die Neoklassik.

3. Die Neoklassik in den Wirtschaftswissenschaften

Ethik hat in der Wirtschaft nur dann einen Platz, wenn unternehmerisches Handeln zumindest in gewissen Grenzen frei ist. Das heute noch weitgehend leitende Bild von der Wirtschaft wird durch die neoklassische Theoriebildung bestimmt. Hier wird Akteuren im marktwirtschaftlichen System kaum ökonomische Handlungsfreiheit zugeschrieben. Der Systemzwang nötigt dazu, daß bei Strafe des Ausscheidens aus dem Marktprozeß der Unternehmer optimieren muß, sowohl beim Gewinn wie bei den für den Betrieb wichtigen technischen Prozessen. Das Abweichen von der optimalen Strategie bedeutet die Eliminierung des Unternehmens aus dem Markt, es sei denn, das Optimierungskalkül läßt mehrere Optionen[33] zu oder das Unternehmen hat eine Marktgröße erreicht, so daß die normalen Konkurrenzmechanismen außer Kraft gesetzt sind.

Im Rahmen der Neoklassik bleibt der Primat der Ökonomie unangetastet, weil der Markt entscheidet, ob oder in welchem Umfang moralischen Argumenten Rechnung getragen wird. [34] Wer für den Unternehmer den erforderlichen Freiraum schaffen will, muß den Anspruch der neoklassischen Ökonomie eindämmen und Wirtschaft nach einer anderen Theorie strukturieren. [35] In dieser müßte das Prinzip der Effizienz- und Gewinnmaximierung durch bestimmte Gewinnschwellen ersetzt werden. Andererseits birgt die Überordnung der Gerechtigkeit über die Effizienz unlösbare Probleme, die sich im Rahmen der Wohlfahrtstheorie und ihrer Wohlstandskriterien zeigen. Es läßt sich offenbar kein Prinzip formulieren, nach dem Gerechtigkeit und Effizienz gegeneinander abzuwägen wären. [36]

In die gleiche Richtung weist die Diskussion um den Werturteilsstreit in der Nationalökonomie. [37] Problematisch sind Werturteile im Aussagenbereich einer Wissenschaft, wobei ideologische, normative (ethische) oder ontologische Werturteile zu unterscheiden sind. [38] Da keine rationale und wissenschaftliche Einigung über Ziele erreicht werden kann, nach denen sich Wirtschaft steuern ließe, ist die normative Ökonomik zugunsten einer positiven Ökonomik aufzugeben. [39] Diese These geht auf Max Weber zurück, der im Anschluß an die Sein-Sollen-Unterscheidung von David Hume und George Edward Moores Lehre vom naturalistischen Fehlschluß die Verbannung von Wertungsfragen von deutschen Kathedern [40] fordert. Damit legt er einen Wissenschaftsbegriff zugrunde, wie er im logischen Empirismus intendiert wurde. [41]

Allerdings kann die Trennung von deskriptiver und normativer Ebene zur Meinung führen, gemäß einem biologistischen Verständnis des Menschen sei der pausenlose Kampf, das marktwirtschaftliche Spiel der Kräfte moralfrei wie das Leben der Tiere. [42] Gewisse Anklänge an dieses Verständnis scheint die Neoklassik aufzuweisen. Der Begriff der ökonomischen Rationalität ist in der neoklassischen Begriffsbildung reduktionistisch, weil die Wohlstandskriterien quantitativ und ohne Rückgriff auf die Frage nach der Verteilungsgerechtigkeit definiert werden. [43] Das Paretooptimum ist aber keine bloße Effizienznorm, wie die Neoklassik behauptet, denn die Umverteilung des Nutzens impliziert eine Umverteilung von Chancen der Verwirklichung von Handlungsfreiheit. So fungiert das Paretooptimum unter der Hand doch als Verteilungsnorm, obwohl die Neoklassik kein Instrumentarium entwickelt hat, das interpersonale Nutzenvergleiche ermöglichen würde. Diesen Mangel beheben auch das Kaldor-Hicks-Kriterium, das Scitovsky-Kompensationskriterium und das Samuelson-Kriterium nicht. [44]

194

Aber auch das Konzept gesellschaftlicher Präferenzen, die sich durch Abstimmung feststellen lassen, und die Ermittlung von Rangsummen ist keine geeignete Alternative, denn es führt in das sogenannte Wahlparadoxon. Trotz konsistenter individueller Präferenzstruktur kann man zu einer inkonsistenten gesellschaftlichen Präferenzstruktur gelangen.[45] Da aber eine zur Lösung des Verteilungsoptimums geeignete Wohlstandsfunktion nicht zur Verfügung steht, müssen andere Wege diskutiert werden.[46] Hier liegt eine der wesentlichen Aufgaben der Wirtschaftsethik. Sie wird noch verstärkt durch die ökologische Problematik, wenn es z. B. um die von der ökologischen Ethik geforderte Internalisierung externer Kosten geht.[47] Die ökologische Ethik müßte hier Vorschläge erarbeiten, welche Kosten zu internalisieren wären und wer sie zu tragen hätte. Die Neoklassik versäumt es, die Auswirkungen des Handlungssystems Wirtschaft auf andere Handlungssysteme zu betrachten. Dies müßte unter den Aspekten der Verteilungsgerechtigkeit und der Handlungsfreiheit Wirtschaftsethik leisten.

Ökonomisches Handeln wird inkonsistent, wenn es die eigenen Grundlagen zerstört. Dies ist dort der Fall, wo Ökonomie die Handlungsfreiheit der Menschen wie die natürlichen Ressourcen aufzehrt. Die Tatsache, „daß die Natur zurückschlägt, wo der Boden ihrer Bedingungen preisgegeben, wo ihre Ökologie zerstört und ihre Ressourcen geplündert werden, zeigt an, daß sich auf die Dauer kein Fortschritt auszahlt, der gegen das Strukturgefüge der Natur verläuft . . . Entsprechend bedarf es notwendig einer fundamentalen Rückbindung der Ökonomie an die Ökologie."[48] Umweltgesetzgebung ist zur Sicherung der Zukunftsaspekte der Wirtschaft selbst erforderlich.[49] Auf derartige Inkonsistenzen hat Wirtschaftsethik hinzuweisen, sowohl im inhaltlichen wie im methodischen Bereich.

4. Zum Gegensatz von instrumenteller und kommunikativer Rationalität

Mit umgekehrten Vorzeichen knüpft die Diskussion um instrumentelle und kommunikative Rationalität an Webers These von der Werturteilsfreiheit der technisch-ökonomischen Wissenschaften an. Webers Trennung von Zweckrationalität und reflexiver Rationalität und Max Horkheimers Kritik an der instrumentellen Vernunft führten letztlich zu einer Entgegensetzung von technisch-instrumenteller oder strategischer Rationalität einerseits und sittlich-ethischer Kommunikationsrationalität andererseits. [50] Handelt es sich aber um zwei radikal getrennte, unüberbrückbare Rationalitätstypen, dann sind in der Wirtschaftsethik nur Dominanz-Modelle möglich. Denn entweder leugnet man die Berechtigung der instrumentellen oder die Wirksamkeit sittlicher Rationalität.

Deutlich wird diese Entgegensetzung in der für die Wirtschaftsethik wichtigen Beziehung von Arbeiten, Herstellen und Handeln. Arbeit ist nach Hannah Arendt die Präparierung von Gütern für den Konsum. Anders sei das beim Herstellen. Dieses tendiere per se zur Vervielfältigung und sei durch große Verläßlichkeit ausgezeichnet. Allerdings müsse es als Vergewaltigung eines Teiles der Natur angesehen werden. [51] Hannah Arendt wertet das Herstellen negativ, insbesondere in seiner neuzeitlichen Variante. Denn der Herstellungs- und Akkumulationsprozeß sei potentiell unendlich und instrumentell bedingt. Die Instrumente, die uns die Arbeit erleichtern, seien nicht Produkte der Arbeit, sondern des Herstellens. Dies führe in die automatisierte Produktion, die ihrerseits nur durch ständigen Konsum garantiert werden könne. [52]

Vom Arbeiten und Herstellen ist das Handeln zu unterscheiden. Sprechend und handelnd würden wir uns in die Welt einschalten, indem wir einen Anfang setzten und uns offenbarten. Beide Vorgänge würden keine greifbaren Resultate und Endprodukte hinterlassen. Eine grundlegende Aporie des Handelns bestehe in der Unabsehbarkeit der Folgen. So entstünde in der theoretischen Diskussion über das Handeln des Menschen das Problem des Drahtziehers. Es beinhalte, daß Geschichte, wiewohl offenbar durch menschliches Handeln entstanden, doch von Menschen nicht gemacht werde. Die Aporien des Handelns kennzeichnen eine spezifische Dialektik: „Die dem Handeln eigentümlichen Aporien, die Unabsehbarkeit der Konsequenzen, das Nicht-wieder-rückgängig-machen-Können der einmal begonnenen Prozesse und die Unmöglichkeit, für das Entstandene je einen einzelnen verantwortlich zu machen, sind so elementarer Natur, daß sie die Aufmerksamkeit sehr früh auf sich gezogen haben. ... Allgemein gesprochen, handelt es sich nämlich immer darum, das Handeln der Vielen durch eine Tätigkeit zu ersetzen, für die es nur eines Mannes bedarf, der, abgesondert von den Störungen durch die anderen, von Anfang bis Ende Herr seines Tuns bleibt. Dieser Versuch, ein Tun im Modus des Herstellens an die Stelle des Handelns zu setzen, zieht sich wie ein roter Faden durch die uralte Geschichte der Polemik gegen die Demokratie." [53]

Hannah Arendt steht mit ihren Analysen in einer Problemlinie, die über Max Webers Trennung von Zweckrationalität und reflexiver Rationalität und Max Horkheimers Kritik an der instrumentellen Vernunft zu einer Entgegensetzung von technisch-instrumenteller oder strategischer Rationalität und sittlich-ethischer Kommunikationsrationalität geführt hat. Das Verhältnis dieser beiden Rationalitätstypen ist bis heute noch nicht ausreichend geklärt. Die strenge Trennung von instrumenteller und kommunikativ-sittlicher Rationalität wurde von der „Kritischen Theorie" vorangetrieben. Max Horkheimer und Theodor W. Adorno kritisieren neuzeitliche Vernunft als Organ der Kalkulation und des Plans, das gegen Ziele neutral sei.[54] Die Massenkultur und die Kulturindustrie als Ideologie[55] sowie die positivistische Wissenschaft, die Berechenbarkeit und Nützlichkeit in den Vordergrund stelle,[56] seien Ausdruck der instrumentellen Vernunft.

Jürgen Habermas knüpft mit seiner Kritik an der verdinglichenden Tendenz instrumenteller Vernunft bei Horkheimer und Adorno an. Er bemängelt jedoch, daß diese noch dem Modell der instrumentellen Vernunft verhaftet bleibe.[57] Deutlich werde dies an den Schwierigkeiten der „Kritischen Theorie", über ihre eigenen normativen Grundlagen Rechenschaft zu geben.[58] Dies liege daran, daß sie dem Paradigma der Bewußtseinsphilosophie verhaftet bleibe.[59] Erst der Paradigmenwechsel zur Kommunikationstheorie löse die Ansprüche der „Kritischen Theorie" ein.[60] Denn die Diskurstheorie erlaube es, den kognitiv-instrumentellen Teilaspekt in eine umfassendere kommunikative Rationalität einzuordnen. Problematisch ist jedoch, daß auch Habermas einen Gegensatz zwischen instrumenteller und kommunikativer Rationalität errichtet. Und es ist nicht sicher, daß allein der Diskurs Sittlichkeit garantiere.

Wilhelm Korff bezweifelt daher die Legitimität der Entgegensetzung von instrumenteller und sittlicher Rationalität: „Der Mensch ist von Natur verantwortungs- und sittlichkeitsfähig. . . . Alle Kritik am Mißbrauch der instrumentellen Vernunft kann somit immer nur als Kritik am tatsächlich geübten Verhalten, als Mangel an moralischem Verantwortungsbewußtsein gefaßt werden, nicht aber als Infragestellung der sittlichen Kompetenz und Verantwortungsfähigkeit des Menschen überhaupt. Es irren also jene, die von dem faktischen Fehlverhalten des Menschen auf eine grundsätzliche, unaufhebbare Dysfunktionalität zwischen sittlicher und instrumenteller Vernunft schließen und im Namen der sittlichen Vernunft eine neue, gegen die instrumentelle Vernunft gerichtete Ethik fordern."[61] Das Verhältnis von instrumenteller und sittlicher Vernunft muß neu durchdacht werden.

Dies kann im Anschluß an Kants Unterscheidung von technischen, pragmatischen und sittlichen Imperativen geschehen.[62] Methodisch gesehen besteht zwischen den ersten beiden und dem dritten Imperativ ein entscheidender Unterschied. Nur der letzte gebietet kategorisch und verletzt das Hume'sche Gesetz nicht, das eine Vermischung von deskriptiven und präskriptiven Aussagen verbietet.[63] Doch sind die anderen Imperative nicht minder bedeutsam. Dies gilt insbesondere für die Moderne mit ihrer Prävalenz der kognitiv-instrumentellen Rationalität. Um den Unterschied wie den Zusammenhang zwischen den verschiedenen Rationalitätstypen zu verdeutlichen, schlage ich daher im Anschluß an Kant vor, kognitiv-instrumentelle und sittliche Rationalität in einem Drei-Stufen-Schema zu erfassen. Dieses orientiert sich nicht mehr an Imperativen im Sinne von Regeln oder Maximen des Handelns, sondern versteht sich als Beschreibung des vernünftigen Handelns selbst. Dann lassen sich instrumentelle und technische Handlungs-Rationalität (Konstruktion, Produktion), pragmatische Handlungs-Rationalität (Kooperation) und schließlich sittliche Rationalität (ethische Urteile, sittliche Grundsätze) unterscheiden. Auch wenn in den ersten beiden Ebenen die von Kant vorgeschlagene Universalisierungsregel nicht greift, vernünftiges menschliches Handeln weist im Hinblick auf die Folgen und als Antwort auf die praktische Frage auch im technisch-instrumentellen Bereich als Herstellen eine sittliche Dimension auf.

Eine Handlungstheorie sollte sich allerdings angesichts der Aporien des Handelns bewußt sein, daß abschließende Urteile über Handlungen kaum zu erzielen sind. Aufgrund der Schwierigkeiten in der Bestimmung der jeweiligen Handlungsfolgen und ihrer Zurechenbarkeit muß ein Ethiker sehr vorsichtig sein und sich meist mit Vermutungen der Ungerechtigkeit, der Verletzung der Solidarität und der Personwürde zufriedengeben. Konsens ist ein schwer erreichbares Ziel. Daher genügt bereits begründeter Widerspruch im ethischen Diskurs, um die Frage nach Alternativen aufzuwerfen. Allerdings sind instrumentelle und sittliche Rationalität als zwei Dimensionen der einen praktischen Frage aufzufassen, die da lautet: „Was soll ich tun?"[64] Nur künstlich oder methodisch gesehen können beide Dimensionen in der Antwort auf die praktische Frage getrennt und unterschieden werden. Ihre Einheit zu sehen und zu realisieren ist eine der dringlichsten Aufgaben der Wirtschaftsethik.

Eine handlungstheoretische Deutung der Wirtschaftsethik muß auf zwei Ebenen ansetzen. Die erste Ebene stellt das handelnde Subjekt, die

Person, in den Mittelpunkt. Hier ist Wirtschaftsethik Konsumenten-
ethik, Arbeitnehmerethik oder Unternehmerethik. Auf dieser Ebene
leistet die Handlungstheorie des Thomas von Aquin gute Dienste. Für
die Meso- und die Makroebene bedarf es eigener handlungstheoreti-
scher Ansätze, die im letzten Abschnitt erörtert werden sollen.

5. Handlungstheorie bei Thomas von Aquin als Modell einer Verbraucher- und Unternehmerethik

Die Basis seiner Handlungstheorie umschreibt Thomas in der Prima
Secundae seiner „Summa theologiae" mit dem Begriff der Tugend.
Unter ihr versteht er eine „Haltung, durch die wir zum gut handeln
befähigt sind" (I-II,58,2).[65] Die für die Ethik maßgebliche Tugend ist
die Klugheit (I-II,58,5). Ohne sie ist ein sittliches Urteil, die Anwendung
der sittlichen Grundsätze auf die Einzelfälle, nicht möglich (I-II,58,5).
Thomas grenzt im Anschluß an die „Nikomachische Ethik"[66] von
Aristoteles „prudentia" von „ars" als Sammelbegriff für Kunst und
Technik ab (I-II,57,3). Ars ist die „richtige Vernunft" (ratio recta) des
Machbaren und Herstellbaren, prudentia die richtige Vernunft des
Handelns. Machen und Herstellen definiert Thomas als einen mensch-
lichen Akt, der sich nach außen richtet. Handeln jedoch verharre ständig
im Handelnden (I-II,57,4).

Klugheit versteht Thomas als praktische Vernunft (ratio practica;
II-II,47,2). Sie ist die Anwendung der universellen Prinzipien auf die
Einzelhandlungen durch Schlußfolgerungen im Sinne des praktischen
Syllogismus[67] (II-II,47,6). Dabei ist das Urteil über Sittliches abzugren-
zen vom Urteil über Machbares oder Herstellbares. Die Berücksichti-
gung der Umstände sei wichtig, um mittels der Klugheit das Ziel
hinsichtlich gut und böse zu bestimmen. Die sittliche Qualität einer
Handlung hänge zudem bisweilen von den Umständen ab und die
Verdienstlichkeit einer Handlung, die Verantwortlichkeit eines Tuns
könne nur von den Umständen her richtig beurteilt werden (I-II,7,2).
Immer jedoch könne die Zweckdienlichkeit und Nützlichkeit einer
Handlung aus den Umständen herausgelesen werden (I-II,7,2). So
bestimmen die Umstände nach Thomas zumindest die Nützlichkeits-
Qualität eines Handlungszieles und haben Hinweischarakter auf
Tugend. Umstände gehörten faktisch zur Handlung, aber nicht notwen-
dig. Die eigentliche Sittlichkeit erhalte ein Akt vom Ziel her. Bei

Thomas sind also für den Handlungsbegriff der Willensbegriff und das Ziel bestimmend. Das Ziel definiere eine Handlung begrifflich, und zwar im Sinne einer praktisch-sittlichen Prädikation (I–II,7,4).

Um eine konkrete Verpflichtung als Vorschrift für eine Entscheidung eruieren zu können, entwirft Thomas von Aquin zumindest im Umriß die Konzeption eines praktischen Syllogismus in Parallelität zu dem in der Zweiten Analytik des Aristoteles entwickelten logischen Schlußverfahren (I–II,8,2).[68] Die erste Prämisse des praktischen Syllogismus enthält die Zielbestimmung, die zweite eine Mittelbewertung. Die Conclusio ergibt dann ein sittliches Urteil, das eine gewisse Handlungsverpflichtung konstatiert. Ziele werden nach ihrer Sittlichkeit beurteilt, Mittel nach ihrer Nützlichkeit. Sittliches (Ziel) und Nützliches (Mittel) sind bei Thomas zwei verschiedene Artbegriffe des Guten (I–II,8,3). Das Ziel wird um seiner selbst willen gewollt, die Mittel jedoch werden immer durch das Ziel qualifiziert. Der praktische Syllogismus stimmt den Schlußfolgerungen wegen der Sittlichkeit der Prinzipien zu, daher sind Nützliches und Sittliches nicht Bestimmungen gleichrangiger Art. Wer das Ziel will, will nicht notwendig ein bestimmtes Mittel. Es ist daher ein eigener Akt, die Mittel zu erwählen. Dennoch sind sie im praktischen Syllogismus aufeinander bezogen (I–II,8,3).

Letztlich sind Sittlichkeit und Vernunft im Gewissensurteil verknüpft (I–II,19,5). Dies hat zur Konsequenz, daß auch ein irrendes Gewissen verpflichtet (I–II,19,5), wenn es auch nicht in allen Fällen entschuldigt (I–II,19,6). Nur unverschuldetes Nichtwissen ohne Nachlässigkeit erkennt Thomas an. Das Verdienst einer Handlung hängt letztlich von der Intention, also vom Ziel ab. Indirekt ausgerichtet ist jeder gute Willensakt auf das höchste Gut als seinem Endziel, also auf Gott (I–II,19,9). Äußere Handlung und innerer Akt sind, aus der Perspektive der Sittlichkeit betrachtet, ein wechselseitig aufeinander bezogener Akt. Denn äußerer und innerer Willensakt sind durch ein und dasselbe Ziel bestimmt (I–II,20,3). Einzig ein solcher Wille ist vollkommen, der dann handelt, wenn die Gelegenheit da ist (I–II,20,4). Dies bedeutet, daß die Folgen abgeschätzt werden müssen.[69] Sind sie vorhergesehen worden oder waren sie zumindest vorhersehbar, dann sind sie für das sittliche Urteil relevant. Sind sie zufällig oder treten derartige Folgen nur in den seltenen Fällen ein, so sind sie für die Sittlichkeit einer Handlung nicht ausschlaggebend (I–II,20,5).

Der Mehrstufigkeit der praktischen Vernunft korrespondiert die Gewissenskonzeption des Thomas. Die Unterscheidung von Urgewissen (synteresis oder synderesis) und Gewissen (conscientia) findet ihre

Parallele in der Zweistufigkeit des praktischen Urteils.[70] Der Differenz zwischen Urgewissen und Gewissensurteil entspricht die zwischen praktischem Prinzip und partikulärem praktischen Urteil. Das Gewissen ist nicht subjektive Willkür, sondern fordert, dem Urteil der eigenen Vernunft zu folgen. So liegt das Gute nicht einfach in der „inclinatio naturalis", sondern in der Beurteilung des Ziels im Gewissensurteil.[71] Systematisch gesehen wird die Doppelbedeutung von Mitwissen und Selbstbewußtsein im Gewissensbegriff höchst bedeutsam. Die Stoa und Aristoteles hatten noch keine Theorie des Gewissensurteils.[72] Erst Thomas entwickelte diese im Anschluß an Peter Abaelard.

Anknüpfend an Thomas von Aquin, möchte ich in Fragen der Wirtschaftsethik auf der Ebene der persönlichen Entscheidung für eine Handlungstheorie plädieren. Wirtschaftsethik auf dieser Ebene ist im wesentlichen eine Standesethik, also Unternehmerethik, Arbeitnehmerethik und Verbraucherethik. Traditionell setzt Handlungstheorie als Ethik des Ethos an. Damit bezeichnet man die sittliche Reflexion der Praxis, also jeder unter dem Maß der Vernunft stehenden Handlung. Sie geht von der Erfahrung aus, daß eine Handlung gelingen oder scheitern kann.[73] Ethos ist der Inbegriff der Normen, die in einer gegebenen Gruppe als gültig angesehen werden. Dabei hat die Partikularität eines jeden Ethos ihre Berechtigung. Ein Ethos kann man auch als ein Handlungsmuster bezeichnen.[74] Handlungsmuster sind oft durch die Tradition vorgegeben. Nun kann sich Wirtschaftsethik nicht darauf beschränken, Standesethiken zu entwickeln und an die sittliche Kompetenz des einzelnen und sein Gewissen zu appellieren, obwohl die Bedeutung des wirtschaftlich handelnden Subjektes nicht heruntergespielt werden soll. Daher bedarf es eines zweiten Modells zur Grundlegung der Wirtschaftsethik.

6. Entscheidungstheorie als Modell einer Wirtschaftsethik im Meso- und Makrobereich

Im Rahmen der Wirtschaft sind drei Handlungsebenen zu unterscheiden, je nach dem Aktor, der Person oder Institution, der eine Entscheidung trifft. Es handelt sich um die Mikro-, Meso- und Makroebene, konkret gesprochen Individuum, Organisation und System.[75] Wirtschaftsethik hat die je spezifische Eigenständigkeit des Handelns auf allen drei Ebenen zu betonen und zu bewerten. Eine spezifische Eigenständigkeit des Handelns gibt es nicht nur beim

Verbraucher, sondern auch auf der Mesoebene, z. B. bei Unternehmen, die als juristische Personen aufgefaßt werden können. Dabei sollte Wirtschaftsethik helfen, Handlungsspielräume richtig einzuschätzen und Alternativen aufzuzeigen sowie die Entscheidungen zu bewerten. Die Methode, die sich hier anbietet, ist ein entscheidungstheoretischer Ansatz, der diskursiv vorgenommene Zielbestimmung und Folgenbewertung von unternehmerischen Entscheidungen oder wirtschaftspolitischen Maßnahmen bewertet. Diese Konzeption kann an die Erörterungen zum Regel-Konsequentialismus anknüpfen.

Der Regel-Konsequentialismus, dessen Bedeutung für eine Wirtschaftsethik ich an anderer Stelle aufgezeigt habe,[76] geht von spieltheoretischen Überlegungen zum Gefangenendilemma aus. Im Fall des Gefangenendilemmas zeigt sich sittlich-unversalisierendes Handeln effektiver als instrumentell-rationales und egoistisches Verhalten des einzelnen. Sittliches Handeln ist zudem für die Gesamtsituation im Regelfall effektiver als ein individuellrationales Entscheiden. Der Regel-Konsequentialismus erkennt im Unterschied zum Handlungs-Konsequentialismus das Verallgemeinerungsargument, also Kants Generalisierungsregel an.[77] Obwohl in den meisten Fällen ein Handlungs-Konsequentialismus ausreicht, gibt es doch Interessenkonflikte, in denen ohne Verallgemeinerung keine rational begründete Einschränkung des Egoismus naheliegt.[78] In diesen Fällen z. B. eines gruppenspezifischen Egoismus bedarf es eines Motivs, sittlich, d. h. im Sinne einer größeren menschlichen Gemeinschaft, zu handeln. Das angeborene Pflichtbewußtsein ist zu schwach dazu.[79] Daher muß sich sittliches Handeln und Entscheiden lohnen und zumindest zu sozialer Anerkennung führen. Diese aber setzt die Akzeptanz von Grundwerten und sittlichen Grundsätzen voraus, die sich intersubjektiv begründen lassen. Der Konsequentialismus betrachtet Entscheidungen bzw. Handlungen und ihre Folgen. Er möchte Bewertungsansätze durch Regeln durchsichtiger machen.

Nach einem geläufigen Handbuch beschäftigt sich die Volkswirtschaftslehre mit wirtschaftlichen Entscheidungen einer Vielzahl von Akteuren mit äußerst komplexen Beziehungen untereinander. Wirtschaft befriedigt Bedürfnisse der Menschen durch Güter, durch Waren und Dienstleistungen.[80] Güterknappheit entsteht, wenn die Bedürfnisse die verfügbaren Mittel übersteigen. Dabei entziehe sich die sittliche Frage, ob eine Nachfrage berechtigt sei oder nicht, wissenschaftlicher Betrachtung.[81] Und wenn die Bereitstellung von Gütern Kosten verursacht, zwingt sie uns zur Bewirtschaftung.

Jede Entscheidung erzeugt Opportunitätskosten durch Nutzenentgang. Gefordert ist eine rationale Entscheidung. Rational handelt der, der ein ökonomisches Ziel mit gegebenen Mitteln bestmöglich erreicht.[82] Dabei sind Haushalte und Unternehmer bedeutsame Entscheidungseinheiten im Güter- und Geldkreislauf.[83] Verbraucher sollten den Nutzen, Unternehmer den Gewinn maximieren.[84] Die Entscheidungen beider greifen ineinander. Ein weiteres wichtiges Entscheidungsorgan ist der Staat, der aufgrund sogenannter Kollektivbedürfnisse das soziale Rahmenwerk für die Wirtschaft setzt.[85] In der Marktwirtschaft lassen sich Haushalte und Unternehmen vom Eigeninteresse leiten.[86] Dies impliziert eine dezentrale Lenkung der Gesamtwirtschaft, eine individuelle, am Eigeninteresse ausgerichtete Planungs- und Konsumentenautonomie.[87] Zur Koordination wirtschaftlicher Interessen dient der Preismechanismus, Angebot und Nachfrage. Preise haben Signalfunktion und können Knappheit anzeigen.[88] Sie sind allerdings nur auf die jeweils gegenwärtige Situation bezogen und haben nichts mit Vorstellungen sittlicher Gerechtigkeit zu tun. So ist auch der Lohn kein Ausgleich für Arbeitsmühen, sondern bemißt sich nach der relativen Knappheit, also nach der Nachfrage.

Ökonomische Rationalität geht vom methodischen Individualismus (Nutzen- und Gewinnmaximierung), persönlicher Bedürfnisbefriedigung (Zahlungsbereitschaft) und instrumenteller Rationalität (Ziel-, Mittel- oder Zweckrationalität) bei der wirtschaftlichen Entscheidung aus. Jede Entscheidung verursacht volkswirtschaftliche Opportunitätskosten, soziale Kosten oder andere Folgen, z. B. durch Eingriffe in die Natur. Um wirtschaftlich handeln zu können, bedarf es der Prognose, der Planung, der Entscheidung und der Steuerung. Erforderlich hierzu sind Zielbestimmung, Abschätzung des Instrumenteneinsatzes und eine Folgenabschätzung. Bei jedem dieser Schritte fließen Bewertungsfragen immer dann ein, wenn mehrere Wege möglich sind. Instrumentelle, auf Erfolg abzielende Rationalität und universalisierende, sittliche Rationalität müssen sich im ökonomischen Handeln nicht widersprechen, sie können aber in Konflikte oder Gegensätze geraten. Ökonomische Rationalität beschränkt sich zur Beschreibung der Folgen auf ökonomische Kosten, die der Entscheidungsträger – ob Haushalt oder Unternehmen – selbst zu tragen hat. Dies sind meist Planungs-, Realisierungs- und Folgekosten, vielleicht bei technischen Entscheidungen noch Entsorgungs-, Korrektur-, Revisions- und Liquidationskosten. Ökologische oder soziale Folgen einer Entscheidung und deren Kosten, die den Entscheidungsträger nicht unmittelbar betreffen, werden gemäß der ökonomischen Rationalität nicht berücksichtigt und so der Allgemeinheit oder den Betroffenen angelastet. Langfristige und möglichst umfassende Folgenabschätzungen und Kostenberechnungen fordert aber die sittliche Rationalität.

Eine Wirtschaftsethik kann den Prozeß der Entscheidungsfindung im Sinne der Diskursethik verfahrenstechnisch legitimieren und hierzu Kriterien wie Fairneß, den herrschaftsfreien Dialog, die Beteiligung aller Betroffenen oder den Konsens heranziehen. Der entscheidungstheoretische Ansatz schließt keineswegs aus, daß der Prozeß der Entscheidungsfindung diskursiv oder dialogisch gestaltet werden soll. In größeren Unternehmen oder im Staat werden Entscheidungen meist gemeinschaftlich getroffen. Doch ist für sie nicht das Verfahren der Entscheidungsfindung (etwa Konsens, Mehrheitsprinzip usw.) für die sittliche Bewertung ausschlaggebend, sondern es sind inhaltliche Kriterien der Zielbestimmung, des Instrumenteneinsatzes und der Folgenbewertung und die Qualität rechtfertigender Argumente.

Bei einer Ethik der Folgenbewertung im Rahmen einer Entscheidungstheorie sind drei Arten der Entscheidung zu differenzieren. Eine Entscheidung unter Sicherheit ist anders zu bewerten als unter Risiko oder unter Unsicherheit. In der deskriptiven Entscheidungstheorie, etwa der Spieltheorie, werden die beiden letztgenannten Fälle oft nicht unterschieden, indem für Unsicherheit ein statistisch beschreibbares Maß angegeben wird. Da der mathematische Grenzwert, der für Entscheidungen unter Unsicherheit festgestellt werden kann, nur eine Wahrscheinlichkeitsverteilung und keine lineare Gleichung wie im Falle der Risikobestimmung ergibt, beharrt eine Ethik der Folgenbewertung auf der Unterscheidung aller drei Fälle. Unter Sicherheit ist – ethisch betrachtet – eine Optimierung der Handlungsfolgen anzustreben, unter Risiko ist der Handelnde zur Auswahl derjenigen Variante verpflichtet, die wahrscheinlich optimal ist. Unter Unsicherheit muß man sich darum bemühen, ein potentielles Schadensausmaß möglichst gering zu halten.[89]

Das für die Folgenbewertung erforderliche Kriterien-Set kann die Wirtschaftsethik der allgemeinen Ethik-Diskussion entnehmen. Angesichts der Komplexität wirtschaftlicher Entscheidungen reichen die traditionellen Ein-Prinzipien-Ethiken nicht aus. In den verschiedenen Strömungen der Ethik werden im Rahmen prinzipienorientierter rationaler Verfahren zunächst drei Grundprinzipien der sittlichen Bewertung genannt. Es handelt sich um den Grundsatz der Verallgemeinbarkeit oder Universalisierung, oft auch als Unparteilichkeitsforderung oder Transsubjektivitätsprinzip konzipiert. Er stellt eine direkte

Übersetzung des Kategorischen Imperativs in eine sittliche Grundregel dar.[90] Als Grundsatz gilt die Verpflichtung zur Gleichbehandlung aller Betroffenen unter vergleichbaren Bedingungen. Dieser Grundsatz kann sich auf die Traditionslinie der Goldenen Regel berufen. Und schließlich werden seit Aristoteles und in neuerer Zeit verstärkt nach Rawls Gerechtigkeit und Fairneß unter die Grundprinzipien gezählt.[91] Diese Grundsätze und die aus ihnen abgeleiteten ethischen Kriterien können Prämissen in sittlichen Urteilen und praktischen Syllogismen und so zur Grundlage wertender Urteile werden.

Diesen formalen Grundsätzen und Konsistenzkriterien der Ethik an die Seite zu stellen sind die Menschenwürde und das Solidaritätsprinzip. Kant begründete die Menschenwürde in der sogenannten Selbstzweckformel. Gemäß dieser darf der Mensch niemals nur als Mittel zum Zweck benutzt, also vollständig instrumentalisiert werden.[92] Kant rechtfertigt den Gedanken der Personwürde[93] zudem in der Formulierung der sittlichen Autonomie des vernünftigen Subjektes.[94] Das Solidaritätsprinzip betont über die individuelle Komponente hinausgehend das Gemeinwohl und ist das Grundprinzip der katholischen Sozialethik. Es ist die gesellschaftliche Einlösung des Personprinzips und impliziert eine solidarische Vertiefung des Gerechtigkeitsverständnisses für die technisch-industrielle Gesellschaft und ihre Wirtschaft.[95] Als weiterer Grundsatz für eine Wirtschaftsethik empfehle ich die Verpflichtung zur weitmöglichen Förderung des Wohlbefindens der von einer Handlung und ihren Folgen Betroffenen dem Utilitarismus zu entnehmen. Insbesondere für Technikethik und Wirtschaftsethik ist als weiterer Grundsatz Verantwortung für künftige Generationen heranzuziehen.[96] Solidarität, Personwürde, Förderung des Wohlbefindens und Verantwortung für zukünftige Generationen sind Grundsätze sittlicher Gesinnung[97] und dürfen darum, sollen sie konsensfähig sein und einen Basiskonsens für die Diskussion um den wissenschaftlich-technischen Fortschritt ermöglichen, nicht zu eng ausgelegt werden.

Der handlungstheoretische Ansatz unterscheidet zwischen Akteuren und Betroffenen. Er fragt: Wer handelt und wer ist betroffen? Im Hinblick auf die Wirtschaftsethik können wegen der Komplexität der Aktionsebenen und der Vielfalt der Akteure hier nur einige oberflächliche Überlegungen angestellt werden. Es lassen sich auf seiten der Akteure auf der individuellen Ebene Konsumenten, Arbeitnehmer und Unternehmer unterscheiden. Im Mesobereich können mittleres Management und Unternehmensleitung differenziert werden. Auf der Makroebene sind politische Parteien, Verbände, das Parlament und internationale Organisationen zu nennen. Betroffene sind die Natur als Ressource, Konsumenten, Arbeitnehmer, Unternehmer, Unternehmen und politische Institutionen nationaler und internationaler Art. Hierbei ist insbesondere zu fragen, ob und inwiefern, d. h. bis zu welchen Grenzen die Natur als Betroffener anerkannt werden kann, d. h. wie weit sich Unparteilichkeits- und Gerechtigkeitsverpflichtungen erstrecken. Die Fragen nach der Verpflichtung zur Solidarität mit der Natur wie zu „ökologischer Gerechtigkeit" habe ich an anderer Stelle im Rahmen eines ökologisch orientierten Humanismus diskutiert und ein abgestuftes Dringlichkeitskriterium entwickelt. [98]

Für eine Wirtschaftsethik empfehle ich nun eine philosophische Entscheidungstheorie, die an Kants Unterscheidung von technischen, pragmatischen und kategorischen Imperativen anknüpft. Sie fragt nach den potentiellen Folgen einer Entscheidung und geht in ihrer ersten Stufe von Kosten-Nutzen-Überlegungen, ökonomischen Diskontierungen oder Risikoabschätzungen im Sinne technischer Imperative aus. Ob eine Handlung oder Entscheidung befürwortet werden kann, hängt davon ab, welche Risiken oder Kosten zu erwarten sind. Sind die Kosten gering oder die Risiken minimal, der Gewinn aber beachtlich, erfolgt die Prüfung auf der nächsten Stufe, nämlich der pragmatischen Imperative. An dieser Stelle läßt sich das Ethos verorten. Es ist nun zu fragen, ob die mit Gewinnerwartungen ausgestattete Entscheidung dem Ethos widerspricht, also den guten Sitten oder den üblichen Gepflogenheiten. Ist dies nicht der Fall, dann kann eine wirtschaftliche Entscheidung als legitimiert betrachtet werden. Bestehen Zweifel oder Wert-Konflikte, so muß auf die dritte Ebene, auf ethische Grundsätze und ethische Reflexion zurückgegriffen werden.

Für eine Handlungstheorie entscheidend sind Zielfindung und Folgenbewertung. Beide sind in einem Regelkreis rückgekoppelt und können solipsistisch wie diskursiv angelegt werden. Kant setzt in seiner Ethik die Kompetenz des sittlichen Subjektes voraus, nämlich autonom, d. h. aus sich selbst heraus beurteilen zu können, ob sich eine handlungsleitende Regel generalisieren läßt oder nicht. Diese Kompetenz wird unter den Bedingungen der modernen technologischen Gesellschaft zunehmend bestritten. Die Universalisierung, obwohl erst sie Sittlichkeit garantiert, ist in der Anwendung auf konkrete Entscheidungen heute kein einfach zu handhabendes Kriterium zur Überprüfung von Handlungsregeln. [99] So kommt es zu einer Aufwertung der hypothetischen Imperative durch das Anwachsen des Technischen in der Wirtschaft. Wir können nicht mehr so leicht beurteilen und kritisch überprüfen, ob sich eine Maxime generalisieren läßt, vor allem nicht, wenn die Folgen berücksichtigt werden müssen. Hier sind wir auf einen gemeinsamen Prozeß der Bewertung angewiesen.

Allerdings kann nicht der faktische Konsens im Diskurs das Wahrheitskriterium sein. Der sittliche Diskurs muß auf ethische Argumente, wertende Urteile, praktische Syllogismen, kurz auf eine Normlogik sittlichen Argumentierens zurückgreifen. [100] Wertende Urteile und praktischer Syllogismus im sittlichen Diskurs nehmen die Stelle ein, die in der Handlungstheorie das Gewissen innehatte. Aber auch dort war bereits vom Gewissensurteil die Rede gewesen. Die instrumentell-technische, die pragmatische und die sittlich-kategoriale Dimension der praktischen Frage und ihre Beantwortung mittels wertender Urteile dürfen nicht gegeneinander ausgespielt werden.

Die Ethik der Folgenbewertung ist ein Verfahrensvorschlag zur Entscheidungsfindung. Er besteht in der Erarbeitung von Entscheidungsalternativen und in der Handlungsfolgenbewertung mittels wertender Urteile. In Szenarien und Modellen werden Kosten, Folgen, Nebenfolgen in Abhängigkeit von den intendierten Zielen abgeschätzt und auf ihre Sittlichkeit hin überprüft. Eine sittlich einwandfreie Entscheidung muß die Alternative wählen, die aus heutiger Perspektive langfristig vor allen Alternativen vorzugswürdig ist. Die hier vorgeschlagene Ethik der Entscheidungsfindung im Bereich Wirtschaft auf der Meso- und der Makroebene stellt sich als Verknüpfung der Ethik Kants, der Diskursethik und des Konsequentialismus dar. Ihr Grundprinzip lautet: „Handle so, daß ein unter gegebenen Umständen optimaler Zustand eintritt." [101] Der optimale Zustand – als Zielnorm verstanden – bemißt sich nicht allein aus ökonomischen Effizienzkriterien, sondern nach einer Wertordnung, für die ich sieben Grundsätze vorgeschlagen habe.

Eine besondere Rolle spielen Gerechtigkeitsüberlegungen. Betrachten wir den Fall, wo Wirtschaftssubjekte Abwasser in einen Fluß ungeklärt einleiten. Solange dies nur eine beschränkte Anzahl vornehmen und die Selbstreinigungskraft des Gewässers nicht überschritten wird, ist das Verfahren sittlich nicht zu bemängeln. Würde diese Handlung nur nach der Universalisierungsregel bewertet, so dürfte niemand Abwasser einleiten, da es zum Umweltkollaps führt, wenn alle ungeklärte Abwässer einleiten und ihre Zahl sehr groß ist. Ungerecht aber wäre es, wenn einige einleiten dürften, andere nicht, ohne Kompensationen zu erhalten. Gerechterweise müßten alle proportional so viel einleiten dürfen, daß es insgesamt nicht schädlich ist. Dabei ist für die praktische

Entscheidungsfindung nicht wie in der Diskursethik die Letztbegründungsfrage oder der Konsens entscheidend, sondern die Theorie sittlich-ethischer Argumentation. Die Konvergenz von Argumenten wie aufgetretener Dissens ist von methodologisch höherer Valenz als der faktische oder der ideal antizipierte Konsens.

Der Diskurs der Wirtschaftsethik ist von einem Basiskonsens abhängig, der insbesondere die Grundsätze der Gesinnung betrifft, nämlich Menschenwürde, Solidarität und Verantwortung für zukünftige Generationen. Ich möchte das damit verbundene methodische Problem am Beispiel der Menschenwürde verdeutlichen. Das Menschenrechtsethos stellt eine Art Basiskonsens in der Diskussion der Ethik dar. Um diese Funktion weiterhin erfüllen zu können, muß der Begriff der Menschenwürde bestimmte Bedingungen erfüllen. Als Begriff wurde er erst spät geprägt. Dennoch hat der zugrundeliegende Gedanke eine lange Tradition. Er verweist auf Cicero, der im ersten vorchristlichen Jahrhundert das Ideal der Humanitas, der Menschlichkeit, formuliert hatte. Cicero verstand unter der Würde einer Person ihren ehrenvollen Platz in der Gesellschaft.[102] Diese Auffassung verschmilzt bei Pico della Mirandola mit der biblisch-augustinischen Lehre von der Gottebenbildlichkeit des Menschen.[103]

Den Höhepunkt in der philosophischen Durchdringung des Themas Menschenwürde stellt Kants Bestimmung der Sittlichkeit dar. Für Kant sind die Sittlichkeit und die Menschheit allein das, was Würde hat.[104] Die Autonomie des Menschen als eines freien und sittlichen Wesens drückt sich im Kategorischen Imperativ aus. Dieser verpflichtet dazu, daß der Mensch um seiner selbst willen geachtet und nie nur als Mittel zum Zweck gebraucht werden dürfe. Menschenwürde ist von ihrer philosophischen Begründung her Ausdruck für Sittlichkeit und Freiheit des Menschen. Daher würde eine zu enge Festlegung des Begriffes die Freiheit, die sie gerade ausdrücken sollte, aufheben. Dieser Begriff eignet sich nicht dazu, axiomatisch in seinem Bedeutungsgehalt festgelegt zu werden, um aus ihm ein Konzept der Verteilungsgerechtigkeit oder ein normatives Verständnis der Wohlstandskriterien gewinnen zu können. Wer von einem inhaltlich zu eng definierten Begriff von Menschenwürde aus argumentiert, erhebt das eigene, gruppenspezifisch, kulturabhängig oder religiös interpretierte Verständnis des Menschen zu einem allgemeingültigen Begriff. Damit wird die wirtschaftsethische Diskussion für ideologische Verkürzungen geöffnet.

Um dies zu vermeiden, ist der Begriff Menschenwürde als Voraussetzung sittlichen Handelns in gewisser Weise offen zu halten. Dann kann man zwar aus diesem Begriff keine klaren normativen Vorgaben für die Wirtschaft ableiten, wie dies vom Modell einer an der Bedürfnisbefriedigung messenden Verteilungsgerechtigkeit gefordert wird,[105] aber es bleibt immerhin möglich, bestimmte Verletzungen oder Verstöße gegen die Menschenwürde zu vermuten oder namhaft zu machen, dann nämlich, wenn wirtschaftliche Entscheidungen unsittlich zu werden drohen. Der Begriff der Menschenwürde hat daher negativ-ausgrenzenden, nicht positiv-festlegenden Charakter. Fundamentalistische Positionen mit ihren klaren Begriffsbildungen und absoluten Grenzziehungen erfreuen sich zwar in der Öffentlichkeit hoher Beliebtheit, Standards ethischer Argumentation genügen sie jedoch nicht.

Die Einsicht in die Personwürde des Menschen und der damit verbundene Anspruch auf sittlich richtige Behandlung läßt von sich aus offen, worin diese jeweils besteht. Die Personwürde nivelliert nicht die Unterschiede zwischen den Menschen.[106] Nicht selten wird zudem mit Blick auf Kants Selbstzweckformel behauptet, jede Instrumentalisierung des Menschen sei sittlich nicht zu verantworten. Doch Kants Formulierung fordert zu Recht allein, daß der Mensch nicht ausschließlich als Mittel zu vorgegebenen Zwecken benutzt werden dürfe. Denn was jemanden zu einem bestimmten Beruf qualifiziert, ist nicht seine Personenwürde, sondern es sind gewisse instrumentelle Fähigkeiten.[107] Und bisweilen glaube man sogar, man dürfe aus Gründen des Gemeinwohles über das Hab und Gut, unter Umständen über das Leben eines Menschen wie über bloße Mittel zu einem vorrangigen Zweck verfügen.[108] Es gibt also Formen des sittlich legitimen instrumentellen Gebrauches des Menschen. Die instrumentell-technische und sittlich-kategoriale Dimension der praktischen Frage darf nicht auseinandergerissen werden.

Der Rückgriff auf die Personenwürde gibt kein Entscheidungskriterium an die Hand, wenn das Wohl der einen Person im Konkurrenzverhältnis zum Wohl einer anderen Person steht. Bei derartigen Konflikten greift der Instrumentalisierungsvorwurf nicht. Sittlich relevant ist vielmehr die Frage, unter welchen Bedingungen es gerechtfertigt sein könnte, zugunsten der einen Betroffenen anderen Nachteile zuzumuten.[109] Um konkrete Güterabwägungen und Entscheidungen in Konfliktfällen vornehmen zu können, ist nach der Angemessenheit und Verhältnismäßigkeit der Folgen einer Entscheidung zu fragen. Dies ist ein relatives und kein absolutes Kriterium. Seine Anwendung verweist auf den ethischen Diskurs, in dem argumentativ gerechtfertigt eine sittlich vertretbare Entscheidung ökonomischer Art vorbereitet werden kann.

Betrachtet man die methodischen Grundlagen der Wirtschaftsethik, so läßt sich ein zweifaches Konzept herausstellen, das einander korrespondierende Elemente enthält. Für den Bereich der Standes- und Individualethik hat sich als Instrumentarium eine Handlungstheorie gipfelnd im Gewissensurteil herausgebildet. Für den Meso- und Makrobereich hingegen könnte eine diskursiv konzipierte Entscheidungstheorie das angemessene Verfahren darstellen. Beide Formen des ethisch legitimen Vorgehens übergreift eine Theorie des ethischen Urteilens und praktischen Argumentierens, in dem zwar instrumentelle und ethische Aspekte unterschieden, aber nicht als kontradiktorische Gegensätze begriffen werden. Verfahrensfragen und inhaltliche Kriterien haben sowohl auf der individuellen Ebene wie in der Entscheidungstheorie ihre Berechtigung und sollten nicht gegeneinander ausgespielt werden. M. E. lassen sich so methodisch abgesichert ein Interdisziplinaritätsmodell und ein Konzept ethischen Argumentierens entwickeln, die Wirtschaftsethik grundzulegen vermögen.

Anmerkungen

(1) Vgl. Georges Enderle; Zum Zusammenhang von Wirtschaftsethik, Unternehmensethik und Führungsethik; in: Horst Steinmann, Albert Löhr (Hg.); Unternehmensethik; Stuttgart 1989, 163–177, hier 167f.
(2) Vgl. G. Enderle; Wirtschaftsethik im Werden; Rottenburg, Stuttgart 1988, 21–29.
(3) Hans Poser; Gibt es noch eine Einheit der Wissenschaften?; in: W. Ch. Zimmerli; Technologisches Zeitalter oder Postmoderne?; München 1988, 111–126, Zitat 112.
(4) Vgl. Elmar Waibl; Ökonomie und Ethik I. Die Kapitalismusdebatte in der Philosophie der Neuzeit; Stuttgart-Bad Cannstadt 1988, 49.
(5) Vgl. ebd. 43–46.
(6) Vgl. ebd. 57.
(7) Vgl. ebd. 64.
(8) Vgl. ebd. 68.
(9) Vgl. ebd. 173.
(10) Vgl. Werner Becker; Das Konsenskonzept in der Philosophie der Neuzeit; in: Forum für Philosophie Bad Homburg (Hg.); Philosophie und Begründung; Frankfurt 1987, 391–405; hier 391.
(11) Vgl. ebd. 395.
(12) Vgl. ebd. 39.
(13) Vgl. ebd. 39.
(14) Vgl. Adam Smith; Der Wohlstand der Nationen: hrsg. von H. C. Recktenwald; München ²1978, 48–53 und 272.
(15) Vgl. ebd. 16f.
(16) Vgl. ebd. 29.
(17) Vgl. A. Smith; Theorie der ethischen Gefühle; hrsg. von W. Eckstein; Leipzig 1926, 360.
(18) Ebd. 385.

(19) Vgl. ebd. 397.
(20) Vgl. ebd. 1.
(21) Vgl. ebd. 121.
(22) Vgl. ebd. 128.
(23) Alfons Auer; Autonome Moral und christlicher Glaube; Düsseldorf ¹1971.
(24) Vgl. ebd. 11f.
(25) Vgl. ebd. 17.
(26) Vgl. ebd. 16.
(27) Vgl. ebd. 19.
(28) Vgl. ebd. 21.
(29) Vgl. Franz Böckle; Theonome Autonomie. Zur Aufgabenstellung einer fundamentalen Moraltheologie; in: J. Gründel, F. Rauh, V. Eid (Hg.); Humanum. Moraltheologie im Dienste des Menschen; Düsseldorf 1972, 17–46.
(30) Vgl. ebd. 55–122.
(31) Bruno Schüller; Die Begründung sittlicher Urteile. Typen ethischer Argumentation in der Moraltheologie; Düsseldorf ²1980 (¹1973), 64.
(32) Vgl. ebd. 68.
(33) Rudolf Kötter; Fundierungsprobleme einer Unternehmensethik im Rahmen der neoklassischen Gleichgewichtstheorie; in: Horst Steinmann, Albert Löhr (Hg.); Unternehmensethik; Stuttgart 1989, 116–128; hier 118.
(34) Ebd. 119.
(35) Ebd. 119.
(36) Vgl. ebd. 125.
(37) Helga Luckenbach; Theoretische Grundlagen der Wirtschaftspolitik; München 1986, 9.
(38) Ebd. 10.
(39) Ebd. 11.
(40) Max Weber; Der Sinn der ‚Wertfreiheit‘ der soziologischen und ökonomischen Wissenschaften (1917), in: Ders.; Gesammelte Aufsätze zur Wissenschaftslehre, ed. v. J. Winckelmann; Tübingen ⁵1982, 489–540; hier 497.
(41) Vgl. Walter Gölz; Begründungsprobleme der praktischen Philosophie, Stuttgart-Bad Cannstadt 1978, 21.
(42) Vgl. hierzu: Paul Lorenzen; Philosophische Fundierungsprobleme einer Wirtschafts- und Unternehmensethik; in: H. Steinmann, A. Löhr, a.a.O. 35.
(43) Vgl. H. Luckenbach, Wirtschaftspolitik; a.a.O. 43.
(44) Vgl. ebd. 29–42.
(45) Vgl. ebd. 82–89.
(46) Vgl. ebd. 93.
(47) Vgl. B. Irrgang; Ethische Implikationen globaler Energieversorgung; in: Stimmen der Zeit 207 (1989), 607–620.
(48) Wilhelm Korff; Die Wirtschaft vor der Herausforderung der Umweltkrise; in: Energiewirtschaftliche Tagesfragen 40 (1990), 27–35; Zitat 30.
(49) Vgl. ebd. 32.
(50) Karl-Otto Apel; Das Problem einer philosophischen Theorie der Rationalitätstypen; in: H. Schnädelbach (Hg.); Rationalität. Philosophische Beiträge, Frankfurt 1984, 15–31, bes. 28 und Helmut Spinner; Vereinzeln, verbinden, begründen, widerlegen. Zur philosophischen Stellung von Begründungs- und Kritikpositionen im Rahmen einer Systematik der Erkenntnisstile und Typologie der Rationalitätsformen; in: Forum für Philosophie Bad Homburg (Hg.); Philosophie . . .; a.a.O. 13–83; hier 29.
(51) Vgl. Hannah Arendt; Vita activa. Oder vom tätigen Leben; München ²1981,127–132.

(52) Vgl. ebd. 114f.
(53) Ebd. 214.
(54) Vgl. Max Horkheimer, Theodor W. Adorno; Dialektik der Aufklärung; Frankfurt ²1971, 80.
(55) Vgl. ebd. 136.
(56) Vgl. ebd. 9.
(57) Vgl. Jürgen Habermas; Theorie des kommunikativen Handelns Bd. 1; Frankfurt 1981, 521.
(58) Vgl. ebd. 500.
(59) Vgl. ebd. 522.
(60) Vgl. ebd. 518.
(61) Wilhelm Korff; Thomas von Aquin und die Neuzeit; in: J. P. Beckmann, L. Honnefelder, G. Schrimpf, G. Wieland (Hg.); Philosophie im Mittelalter. Entwicklungslinien und Paradigmen; Hamburg 1988, 387–408, hier 407.
(62) Vgl. Immanuel Kant; Grundlegung zur Metaphysik der Sitten; zitiert nach der Weischedel-Ausgabe Darmstadt ⁴1975, BA 44.
(63) Vgl. hierzu Friedo Ricken; Allgemeine Ethik; Stuttgart 1983, 43–50.
(64) Vgl. Georg Kohler; Handeln und Rechtfertigen. Untersuchungen zur Struktur der praktischen Rationalität; Frankfurt 1988, 19–25.
(65) Die Angaben im Text beziehen sich auf die Summa Theologiae des Thomas von Aquin. I–II meint die Prima Secundae (also den zweiten Teil des ersten Buches), 58 ist die Ziffer der „quaestio", 2 die Nummer des „articulus".
(66) Aristoteles; Ethica Nicomachea VI,5,3 (1140 b 2) und VI,5,7 (1140 b 21).
(67) Zur Konzeption des praktischen Syllogismus vgl. Ludger Honnefelder; Wahrheit und Sittlichkeit. Zur Bedeutung der Wahrheit in der Ethik; in: Emerich Coreth (Hg.); Wahrheit in Einheit und Vielheit. Beiträge zur Theologie und Religionswissenschaft; Düsseldorf 1987, 147–169.
(68) Vgl. hierzu Anselm W. Müller; Praktisches Folgern und Selbstgestaltung nach Aristoteles; Freiburg, München 1982 und Markus H. Wörner; Das Ethische in der Rhetorik des Aristoteles; Freiburg, München 1990.
(69) Näheres findet sich bei: Ludger Honnefelder; Güterabwägung und Folgenabschätzung. Zur Bestimmung des sittlichen Guten bei Thomas von Aquin; in: D. Schwab, D. Giesen, J. Liste, H. W. Strätz (Hg.); Staat, Kirche, Wissenschaft in einer pluralistischen Gesellschaft. Fschr. zum 65. Geburtstag von Paul Mikat; Berlin 1989, 81–98.
(70) Vgl. Ludger Honnefelder; Conscientia sive ratio. Thomas von Aquin und die Entwicklung des Gewissensbegriffs; in: Joseph Szöverffy (Hg.); Mittelalterliche Komponenten des europäischen Bewußtseins; Berlin 1983, 8–19; hier 10.
(71) Vgl. ebd. 13.
(72) Vgl. ebd. 12.
(73) Vgl. Wolfgang Kluxen; Ethik des Ethos; Freiburg,München 1974, 20.
(74) Vgl. ebd. 52.
(75) Vgl. Georges Enderle; Zum Zusammenhang . . .; a.a.O. 170 u. 173.
(76) Vgl. Bernhard Irrgang; Das Konzept des Regelkonsequentialismus als Grundlegung einer Wirtschaftsethik; in: Michael Wörz, Paul Dingwerth, Rainer Öhlschläger (Hg.); Moral als Kapital. Perspektiven des Dialogs zwischen Wirtschaft und Ethik; Stuttgart 1990, 235–252; eine gute zusammenfassende Beschreibung des Regel-Konsequentialismus bietet Rainer W. Trapp; „Nicht-klassischer" Utilitarismus. Eine Theorie der Gerechtigkeit; Frankfurt 1988, 41–55.
(77) Vgl. Rainer W. Trapp; „Nicht-klassischer" Utilitarismus . . .; a.a.O. 290.
(78) Vgl. ebd. 626.

(79) Vgl. ebd. 632.
(80) Vgl. Arthur Woll; Allgemeine Volkswirtschaftslehre; München ⁶1978, 30.
(81) Vgl. ebd. 31.
(82) Vgl. ebd. 33.
(83) Vgl. ebd. 39.
(84) Vgl. ebd. 34.
(85) Vgl. ebd. 43f.
(86) Vgl. ebd. 46.
(87) Vgl. ebd. 46–50.
(88) Vgl. ebd. 53–55.
(89) Vgl. Franz von Kutschera; Grundlagen der Ethik; Berlin, New York 1982, 27.
(90) Vgl. Immanuel Kant; Grundlegung . . .; a.a.O. BA 52.
(91) Vgl. Walther Ch. Zimmerli; AIDS – ethisch betrachtet; in: Zeitschrift für Evangelische
      Ethik 32 (1988), 190–198, bes. 192; vgl. auch Friedo Ricken; Allgemeine Ethik;
      Stuttgart 1983, 90–116 und: John Rawls; Eine Theorie der Gerechtigkeit; übers. v. H.
      Vetter; Frankfurt 1979, 19–73.
(92) Vgl. Immanuel Kant; Grundlegung . . . a.a.O. BA 66f.
(93) Vgl. Friedo Ricken; Die Menschheit als Zweck an sich selbst. Kants Begründung einer
      materialen Ethik; in: Hochschule für Philosophie München. Philosophische Fakultät
      S. J. Jahresbericht 1987/88, München 1988, 1–11; und: Christian Schröer; Naturbe-
      griff und Moralbegründung. Die Grundlegung der Ethik bei Christian Wolff und
      deren Kritik durch Immanuel Kant; Stuttgart 1988, 200f u. 215.
(94) Vgl. Immanuel Kant; Kritik der praktischen Vernunft A 59.
(95) Vgl. Wilhelm Korff, Alois Baumgartner (Hg.); Solidarität – die Antwort auf das Elend
      in der heutigen Welt; Papst Johannes Paul II.; Enzyklika Sollicitudo Rei Socialis;
      Freiburg, Basel, Wien 1988.
(96) Vgl. Dieter Birnbacher; Verantwortung für zukünftige Generationen; Stuttgart
      1988.
(97) Vgl. Bruno Schüller; Die Personwürde des Menschen als Beweisgrund in der
      normativen Ethik, in: Theologie und Philosophie 53 (1978), 539–555, bes. 545.
(98) Vgl. hierzu B. Irrgang; Solidarität mit der Natur? Eine Ortsbestimmung umweltethi-
      schen Denkens; in: Jörg Klawitter, Reiner Kümmel, Gerhard Maier-Rigaud (Hg.);
      Natur und Industriegesellschaft; Berlin, Frankfurt, New York 1990, 91–111 und B.
      Irrgang; Hat die Umwelt ein Eigenrecht auf Existenz? Anmerkungen zum Standort
      der Umweltethik-Diskussion; Philosophisches Jahrbuch 97 (1990), 327–339.
(99) Vgl. Rainer Wimmer; Universalisierung in der Ethik. Analyse, Kritik und Rekonstruk-
      tion ethischer Rationalisierungsansprüche; Frankfurt 1980, 358–360.
(100) Vgl. Franz von Kutschera; Grundlagen . . . a.a.O. 1–38 und 286–296.
(101) Vgl. ebd. 297.
(102) R. P. Horstmann; Art. „Menschenwürde"; in: Historisches Wörterbuch der Philoso-
      phie, hrsg. J. Ritter und K. Gründer, Bd. 5 (1980), 1124.
(103) Vgl. Bernhard Irrgang: Zur Problemgeschichte des Topos „christliche Anthropozen-
      trik" und seine Bedeutung für eine Umweltethik; in: Münchner Theologische
      Zeitschrift 37 (1986), 185-203.
(104) R. P. Horstmann; Menschenwürde . . .; a.a.O. 1125.
(105) Vgl. hierzu E. Waibl; Kapitalismusdebatte . . .; a.a.O. 310.
(106) Vgl. B. Schüller; Die Personwürde . . . a.a.O.; 541.
(107) Vgl. ebd. 544.
(108) Vgl. ebd. 548.
(109) Vgl. ebd. 548.

MARIANNE HEIMBACH-STEINS

Würde und Rechte der Frau aus der Sicht der Katholischen Soziallehre

1. Einleitung

„Die Frau ist frei geboren und bleibt dem Manne gleich in allen Rechten". Mit diesen lakonischen Worten leitet im Jahre 1791 eine Frau, Olympe de Gouges, ihre „Deklaration der Rechte der Frau" ein[1]; damit stellt sie die einseitig männliche Ausrichtung der bürgerlichen Menschenrechts-Erklärung der Französischen Revolution an den Pranger und versucht, Rechtsgleichheit für die weibliche Hälfte der Menschheit einzuklagen. Gemessen am Indikator der Einführung des Frauenwahlrechts mußten die Frauen in manchen Teilen Europas jedoch noch bis zu 180 Jahre nach der Französischen Revolution darauf warten.[2]

Wie anders klingen dagegen die folgenden Worte aus der Schlußbotschaft des Zweiten Vatikanischen Konzils an die Frauen vom 8. Dezember 1965: „Die Kirche ist . . . stolz darauf, daß sie die Frau erhoben und befreit hat und ihre grundsätzliche Gleichheit mit dem Mann in der Verschiedenheit der Charaktere im Lauf der Jahrhunderte hat aufstrahlen lassen."[3] Die Kirche, zumal die römisch-katholische, als Hort der Frauenemanzipation, als Ort der praktizierten Gleichberechtigung? Das klingt fast zwangsläufig provozierend und wird in der Konfrontation mit anders lautender Erfahrung und Geschichtskenntnis mindestens Skepsis, wenn nicht energischen Widerspruch hervorrufen. Aber auch vorausblickend wendet sich die Konzilsbotschaft an die Frauen: „. . . es kommt die Stunde, und sie ist schon da, in der sich die Berufung der Frau in ihrer Fülle vollendet, die Stunde, in der die Frau in der Gesellschaft einen Einfluß, eine Entfaltung, eine Macht erwirbt, die sie bis jetzt noch nie erreicht hat. . . . Ihr Frauen habt immer die Sorge um den Herd, die Liebe zum Leben, das Gefühl für die Wiege in eurer Hut. Ihr kennt das Geheimnis des beginnenden Lebens. Ihr tröstet im Augenblick des Todes. Unsere Technik läuft Gefahr, unmenschlich zu werden. Versöhnt die Männer mit dem Leben. Und vor allem . . . wacht über die Zukunft unserer Art. Haltet die Hand des Menschen zurück, der in einem Augenblick des Wahnsinns versuchen könnte, die menschliche Kultur zu zerstören. . . . Frauen der ganzen Welt, . . . euch, denen das Leben in diesem so schweren Augenblick der Geschichte anvertraut ist, euch obliegt es, den Frieden in der Welt zu retten."[4]

Soweit die emphatische Deklaration über die Bestimmung der Frau für die heutige Welt: als Hüterin des Lebens und seiner Geheimnisse, als Retterin der Welt und als Schutzgeist einer vom männlichen Technikwahn gefährdeten Menschheit. Ein Text, in dem offenbar männliche Idealvorstellungen und unausgesprochene männliche Ängste amalgamiert sind zur messianischen Stilisierung der Frau als einem über die Realität hinausgehobenen engelgleichen und zugleich mythisch-naturhaften Wesen: „das Ewig-Weibliche zieht uns hinan".[5] Die Erhebung über die Wirklichkeit wird noch einmal bestätigt durch einen Blick auf den Kontext; denn die Botschaft an die Frauen steht in einer Reihe anderer Botschaften, die an die Regierenden, an die Denker und Wissenschaftler, an die Künstler, an die Arbeiter, an die Armen und Kranken und schließlich an die Jugend gerichtet sind. Außer bei den Jugendlichen kommen in diesen Botschaften Frauen nicht vor: Weder als Arbeiterinnen noch als Arme, geschweige denn als Wissenschaftlerinnen, Künstlerinnen oder Politikerinnen werden sie in diesem Zusammenhang wahrgenommen.[6]

Solche einfachen Beobachtungen an den Texten sind Symptome einer Geisteshaltung, der im folgenden noch nachzugehen sein wird. Sie mögen die Skepsis bestätigen, die sich angesichts allzu emphatischen Frauenlobes ebenso regt wie angesichts pauschaler Beteuerungen der Verdienste, die die Kirche für sich beansprucht, wenn es um die Frauen, ihre Würde und Befreiung geht. Gleichwohl wäre eine pauschale Zurückweisung solcher Aussagen zu einfach, denn Erfahrung und Geschichtskenntnis zwingen trotz aller Skepsis zu der Einsicht, daß in all diesen Aussagen durchaus auch ein Körnchen Wahrheit zu finden ist. Ein differenzierteres Vorgehen ist also geboten.

Um dem Thema „Würde und Rechte der Frau", zumal im Kontext christlicher Sozialethik und kirchlicher Soziallehre[7], einigermaßen gerecht zu werden, möchte ich deshalb zunächst der Frage nachgehen, ob und wie das Thema in den Dokumenten der päpstlichen Sozialverkündigung dieses Jahrhunderts vorkommt (2). Um dabei über eine wohl wenig hilfreiche Aneinanderreihung einzelner Positionen hinaus zu gelangen, nehme ich einige Fragen mit auf den Weg, die helfen können, Transparenz in die Aussagen zu bringen: So ist zu fragen, in welchen Zusammenhängen das Thema „Frau" vorkommt, mit welchen Schwerpunktsetzungen und Intentionen es verhandelt wird, und ob sich im historischen Wandel Entwicklungen, Schwerpunktverlagerungen und

Perspektivenwechsel beobachten lassen. Schließlich steht zu vermuten, daß in verschiedenen Zusammenhängen jeweils unterschiedliche Facetten der Thematik aufscheinen; hier ist zu fragen, inwieweit die vereinzelt aufzuspürenden Beiträge untereinander kongruent sind, oder ob Inkongruenzen und Ungleichzeitigkeiten zu beobachten sind, die eventuell wiederum Anzeichen für bestimmte Entwicklungsstände, Defizite oder Perspektivverengungen sein können. Ein analytisches und hermeneutisches Interesse soll also die kritische Sichtung der Texte bestimmen; d. h. es geht zunächst um ein Verstehen dessen, womit wir als engagierte Frauen und Männer, als Christinnen und Christen, als Sozialethiker und Sozialethikerinnen konfrontiert werden, wenn wir fragen, was „die Kirche" zu unserem Thema zu sagen hat. Darüber hinaus sollen die Überlegungen einer Vergewisserung über mögliche positive Anknüpfungspunkte dienen, die wir in kirchlichen Positionen finden können für die in Gesellschaft und Kirche zu führende sozialethische Diskussion um das Thema „Würde und Rechte der Frau". In einem abschließenden Teil (3) sollen dann, ausgehend von den Ergebnissen der Textbefragung, einige theologisch und sozialethisch wichtige Perspektiven aufgezeigt werden, unter denen das Thema weiterführend zu bedenken wäre. Mein Versuch ist es also, anhand einer exemplarisch durchgeführten kritischen Sichtung der kirchlichen Sozialverkündigung eine Art Problemskizze zu entwickeln und damit zur Standortbestimmung christlicher Sozialethik angesichts der Frage nach „Würde und Rechten der Frau" beizutragen.

Dabei bin ich mir der Grenzen bewußt, die ich mit dem gewählten Ansatz ziehen muß:

– Die päpstliche Sozialverkündigung ist selbstverständlich nur ein Ausschnitt dessen, was „Kirche" zu unserem Thema zu sagen hat.[8] Gleichwohl ist es, nach römisch-katholischem Verständnis, nicht ein beliebiger Ausschnitt, sondern einer, mit dem sich sowohl die theologische Wissenschaft als auch die einzelnen, ihrem Gewissen verpflichteten Gläubigen auf dem Weg zu einer verantwortlichen Meinungsbildung auseinanderzusetzen haben.
– Mit dem angedeuteten Ansatz verzichte ich ferner darauf, das Thema auf die Problematik „Frau in der Kirche", „Frau und Amt" etc. zuzuspitzen. Diese Fragen liegen zwar in der Konsequenz dessen, was hier zu erörtern ist, wären aber eher unter einem anderen Thema zu behandeln.
– Ebensowenig werde ich mich ausdrücklich mit der feministischen Theologie auseinandersetzen, was nicht heißt, daß die Überlegungen

nicht feministische Interessen berühren oder sich mit solchen treffen können. Aber auch eine solche Zuspitzung schiene mir das Thema zu überfordern.

– Schließlich werde ich keine konkreten sozialpolitischen Konzepte oder Forderungen vortragen, die zweifellos aus den hier vorgestellten Überlegungen abzuleiten wären. Aber auch diese Weiterführung des Themas bedürfte einer eigenen ausführlichen Behandlung.

2. Das Thema „Würde und Rechte der Frau" im Spiegel päpstlicher Sozialverkündigung

2.1 Im Bannkreis neuscholastischen Ordnungsdenkens: Leo XIII. und Pius XI.

Die Geschichte der (päpstlichen) katholischen Soziallehre setzt ein mit der Enzyklika Leos XIII. „Rerum novarum" aus dem Jahr 1891, deren Thema die Arbeiterfrage – die soziale Frage des 19. Jahrhunderts – ist. Dieser Themenbereich, der auch im 20. Jahrhundert vor wechselnden Zeithintergründen den Ausgangspunkt der Sozialverkündigung der Päpste bildet, bietet erste Anknüpfungspunkte, von denen her die Frauenfrage in den Blick kommen kann. Der zweite klassische Ort für unser Thema ist in der kirchlichen Verkündigung die Sorge um Ehe und Familie, die immer wieder in eigenen Dokumenten zur Sprache gebracht worden ist.

Leo XIII. widmet der Frauenfrage in seiner Soziallehre nur eher beiläufig Aufmerksamkeit, nämlich im Kontext der Forderung nach angemessenen Ruhezeiten für die Arbeiter zur Wiederherstellung ihrer Kräfte; hier wendet er sich gegen eine ausbeuterische Nutzung von Arbeitskraft, und zwar insbesondere der Arbeitskraft von Frauen und Kindern, wobei er betont, daß „das weibliche Geschlecht . . . überhaupt für die häuslichen Verrichtungen eigentlich berufen ist" und deshalb nicht zur Fabrikarbeit herangezogen werden soll. Die häusliche Arbeit hingegen gereiche „dem Weibe zu einer Schutzwehr seiner Würde" und befördere das Wohl der Familie.[9] Was hier anklingt, ist einerseits eine handfeste soziale Forderung gegen die Ausbeutung (billiger) weiblicher Arbeitskraft, andererseits ein scheinbar sicheres Wissen um die „Berufung der Frau", das wir heute nicht mehr ohne weiteres teilen werden.

Eben diese Überzeugung von der Berufung der Frau wird jedoch in der Folgezeit forciert: Bei Pius XI. läßt sich eine durchgängige Zuordnung der Frau zum häuslichen Bereich bzw. zur Familie, d. h. konkret ihre tendenziell ausschließliche Festlegung auf die Rolle der Ehefrau und Mutter beobachten, verbunden mit einer grundsätzlich negativen Bewertung außerhäuslicher Betätigung von Frauen. Diese Definition der sozialen Rolle der Frau ist mitbedingt und wird zugleich gestützt durch das Bild der Familie und der ihr zugrundeliegenden Ordnung, welche nicht einfach als kulturell bedingt, sondern als naturrechtlich begründet dargestellt wird. So kann die Enzyklika „Casti connubii" (1930) mit der Anerkennung der Gleichheit der Geschlechter hinsichtlich der Menschenwürde sehr wohl die Behauptung einer notwendigen Ungleichheit im Bereich der sozialen, insbesondere der familiären Ordnung vereinbaren.[10] Denn als das „Herz der Familie" hat sich die Frau dem Mann als dem „Haupt der Familie" gehorsam unterzuordnen, um so die „Ordnung der Liebe" zu verwirklichen, die Pius XI. unter Berufung auf Augustinus und eine lange kirchliche Tradition aus Eph 5,21–33[11] ableiten zu können glaubt.[12] Nur folgerichtig ist es dann, wenn dieselbe Enzyklika ein dreifaches – nämlich soziales, wirtschaftliches und physiologisches – Emanzipationsstreben[13] der Frau als „Verderbnis des weiblichen Empfindens und der Mutterrolle, (als) Umkehrung der ganzen Familienordnung" verurteilt und prophezeit, die angestrebte „unnatürliche Gleichstellung mit dem Manne (werde) sich zum eigenen Verderben der Frau auswirken ...".[14]

Sind diese Aussagen der Eheenzyklika „Casti Connubii" über das Wesen und die Aufgaben der Frau deutlich bestimmt von dem unmittelbaren Interesse an der Erhaltung der patriarchalen Familienstruktur, so wird ihre Grundausrichtung durch die sozialpolitische Option der Sozialenzyklika „Quadragesimo anno" (1931) bestätigt. Dort heißt es z. B.: „... Frauen und Kinder dürfen niemals über das Maß ihres Alters und ihrer Kräfte belastet werden (sc. in bezug auf Beteiligung am Erwerb des Familienunterhalts, d. Verf.).[15] Familienmütter sollen in ihrer Häuslichkeit und dem, was dazu gehört, ihr hauptsächliches Arbeitsfeld finden in Erfüllung ihrer hausfraulichen Obliegenheiten. Daß dagegen Hausfrauen und Mütter wegen Unzulänglichkeit des väterlichen Arbeitsverdienstes zum Schaden ihres häuslichen Pflichtenkreises und besonders der Kindererziehung außerhäuslicher Erwerbsarbeit nachzugehen genötigt sind, ist ein schändlicher Mißbrauch, der, koste es, was es wolle, verschwinden muß. Auf alle Weise ist daher darauf hinzuarbeiten, daß der Arbeitsverdienst der Familienväter zur angemessenen Bestreitung des gemeinsamen häuslichen Aufwandes ausreiche."[16] Die hier erneut zum Ausdruck gebrachte Auffassung vom familiären Gemeinwohl und seinen Durchsetzungsbedingungen basiert auf einer klaren Rollenverteilung zwischen Mann und Frau. Unabhängig davon, ob man das zugrundeliegende Familienmodell, zumal als einzig mögliches oder sittlich zu rechtfertigendes, akzeptiert, verdient die sozialpolitische Forderung nach einem ausreichenden Arbeitsverdienst des Mannes zur Sicherung des Unterhalts der Familie Beachtung. Sie behält auch unter veränderten Voraussetzungen, die der Rollendefinition von Frau und Mann mehr Spielräume lassen, ihre Gültigkeit, und zwar im Rahmen des Postulates nach einem gerechten Lohn.[17]

Noch eine weitere Beobachtung ist anhand dieses Textes festzuhalten, die für die katholische Soziallehre bis mindestens zum Pontifikat Johannes' XXIII. und zum Zweiten Vatikanischen Konzil gilt: Sozialpolitik, wie sie in den päpstlichen Dokumenten ins Auge gefaßt wird, bedeutet Arbeiterpolitik und Familienpolitik. Für die sozialethische Notwendigkeit einer Frauenpolitik gibt es noch keine Sensibilität.[18] Wo aber emanzipatorische Bestrebungen wie die der Frauenrechtsbewegung wahrgenommen werden, glaubt man, sie als Angriffe auf die scheinbar ewigen Ordnungen des Patriarchats und der patriarchal strukturierten Familie abwehren zu müssen, was nur um den Preis eines massiven Wirklichkeitsverlustes im Hinblick auf die Entwicklung der Frauenfrage durchgehalten werden kann.[19]

Die exemplarisch ausgewählten Aussagen aus der Enzyklika „Casti connubii" lassen erkennen, daß das Bekenntnis zur gleichen Würde der Geschlechter in diesem Denkansatz völlig dominiert ist von dem die kirchliche Lehrtradition weithin bestimmenden, ontologisch-metaphysisch legitimierten Unterordnungsmodell.[20] Im Rahmen des essentialistischen Denkansatzes *müssen* gegenläufige emanzipatorische Bestrebungen verurteilt werden, weil sie als Widersetzlichkeit gegen die göttliche Autorität und Weisheit erscheinen, die als Garantin jener von Pius XI. verteidigten „Ordnung der Hausgemeinschaft" fungiert. Berufungsinstanz für das hierarchisch strukturierte Ordnungsmodell, das als „natürlich" bzw. dessen Bestreitung als „unnatürlich" qualifiziert wird, ist die geschichtsüberhobene „lex divina", das göttliche Gesetz, in dem eine „Wesensnatur" der Frau ebenso zweifelsfrei verankert und verbürgt gedacht wird wie eine „Wesensnatur" der Familie.[21]

Elemente des bisher beobachteten Denkens finden sich auch in der Sozialverkündigung Pius' XII. Dessen zahlreiche Äußerungen, vor allem in seinen Ansprachen an die verschiedensten kirchlichen Gruppen, lassen gleichwohl ein größeres Maß an Auseinandersetzung mit der konkreten gesellschaftlichen Wirklichkeit und eine dementsprechend differenziertere Stellungnahme zur Rolle der Frau erkennen. Wenn man beim Studium seiner Texte gelegentlich den Eindruck gewinnt, hier seien gewisse Ansätze zur Öffnung des kirchlichen Urteils über die gesellschaftliche Aufgabe der Frau spürbar, so ist dies sicher mitbedingt durch die zeitgeschichtlichen Umstände – das Pontifikat Pius' XII. umfaßt ja die gesamte Zeit des Zweiten Weltkriegs und die unmittelbare Nachkriegszeit –, welche auf freilich gewaltsame Weise eine stärkere Präsenz von Frauen in allen Bereichen des öffentlichen Lebens herbeigeführt haben. So geht Pius XII. in verschiedenen Ansprachen vor Frauenvereinigungen auf die gesellschaftliche Rolle der Frau, auf ihre Aufgaben im öffentlichen bzw. politischen Leben ein. In einer Ansprache vom 11. September 1947 wird die Frage nach „Ort und Rolle der Frau im politischen Leben" von zwei Seiten beleuchtet: Zum einen müsse es gehen „um die Wahrung und Beachtung der geheiligten Interessen der Frau mit Hilfe einer Gesetzgebung und einer Herrschaftsform, die ihre Rechte, ihre Würde und ihre gesellschaftliche Funktion achtet", wobei „die Teilnahme einiger Frauen am politischen Leben für das Wohl, das Heil und den Fortschritt aller" vorausgesetzt wird.[22] Daß es dem Papst mit dieser Programmatik ernst ist, zeigt z. B. seine wiederholte Forderung nach gleichem Lohn für gleiche Arbeit und gleiche Leistung für Mann und Frau.[23] Zum anderen, so fährt Pius XII. in seiner Ansprache fort, sei es allen Frauen aufgetragen, „daran zu arbeiten, daß die Frau sich immer mehr bewußt werde ihrer geheiligten Rechte, ihrer Pflichten und ihrer Macht, die sie über die öffentliche Meinung im täglichen Leben oder über die öffentlichen Gewalten und die Gesetzgebung durch den guten Gebrauch ihrer bürgerlichen Rechte besitzt".[24] Zweifellos klingen hier neue Untertöne an, wenn von der Aufgabe der Bewußtseinsbildung, von der Wahrnehmung bürgerlicher Rechte und dem Einfluß der Frauen auf die öffentliche Meinung die Rede ist. Mit aller Vorsicht scheint sich die Entdeckung der Frau als Subjekt des familiären wie auch des öffentlichen Lebens anzubahnen, nachdem die herkömmliche Optik sie selten anders denn als Gegenstand bzw. Funktion innerhalb einer festgefügten Ordnung hatte gelten lassen.

Freilich ist die traditionelle Sichtweise bei Pius XII. noch keineswegs verabschiedet. Auch er geht von der unbedingten Bestimmung der Frau zur Mutterschaft, sei es im körperlichen oder im übertragenen, geistigen Sinne, aus und sieht ihre eigentliche Bestimmung in der Sorge für Ehe und Familie. Aber die Zeitumstände haben doch feinere Differenzierungen in diese Ausgangsposition eingetragen, so daß es jetzt z. B. heißt, die Frau besitze *„im allgemeinen* einen größeren Scharfsinn und feineren Takt . . ., die heiklen Probleme des Haus- und Familienlebens . . . zu verstehen und zu lösen, was nicht hindert, daß einige von ihnen auch auf jedem anderen Gebiet öffentlicher Wirksamkeit Beweise großer Geschicklichkeit zu erbringen vermögen".[25] Freilich sollen nach Meinung des Papstes vor allem jene Frauen sich den öffentlichen Aufgaben widmen, die nicht durch familiäre Pflichten gebunden sind.[26] Überdies legt Pius XII. Wert auf die Feststellung, auch in der Wahrnehmung außerhäuslicher Aufgaben würden Frauen „an der Seite des Mannes" „dem besonderen Charakter des normalen Wirkens der Frau" treu bleiben, indem „sie sich auf dem Gebiet der bürgerlichen Einrichtungen . . . hauptsächlich den Dingen zuwenden, die Takt, Feingefühl und mütterlichen Instinkt erfordern, weniger denen, die Strenge in der Verwaltung verlangen."[27] Derartige Überlegungen zeigen, wie mühsam der Prozeß einer Überprüfung und Umwandlung oder gar Verabschiedung herkömmlicher Modelle durch die Konfrontation mit neuen Erfahrungen sich gestaltete.

Für Pius XII., in dessen Stellungnahmen zur Frauenfrage der Einfluß der umwälzenden Entwicklungen der Kriegs- und Nachkriegszeit ebenso unverkennbar ist wie das Bemühen, an den überkommenen Optionen festzuhalten, lautet die Kompromißformel schließlich: Alle menschlichen Tätigkeitsfelder stehen der Frau grundsätzlich offen, gemäß dem an beide Geschlechter ergangenen Auftrag zur Gestaltung der Schöpfung (nach Gen 1,28), jedoch „in Unterordnung unter die primären Funktionen, die ihr von der Natur selbst vorgeschrieben sind".[28]

Der Rekurs auf die „Natur" als normative Instanz vermittelt also auch noch bei Pius XII. ein als sicheren Besitz erachtetes Wissen um das „Wesen" der Frau, das Pate steht bei der Bestimmung ihrer „normalen" und wünschenswerten Rolle in Familie, Kirche und Gesellschaft. Daß das so gewonnene Bild der Frau in einer gewissen Spannung, wenn nicht in offenem Widerspruch zu gesellschaftlichen Entwicklungen steht, wird deutlicher wahrgenommen als noch bei Pius XI. Aber angesichts der Unmöglichkeit, diese offensichtlichen Diskrepanzen zu negieren, besteht die mehr oder weniger offenkundige Tendenz, sie zu entschärfen, indem die der kirchlichen Position widersprechenden Phänomene in Zusammenhänge gestellt werden, die ihrerseits moralisch diskreditiert bzw. als Gefahr für das Heil der Menschen gewertet werden (Atheismus; Materialismus; Kommunismus; Kollektivismus[29]). Daß es solche Zusammenhänge – etwa zwischen einem kollektivistischen System und der Tendenz, Frauen aus dem Familienzusammenhang zu lösen, die Erziehungsaufgabe an den Staat zu delegieren usw. – faktisch gegeben hat und gibt, ist natürlich nicht zu bestreiten; kritisch zu hinterfragen bleibt dennoch die argumentative und rhetorische Strategie, diese Zusammenhänge als gleichsam zwingend darzustellen und so die beobachteten emanzipatorischen Bestrebungen selbst grundsätzlich zu diskreditieren.

So zeigt sich das aus den verschiedenen Texten Pius' XII. zusammengesetzte Bild als schillernd und ambivalent zwischen dem Versuch, das Überkommene zu retten, und der immer deutlicher verspürten Notwendigkeit, den unausweichlichen Veränderungen auch im kirchlichen Denken stattzugeben. Noch dominiert das patriarchale Ordnungsdenken, die Festlegung des Bildes der Frau auf dasjenige der Ehefrau und Mutter so sehr, daß eine unverstellte Wahrnehmung der Frau unabhängig von den Beziehungswirklichkeiten von Ehe und Familie, eine Definition der Frau anders denn als „Beziehungswesen" noch nicht ernsthaft in den Blick der kirchlichen Sozialverkündigung geraten kann. In dieser Situation, in der das Ungenügen des Alten schon auf der Hand liegt, das Neue aber noch kaum zum Durchbruch gelangen kann, erscheinen die vorsichtigen Anzeichen einer Wahrnehmung der Frau als Subjekt gesellschaftlichen Handelns wie die Vorboten jener neuen Entwicklung, die erst mit Johannes XXIII. und dem Zweiten Vatikanischen Konzil wirklich einsetzen wird.

2.3 Perspektivenwechsel: Johannes XXIII. – Vatikanum II – Paul VI.

Vor dem Hintergrund der bisher beobachteten Argumentationsmuster hebt sich die Stimme des ersten Konzilspapstes deutlich ab. In seiner Enzyklika „Pacem in terris" nimmt Johannes XXIII. die „allgemein bekannte Tatsache, daß die Frau am öffentlichen Leben teilnimmt", als ein „Zeichen der Zeit" zur Kenntnis: „Die Frau, die sich ihrer Menschenwürde heutzutage immer mehr bewußt wird, ist weit davon entfernt, sich als seelenlose Sache oder als bloßes Werkzeug einschätzen zu lassen; sie nimmt vielmehr sowohl im häuslichen Leben wie im Staat jene Rechte und Pflichten in Anspruch, die der Würde der menschlichen Person entsprechen."[30] Erstmals wird hier in einer Sozialenzyklika die Frau als Subjekt gesellschaftlichen Handelns unvoreingenommen zur Kenntnis genommen, und zwar zunächst unabhängig von den traditionell berücksichtigten Beziehungsfeldern von Familie und Arbeitswelt. Bezeichnenderweise geschieht dies im Kontext der die Epoche bestimmenden Emanzipationsbewegungen.

Das gesellschaftliche Faktum der Präsenz der Frau im öffentlichen Leben als „Zeichen der Zeit" in christlicher Verantwortung wahrzunehmen, schließt – um die programmatische Formel aus der Pastoralkonstitution des Zweiten Vatikanums aufzunehmen – den Auftrag ein, es im Licht des Evangeliums zu deuten.[31] Damit ist gegenüber dem früheren essentialistischen Ansatz eine veränderte Hermeneutik gegeben: Mit der Wahrnehmung der gesellschaftlichen Realität als Anfang und Ausgangspunkt theologischer Auseinandersetzung und lehramtlicher Verkündigung erschließt sich eine neue Methode, die nicht mehr deduktiv vom unveränderlichen philosophisch-theologischen System vermeintlich ewiger Wahrheiten her zu arbeiten beginnt. Vielmehr macht sie sich den aus der belgisch-französischen Tradition der Sozialethik bekannten, von Kardinal J. Cardijn entwickelten und heute in der lateinamerikanischen Theologie der Befreiung grundlegend gewordenen methodischen Dreischritt „Sehen – Urteilen – Handeln" zu eigen und setzt dementsprechend induktiv bei der konkreten Wirklichkeitserfahrung an. Darin die „Zeichen der Zeit" entdecken zu können, setzt die unvoreingenommene Wahrnehmung des Vorgegebenen voraus, welche die Möglichkeit positiver Gehalte dieser Wirklichkeit zumindest nicht von vornherein ausschließt. Erst ein zweiter Schritt führt dann zur theologischen Deutung der erfaßten Wirklichkeit; dabei wird als Instrumentarium der Interpretation bzw. als Bewertungsmaßstab nun nicht mehr ein positives göttliches Gesetz als Quelle materialethischer Normen zugrunde gelegt, wie es im neuscholastischen Denkgebäude angenommen wurde. Sondern in der Rückbesinnung auf das Evangelium werden die Quelle ethischer Maßstäbe und der Deutehorizont für die Auseinandersetzung mit der Wirklichkeit neu entdeckt.

Die Neuheit der in „Pacem in terris" eröffneten Perspektive wird vollends deutlich, wenn man berücksichtigt, daß die Enzyklika als die christliche Menschenrechtscharta in die Geschichte der kirchlichen Soziallehre eingegangen ist.[32] Damit weckt sie die berechtigte Hoffnung, daß die Frauenfrage aus diesem Impuls heraus im Licht des Evangeliums ganz neu durchbuchstabiert werde als „Zeichen der Zeit", nämlich als eine Konkretion der Menschenrechtsthematik, und daß unter dieser neuen Beleuchtung die traditionellen Engführungen einer kritischen Sichtung und grundlegenden Korrektur im Sinne der Forderung und Förderung echter Gleichberechtigung unterzogen würden.

Gemessen an der grundlegenden Bedeutung des methodischen und perspektivischen Wandels, der mit „Pacem in terris" eingeleitet wird, findet sich in der Enzyklika nur wenig Konkretes zur Frauenfrage. Fundamental ist der bereits zitierte Abschnitt 41, in dem der Frau ausdrücklich die Wahrnehmung aller Rechte und Pflichten der menschlichen Person zugesprochen wird. Weitere Einzelaussagen finden sich im Zusammenhang der traditionellen Themenbereiche Familie und Arbeitswelt, wobei die Betonung der gleichen Rechte von Mann und Frau hinsichtlich der Gründung einer Familie (im Kontext des Rechtes auf freie Wahl des Lebensstandes) ein neues Element darstellt.[33] Demgegenüber kann sich Johannes XXIII. schon auf Leo XIII. und dessen Enzyklika „Rerum novarum" berufen, wenn er die Forderung nach menschengerechten Arbeitsbedingungen frauenspezifisch konkretisiert und verlangt, den Frauen seien solche Arbeitsbedingungen zuzugestehen, die „den Bedürfnissen der Ehefrauen und Mütter entsprechen".[34]

Eine weitere Entfaltung und Konkretion der mit „Pacem in terris" eröffneten Perspektive leistet die Pastoralkonstitution des Zweiten Vatikanums, „Gaudium et spes". Wegen seiner wegweisenden Bedeutung für die nachkonziliare Entwicklung der christlichen Sozialethik soll das Dokument hier einbezogen werden, auch wenn es als Konzilsverlautbarung nicht eigentlich zur päpstlichen Sozialverkündigung zählt. Es nimmt den menschenrechtlichen Ansatz Johannes' XXIII. auf, wenn im Rahmen des Menschheitsauftrages, eine in politischer, sozialer und wirtschaftlicher Hinsicht menschengerechte Ordnung zu schaffen, auch das Streben der Frauen nach „rechtlicher und faktischer Gleichstellung mit den Männern" genannt und als Herausforderung im Sinne der Verantwortung für die Weltgestaltung angenommen wird.[35] Dieser Grundoption entsprechend werden in den folgenden Kapiteln u. a. die Themen aufgenommen, in deren Rahmen die Frauenfragen traditionell ihren Platz hatten. So scheint die Tendenz zur exklusiven Festlegung der Frau auf die Gewährleistung des Gemeinwohls der Familie durch ausschließliche oder doch vorrangige Wahrnehmung ihrer Rollen im häuslichen Bereich wenigstens im Ansatz überwunden; denn im Kontext der Sorge um die Förderung von Ehe und Familie wird einerseits auch die Gegenwart des Vaters und seine Bedeutung für die Kindererziehung und andererseits die „berechtigte Teilnahme der Frau am sozialen Leben" ausdrücklich betont.[36] Leider beschränkt sich der Text auf diese sehr allgemeine Formulierung, so daß ein eindeutiger Maßstab, was denn unter „berechtigter Teilnahme der Frau am sozialen Leben" zu verstehen sei, fehlt. Stoßrichtung und inhaltliche Füllung der Aussage bleiben so relativ unklar. Ähnliches muß zumindest auf den ersten Blick kritisch angemerkt werden zu dem wichtigen Abschnitt über die Beteiligung der Frauen am kulturellen Prozeß: Zum einen wird die Teilhabe der Frauen am kulturschöpferischen Auftrag betont[37], zum anderen erhebt sich die Forderung, die volle „und ihrer Eigenart angemessene" Teilnahme der Frauen am kulturellen Leben zu ermöglichen und zu fördern[38]; dabei wird jedoch nicht erläutert, was unter dem Zusatz „ihrer Eigenart angemessen" näherhin zu verstehen ist.[39] Ein Blick in die Entstehungsgeschichte des Textes kann allerdings verdeutlichen, daß die mangelnde Präzisierung hier eher als Positivum, nämlich als Verzicht auf eine Wiederholung der bis dato üblichen Festlegung des Kulturbeitrags der Frauen auf Familienaufgaben und Kindererziehung, zu werten ist.[40] Mit dem vorsichtigen Hinweis wird ein spezifischer Kulturbeitrag der Frauen eingeklagt, und zwar gerade ohne jene allzu lang festgehaltene Verengung der Frauenrolle auf „das Haus" noch einmal zu wiederholen.

Gegenüber dieser Öffnung, die dem mit „Pacem in terris" errichteten Maßstab Rechnung trägt, verwundert es um so mehr, daß in den Passagen der Konstitution, die von der Teilnahme aller am politischen Leben handeln[41], die Frauen überhaupt nicht erwähnt werden. Hierin, so stellt Oswald von Nell-Breuning fest, bleibe „Gaudium et spes" hinter der Enzyklika „Pacem in terris" zurück, die sich ausdrücklich unter Berufung auf die Menschenwürde der Frau für deren politische Gleichberechtigung ... einsetzt."[42]

Die Beobachtung solcher „blinden Flecken" in den Konzilsaussagen läßt ahnen, daß erst ein mühsamer Prozeß kontroverser Auseinandersetzung in den Sitzungsperioden des Konzils dem nur partiell schon vorhandenen Bewußtseinswandel hinsichtlich der Frauenfrage zum allmählichen, aber eben doch erst anfänglichen Durchbruch verhalf.[43] Manche überaus vorsichtig oder unbefriedigend vage bleibende Formulierung erklärt sich vor diesem Hintergrund. Bei allem Unbehagen, das sich bei einer feministisch engagierten Rezeption der Texte einstellen mag, sollte jedoch auch der bis dato unerreichte Auslegungsspielraum gesehen werden, den solche zurückhaltenden Aussagen eröffnen und der nicht zuletzt im Hinblick auf die Möglichkeit der Rezeption und Adaption der konziliaren Grundoption in unterschiedlichen kulturellen und sozialen Kontexten von erheblicher Bedeutung sein dürfte. So sehr deshalb auch das Konzil noch Wünsche offenläßt, was kirchliche Aussagen zur Frauenfrage angeht, so sehr zeichnet sich doch aufs Ganze gesehen eine im Sinne der Programmatik von „Pacem in terris" erneuerte und revidierte Position der kirchlichen Lehrverkündigung ab, die Anlaß zur Hoffnung gibt: Die Kluft zwischen der grundsätzlichen Beteuerung gleicher Würde der Geschlechter und der gleichzeitigen faktischen Einschränkung bzw. Negierung von Frauenrechten im Sinne von Menschenrechten scheint, wenn nicht zugeschüttet, so doch überbrückbar geworden zu sein, was schon für sich genommen bemerkenswert ist vor dem Hintergrund einer jahrhundertelang das Gegenteil forcierenden Traditionslinie.

Möglichkeitsbedingungen für die Eröffnung der neuen Perspektive sind zum einen die Überwindung der neuscholastischen essentialistischen Naturrechtsauffassung und der entsprechenden metaphysizistischen Anthropologie, zum anderen die Hinwendung zur induktiven Methode. Der damit verbundene neue Zugang zur Wirklichkeit, die jetzt primär im Sinne gedeuteter Erfahrung und nicht mehr durch Anwendung vorgegebener Ordnungsmodelle zu erfassen gesucht wird, ermöglicht in bezug auf die Wahrnehmung des Geschlechterverhältnisses und auf das Bild der Frau den Abschied von der herkömmlichen Version der Polaritätsthese, die zwar „Komplementarität", „Ergänzung" sagte, faktisch aber doch „Unterordnung der Frau" meinte.[44] Statt dessen signalisieren die Texte des Konzils „die Option für eine gemäßigte Emanzipation" bzw. für das Modell der Partnerschaft zwischen Mann und Frau.[45]

Paul VI. nimmt die emanzipatorische Linie des Konzils grundsätzlich auf. So optiert er z. B. in „Octogesima adveniens" für die der Würde der Frau entsprechende Gleichberechtigung der Geschlechter in allen Bereichen des gesellschaftlichen Lebens, jedoch nach Maßgabe der „vom Schöpfer selbst grundgelegten Verschiedenheiten". Gesetze, welche der Gleichstellung der Frau in der Gesellschaft dienen sollen, müssen dementsprechend gefaßt werden, so daß sie schützen, „was der Frau durch ihre physische Konstitution als ihre besondere Aufgabe vorgegeben ist".[46] In dieser Präzisierung zum Verständnis der geforderten Gleichberechtigung zeigt sich eine gewisse Spannung zwischen dem als berechtigt anerkannten Emanzipationsstreben der Frauen einerseits und der in mancher Hinsicht sicherlich ebenso berechtigten Sorge um die Bewahrung und den gesellschaftlichen Schutz der mütterlichen Rolle der Frau andererseits. Bemerkenswert gegenüber früheren Zeugnissen der lehramtlichen Verkündigung ist dabei die Argumentationsweise, welche die mit „Pacem in terris" eingeführte neue Sichtweise aufnimmt und bestätigt: Hier wird nicht eine „Wesensnatur" als normative Instanz strapaziert, sondern in deutlich differenzierterer Weise wird zum einen auf die „physische Konstitution" der Frau und zum anderen auf die „vom Schöpfer selbst grundgelegten Verschiedenheiten" rekurriert. Diese vergleichsweise vorsichtigen Formulierungen tragen sowohl der biblischen Offenbarung als auch der gesellschaftlich-kulturellen Realität, die einem ständigen geschichtlichen Wandel unterworfen ist, Rechnung: denn sie bringen zwar die Verschiedenheit des weiblichen und des männlichen Menschen als Fundament des Auftrags zu verantwortlicher sittlicher Lebensgestaltung ins Spiel, ohne jedoch von vornherein durch allzu konkrete Normierung den Gestaltungs- und Handlungsspielraum der sittlichen Vernunft unangemessen einzuengen.

Gegenüber solchen im besten Sinne emanzipatorischen Ansätzen in den Stellungnahmen Pauls VI. zur Frauenfrage scheint in manchen anderen Aussagen die Sorge um die Wahrung der mütterlichen Rolle wiederum einen Rückfall in männlich-paternalistische Denkformen zu bewirken. So liest man in einer Angelus-Ansprache vom 17. August 1975, ausgerechnet im und zum Jahr der Frau, die Kirche stimme zwar einer weiteren Verbesserung der beruflichen und sozialen Stellung der Frau gerne zu, doch „vertritt sie gleichzeitig die Würde und Sendung der Frau, zumal der christlichen Frau, und zwar in der Weise, wie der Plan Gottes es ihr zugedacht hat: als liebe Tochter, als reine und starke Jungfrau, als liebevolle Braut, vor allem aber als Mutter, die in Ehre und voller Würde zu halten ist, und schließlich als Witwe, fromm, im Leid gereift und unermüdlich".[47] Einmal abgesehen von der weniger lehrhaften als liturgisch-hymnisch gefärbten Diktion der Ansprache, die uns fremd und etwas realitätsenthoben anmutet, ist zunächst positiv festzustellen, daß es auch in dieser Aussage nicht darum geht, ein kirchliches Frauenbild anstelle oder als Gegensatz zu gesellschaftlichen Gleichstellungsbestrebungen, sondern in Ergänzung und als Korrektiv zu diesen zu propagieren. Insofern zeigt sich hier die gleiche nicht aufzuhebende und sicher durchaus fruchtbar zu gestaltende Spannung, die wir schon in dem Auszug aus „Octogesima adveniens" beobachten konnten und die für den Standort Pauls VI. kennzeichnend zu sein scheint.

Dennoch irritiert nicht nur die Einseitigkeit, mit der die Frau aus der Sicht des Mannes fast ausschließlich (wenn man einmal absieht von der Rolle als „Jungfrau") als „Beziehungswesen" in Abhängigkeit von den Eltern oder von ihrem Gatten aufgefaßt wird, sondern auch die Selbstverständlichkeit, mit der diese Sichtweise als *die* Explikation des Planes Gottes für die Frau ausgewiesen wird. Gerade eine solche, angeblich im Plan Gottes begründete Festlegung der Frau auf bestimmte gesellschaftliche Rollen schien ja sowohl in den Konzilsaussagen als auch in programmatischen Äußerungen Pauls VI. überwunden. Zur Klärung des hier aufscheinenden Widerspruchs kann zunächst ein Blick auf die Verschiedenartigkeit und auf das unterschiedliche Gewicht der zitierten Texte beitragen: Es liegt auf der Hand, daß einer Angelus-Ansprache des Papstes nicht annähernd soviel Bedeutung zuzumessen ist wie dem Apostolischen Schreiben „Octogesima adveniens", das sich in die Reihe der päpstlichen Sozialenzykliken einfügt. Wenn man zudem weiß, daß Paul VI. seine Angelus-Ansprachen in der Regel als spontane Kurzpredigten hielt und dabei also in gewisser Weise „unkontrolliert" redete, so mag sich der Widerspruch schon nicht unbeträchtlich relativieren. Ein eigenes Problem für die Rezeption besteht zudem in dem oben angedeuteten Wechsel der Sprachspiele, der einen direkten Vergleich zwischen lehrhaften und liturgisch geprägten Äußerungen erheblich erschwert. Andererseits ist aber gerade aus der letzten Bemerkung noch ein weiterer Schluß zu ziehen: Wenn der Papst in spontaner Rede offenbar hinter den in der offiziellen Lehrverkündigung erreichten und von ihm selbst vertretenen Standard zurückfällt in ein wenn nicht anti-, so doch wenigstens voremanzipatorisches Denken, so offenbart sich darin ungewollt einmal mehr die Mühe, die es kostet, von überkommenen Denk- und Wertungsmustern Abschied zu nehmen und neue, als sozialethisch bedeutsam und notwendig erkannte Positionen selbstverständlich werden zu lassen.

2.4 Sozialethische Wachsamkeit und heilsgeschichtliche Symbolismen: Johannes Paul II.

In den sozialethischen Lehrschreiben, die der gegenwärtige Papst in der Frühphase seines Pontifikates veröffentlicht hat[48], wird der Spannung zwischen gesellschaftlichen Realitäten und Erfordernissen einerseits und dem traditionell katholischen Wertekonzept zur Verwirklichung fraulichen Menschseins andererseits in beachtlicher Weise Rechnung getragen. Nicht nur wird die gesellschaftliche Entwicklung hin zu einer gleichberechtigten Stellung der Frauen in allen Bereichen des öffentlichen Lebens auf der Basis christlicher Anthropologie grundsätzlich positiv bewertet und als förderungswürdig herausgestellt, sondern es finden sich auch neue Ansätze zur sozialethischen Konkretisierung solcher Zielvorgaben, und zwar wiederum im Rahmen der klassischen Themenbereiche „Familie" und „Arbeit". So verbindet sich mit der wiederholten Betonung der gleichen Würde und Verantwortung der Frau in Familie und Öffentlichkeit bei Johannes Paul II. die Forderung nach einer erneuerten Theologie der Arbeit, in der auch das Beziehungsgeflecht von Arbeit und Familie neu überdacht wird, um so einer Neu- und Höherbewertung der Familienarbeit der Frau den Weg zu ebnen und auf diesem Weg Diskriminierungstendenzen entgegenzuwirken.[49] Der Grund zu einer solchen Theologie der Arbeit ist in der Enzyklika „Laborem exercens" gelegt mit der Darlegung einer personalistischen Sicht der Arbeit, derzufolge diese vorrangig als Selbstvollzug des arbeitenden Menschen gedeutet wird.

Einerseits hat Johannes Paul offenbar weniger Mühe als seine Vorgänger mit der Anerkennung von Berufstätigkeit und öffentlicher Präsenz von Frauen als einer gesellschaftlichen Selbstverständlichkeit. Andererseits bricht sich auch in seinen Äußerungen immer wieder das Anliegen Bahn, den Wert familiärer und mütterlicher Aufgaben zu verteidigen: Es steht zu vermuten, daß als eine Ursache dieser doppelten Akzentuierung nicht zuletzt der Erfahrungshintergrund des Polen Karol Woityla namhaft zu machen ist: eine Arbeitswelt, in der Frauen oft weniger aus Gründen der Selbstverwirklichung als aus wirtschaftlicher Notwendigkeit und gesellschaftlichem Zwang berufstätig sind. Die Annahme eines solchen Bezugsrahmens kann zur Erklärung der Schwerpunktsetzung beitragen, mit der sowohl in „Laborem exercens" als auch in „Familiaris consortio" das Thema „Frau und Arbeitswelt" angegangen wird. Beispielhaft sollen die einschlägigen Aussagen aus „Laborem exercens" vorgestellt werden: In dem Kapitel „Lohn und besondere Sozialleistungen" wird die Frage des „gerechten Lohnes" zunächst allgemein erörtert (Abs. 1 und 2) und dann auf die Situation der Familie angewandt (Abs. 3). Bei der darauffolgenden Behandlung der Frauenarbeit (Abs. 4 und 5) fällt auf, daß die naheliegende und noch keineswegs überholte Forderung nach gerechter Entlohnung von Frauen nach dem Grundsatz „gleicher Lohn für gleiche Arbeit" nicht angesprochen wird, wie dies etwa Pius XII. wiederholt getan hatte.[50] Das Thema wird vielmehr unmittelbar auf die Familienarbeit der Frau, näherhin auf die Notwendigkeit der gesellschaftlichen Anerkennung derselben, zugespitzt[51]:

„Einer Gesellschaft kann es nur zur Ehre gereichen, wenn sie es der Mutter ermöglicht, ohne Behinderung ihrer freien Entscheidung, ohne psychologische und praktische Diskriminierung und ohne sich im Vergleich zu ihren Kolleginnen zurückgesetzt zu fühlen, sich der Pflege und Erziehung ihrer Kinder je nach den verschiedenen Bedürfnissen ihres Alters zu widmen. Der notgedrungene Verzicht auf die Erfüllung dieser Aufgaben um eines außerhäuslichen Verdienstes willen ist im Hinblick auf das Wohl der Gesellschaft und der Familie widersinnig, insofern er jenen vorrangigen Aufgaben der Mutterschaft widerspricht oder sie erschwert."[52]

Für die Notwendigkeit einer „höheren Bewertung der mütterlichen Aufgaben" seitens der Gesellschaft und in deren Gefüge beruft sich „Laborem exercens" allgemein auf „die Erfahrung", die wir ja bereits zu entschlüsseln und zu konkretisieren versuchten. Damit wird deutlich, daß hier ganz bewußt das Modell „Mutterschaft" als Korrektiv und sozialethischer Maßstab an vorgefundene gesellschaftliche Gegebenheiten herangetragen wird: Die Betonung der freien Entscheidung zur vorrangigen Ausübung der Mutterrolle (von einer ausschließlichen Begrenzung auf dieses Aufgabenfeld ist nicht die Rede) läßt darauf schließen, daß eine Situation vorausgesetzt wird, in der die außerhäusliche vollzeitige Erwerbstätigkeit der Frau, näherhin der Ehefrau und Mutter, als das Normale gilt und abweichendes Verhalten der sozialen Diskriminierung ausgesetzt ist. Der letzte Satz des zitierten Abschnitts weist schließlich auf die Konfliktsituation von Frauen hin, die zwischen wirtschaftlich bedingter („notgedrungener") außerhäuslicher Erwerbstätigkeit und der Erfüllung mütterlicher Aufgaben hin- und hergerissen werden. Unter solchen Bedingungen fehlt der Spielraum zur freien Entscheidung für die vorrangige Ausübung familiärer Aufgaben ebenso wie die Möglichkeit, in menschlich angemessener, nämlich frei verantworteter Weise zum familiären wie zum gesamtgesellschaftlichen Gemeinwohl beizutragen. Der realistisch wahrgenommenen Präsenz der Frau im gesellschaftlichen Raum und insbesondere in der Arbeitswelt wird deshalb mit der Postulierung eines menschenrechtsethischen Maßstabs begegnet, der einlinige Festlegungen vermeidet, wenn zunächst allgemein gefordert wird, der gesamte Arbeitsprozeß müsse nach den Bedürfnissen der Person geregelt werden, und wenn dies in folgender Weise auf die spezifische Situation der Frauen hin konkretisiert wird: „In vielen Ländern sind, wie bekannt, die Frauen in fast allen Lebensbereichen tätig. Dann sollen sie diese Tätigkeiten aber auch ihren Veranlagungen gemäß ausüben können ohne Diskriminierungen und ohne Ausschluß von Stellungen, für die sie befähigt sind, ebensowenig aber auch ohne wegen ihrer familiären Bedürfnisse oder wegen der spezifischen Aufgabe, durch die sie gemeinsam mit ihren Gatten zum Wohl der Gesellschaft beitragen, geringer geachtet zu werden. Die wahre Aufwertung der Frau erfordert eine Arbeitsordnung, die so gestaltet ist, daß sie diese Aufwertung nicht bezahlen muß mit der Preisgabe ihrer Eigenheit auf Kosten der Familie, für die sie als Mutter eine unersetzliche Aufgabe erfüllt."[53]

Zweifellos beinhaltet diese Aussage, die deutlich über das von Paul VI. in „Octogesima adveniens" Gesagte hinausgeht, ein klares Plädoyer für die gleichberechtigte Entfaltung der Lebensmöglichkeiten von Frauen im gesamten gesellschaftlichen Bereich, während zugleich der „Verschiedenheit der Geschlechter" Rechnung getragen wird. Insofern wäre es sicherlich ungerecht, aus dem letzten Satz des Abschnitts eine neuerliche exklusive Festlegung der Frau auf die Mutterrolle herauslesen zu wollen. Vielmehr wendet sich die Aussage korrigierend gegen eine Art gesellschaftlich-struktureller Intoleranz gegenüber diesem Bereich fraulicher Selbstentfaltung und Gemeinwohlverantwortung, und d. h. gegen einen sozialen Zwang, der die Frau in analoger Exklusivität für die Berufsrolle vereinnahmen würde, wie die kirchliche Lehre sie über lange Zeit ausschließlich auf den häuslichen Bereich und die Mutterrolle festzulegen trachtete. Diese hier zunächst ohne Werte festzustellende Akzentuierung erklärt die Vernachlässigung anderer Desiderate, die man im Umfeld des Themas „Frau und Arbeit" auch, je nach Perspektive vielleicht sogar vorrangig, erwartet hätte.

Der Blick auf „Laborem exercens" und „Familiaris consortio" zeigt, daß die Position des gegenwärtigen Papstes dem durch Johannes XXIII. geltend gemachten Prinzip, die Präsenz der Frauen in allen Bereichen des öffentlichen Lebens als „Zeichen der Zeit" zu begreifen, Rechnung trägt und der damit gestellten sozialethischen Aufgabe zu entsprechen sucht. Die von Johannes Paul II. forcierte Akzentsetzung zeigt zugleich sehr deutlich, daß auch in die Formulierung lehramtlicher Dokumente lebensgeschichtlich bedingte und gewachsene Erfahrungshorizonte hineinspielen und bestimmend auf die Perspektive einwirken, unter der eine allgemein relevante Frage- oder Problemstellung angegangen wird. Das ist zwar eine Selbstverständlichkeit, die man sich gleichwohl immer wieder ins Gedächtnis rufen muß im Umgang mit solchen Texten, die erst im Horizont ihrer eigenen Geschichte – im Sinne von Herkunft und Zielrichtung – ihre volle Aussagekraft entfalten, ihre Tragweite, aber eben auch ihre Begrenztheit erkennen lassen.

Dies sich vor Augen zu halten ist gerade auch im Hinblick auf das jüngste Dokument des Papstes zur „Würde und Berufung der Frau" vom 15. August 1988 bedeutsam. Es handelt sich bei dem Apostolischen Schreiben „Mulieris dignitatem"[54] nicht um ein sozialethisches Dokument, etwa um eine humanwissenschaftlich fundierte Analyse, sondern ausdrücklich um eine theologische „Meditation"[55]; gleichwohl ist es für unsere Überlegungen von Bedeutung, insofern darin einerseits die einschlägigen anthropologischen und theologischen Grundauffassungen des Papstes zur Anschauung kommen und andererseits mit „Mulieris dignitatem" erstmals seit dem Konzil ein päpstliches Dokument das kirchliche Bild der Frau thematisiert. In ersten Kommentaren wurde das Schreiben zu Recht als Antwort des Papstes auf ein in der Kirche stattfindendes Gespräch und weniger als eine abschließende Lehraussage dargestellt.[56] Obgleich der meditative Charakter des weit ausholenden Schreibens eine knappe Zusammenfassung der Kernaussagen recht schwierig macht, möchte ich versuchen, einige wichtige Gedanken systematisch darzustellen.

Grundaussagen über Würde und Berufung der Frau gewinnt der Papst aus der Meditation der Heilsgeschichte, wobei zwar kein einheitlicher methodisch-hermeneutischer Zugang, wohl aber eine deutliche Tendenz zur symbolischen Interpretation festzustellen ist.[57] In der Deutung der priesterschriftlichen Schöpfungserzählung (Gen 1,1–2,4a) ist das klare Bekenntnis zur gleichursprünglichen Gottesbildlichkeit und zur Gleichwertigkeit von Mann und Frau in ihrer Personwürde verankert.[58] Dem entspricht die Deutung des Textes Gen 2,18–25, die Erschaffung Evas aus der Seite des Adam: Frau und Mann sind einander wechselseitig als Hilfe zum Leben bestimmt; damit korrigiert das Schreiben eine lange Tradition, die die Frau nur als Hilfe des Mannes bei der Erzeugung und Aufzucht von Nachkommenschaft anzuerkennen bereit war.[59] Dieses umfassende Verständnis der „Hilfe" wird personalistisch auf das menschliche Sein als „Sein in Beziehung" ausgelegt, wobei als entsprechende Beziehungswirklichkeit jedoch nur die Ehe als die „Einheit der zwei" ins Auge gefaßt wird.[60] Daß es auch noch andere Formen menschlicher Beziehung zwischen Mann und Frau gibt und daß das partnerschaftliche Verständnis der wechselseitigen „Hilfe" der Geschlechter auch über Ehe und Familie hinaus in der gemeinsamen Wahrnehmung des Auftrags zur Weltgestaltung zum Tragen kommen sollte, bleibt in diesem Zusammenhang leider unberücksichtigt.[61] Ebenso vermißt man ein noch so leises Wort zu den jahrhundertelangen Versäumnissen der Kirche gegenüber der Anerkennung der Gottesbildlichkeit des weiblichen Menschen, mit allen daraus sich ergebenden Konsequenzen.[62]

Dennoch bleibt die unmißverständliche Absage an ein angeblich in der Schöpfungsordnung begründetes Modell der hierarchischen Ordnung des Geschlechterverhältnisses zugunsten des Mannes als bedeutsame Weichenstellung festzuhalten. Diese Option wird aus einer zweiten, für den gesamten Text richtungweisenden Perspektive gestützt: Wenn nämlich gleich im ersten Kapitel, das der Gottesmutter als der „Frau" schlechthin gewidmet ist, Marias „Fiat" als Äußerung ihres freien Willens und ihr Wort „Siehe, ich bin die Magd des Herrn" als Ausdruck ihres Wissens um die eigene Geschöpflichkeit ausgelegt werden[63], ist damit „ein Verdikt gesprochen über allen Mißbrauch von Marias ‚Fiat', um aus Frauen untertänige, ihre Subjektivität unterdrückende Wesen zu machen."[64] Dementsprechend geißelt der Papst an anderer Stelle die Unterdrückung der Frau als „Objekt männlicher Herrschaft und Besitzes"[65] und kennzeichnet derartige soziale Ungerechtigkeit als „andauernde sündhafte Zustände"[66].

Beide Ansätze, der einer personalistisch auf die Ehe zentrierten Genesis-Deutung wie der (über die Aufnahme des sogenannten Protoevangeliums mit dem ersteren verknüpfte) marianische, führen zu dem Leitmotiv der Hingabe, das einerseits als Bestimmungsmerkmal von Personalität überhaupt eingeführt wird, dann aber insbesondere Eingang findet in das Bild der Frau, das auf der Ebene des Symbols entfaltet werden soll.[67] Dies geschieht vorrangig im Rückgriff auf die marianisch bezogenen theologischen Topoi „Brautschaft" (als Chiffre für die Haltung der Hingabe), „Jungfrauschaft" und (leibliche oder geistig-geistliche) „Mutterschaft".[68] Leitgedanken und Sprachgewand sind eng an einen zwar nur partiell aufgenommenen, aber für das Verständnis unerläßlichen theologisch-spirituellen Traditionshintergrund gebunden.[69] Wie weit daher die Aussageabsicht unter heutigen Verstehensbedingungen vermittelbar ist, muß dahingestellt bleiben. Zudem scheint dieser Weg der Bestimmung von Wesen und Berufung der Frau wiederum in (allmählich überwunden geglaubte) Verengungen zurückzuführen, was angesichts der oben skizzierten menschenrechtlich-kritischen Aussagen zu erheblichen Spannungen innerhalb des Dokuments selbst führen muß.

Exemplarisch sei hier lediglich auf das Bild der Mutterschaft eingegangen, insofern dieser Aspekt des Frauenbildes den bisher betrachteten thematischen Zusammenhängen am nächsten steht. Ohne Zweifel steht die Mutterschaft, wie der Papst hervorhebt, „im Zusammenhang mit der personalen Struktur des Frauseins"[70], was immer dies im einzelnen bedeuten mag. Wenn aber recht apodiktisch behauptet wird, die Mutterschaft sei der „anspruchsvollere Teil" der Elternschaft, und die Hervorbringung neuen Lebens zehre buchstäblich die leiblichen und seelischen Kräfte der Frau auf[71], so werden erfahrene Mütter ebenso wie Paare, die in gemeinsam praktizierter Verantwortung ihre Elternschaft gestalten, mit Recht erhebliche Zweifel anmelden. Dies um so mehr, wenn es, sicher im berechtigten Interesse einer Aufwertung der Mutterschaft, heißt, „man (sei) allgemein überzeugt, daß die Frau mehr als der Mann fähig ist, auf die konkrete Person zu achten"[72]. Angesichts einer solch pauschalen Behauptung ist Elisabeth Gössmann zuzustimmen, die meint, eine solche quasi „naturhafte Veranlagung und Fähigkeit der Frau festzuschreiben", laufe „auf eine Diskriminierung des Mannes hinaus"[73]. Die hier implizierte und an anderer Stelle im Text explizit formulierte These, Gott habe der Frau in besonderer Weise den Menschen anvertraut[74] und darin liege ihre eigentliche, von der des Mannes unterschiedene Berufung, führt zu jener Sichtweise zurück, die uns in der eingangs zitierten Botschaft des Konzils an die Frauen schon begegnet ist: Vor dem Hintergrund der gegenwärtigen, einseitig wissenschaftlich-technisch geprägten Welt folgert Johannes Paul, unsere Zeit erwarte, „daß jener ‚Genius‘ der Frau zutage trete, der die Sensibilität für den Menschen, eben weil er Mensch ist, unter allen Umständen sicherstellt und so bezeugt: ‚Die Liebe ist am größten‘ (vgl. 1 Kor 13,13)"[75]. Ein erneutes Zeugnis für die Idealisierung der Frau? Oder vielleicht mehr noch ein alarmierendes Indiz für die Verarmung wenigstens eines Teils der Männerwelt, der mit einer solchen Zuweisung der besonderen „Kompetenz der Liebe" an die Frauen zugleich geneigt sein könnte, sich selbst aus der Verantwortung für den „konkreten Menschen" zu stehlen?[76]

Die ohnehin nur ausschnitthafte Vorstellung des jüngsten päpstlichen Dokuments zum Bild der Frau sei an dieser Stelle abgebrochen. Es zeigt sich, daß die oft so genannte Frauenproblematik mindestens in gleichem Maße auch eine „Männerproblematik" ist, und dies gilt ganz besonders auch für die sozialethische Relevanz der damit verbundenen Fragen.[77] Versuchen wir eine Bilanz.

3. Zusammenfassung und weiterführende Perspektiven

Die Bestandsaufnahme zum Thema „Würde und Rechte der Frau" in der päpstlichen Sozialverkündigung hat für die vorkonziliare Epoche – ich fasse etwas vereinfachend die Dokumente Leos XIII., Pius' XI. und Pius' XII. zusammen – eine eindeutige Rollenfestschreibung für Mann und Frau ergeben: Der Mann und Familienvater geht einer außerhäuslichen Erwerbsarbeit nach, die einen ausreichenden Verdienst für den Familienunterhalt erbringen soll, und nimmt die öffentlichen Aufgaben wahr. Die Frau hingegen ist ihrem Wesen nach zuständig für Haushalt und Kinder und hat sich deshalb vom Erwerbsleben und von öffentlichen Ämtern fernzuhalten. Diese Arbeitsteilung wird essentialistisch-naturrechtlich begründet.[78] Konsequenterweise folgt aus dieser Doktrin die moralische Verurteilung von Gleichberechtigungsbestrebungen als sündhafter Widersetzlichkeit gegen den göttlichen Heilsplan.

Ein Ausweg aus dieser für die theologische und gesellschaftliche Sicht der Frau aporetischen Situation eröffnet sich erst mit der Zulassung menschenrechtlichen Denkens in der Katholischen Soziallehre unter Johannes XXIII. Dieser Neuansatz ermöglicht die Wahrnehmung der Frau als Subjekt, nachdem sie bis dato in der offiziellen kirchlichen Lehre ausschließlich als „Beziehungswesen" aus der Sicht des Mannes vorkam. Wenigstens grundsätzlich ist damit die Begrenzung weiblicher Kompetenz und Zuständigkeit auf den Bereich der Familie aufgehoben und der Weg geebnet für die Anerkennung und Einforderung eines darüber hinaus gehenden spezifischen Beitrags der Frauen zur Gesellschaftsgestaltung. Wenngleich die vorgestellten Texte erkennen lassen, daß dieser neue Maßstab sich noch keineswegs fraglos und uneingeschränkt durchgesetzt hat, so ist damit doch ein Standard erreicht, der prinzipiell nicht mehr hintergangen werden kann und als Korrektiv jederzeit einklagbar ist. Die mit „Pacem in terris" und dem Zweiten Vatikanischen Konzil erreichte Position ermöglicht folglich auch im Bereich der kirchlichen Lehre die Öffnung zu einem neuen Modell der Wahrnehmung, Beschreibung und Gestaltung des Geschlechterverhältnisses: Das herkömmliche Hierarchie-Modell, das die gesellschaftliche Rollenverteilung im Sinne der Unterordnung der Frau unter den Mann definierte, wird im Horizont menschenrechtlichen Denkens durch das Modell der Partnerschaft, d. h. demokratisch, nicht-hierarchisch strukturierter Beziehungen abgelöst.

Angesichts der bisherigen faktischen Entwicklung in Gesellschaft und Kirche liegt es jedoch auf der Hand, daß mit dieser Umorientierung zwar eine Zielvorstellung für die Neustrukturierung interpersonaler wie gesamtgesellschaftlicher Beziehungen zwischen den Geschlechtern formuliert, nicht aber eine Beschreibung der Wirklichkeit gegeben ist. Weder die grundsätzliche Anerkennung der Menschenrechte für die Frau noch die Forderung und Durchsetzung frauen- und familienpolitischer Maßnahmen allein reichen aus, um ein wirklich befreites, partnerschaftliches Miteinander auf allen Ebenen gesellschaftlichen Handelns zu ermöglichen und zu gewährleisten.

Diese Einsicht fördert ein grundlegendes und symptomatisches Defizit kirchlicher Verkündigung wie theologischer Reflexion zutage: Die heutige Frage nach „Würde und Rechten der Frau" oder die frühere Frage nach dem „Wesen der Frau" wird einseitig, ohne die Einbettung in eine umfassende Anthropologie der Geschlechter gestellt. Die Frage nach dem „Wesen" bzw. nach „Würde und Rechten" des Mannes wurde und wird bisher ja bezeichnenderweise viel seltener gestellt. Die Folgerung liegt nahe, daß diese Asymmetrie durch die absolute Dominanz der männlichen Perspektive bestimmt ist, in der nur die Frau als das andere „Wesen" wahrgenommen wurde und der Bestimmung, der Definition bedurfte.[79] Bestätigt wird diese Vermutung durch die Beobachtung, daß heute, angeregt und teilweise auch initiiert durch die Aufbrüche der Frauenforschung, sich auch so etwas wie eine Männerforschung zu konstituieren beginnt: Erst indem mit dem Erwachen der Frauen als Subjekt auch der Wissenschaft gleichsam ein zweiter Standort, ein Beobachtungsposten „außerhalb" der Grenzen des männlich definierten Bereichs eingerichtet worden ist, sind die Bedingungen dafür geschaffen, daß auch der Mann zur Frage werden kann, ja zur Frage werden muß, zuerst für die von „außerhalb" Fragenden, die Frauen, dann aber auch in wachsendem Maße für sich selbst. Diese heilsame, freilich erst zaghaft und in bescheidenen Ansätzen greifende Verunsicherung könnte und müßte Früchte tragen auch für die Neuformulierung einer theologischen Anthropologie und einer Verkündigung, die dann die Bipolarität des menschlichen Seins aufnehmen und zu dem Ausgangspunkt machen könnte, als der sie im Schöpfungsbericht der Genesis ausgesagt ist.[80] Eine an den zentralen Inhalten der Heilsbotschaft orientierte Sichtweise hätte diese Spannung, in der sich Menschsein als Frausein und Mannsein notwendig vollzieht, angstfrei und ohne harmonistische Vereinfachung anzunehmen und ausgehend von dem Strukturprinzip „Liebe"[81] als *wechselseitige* Annahme des Andersseins[82] zu gestalten.

Ein solches aus dem Zentrum der christlichen Heilsbotschaft erwachsendes anthropologisches und spirituelles Fundament wäre geeignet, die universal gültigen menschenrechtlichen Ansprüche auf Anerkennung gleicher Personwürde und Gleichberechtigung der Geschlechter haltungsethisch zu stützen und ihre Verteidigung auch gegen Widerstände zu fördern.

Dies bedeutet aber für Sozialethik und Sozialverkündigung, daß es weder mit der allgemeinen Proklamation der Würde der Frau noch mit der Erstellung und Einforderung eines Katalogs materialethischer Normen und sozialpolitischer Forderungen getan ist. Vielmehr gilt es, Mittel und Wege zur „Aufhebung der massiven Asymmetrie" zu finden, „die den Mann kulturell, religiös und sprachlich mit den Mitteln ausstattet, die ihm Überlegenheit garantieren. Gegenseitigkeit ist zu suchen, eine Situation anzustreben, in der Mann und Frau ihren Wettbewerb um die Welt, das Leben, die Kultur, die religiöse Form unter fairen Bedingungen austragen können."[83]

In diesem Sinn verlangt das Ziel humaner Partnerschaft zunächst einen komplexen Bewußtseinswandel beider Geschlechter. Dazu gehört z. B. die Überprüfung des je eigenen Selbstverständnisses der Person als Frau bzw. als Mann: Wie verstehe ich mich in meiner Eigenheit als geschlechtlich bestimmtes Wesen, welche eigenen und fremden Wünsche, Ansprüche, Tabus bestimmen Lebensplanung, Beziehungen, Beruf, Religiosität . . .? Dazu gehört weiterhin die Überprüfung des Verständnisses von Mutter- und Vaterschaft, die Frage nach der identitätsbildenden Kraft dieser Rollen: Was bedeutet es für mich als Frau, Mutter sein zu können bzw. zu sein oder es nicht zu sein, und was bedeutet es für meinen Partner, Vater sein zu können bzw. zu sein oder es nicht zu sein? Dazu gehört auch die Überprüfung der in Erziehung und Ausbildung vermittelten Rollenstereotypen, die das Mädchen und die junge Frau ebenso wie den Jungen und jungen Mann in bestimmter Weise festlegen. Ganz wesentlich gehört dazu die Überprüfung von Verhaltensmustern und Strukturen der Machtausübung bzw. des Dienstes in Familie, Arbeitswelt und Kirche und allen gesellschaftlichen Gruppierungen. Schließlich müßte in diesem Zusammenhang auch unsere Sprache mit ihren Einseitigkeiten und Ausgrenzungsstrategien einer grundlegenden Revision unterzogen werden. Nur ein so umfassendes, im Zusammenwirken zwischen verschiedenen Handlungsfeldern und -ebenen zu verwirklichendes Projekt kann schließlich dazu beitragen, die tiefe Spaltung zu überwinden, die zu der nicht ganz aus der Luft gegriffenen Vision einer verhängnisvollen „Arbeitsteilung" führen konnte: Während die eine – männliche – Hälfte der Menschheit die Produktion und Verwaltung der Zerstörungspotentiale betreibt, bleibt der anderen – weiblichen – Hälfte die rettende Kompetenz der Liebe und die Sorge um den Frieden überlassen.

Wäre dies das Polaritätsmodell der Zukunft, so hätten wir nichts Gutes mehr zu hoffen. Deshalb gilt es, die kreativen Kräfte beider Geschlechter aufzuspüren, zu wecken und in allen gesellschaftlichen Handlungsfeldern fruchtbar zu machen für die gemeinsame Verwirklichung von Gerechtigkeit, Frieden und Bewahrung der Schöpfung. Das kann nur geschehen, wenn sich alle Betroffenen in einem Lernprozeß zusammenfinden, in dem diejenigen, die bisher geredet haben, auch das Zuhören, und diejenigen, die aus dem Schweigen kommen, auch das Sprechen lernen. Wo dies gelingt, ist ein Anfang von Partnerschaft gesetzt, wird „Würde der Person" von einer Worthülse zur Wirklichkeit und realisiert sich die „Achtung vor der konkreten Person", die hoffentlich nicht nur eine besondere Begabung der Frau ist.

Anmerkungen

(1) Olympe Marie de Gouges, 1755 in Montauban geboren, trat als Schriftstellerin und vor allem als Vorkämpferin der Frauenbefreiung öffentlich in Erscheinung. Wegen ihrer Kritik an dem Terrorregime Robespierres wurde sie 1793 in Paris hingerichtet. Ihre „Deklaration der Rechte der Frau und Bürgerin" gilt als (lange totgeschwiegene) Initialzündung des politischen Feminismus. Der vollständige Text der Deklaration ist abgedruckt und kommentiert in: Hannelore Schröder (Hg.), Die Frau ist frei geboren. Texte zur Frauenemanzipation, Bd. I: 1789–1870, München 1979, 31–54.
(2) Die Einführung des Frauenwahlrechts als ein Ziel der bürgerlichen und der sozialdemokratischen Frauenbewegung wurde in Europa erst im Laufe des 20. Jahrhunderts erreicht: auf Finnland (1907) folgten Norwegen (1913), Dänemark (1915), die Niederlande (1917), Deutschland und Österreich (1918), Schweden und Belgien (1921) und England (1928). Gegen Ende oder erst nach dem Zweiten Weltkrieg wurde es eingeführt in Frankreich (1944) und Italien (1946). In der Schweiz dauerte es bis zum Jahr 1971, bis den Frauen das Wahlrecht auf Bundesebene zuerkannt wurde.
(3) Zit. nach: HerKorr 20 (1966), 45.
(4) Ebd.
(5) Vgl. dazu Gottfried Bachl, Der beschädigte Eros. Frau und Mann im Christentum, Freiburg 1989, 55–60.
(6) Vgl. a.a.O. (Anm. 3), 43-47.
(7) Es ist zu unterscheiden zwischen der lehramtlichen Sozialverkündigung („kirchliche Soziallehre") und der wissenschaftlich-theologischen Disziplin („christliche Sozialethik"). Als gesellschaftsbezogener Teil der Moraltheologie (vgl. Johannes Paul II., Enzyklika „Sollicitudo rei socialis", 41) bzw. als ethische Grundlagenreflexion auf die Sittlichkeit der gesellschaftlichen Strukturen ist letztere zwar der ersteren zugeordnet;

Sozialethik als wissenschaftliche Disziplin ist jedoch weder auf den jeweiligen Ist-Stand der lehramtlichen Verkündigung einzugrenzen, noch darf sie sich in der Dokumentenexegese erschöpfen. – Zum Selbstverständnis christlicher Sozialethik vgl. Franz Furger, Christliche Sozialwissenschaft – eine normative Gesellschaftstheorie in ordnungsethischen und dynamisch evolutiven Ansätzen, in: JCSW 29 (1988), 17–28; ders., Einführung in die Sozialethik, Stuttgart 1991 (im Druck); Wilhelm Korff, Grundzüge einer künftigen Sozialethik, in: JCSW 24 (1983), 29–49; ders., Was ist Sozialethik? in: MThZ 38 (1987), 327–338.

(8) Eine weiter ausgreifende Beschäftigung mit der Thematik könnte sich selbstverständlich nicht auf den Aspekt der lehramtlichen Verkündigung beschränken. Die im Raum der Kirche entstandenen Frauenbewegungen wären ebenso zu berücksichtigen wie die unterschiedlichen Positionen und Richtungen der heutigen feministischen Theologie, und zwar unter dem Gesichtspunkt, daß hier Frauen selbst ihre Erfahrungen in und mit der Kirche artikulieren und reflektieren.

Weiterhin wäre auf das Lebenszeugnis von Christinnen zu verweisen, die unter Einsatz ihrer schöpferischen Kräfte die Lebensmöglichkeiten von Frauen wie das gedeihliche Zusammenleben der Geschlechter im Raum von Kirche und Gesellschaft zu sichern und zu weitern suchten. Dabei ist beispielsweise an Frauen zu denken, die durch Gründung und Leitung weiblicher Orden und religiöser Gemeinschaften Freiräume für Frauen zur Entfaltung ihrer Fähigkeiten und Charismen im Gottes- und Weltdienst schufen und so emanzipatorische Kräfte freizusetzen halfen. Häufig waren und sind damit einerseits Aufbau und Unterhaltung sozial-caritativer bzw. pädagogischer Einrichtungen verbunden (man denke etwa an so unterschiedliche Projekte wie die Gründung der Englischen Fräulein durch Maria Ward im 17. Jahrhundert oder den Aufbruch Madeleine Delbrêls mit einigen Freundinnen in das kommunistische Arbeitermilieu der Pariser Vorstadt Ivry in den 30er Jahren des 20. Jahrhunderts). Andererseits haben die Trägerinnen solcher Initiativen nicht selten weitreichende theologische, philosophische und spirituelle Reflexionen über ihr Tun und ihre Erfahrungen (gerade auch im Hinblick auf Tatsache und Bedeutung ihres Frauseins) hinterlassen. Solche und weitere Impulse blieben – nicht zuletzt aufgrund des Charismas der „Gründerinnen" – in der Regel nicht ohne jeden Einfluß auf das kirchlich-offizielle Handeln, und sei es auch „nur" im Sinne eines Stachels im Fleisch, als Zeichen des Widerspruchs gegen allzu einseitige Entwicklungen.

Im Bereich der lehramtlichen Äußerungen müßten in einer größer angelegten Untersuchung des weiteren die synodalen und bischöflichen Stellungnahmen berücksichtigt werden. Vgl. z. B. das Papier der deutschen Bischöfe „Zu Fragen der Stellung der Frau in Kirche und Gesellschaft" (21. September 1981), hg. vom Sekretariat der Deutschen Bischofskonferenz, Bonn o. J.; die Entwürfe zum „Frauen"-Hirtenbrief der katholischen Bischofskonferenz der USA (Veröffentlichung des ersten Entwurfs: „Zur Gleichheit berufen", Oberursel 1988; zum Wortlaut des erheblich veränderten zweiten Entwurfs vgl. Origins, 5. 4. 90, 717ff sowie den Bericht in HerKorr 44 (1990), 207–209). – Ein bischöfliches Schreiben zum Thema, das ausdrücklich bei der konkreten Erfahrung von Frauen und Männern ansetzt, ist der Hirtenbrief des Limburger Bischofs Franz Kamphaus zur österlichen Bußzeit 1989 „Als Mann und Frau erschuf er sie" (veröffentlicht unter dem Titel „Mutter Kirche und ihre Töchter. Frauen im Gespräch", Freiburg 1989).

(9) Enzyklika „Rerum novarum", 33. – Die Dokumente der katholischen Soziallehre werden, sofern nicht ausdrücklich etwas anderes angegeben ist, zitiert nach: Texte zur katholischen Soziallehre. Die sozialen Rundschreiben der Päpste und andere kirchliche Dokumente. Mit einer Einführung von Oswald von Nell-Breuning, hg. vom Bundesverband der KAB, Kevelaer, 7. Aufl. 1989. – Vgl. zur Behandlung des Frauenthemas in der lehramtlichen Sozialverkündigung auch Stephan Pfürtner, Art. „Soziallehre, katholische", in: Frauenlexikon, hg. von Anneliese Lissner / Rita Süssmuth / Karin Walter, Freiburg, 2. Aufl. 1989, 1051–1059 (dieser Beitrag bestätigt im wesentlichen die Ergebnisse meiner Untersuchung).

(10) Vgl. Enzyklika „Casti connubii" vom 31. 12. 1930, zit. nach Emil Marmy (Hg.), Mensch und Gemeinschaft in christlicher Schau, Freiburg/Schw. 1945, 241–302, hier: 275 (Nr. 369).

(11) Die in Eph 5,21–6,9 nach der Vorlage von Kol 3,18–4,1 aufgenommene und theologisch ausgebaute „Haustafel" setzt die Unterordnung der Frau offenbar als selbstverständlich voraus. Gleichwohl dient die Analogie „denn der Mann ist das Haupt der Frau, wie auch Christus das Haupt der Kirche ist, er, der Retter des Leibes" (V. 23) zur Darlegung des Modells der wechselseitigen Unterordnung der Gatten: „Die Mahnung läuft darauf hinaus (V. 24), die Frau solle sich dem Mann so unterordnen, wie es die Kirche gegenüber Christus tut, nämlich freiwillig, bereitwillig, in Antwort auf seine Liebe. Das Verhalten der Frau steht durch die Einführung des Musters „Christus – Kirche" von vornherein in einer Korrelation zum Verhalten des Mannes, der nach dem Vorbild Christi seiner Frau äußerste Liebe, Sorge und Pflege angedeihen lassen soll. . . . Durch die Art, wie Christus seine Stellung als „Haupt" gegenüber der Kirche ausübt, ist eine unwürdige „Unterordnung" ausgeschlossen. . . . Wichtiger als die „Unterordnung" ist die gegenseitige Hinordnung. . . . In der Korrelation des Verhältnisses von Mann und Frau wird von *beiden* das Äußerste verlangt, immer in der Perspektive, die sich von Christus und Kirche her ergibt." (Rudolf Schnackenburg, Der Brief an die Epheser, Zürich-Einsiedeln-Köln 1982 [EKK 10], 251–253). Eine Interpretation, die hier einseitig die Unterordnung der Frau aufgreift, um eine hierarchische Sozialordnung festzuschreiben, wird also der theologischen Qualität des Textes nicht gerecht. Vgl. neben dem zitierten Kommentar von Schnackenburg (dort auch weitere Literatur) Gerhard Dautzenberg, Die Stellung der Frauen in den paulinischen Gemeinden, in: ders. / Helmut Merklein / Karlheinz Müller, Die Frau im Urchristentum, Freiburg 4. Aufl. 1983, 182–224, sowie Karlheinz Müller, Die Haustafel des Kolosserbriefes und das antike Frauenthema. Eine kritische Rückschau auf alte Ergebnisse, in: ebd., 263–319.

(12) Vgl. Enz. „Casti connubii", a.a.O., 254f (Nr. 336).

(13) „Alle diese nun, die so den Glanz der ehelichen Treue und Keuschheit zu verdunkeln trachten, sind es auch, die als Lehrer des Irrtums den treuen und ehrenvollen Gehorsam der Frau gegen den Mann gern erschüttern möchten. Einige Verwegene gehen noch weiter und bezeichnen diesen Gehorsam als eine entwürdigende Versklavung des einen Eheteils unter den anderen. Beide Gatten, sagen sie, besäßen völlig gleiche Rechte. Da diese Ebenbürtigkeit durch die Sklaverei des einen Teils verletzt werde, so rühmen sie sich stolz, eine Befreiung der Frau vollzogen zu haben, oder fordern, daß sie in Bälde vollzogen werde. Je nachdem es sich bei dieser Befreiung um die Leitung der häuslichen Gemeinschaft oder die Vermögensverwaltung oder die Verhütung, bzw. Tötung neuen Lebens handelt, unterscheiden sie eine dreifache Emanzipation: eine soziale, wirtschaftliche, physiologische. Die physiologische verstehen sie dahin, daß es der Frau völlig frei stehen soll, die mit dem Beruf der Gattin und Mutter verknüpften natürlichen Lasten von sich fernzuhalten (daß dies keine Befreiung, sondern ein ruchloser Frevel ist, haben Wir schon zur Genüge dargelegt). Die wirtschaftliche Emanzipation soll der Frau das Recht bringen, ohne Vorwissen und gegen den Willen ihres Mannes ihr eigenes Gewerbe zu haben, ihre Angelegenheiten und Geschäfte selbst zu betreiben, selbst die Verwaltung in Händen zu halten, gleichgültig, was dabei aus Kindern, Gatten und der ganzen Familie wird. Die soziale Emanzipation endlich will die Frau dem engen Kreise der häuslichen Pflichten und Sorgen für Kinder und Familie entheben, um sie freizumachen für ihre angeborenen Neigungen, damit sie sich anderen Berufen und

Ämtern, auch solchen des öffentlichen Lebens, widmen kann." (Enz. „Casti conubii", a.a.O., 274f Nr. 367).

(14) Ebd., 275 (Nr. 368).

(15) Dieser Aussage ist uneingeschränkt zuzustimmen; es ist jedoch bezeichnend im Hinblick auf männliches Selbstverständnis, daß eine solche Forderung nur für Frauen und Kinder aufgestellt wird. Sollte Gleiches nicht auch für die Männer als Maßstab einer humanen Arbeitswelt gelten?

(16) Enz. „Quadragesimo anno". 71.

(17) Vgl. dazu Johannes Paul II., Enz. „Laborem exercens", 19 (3): „Die gerechte Entlohnung für die Arbeit eines Erwachsenen, der Verantwortung für eine Familie trägt, muß dafür ausreichen, eine Familie zu gründen, angemessen zu unterhalten und ihr Fortkommen zu sichern. Eine solche Entlohnung kann entweder durch eine sogenannte familiengerechte Bezahlung zustande kommen – das heißt durch einen dem Familienvorstand für seine Arbeit ausbezahlten Gesamtlohn, der für die Erfordernisse der Familie ausreicht, ohne daß die Ehefrau einem außerhäuslichen Erwerb nachgehen muß – oder durch besondere Sozialleistungen wie Familienbeihilfen oder Zulagen für die Mutter, die sich ausschließlich der Familie widmet."

(18) Als Grund für diesen Mangel an Wahrnehmungsfähigkeit im Bereich der Theorie nennt Pfürtner das Praxisdefizit einer „unzureichenden Kommunikation von Theologie und Kirchenleitung mit den damaligen kritischen Bewegungen in Kirche und Gesellschaft." A.a.O. (Anm. 9), 1053.

(19) Dies gilt auf verschiedenen Ebenen: zum einen auf der Ebene der konkreten gesellschaftlichen Praxis, insbesondere im Hinblick auf die Entwicklung von Emanzipationsbewegungen (s. o. Anm. 18); zum anderen aber auch auf der Ebene einer theologischen Lehre, in der „das unauflösbare Spannungsverhältnis der Geschlechter durch Subordination der Frau weggedeutet und verdrängt wurde", so Theodor Schneider, Mann und Frau – Grundproblem theologischer Anthropologie? in: ders., (Hg.), Mann und Frau – Grundproblem theologischer Anthropologie, Freiburg 1989 (Quaestiones disputatae 121), 11–24, hier 16.

(20) Daß es neben diesem Hauptstrom der Tradition immer auch andere, z. T. von Frauen getragene Ansätze und Linien gegeben hat, welche das Bild der Frau und das Geschlechterverhältnis in anderer, nicht diskriminierender Weise zu fassen wußten, wird erst allmählich, nicht zuletzt durch die Bemühungen theologischer und philosophischer Frauenforschung, ans Licht gebracht. Zu verweisen ist in diesem Zusammenhang etwa auf die Forschungen zur Frauenmystik, die in den Zeugnissen der Mystikerinnen eigenständige Beiträge zur Theologie, Anthropologie und kritischen Gegenwartsdeutung ihrer jeweiligen Zeit entdecken (vgl. z. B. Peter Dinzelbacher / Dieter R. Bauer (Hg.), Frauenmystik im Mittelalter, Ostfildern 1985; dies. (Hg.), Religiöse Frauenbewegung und mystische Frömmigkeit im Mittelalter, Köln-Wien 1988; Marianne Heimbach, „Der ungelehrte Mund" als Autorität. Mystische Erfahrung als Quelle kirchlich-prophetischer Rede im Werk Mechthilds von Magdeburg, Stuttgart-Bad Cannstatt 1989; Margot Schmidt / Dieter R. Bauer (Hg.), „Eine Höhe, über die nichts geht". Spezielle Glaubenserfahrung in der Frauenmystik? Stuttgart-Bad Cannstatt 1986. Zur Methodologie: Elisabeth Gössmann, Christliche Frauentradition. Zur Hermeneutik mittelalterlicher Frauentheologie, in: KBl 115 (1990), 256–260. – Neue Quellen zur Frauenforschung für die Zeit von der Renaissance bis zum 18. Jahrhundert erschließt vor allem die von Elisabeth Gössmann herausgegebene Reihe „Archiv für philosophie- und theologiegeschichtliche Frauenforschung,München 1984ff (bisher vier Bände).

(21) Zur Verwendung der Naturrechtsargumentation, zu dem Zusammenhang von Naturrecht und Geschichte sowie zur Ideologiefälligkeit eines ungeschichtlich gedachten

Naturrechts hat während der 60er Jahre im Bereich theologischer Ethik eine breite Diskussion stattgefunden, die in der Auseinandersetzung mit dem Thomismus zu einer grundlegenden Revision des Naturrechtsdenkens geführt hat. Vgl. dazu u. a. Franz Böckle (Hg.), Das Naturrecht im Disput, Düsseldorf 1966; ders. / Ernst W. Böckenförde, Naturrecht in der Kritik, Mainz 1973; Franz Furger, Zur Begründung eines christlichen Ethos – Forschungstendenzen in der katholischen Moraltheologie, in: ders. / Josef Pfammatter, Theologische Berichte IV, Zürich-Einsiedeln-Köln, 1974, 11–87 (bes. 47–67, mit umfangreichen Literaturangaben); Joseph Ratzinger, Naturrecht, Evangelium und Ideologie in der katholischen Soziallehre. Katholische Erwägungen zum Thema, in: Klaus von Bismarck / Walter Dirks (Hg.), Christlicher Glaube und Ideologie, Berlin-Mainz 1964, 24–30; Hans Dieter Schelauske, Naturrechtsdiskussion in Deutschland. Ein Überblick über zwei Jahrzehnte: 1945–1965, Köln 1968.

Daß die moraltheologische und sozialethische Grundlagendiskussion der achtziger Jahre von einer erneuten Auseinandersetzung um „Natur" und „Naturrecht" als Argumentationsinstrumente der Ethik geprägt ist, spiegelt sich in zahlreichen Veröffentlichungen der jüngsten Zeit; vgl. u. a. Klaus Demmer, Moraltheologische Methodenlehre, Freiburg 1989, 178–192; Ludger Honnefelder, Naturrecht und Geschichte, Historisch-systematische Überlegungen zum mittelalterlichen Naturrechtsdenken, in: Marianne Heimbach-Steins (Hg.), Naturrecht im ethischen Diskurs, Münster 1990 (Schriften des Instituts für Christliche Sozialwissenschaften, Bd. 21), 1–27; Wilhelm Korff, Der Rückgriff auf die Natur. Eine Rekonstruktion der thomanischen Lehre vom natürlichen Gesetz, in: Philosophisches Jahrbuch 94 (1987), 285–296; ders., Zur naturrechtlichen Grundlegung der katholischen Soziallehre, in: Anton Rauscher / Günther Baadte (Hg.), Christliche Gesellschaftslehre. Eine Ortsbestimmung, Graz 1989, 31–52; Werner Kroh, Kirche im gesellschaftlichen Widerspruch. Zur Verständigung zwischen katholischer Soziallehre und politischer Theologie, München 1982; ders., Aufklärung und katholische Soziallehre. Kritische Anfragen an eine naturrechtlich argumentierende Sozialethik, in: Marianne Heimbach-Steins (Hg.), Naturrecht (s. o.), 47–66; Karl-Wilhelm Merks, Naturrecht als Personrecht? Überlegungen zu einer Relektüre der Naturrechtslehre des Thomas von Aquin, in: ebd., 28–46.

(22) Pius XII., Ansprache an die Kongreßteilnehmerinnen des „Internationalen Verbandes der katholischen Frauenvereine", zit. nach: Arthur-Fridolin Utz / Joseph-Fulko Groner, Aufbau und Entfaltung des gesellschaftlichen Lebens. Soziale Summe Pius XII., Freiburg/Schw. 1954, Bd. I, 640–651, hier 650 (Nr. 1324). Alle folgenden Zitate aus Ansprachen Pius' XII. erfolgen nach Utz-Groner.

(23) Vgl. Utz-Groner, Bd. II, Nr. 1323; 1355.

(24) Ebd., Nr. 1325.

(25) Ebd., Nr. 1365.

(26) Ebd., Nr. 1368.

(27) Ebd., Nr. 1371.

(28) Radioansprache an die Teilnehmerinnen der nationalen, vom „Centro Italiano Femminile" veranstalteten Wallfahrt zu Unserer Lieben Frau von Loreto vom 14. Oktober 1956, Utz-Groner, Bd. III (III, 2768-2780, hier 2773 (Nr. 4791).

(29) Vgl., Utz-Groner, Bd. II, Nr. 1311; 1314; 1340; 1354.

(30) Enz. „Pacem in terris", 41. Vgl. dazu auch die folgenden programmatischen Worte des Papstes in einer Ansprache aus dem Jahr 1962: „Die katholischen Frauen müssen Kenntnis erhalten von den Pflichten, die sie zu erfüllen haben. Diese beschränken sich nicht wie ehemals auf den Rahmen der Familie. Die mehr und mehr auf die Frau zukommende Verantwortung für die Gesellschaft erfordert ihre Mitarbeit im sozialen und politischen Bereich. Die Frau ist im gleichen Maße wie der Mann zur Mitarbeit am

Fortschritt der Gesellschaft berufen." (zit. nach Elisabeth Gössmann, Das Bild der Frau heute, Düsseldorf, 2. Aufl. 1967, 42).

(31) Vgl. Pastorale Konstitution über die Kirche in der Welt von heute, Art. 4, zit. nach: LThK Ergänzungsband „Das zweite Vatikanische Konzil", III, 295–297. Konzilstexte werden im folgenden jeweils nach der LThK-Ausgabe (LThK Vat. II) zitiert.

(32) Vgl. dazu Franz Furger, Der Einsatz für die Menschenrechte als Grundlage des Friedens, in: ders., Weltgestaltung aus Glauben. Versuche zu einer christlichen Sozialethik, Münster 1989 (Schriften des Instituts für Christliche Sozialwissenschaften, Bd. 20), 103–109.

(33) Vgl. Enz. „Pacem in terris", 15.

(34) Ebd., 19. Vgl. dazu „Rerum novarum", 33.

(35) Vgl. ebd., 9.

(36) Vgl. ebd., 52.

(37) Vgl. ebd., 55.

(38) Vgl. ebd., 60.

(39) Vgl. zur Kritik Mary Daly, Kirche, Frau und Sexus, Olten-Freiburg 1970, 98.

(40) Der Hinweis auf die anzuerkennende und zu fördernde „je eigene und notwendige Teilnahme der Frau am kulturellen Leben" im Text der Konstitution geht auf die Intervention eines Konzilsvaters und der Auditoren zurück. Sie hatten zu bedenken gegeben, die ausdrückliche Betonung des spezifischen kulturschöpferischen Auftrags der Frau sei „eine Präzisierung von fundamentaler Bedeutung, da die gegenseitige Ergänzung von Mann und Frau nicht exklusiv auf die Ehe beschränkt ist, sondern sich auf alle Bereiche der menschlichen Existenz erstreckt. Es genügt nicht, die Gleichheit von Mann und Frau zu proklamieren; man muß sich auch die Frage stellen, ob die gegenwärtige Situation es der Frau erlaubt, einen eigenen Beitrag zum Leben der Gemeinschaft zu leisten." (La civiltà Cattolica, 1966, I 174, zit. nach: Roberto Tucci, Kommentar zum Zweiten Kapitel des zweiten Teils von „Gaudium et spes", LThK Vat. II, III, 447–485, hier 473f, Anm. 26). Bemerkenswert ist, daß „der Text auf die besondere Anlage der Frau hinweist, die gerade in dem Sinne respektiert werden muß, daß ihr spezifischer Anteil am kulturellen Leben gewährleistet wird; andererseits vermeidet er es aber, dessen Umfang von einer gewissen traditionellen Denkweise her abzustecken: als ein Modus forderte, die frauliche Eigenart durch den Zusatz zu spezifizieren ‚id est in domo et in familia sua', wurde er darum abgelehnt, weil die vorgeschlagene Veränderung ‚affert limitationem inopportunam' (Text IV, 3ᵇ, S. 62, Modus 110)", so Roberto Tucci, a.a.O., 474.

(41) „Gaudium et spes", 73–75.

(42) Kommentar zum vierten Kapitel des zweiten Teils, LThK Vat. II, III, 517–532, hier 519.

(43) Einen Überblick über die Konzilsaussagen zur Frauenfrage insgesamt geben (u. a.): Josef Burri, „Als Mann und Frau erschuf er sie". Differenz der Geschlechter aus moral- und praktisch-theologischer Sicht, Zürich-Einsiedeln-Köln 1977, 177–183; Elisabeth Gössmann, Bild der Frau (Anm. 30), 41–50; ferner (sehr knapp) Stephan Pfürtner, a.a.O. (Anm. 9), 1054–1057.

(44) Vgl. Wolfgang Beinert, Die Frauenfrage im Spiegel kirchlicher Verlautbarungen, in: ders., Frauenbefreiung und Kirche. Darstellung – Analyse – Dokumentation, Regensburg 1987, 77–97, hier 83. Eine systematische Diskussion der Polaritätsthese bietet Karl Lehmann, Mann und Frau als Problem der theologischen Anthropologie. Systematische Erwägungen, in: Schneider (Hg.), Mann und Frau (Anm. 19), 53-72 (bes. 66–72, mit weiterer Literatur).

(45) Beinert, ebd. 85.

(46) Apost. Schreiben „Octogesima adveniens", 13.

(47) Zit. nach: Amtliche Dokumente zur Frage der Stellung der Frauen in Kirche und kirchlichen Gemeinschaften, zusammengestellt von Rudolf Zwank, in: Beinert, a.a.O. (Anm. 44), 99–302, hier 154.

(48) „Laborem exercens" (14. 9. 1981); „Familiaris consortio" (22. 11. 1981). Letzteres Dokument wird zitiert nach: Dem Leben in Liebe dienen. Apostolisches Schreiben über die Aufgaben der christlichen Familie in der Welt von heute. Mit einem Kommentar von Franz Böckle, Freiburg 1982.

(49) Vgl., „Laborem exercens", 19; „Familiaris consortio", 23.

(50) S. o. Anm. 23.

(51) Vgl. dazu Oswald von Nell-Breuning, Arbeit vor Kapital. Kommentar zur Enzyklika „Laborem exercens" von Johannes Paul II., hg. von der Katholischen Sozialakademie Österreichs, Wien-München-Zürich 1983, 49f.

(52) „Laborem exercens", 19 (4); vgl. „Familiaris consortio", 23 (4).

(53) „Laborem exercens", 19 (5).

(54) Johannes Paul II., Apostolisches Schreiben „Mulieris dignitatem" über die Würde und Berufung der Frau anläßlich des Marianischen Jahres, 15. August 1988, hg. vom Sekretariat der Deutschen Bischofskonferenz, Bonn o. J. (Verlautbarungen des Apostolischen Stuhls 86). Kommentare: Die Zeit der Frau. Apostolisches Schreiben „Mulieris dignitatem" Papst Johannes Pauls II. Hinführung von Joseph Kard. Ratzinger. Kommentar von Elisabeth Gössmann, Freiburg 1988; Gregory Baum, Das Apostolische Schreiben „Mulieris dignitatem", in: Conc 25 (1989), 550–553; Ulrich Ruh, Bild der Frau: Das Papstschreiben „Mulieris dignitatem", in: HerKorr 42 (1988), 507–509.

(55) „Mulieris dignitatem", 2.

(56) Vgl. Baum, a.a.O. (Anm. 54), 550; Ratzinger, a.a.O. (Anm. 54), 111. – Der Charakter des Schreibens als Gesprächsbeitrag erklärt sich nicht zuletzt vor dem Hintergrund der Vollversammlung der Bischofssynode im Oktober 1987, die sich ebenfalls mit der Frage nach „Würde und Rechten der Frau" befaßt und eine „Vertiefung der anthropologischen und theologischen Grundlagen" der Frage verlangt hatte, vgl. dazu das nachsynodale Schreiben Johannes Pauls II. „Christifideles laici" vom 30. Dezember 1988, hg. vom Sekretariat der Deutschen Bischofskonferenz, Bonn o. J. (Verlautbarungen des Apostolischen Stuhls 87), n. 50. Dieses Anliegen greift das Schreiben des Papstes auf („Mulieris dignitatem",1), während für die pastoral-praktischen Fragen auf „Christifideles laici" verwiesen wird (vgl. darin besonders die Abschnitte 49–52).

(57) Zur Schrifthermeneutik und zu gewissen Inkonsequenzen in der Auslegung der Schrifttexte vgl. Baum, a.a.O. (Anm. 54), 550f; Gössmann, a.a.O. (Anm. 54), 134 ff. Zum Symbolismus des Dokuments nehmen Gössmann, ebd., 145ff und Ruh, a.a.O. (Anm. 54), 509 kritisch Stellung.

(58) Vgl. besonders „Mulieris dignitatem", 6. – Daß dieses Votum vor dem Hintergrund der katholischen Tradition keineswegs selbstverständlich ist, belegen die oben (Abschn. 2.1 und 2.2) zitierten Texte der päpstlichen Verkündigung ebenso wie ein Blick in die dogmatischen Handbücher des 19. Jahrhunderts, die noch bis weit in unser Jahrhundert hinein als Lehrmittel in der Theologenausbildung fungierten (vgl. dazu Schneider, a.a.O. (Anm. 19), 12–16). In ihnen erntet man die späten Früchte einer langen Tradition, die sich – keineswegs ausschließlich, aber wegen ihrer immensen Wirkungsgeschichte in prominenter Weise – mit den Namen Augustinus und Thomas von Aquin verbindet. Vgl. dazu u. a. Elisabeth Gössmann, Anthropologie und soziale Stellung der Frau nach Summen und Sentenzenkommentaren des 13. Jahrhunderts, in: Miscellanea Mediaevalia 12,1, Berlin-New York, 1979, 281–298; Albert Mitterer, Mann und Weib nach dem biologischen Weltbild des heiligen Thomas und dem der Gegenwart, in: ZkTh 57 (1933), 491–556; Otto Hermann Pesch, Thomas von Aquin. Grenze und Größe mittelalterlicher Theologie. Eine Einführung, Mainz 1988, 208–227; Herlinde Pissarek-Hudelist, Das

Bild der Frau im Wandel der Theologiegeschichte, in: dies., Die Frau in der Sicht der Anthropologie und Theologie, Düsseldorf 1989, 19–39.

(59) Vgl. „Mulieris dignitatem", 6; 7. – Im Gegensatz zu der herkömmlichen Auslegungsweise, die auf eine in der Schöpfung grundgelegte Unterordnung der Frau unter den Mann hinauslief, vgl. für den heutigen, exegetisch verantworteten Umgang mit den Texten exemplarisch die ausführliche Studie von Christoph Dohmen, Schöpfung und Tod. Die Entfaltung theologischer und anthropologischer Konzeptionen in Gen 2/3, Stuttgart 1988 (Stutttgarter Biblische Beiträge 17), dort weitere Literatur.

(60) Vgl. „Mulieris dignitatem", 7.

(61) Vgl. Gössmann, Kommentar zu „Mulieris dignitatem" (Anm. 54), 129f. Zu der Deutung der wechselseitigen „Hilfe" im Horizont der „Einheit von zweien" schreibt Gössmann: „Aussagen zur Gottebenbildlichkeit, die an sich allgemeine Geltung haben, auf die ‚Einheit von zweien' bezogen, scheinen so zu verstehen zu sein, daß die Ehe (und Familie?) als Prototyp für jede menschliche Beziehung gefaßt ist. Sie wird als die Möglichkeit bezeichnet, jene Liebesgemeinschaft widerzuspiegeln, die in Gott besteht und durch die sich die drei göttlichen Personen im innigen Geheimnis des einen göttlichen Lebens lieben' (III,7). Aber können wir nicht auch in der Spiritualität einer im Geiste Christi tätigen Gemeinde eine solche Abbildung göttlicher Liebeseinheit erfahren? Ist die Beziehung zwischen Personen nur ‚bräutlich'? . . . Die Auslegung von Gen 2,18–25 . . . im Sinne von ‚Menschsein bedeutet Berufensein zur interpersonalen Gemeinschaft' (III, 7) läßt uns fragen, ob eine solche immer auf ein Zweierschema reduzierbar ist." (Gössmann, a.a.O., 130).

(62) Vgl. auch Ruh, a.a.O. (Anm. 54), 509.

(63) „Mulieris dignitatem", 4; 5.

(64) Gössmann, a.a.O. (Anm. 54), 128.

(65) „Mulieris dignitatem", 10.

(66) Gössmann, a.a.O. (Anm. 54), 136f.

(67) „Personsein bedeutet: nach der Selbstverwirklichung . . . streben, die nur ‚durch eine aufrichtige Hingabe seiner selbst' zustande kommen kann. . . . Schon das Buch Genesis läßt, gleichsam in einem ersten Entwurf, diesen bräutlichen Charakter der Beziehung zwischen den Personen erkennen, eine Grundlage, auf der sich dann ihrerseits die Wahrheit über die Mutterschaft sowie über die Jungfräulichkeit als zwei einzelne Dimensionen der Berufung der Frau im Licht der göttlichen Offenbarung entwickeln wird." („Mulieris dignitatem", 7 unter Berufung auf „Gaudium et spes", 24). Hier deutet sich bereits die das gesamte Dokument durchziehende symbolhaft-topische Verwendung des Adjektivs „bräutlich" als Chiffre für die Haltung der „Hingabe" an.

(68) Vgl. dazu besonders die Kapitel VI und VII des Schreibens.

(69) Es sei nur erinnert an den gesamten Bereich der Brautmystik sowie an die Auslegungstradition zum Hohenlied mit der dreifachen Deutung der Braut auf die Kirche, auf Maria und auf die einzelne gottverbundene Seele.

(70) „Mulieris dignitatem", 18.

(71) Vgl. ebd.

(72) Ebd.

(73) Gössmann, a.a.O., 141f; Zitat: 142. – Solche Thesen finden zwar eine gewisse Bestätigung seitens der sozialwissenschaftlichen Männerforschung (vgl. dazu etwa Sigrid Metz-Göckel, Mann bleibt Mann? Empirische Daten über das aktuelle Selbstverständnis der Männer, in: Gotthard Fuchs (Hg.), Männer: auf der Suche nach einer neuen Identität, Düsseldorf 1988, 7–26). Dennoch: in den päpstlichen Aussagen geht es ja ausdrücklich nicht um die Beschreibung einer bestehenden Situation, sondern darum, anthropologische Grundgegebenheiten richtungweisend zu formulieren im Hinblick auf einen Beitrag des Christentums zur Gestaltung einer menschengerechte-

ren Welt. In diesem Sinne sind jedoch Thesen wie die zitierte wenig hilfreich, insofern sie eine geschlechtsspezifische Arbeits- und Kompetenzverteilung zementieren, deren „Natürlichkeit" und Lebensförderlichkeit mit erheblichen Fragezeichen zu versehen ist.

(74) Vgl. „Mulieris dignitatem", 30.

(75) Ebd.

(76) Mit dieser Fragestellung soll keineswegs unterstellt werden, daß in den päpstlichen Dokumenten derartige Aussagen intendiert sind. Im Gegenteil können sowohl bei Paul VI., der immer wieder von der „Zivilisation der Liebe" als Zukunftsperspektive der Menschheit gesprochen hat, als auch für Johannes Paul II., der auch in „Mulieris dignitatem" ja gerade die Wechselseitigkeit der Hingabe als Grundmotiv der Verwirklichung von Personsein betont, deutliche Gegengewichte zu den hier befragten Aussagen über die besondere Kompetenz der Frau gefunden werden. Dennoch soll auf die darin enthaltene Möglichkeit einer höchst einseitigen und gefährlichen Mißdeutung aufmerksam gemacht werden, die der Idealisierung der Frau als „Retterin der Menschheit" oder – wie die Hinführung Kard. Ratzingers zu „Mulieris dignitatem" betitelt ist – „Hüterin des Menschen" innewohnt.

(77) Vgl. dazu H. Hillbrand, Art. „Frau", in: Katholisches Soziallexikon, 2. Aufl. 1980, 749–759: „Das Problem ‚F.' existiert vor allem als das Problem ihres Verhältnisses zum Mann: wie weit sind Mann und F. verschieden, wie weit gleich; wie wirkt sich dieses Spannungsverhältnis von Gleichheit und Verschiedenheit in ihrem Verhältnis zueinander, in der Verteilung von Aufgaben u. Macht innerh. der Gesellschaft aus?" (ebd., 749). Vgl. auch Gotthard Fuchs, „Das Fleisch ist der Angelpunkt des Heils", in: ders., Männer (Anm. 73), 150–160.

(78) S. o. Anm. 10 und 61.

(79) „Alle Erkenntnisse, Auffassungen und Vorstellungen über das Geschlecht von Mann und Frau, ihr Verhältnis zueinander, unterliegen in hohem Maß dem Gesetz der Perspektive. Im Verlauf der menschlichen Geschichte ist eine eigentümliche Rollen- und Tätigkeitsverteilung zwischen den Geschlechtern geschehen, die den Männern ein sehr wirkungsvolles Monopol gebracht hat: das Können, das Recht und die Mittel zur Beschreibung und Beurteilung der Geschlechter. Das ist in der Tat Alleinbesitz einer Macht, die weit in alle Bereiche wirkt. Ein merkwürdiges, aber logisches Ergebnis dieser einseitigen Verteilung der Beschreibungsbefugnis ist der große Unterschied in der Menge und Ausdrücklichkeit der Äußerungen über die Frau und über den Mann. Die Zahl der Texte über die Frau, die Komplexität der Reflexion über sie und die sie betreffenden Regelungen und ethischen Imperative sind viel höher, zahlreicher und massiver als alles, was über den Mann gesagt ist. Die Frau ist dem zweideutigen Privileg ungeheurer Aufmerksamkeit ausgesetzt.
Die Monopolisierung der Perspektive zugunsten des Mannes ist auch institutionell gesichert, im kirchlichen und im weltlichen Bereich, etwa dort, wo bestimmte Funktionen und Ämter mit starker sprachlicher und geistiger Kompetenz den Männern vorbehalten bleiben.
Es ist kein Wunder, wenn sich unter dem Druck dieses Übergewichtes die Grammatik der menschlichen Kultur asymmetrisch gestaltet, zugunsten der männlichen Form. Aber verwunderlich ist, daß vom Glauben des Evangeliums so wenig Phantasie ausgeht, diesem Trend Widerstand zu leisten, eine Situation zu schaffen, in der die Geschlechter fruchtbarer um das wahre Leben streiten können, die Frau aus so lange empfohlener Passivität hervorzulocken. Was die Männer längst besitzen und im Bezirk der Kirche fromm genießen, die Doxa des maßgebenden Wortes, des Auftritts in der Arena Gottes, der öffentlichen Aufmerksamkeit – warum sollen die Frauen nicht auch davon haben? Wenn sie danach verlangen, erhebt sich der moralische Richterfinger und zeigt auf

Einbildung und Egoismus. Die Habenden, scheint es, besitzen ihren Vorrang auf sittliche Art, die Fordernden aber sind gierig." Gottfried Bachl, a.a.O. (Anm. 5), 85f.

(80) So richtig, wegweisend und befreiend für eine christliche Anthropologie die Einsicht ist, daß Frau und Mann als Ebenbild Gottes „obwohl durch und durch leiblich und geschlechtlich bestimmt, doch mehr als ihr Geschlecht (sind)", so Fuchs, a.a.O. (Anm. 73), 155, so ist es doch wenigstens erstaunlich, daß in den vergangenen Jahren auf katholischer wie auf protestantischer Seite umfangreiche theologische Anthropologien erscheinen konnten, in denen die Tatsache der Zweigeschlechtlichkeit des Menschen und das Problem des Geschlechterverhältnisses höchstens eine völlig untergeordnete Rolle spielen (vgl. Wolfhart Pannenberg, Anthropologie in theologischer Perspektive. Religiöse Implikationen anthropolgischer Theorie, Göttingen 1983; Otto Hermann Pesch, Frei Sein aus Gnade. Theologische Anthropologie, Freiburg 1983). Solche Beobachtungen bestätigen den Eindruck, der Prozeß einer neuen Selbst-Bewußtwerdung von Frauen und Männern fordere – gerade im Horizont der befreienden christlichen Botschaft – eine Neukonzeption theologischer Anthropologie, die freilich als Gemeinschaftswerk von Frauen und Männern angelegt werden müßte. Es wäre ein Beispiel für die Ernsthaftigkeit des Bekenntnisses zur Gleichheit der Würde von Mann und Frau im Bereich wissenschaftlicher Reflexion (und nicht ohne Konsequenzen für die kirchliche Praxis), wenn ein solches Gespräch zwischen weiblicher und männlicher Perspektive und damit eine Aktualisierung der verschiedenen Kompetenzen zustande käme. Dies würde jedoch auch bedeuten, daß künftige systematisch-theologische Reflexion auch die oben angedeuteten „Nebenlinien" der Tradition (s. Anm. 20) zur Kenntnis zu nehmen und in ihrem Diskurs einzubeziehen hätte, um dann aufgrund des quantitativ wie qualitativ erweiterten Traditionsbestandes eine gründliche Überprüfung bisheriger Ansichten und Urteile etwa im Bereich der Entwicklung anthropologischer Einsichten vorzunehmen. – Vgl. dazu Hanna-Barbara Gerl, Frau und Kirche. Elemente einer wechselvollen Beziehung, in: Pissarek-Hudelist, Die Frau (Anm. 58), 138–151, die im Hinblick auf die noch „unerlöste" Situation des Geschlechterverhältnisses im Raum der Kirche fordert, die „Entwicklung einer umgreifenden, theologisch begründeten Anthropologie und (. . .) ihre Anwendung auf die Kirche selbst" solle „auch von den Frauen selbst vorangetrieben, in die Theorie und in die Tat gebracht werden. (Dazu gehört auch die Beobachtung und Kritik von Feminismus und feministischer Theologie, um eine ‚Unterscheidung der Geister‘, nämlich von legitimen Anliegen gegenüber ideologischen Zielen, zu leisten.)" (Ebd. 148f).

(81) Diesen Ansatz forciert auch Johannes Paul II. Vgl. „Mulieris dignitatem", v. a. Kap. III und VII. – Vgl. auch die Studie von Georg Beirer, Selbst Werden in Liebe. Eine Begründung christlicher Ethik im interdisziplinären Dialog, St. Ottilien 1988.

(82) Vgl. dazu Bachl, a.a.O. (Anm. 5), 36f.

(83) Ebd., 38.

MARIANO DELGADO

Versuch einer „Theologie der Migration"
in ethisch-praktischer Absicht

Rund 4,75 Millionen Ausländer gibt es in der alten Bundesrepublik. Das sind 7,6 Prozent der auf 62,4 Millionen gewachsenen Gesamtbevölkerung[1]. Sie sind keine homogene Gruppe. Darunter fallen die Angehörigen diplomatischer Vertretungen ebenso wie die Arbeitsmigranten aus dem EG-Raum und den sog. Drittländern mit ihren Familien, Asylsuchende, die politischer Verfolgung oder wirtschaftlicher Not entkommen wollen, genauso wie illegale Einwanderer. Das sind 4,75 Millionen einzelner Menschenschicksale mit ihren Leiden, mit ihren Hoffnungen. Kann man sich mit ihnen allen, da kein Mensch unter ihnen wichtiger als irgendein anderer ist, in einem Aufsatz befassen? Offenkundig nicht: wir müßten sie alle zu Wort kommen lassen und uns ihre Lebensgeschichte anhören[2]. Ein Forschungsprojekt, das wir lieber der Geschichte überlassen sollten. Wir müssen daher zwangsläufig abstrahieren und uns mit allgemeinen Grundsätzen und Forderungen auseinandersetzen in der Hoffnung, daß dies auch den konkreten Menschen helfen kann.

Im Folgenden soll primär von den Arbeitsmigranten die Rede sein, von jenen Menschen also, welche die ihnen in der Bundesrepublik angebotenen Arbeitsverträge angenommen haben und inzwischen zu einem nicht mehr wegzudenkenden Bestandteil dieser Gesellschaft geworden sind. Das immer wieder zitierte Wort von Max Frisch – Arbeitskräfte habe man gerufen, aber Menschen seien gekommen – drückt in aller Deutlichkeit das Problem aus, um das es bei der Arbeitsmigration geht: Menschen sind gekommen, deren Würde unantastbar ist. „Sie zu achten und zu schützen" ist nach Art. 1 des Grundgesetzes „Verpflichtung aller staatlichen Gewalt". Was kann akademische Forschung nun dazu beitragen?

I. Der bisherige Ertrag der Migrationsforschung

Migrationsforschung hat Konjunktur. Sie ist hierzulande im Verlauf weniger Jahre vom Stief- zum Lieblingskind wissenschaftlicher Betätigung geworden. Während sie im Jahre 1982 noch stark vernachlässigt war und anderen westeuropäischen Industriestaaten ein Vorsprung vor der Bundesrepublik Deutschland bescheinigt wurde[3], stellte man bereits 1984 fest, daß die Situation der Ausländer in der Bundesrepublik inzwischen zu den am besten erforschten Bereichen des sozialen Lebens gehöre[4]. Mit der Gründlichkeit, die deutschem Forschergeist eigen ist, wurde der Rückstand schnell aufgeholt. Eine Bibliographie der Neuerscheinungen zum Thema Migration im Jahre 1985 enthielt nicht weniger als 1300 Titel[5]. Die Tendenz ist immer noch steigend. Juristen, Politik- und Sozialwissenschaftler, interkulturelle Pädagogen und Kulturkritiker haben sich des Themas angenommen und mehr oder weniger wertvolle Beiträge zur Bewältigung der anstehenden Probleme geliefert. Die verschiedensten Fragen und Konfliktursachen im Miteinander von einheimischem Volk und ausländischer Bevölkerung wurden erörtert, erklärende Migrationstheorien aufgestellt[6]. Diachronische Untersuchungen deckten die lange Tradition der Fremd-, Wander-, Zwangs- oder Gastarbeiter in Deutschland auf[7], synchronische ländervergleichende Analysen lenkten unsere Aufmerksamkeit über die deutschen Grenzen hinaus auf den europäischen Zusammenhang und kamen dabei zu überraschenden Ergebnissen. So stellte man 1985 anhand einer vergleichenden Analyse in den Hauptaufnahmeländern der EG und in Schweden bezüglich Ausländergesetzgebung besonders deutliche Restriktionen der Bundesrepublik fest: „In keinem Land müssen Ausländer so lange warten, bis sie einen halbwegs gesicherten Aufenthaltsstatus erhalten. In keinem Land ist der prozentuale Anteil der Ausländer mit einer Aufenthaltsberechtigung (bzw. einem Recht auf Niederlassung) so gering, nirgendwo gibt es so wenig Einbürgerungen, nirgendwo ähnlich restriktive Bestimmungen für den Familiennachzug (was das Alter der nachzugsberechtigten Kinder wie den Ehegattennachzug der „2. Generation" betrifft), nirgendwo einen ähnlich umfangreichen Katalog der Ausweisungsgründe"[8]. Die Bundesrepublik wird offenbar in einer Art „Vorreiterposition" für einen harten Kurs gegenüber Ausländern gesehen[9]. Aber auch die Lage der Migranten in den anderen Ländern läßt noch viel zu wünschen übrig[10].

Woran liegt es denn, wenn das Ausländerproblem in Deutschland und in den meisten westeuropäischen Ländern[11] zu einer Sackgasse für Millionen von Menschenschicksalen zu werden droht, zu einer Zeitbombe für den sozialen Frieden?[12] Juristen und Politologen scheinen in den letzten Jahren das Ei des Kolumbus in der deutschen Ausländerpolitik gefunden zu haben: die zum politischen Dogma erhobene größte Lebenslüge der deutschen Politik, nach der die Bundesrepublik

Deutschland kein Einwanderungsland sei, verhindere eine Wahrnehmung des eingetretenen Wandels und dessen politische Gestaltung. Diese Lebenslüge gründe wiederum im anachronistischen Festhalten an dem Nationalstaatsprinzip, das sich historisch als ein Hindernis für das dauerhafte Zusammenleben des mehrheitlichen Staatsvolks mit ethnischen Minderheiten erwiesen habe[13]. Diese gelten im Nationalstaat stets als eine reale Gefahr für die – religiös oder völkisch – begründete Homogenität des tragenden Staatsvolks und niemals als eine potentielle Bereicherung. Das Hauptanliegen des Nationalstaats ist demnach keineswegs die Förderung der kulturellen Identität der eingewanderten Minderheiten durch eine tolerante Integrationspolitik, sondern deren biologische Ausgrenzung oder bestenfalls Assimilierung durch Anpassung. Wer einen grundsätzlichen Beitrag zur Bewältigung des Ausländerproblems leisten möchte, der versucht daher eine Hermeneutik und Kritik des Nationalstaatsprinzips zu entwerfen.

Wie steht es nun mit dem Beitrag von Theologie und Kirche? Seit Beginn der Arbeitsmigration in der Nachkriegszeit hat das kirchliche Lehramt in der ihm eigenen Weise deklamatorischen und postulatorischen Redens – man möge, man müsse, man solle . . . – das Schicksal der Wanderarbeiter zu begleiten versucht. Verfolgt man die diesbezüglichen Dokumente der letzten Päpste, so wird dort das Recht verteidigt, „in andere Staaten auszuwandern und dort seinen Wohnsitz zu nehmen" (PT 25); die Regierungen der Entsende- und Aufnahmeländer werden appellativ dazu aufgefordert, Gastfreundschaft zu üben und Vorkehrungen zu treffen, die jede Diskriminierung ausschließen und der Menschenwürde sowie dem Charakter des Menschen als Subjekt und nicht als Ware im Arbeitsprozeß Rechnung tragen. Besonderes Interesse zeigen diese Dokumente für den Schutz der Familie und die Sicherung der religiösen Betreuung der Migranten durch Priester aus der Heimatkirche, damit die Menschen in der Fremde – zumal sie Katholiken sind – zumindest in der Kirche ein Stück vertrauter Heimat erfahren[14]. Gemäß dem Selbstverständnis Katholischer Soziallehre obliegt es den einzelnen christlichen Gemeinschaften vor Ort, die Verhältnisse ihres jeweiligen Landes objektiv abzuklären und darüber zu befinden, „welche Schritte zu tun und welche Maßnahmen zu ergreifen sind, um die gesellschaftlichen, wirtschaftlichen und politischen Reformen herbeizuführen, die sich als wirklich geboten erweisen und zudem oft unaufschiebbar sind" (OA 4). Also dürfen wir von den einschlägigen Dokumenten der Deutschen Bischofskonferenz mehr Mut zu Prophetie und Konkretionen erwarten. Die wichtigste Stellungnahme ist nach wie vor der Beschluß der Gemeinsamen Synode der Bistümer in der Bundesrepublik Deutschland „Die ausländischen Arbeitnehmer – eine Frage an die Kirche und die Gesellschaft", ein Dokument, das bis heute noch als das ausländerpolitische Grundsatzprogramm der katholischen Kirche gilt[15]. Über sich selbst sagt die deutsche Kirche dort, sie nehme sich vor allem der Fremden und Bedrängten an, mache sich die Leiden und Anliegen der Randgruppen und der Unterdrückten zu eigen und trete als Anwältin und Verteidigerin ihrer Rechte auf[16]. Ausgehend von dieser Positionsbestimmung, die trotz mancher Spannungen mit dem Zentralkomitee der Deutschen Katholiken in der Amtszeit von Hans Maier[17] in vielen folgenden Dokumenten beibehalten wurde, ist es der deutschen Kirche in Diakonie und Pastoral gelungen, Leid zu lindern und gesellschaftspolitische Defizite auszugleichen. Aber wesentliche Humanisierungstendenzen im politischen Raum vermochte die Kirche mit ihren konkreten Vorschlägen bis heute nicht durchzusetzen. Besonders schmerzlich muß für sie auch die Tatsache sein, daß dies gerade unter einer von den C-Parteien geführten Regierung nicht gelang[18].

Betrachtet man nun die wichtigsten Stellungnahmen der katholischen Kirche[19], so kann man nicht umhin, manche Argumentationsdefizite festzustellen. Diese werden ersichtlich an der Auseinandersetzung mit dem Phänomen Gemeinwohl und der heutigen Funktion des Nationalstaates mitsamt seiner Geschichte von Weltkriegen, ebenso an der Auseinandersetzung mit dem Staatsvolk, dem supranationalen Gemeinwohl in der EG und den Grundrechten und Grundwerten als Bestandteil des Gemeinwohls[20]. Ungeachtet aller Bekenntnisse zur europäischen Einigung scheint der Nationalstaat weiterhin für die Kirche ein Tabu zu sein.

Diese Argumentationsdefizite hängen mit einer akademischen Theologie zusammen, die es nicht geleistet hat, „dieses für die kirchliche Praxis relevante Thema theologisch zu reflektieren"[21]. Für die meisten theologischen Entwürfe gilt ohnehin das vom Theodor W. Adorno zitierte Wort Georg Simmels, es sei erstaunlich, wie wenig man der Geschichte der Philosophie (bzw. Theologie) die Leiden der Menschheit anmerke[22]. Zu sehr war die nachkonziliäre Theologie mit der binnenkirchlichen Perestrojka und der moraltheologischen Krisenbekämpfung im Anschluß an Humanae vitae beschäftigt. Eine theologische Hinwendung zu den komplexen Problemen der Migranten, die bis dahin offenbar bei den Theologen keine Lobby hatten, ist erst in den letzten Jahren feststellbar. Ausschlaggebend hierfür war wohl die

Stellungnahme des Vorsitzenden der Deutschen Bischofskonferenz, Kardinal Höffner, im Jahre 1982 zur geistigen Wende in der deutschen Gesellschaft gegenüber den Migranten[23], in der die wichtigsten Forderungen und Aufgaben der Kirche nochmals zusammengefaßt wurden. Bezeichnenderweise wurde dort das Problem sehr behutsam unter Fremdenangst und nicht unter Fremdenfeindlichkeit thematisiert. Dies war immerhin eine, wenn auch halbherzige, Antwort auf das völkische Gedankengut im sog. „Heidelberger Manifest", in dem 15 deutsche Professoren Ende 1981 das Klagelied von der Unterwanderung des deutschen Volkes durch Ausländer und einer Überfremdung der Sprache, der Kultur und des Volkstums gesungen haben.[24].

Eine wahre Flut theologischer Literatur zum Stichwort „die Fremden" wurde daraufhin produziert. In exegetischen und pastoraltheologischen Fachzeitschriften sind Rolle und Bedeutung der Fremden im Alten und Neuen Testament, in der Urkirche und bei den Kirchenvätern gründlich untersucht worden[25]. Die heutigen Fremden selbst kamen dabei allerdings nicht zu Wort. Auch nicht in Theologien, die auf konzeptueller Ebene für das Subjektsein aller vehement eintreten. Schließlich nahmen sich auch die Arbeitsgemeinschaft der Sozialethiker und die kirchlichen Akademien des Themas an und produzierten u. a. zwei sehr ungleiche und manche Spannungen verratende Bücher mit dem Titel „Migration und Menschenwürde"[26]. Dies läßt darauf hoffen, daß die Theologen, nachdem sie die eigene Fremdenangst überwunden haben, den anderen Geisteswissenschaften nacheifern und sachliche, zukunftsweisende Beiträge zur Veränderung einer Gesellschaft leisten werden, in der Einheimische und Einwanderer miteinander sinnvollerweise auskommen können. Schauen wir uns die sozialethische Literatur zu unserem Thema genauer an, so stellen wir bei weitsichtigen Theologen, wie Wilhelm Korff trotz seiner hegelianischen Tendenz, durchaus eine Übereinstimmung mit der Diagnose der Juristen und Politikwissenschaftler fest: auch hier werden die Geltung und die Handhabung des Nationalstaatsprinzips als Ursache für die Schwierigkeiten, Zumutungen und Ungerechtigkeiten namhaft gemacht[27], denen sich die zahllosen Migranten in aller Welt in der unterschiedlichsten Weise ausgesetzt sehen. Eine theologische Auseinandersetzung mit dem Nationalstaatsprinzip findet aber nicht statt. So bleibt der Theologie die genauere Beschäftigung mit der Frage nach dem Nationalstaat, der Nation als ethischem Prinzip und dem Gemeinwohl im Horizont eines universalen Menschenrechtsethos als dringendes Desiderat aufgegeben[28]. Eine Theologie der Migration als Hermeneutik und

Kritik des nationalen Mythos tut wirklich not. Gerade dies wollen wir nun innerhalb der begrenzten Möglichkeiten, die ein solcher Aufsatz bietet, zu entwerfen versuchen.

II. Hermeneutik und Kritik des Exodusparadigmas

Es versteht sich von selbst, daß eine solche Theologie vom allgemeinen Heilswillen Gottes auszugehen hat und folglich schöpfungstheologisch und eschatologisch argumentieren muß: die eine Menschheit hat einen gemeinsamen Ursprung und ein gemeinsames Ziel. Daran wollen wir jedenfalls als Christen festhalten. Wollen wir aber vor dem Forum der allgemeinen Vernunft mit unserer Theologie bestehen, so müssen wir vorerst die Glaubensthese ausschalten[29] und in unserer Geistesgeschichte plausible Entwicklungen aufzeigen, die in Wort und Tat die Glaubwürdigkeit unserer Annahme erweisen. Die Frage lautet also: liefert uns die jüdisch-christliche Überlieferung Modelle zur Entstehung und Überwindung jenes – immer religiös oder völkisch begründeten – Wir-Gefühls, das jedem Nationalstaat und erst recht jedem Nationalismus zugrunde liegt? Wir finden in der Tat solche Modelle – und das ist unsere These –, wenn wir eine Hermeneutik und Kritik des Exodusparadigmas in der Wirkungsgeschichte des Alten und Neuen Bundes betreiben. Jeder Nationalstaat läuft ja im Grunde Gefahr, eine Form von Stammesmoral[30] und damit eine pseudoreligiöse Pervertierung des biblischen Volk-Gottes-Begriffs darzustellen.

Dem Exodusmotiv ist in der Theologiegeschichte besondere Aufmerksamkeit geschenkt worden[31]. Der amerikanische Theologe David Tracy[32] meint sogar, es gäbe kein Paradigma, das für das Judentum von zentralerer Bedeutung wäre als der Exodus; und ebenso gäbe es auch kein Paradigma, das einen zentraleren Platz im Selbstverständnis des Christentums einnehmen sollte als der Exodus. Zumindest im Bewußtsein jener Christen, die ihren jüdischen Wurzeln treu bleiben, sei der Exodus von zentraler Bedeutung. Denn im Lichte der Exodusbegebenheit werde das hauptsächliche christliche Paradigma, das Leben Jesu Christi, sein Auftrag, sein Tod und seine Auferstehung, eher verständlich. Nun, wir sollten dies viel differenzierter sehen: im Lichte jener Bewußtseinsprozesse, die im Jesajabuch ansetzen und im Neuen Testament für jeden, der Augen zum Sehen und Ohren zum Hören hat, deutlich dokumentiert werden, wird das altisraelitische Exodusparadigma eher verständlich, indem ihm seine verhängnisvolle Doppeldeutigkeit entzogen wird. All denen, die den Exodusbericht als die Magna Charta von christlichen Freiheitsbewegungen[33] oder gar als einen Wendepunkt der Weltgeschichte[34] sehen, muß deutlich gesagt werden, daß erstens dieser Exodusbericht alles andere als ein harmloser Text ist und zweitens seine Wirkungsgeschichte des öfteren von Freiheits- in Leidensgeschichte umgeschlagen hat. Die historischen Ereignisse, die dem Exodusbericht zugrunde liegen, verlieren sich im Nebel der Geschichte und sind nur sehr fragmentarisch rekonstruierbar. Wie, wann und ob es überhaupt zu einer Massenausweisung oder zur befreienden Flucht mancher als Hebräer bezeichneter und als Fremdkörper empfundener Stämme aus dem alten Ägypten gekommen ist, muß wohl als Frage den Exegeten und Frühhistorikern überlassen werden[35]. Der unvoreingenommene Betrachter, der die Glaubensthese wirklich ausschaltet und sich durch die fünf verschiedenen literarischen Schichten oder Quellen des Exodusberichtes[36] durcharbeitet, vermag vorerst nur dies festzustellen: was hier vor allem als Befreiung aus der ägyptischen Sklaverei durch Gottes Gnade ausgegeben wird, ist der Volkwerdungsprozeß einiger nomadischer Stämme, die Ausschau nach einem fruchtbaren Ackerland halten, auf dem sie seßhaft werden können: Auszug, Wüstenwanderung und Einzug bzw. Landnahme gehören daher untrennbar zum sog. Exodusmotiv[37]. Jahwe, die eifersüchtige vulkanische Gottheit, die mit dem wandernden Volk zu Füßen des Sinai einen Bund[38] schließt, es zu seinem besonderen Eigentum macht und ihm ein Land verspricht, aus dem zuerst andere Menschen vertrieben werden müssen, denen dieses Land bereits zur Heimat geworden war, dieser Jahwe ist ein Gott mit vielen Gesichtern. Wie, was und wer er wirklich ist, das wird seinem Volk erst nach und nach klar im Verlauf vieler geschichtlicher Erfahrungen, in denen Israel sich wahrhaftig als das erweist, was es wirklich ist: ein Mitstreiter Gottes, ein mit der Gottesfrage leidenschaftlich ringendes Volk.

Man kann im Exodusbericht beobachten, wie – quer durch die verschiedenen literarischen Schichten – mindestens zwei konträre Theologien miteinander streiten: Auf der einen Seite sind jene Stellen, in denen ein ausschließliches Erwählungsbewußtsein zur Sprache kommt. Sie drücken – aus der wohl fundamentalistischen Sicht mancher priesterlicher Hoftheologen am davidisch-salomonischen Hof – Israels Nationaldogma aus, „den unlöslich völkisch-religiösen Komplex, Volk Gottes zu sein, d. h. auf Grund der blutsmäßigen Zugehörigkeit zu diesem konkreten Volk in einer anderweitig nicht einholbaren

Weise Gottes zu sein und ihn zu haben"[39]. Dazu gehört z. B. der schreckliche Auftrag von Ex 34,11–16: „Halte dich an das, was ich dir heute auftrage. Ich werde die Amoriter, Kanaaniter, Hetiter, Perisiter, Hiwiter und Jebusiter vor dir vertreiben. Du hüte dich aber, mit den Bewohnern des Landes, in das du kommst, einen Bund zu schließen; sie könnten dir sonst, wenn sie in deiner Mitte leben, zu einer Falle werden. Ihre Altäre sollt ihr vielmehr niederreißen, ihre Steinmale zerschlagen, ihre Kultpfähle umhauen. Du darfst dich nicht vor einem andern Gott niederwerfen. Denn Jahwe trägt den Namen der »Eifersüchtige«; ein eifersüchtiger Gott ist er. Hüte dich, einen Bund mit den Bewohnern des Landes zu schließen. Sonst werden sie dich einladen, wenn sie mit ihren Göttern Unzucht treiben und ihren Göttern Schlachtopfer darbringen, und du wirst von ihren Schlachtopfern essen. Du wirst von ihren Töchtern für deine Söhne Frauen nehmen; sie werden mit ihren Göttern Unzucht treiben und auch deine Söhne zur Unzucht mit ihren Göttern verführen". Diese und andere ähnliche Texte haben eine grausame Spur der Intoleranz und der Stammesmoral in der Weltgeschichte hinterlassen, vor allem seit sich Christen ihrer bemächtigten. Auf der anderen Seite haben wir es aber mit Texten zu tun, die den Bundesschluß am Sinai in einen größeren Rahmen vorangegangener Bundesschlüsse – von Noah zu Jakob, Isaak, Abraham und Adam – stellen und das Erwähltsein Israels in eine Schöpfungstheologie einbetten. Es ist, als ob sie Israel sagen würden: nicht du bist Jahwes erste Liebe, sondern Adam, der Mensch, der als Gottesebenbild von Jahwe geschaffen wurde – und gib acht, daß du dich deiner Verantwortung für die ganze Menschheit würdig erweist. Hier hat das Erwähltsein zugleich den Charakter einer Verpflichtung: Israel soll Licht für die Völker sein. Ausdruck dieser schöpfungstheologischen humanitären Gesinnung sind Texte wie die sog. goldene Regel in Lev 19,33f, die interessanterweise im Zusammenhang mit dem Verhalten gegenüber den Volksfremden aufgestellt wird: „Wenn bei dir ein Fremder in eurem Land lebt, sollt ihr ihn nicht unterdrücken. Der Fremde, der sich bei euch aufhält, soll euch wie ein Einheimischer gelten, und du sollst ihn lieben wie dich selbst; denn ihr seid selbst Fremde in Ägypten gewesen"[40]. Der Schöpfungsglaube dürfte als die jüngste Überlieferung ins Pentateuch eingegangen sein; er ist, religionsgeschichtlich gesehen, das Ergebnis eines langen Läuterungsprozesses des Gottesgedankens und daher „viel mehr ein Endpunkt als ein Anfangspunkt im ganzen Glauben Israels an Jahwe, seinen Bundesgott"[41].

Im sogenannten neuen Exodus, der in der Endgestalt des Jesajabuchs im 3. Jh. v. Chr. zu einer durchlaufenden theologischen Klammer wird[(42)], erreicht die Schöpfungstheologie dann ihren alttestamentarischen Höhepunkt. Im Volk, das in der Babylonischen Gefangenschaft verweilt, gibt es zwar manche, die einen neuen Exodus nach dem alten Muster von Jahwe verlangen: dieser soll, wie einst in Ägypten, sein Volk mit starker Hand befreien und heimführen, indem seine Feinde vernichtet werden. Aber schließlich setzt sich die Schöpfungstheologie mit ihrer universalen Heilsverheißung durch. Kyrus, der persische König, ein Fremder, ist hier der Gesalbte Jahwes, dem Sieg begegnet er auf Schritt und Tritt. Er ist das historische Werkzeug, das Israel nach dem Berge Zion heimziehen läßt und die Hoffnung auf ein messianisches völkerumspannendes Weltreich voll Gerechtigkeit und Frieden nährt (vgl. Jes 44,24–48), das erste von vielen, die in unserer geistigen Überlieferung entstehen werden. Die Verfasser des Jesajabuchs sind bereit, alle Völker in die neue friedenstiftende Bundesgemeinschaft mit dem Exodusgott auf dem Berge Zion einzubeziehen. Sie scheinen nur eine Bedingung zu stellen: Jahwe soll als alleiniger Gott anerkannt werden. Israel wird von Zion aus für die Völkerwelt leuchten, und das Licht, das es ausstrahlt, ist die eindringliche Botschaft eines in der Religionsgeschichte einmaligen Monotheismus. Jahwe ist ein eifersüchtiger Gott geblieben, aber er ist für die Schöpfungstheologen Israels nicht mehr nur die kriegerische Stammesgottheit der hebräischen Heerscharen, der vulkanische Gott des Sinaibundes, der wie ein großer Schachmeister auf dem Brett der Weltgeschichte Völker gegeneinander ausspielt, sondern auch und vor allem die zärtlich-mütterlich-tröstende Stütze seines Volkes und der universale Gott des neuen Exodus, der Gerechtigkeit und Frieden für alle will. Der Fremde bekommt in diesem missionarischen Licht ein neues Gewicht: er soll nicht nur deswegen gut behandelt werden, weil Israel in Ägypten auch ein Fremder war, sondern weil er nun ein möglicher Proselyt, ein Mitbürger, ein Kandidat für die Aufnahme in die Glaubensgemeinschaft Jahwes ist. Deutlich drückt das Jes 56,3–7 aus: „Der Fremde, der sich dem Herrn angeschlossen hat, soll nicht sagen: Sicher wird der Herr mich ausschließen aus seinem Volk. Der Verschnittene soll nicht sagen: ich bin nur ein dürrer Baum. Denn so spricht der Herr: Den Verschnittenen, die meine Sabbate halten, die gerne tun, was mir gefällt, und an meinem Bund festhalten, ihnen allen errichte ich in meinem Haus und in meinen Mauern ein Denkmal, ich gebe ihnen einen Namen, der mehr wert ist als Söhne und Töchter: Einen ewigen Namen gebe ich ihnen, der niemals ausgetilgt wird. Die Fremden, die sich dem Herrn angeschlossen haben, die ihm dienen und seinen Namen lieben, um seine Knechte zu sein, alle, die den Sabbat halten und ihn nicht entweihen, die an meinem Bund festhalten, sie bringe ich zu meinem heiligen Berg und erfülle sie in meinem Bethaus mit Freude. Ihre Brandopfer und Schlachtopfer finden Gefallen auf meinem Altar, denn mein Haus wird ein Haus des Gebets für alle Völker genannt".

Spätestens hier erteilt die nachexilische Schöpfungstheologie Israels der ethnisch begründeten Stammesmoral eine endgültige Absage. Die religiöse Stammesmoral mit der ihr eigenen Berührungsangst gegenüber dem Nicht-Reinen, sei es Speise oder Mensch, wird aber für das nachexilische Israel weiterhin bestimmend bleiben. Spuren davon begegnen uns auch in den Schriften des Neuen Testamentes.

Aber halten wir unseren bisherigen Befund fest, bevor wir uns mit dem Einbruch des Christentums beschäftigen: Im Übergang von einer unlöslich religiös-völkischen zu einer nunmehr religiös begründeten Stammesmoral kündigt sich bereits ein modernes Staatsprinzip an; nicht das mythisch-schicksalhafte Hineingeborensein entscheidet über die Zugehörigkeit zum Volk Gottes, sondern die freie rationale Option für eine Kultgemeinschaft. Dieser Befund zwingt uns aber zugleich, das Urteil von Karl R. Popper zu korrigieren, für den unsere abendländische Zivilisation von den Griechen herkommt, weil diese die ersten waren, die den epochalen Schritt von der Stammesmoral zu einer universalen humanitären Gesinnung vollzogen hätten[43]. Vielmehr sind wir hier geneigt, Karl Jaspers' Achsenzeittheorie das Wort zu reden[44], derzufolge rund um 500 v. Chr., während des zwischen 800 und 200 stattfindenden geistigen Prozesses, gleichzeitig in China (Konfuzius), in Indien (Buddha), in Persien (Zarathustra), in Griechenland (Philosophen, Epiker und Historiker) und in Israel (die großen Propheten), jener tiefste Einschnitt der Geschichte liegt bzw. jene Vergeistigung eintritt, die den weiteren Verlauf der Weltgeschichte entscheidend prägen sollte. Ist der Begründungsweg der monotheistischen Schöpfungstheologen Israels von einer anderen Art als der der griechischen Kosmophilosophen, so ist das Ergebnis dasselbe: dank ihnen ist die Menschheit in dem ihr aufgegebenen Vergeistigungsprozeß ein Stück weitergekommen.

Dieser schöpfungstheologische Weg setzt sich im Neuen Testament fort, selbst die engsten Mitarbeiter des Nazareners scheinen Zeit gebraucht zu haben, um die von Jesus Christus verkündete universale Gotteskindschaft als Weiterführung und Vollendung der ins Jesajabuch eingegangenen Schöpfungstheologie des neuen eschatologischen Exodus zu verstehen[45]. Am deutlichsten stellen wir das fest, wenn wir uns der von Simon Petrus durchlebten Bewußtseinsveränderung zuwenden. Petrus, der gestandene Fischer mit den Schriftkenntnissen eines Laien, versteht erst mit Hilfe eines Traumes im Vorfeld des Besuchs beim römischen Hauptmann Kornelius, daß der Gott Jesu Christi keine Berührungsängste kennt und für ihn weder Speisen noch Menschen unrein sind, weil es diesem nicht um eine Neuauflage der religiös-völkischen Stammesmoral des alten Exodus geht. Bei Kornelius angekommen, kann er dann nicht umhin, sich sein geändertes Bewußtsein aus der Seele zu schreien: „Wahrhaftig, jetzt begreife ich, daß Gott nicht auf die Person sieht, sondern daß ihm in jedem Volk willkommen ist, wer ihn fürchtet und tut, was recht ist" (Apg 10,34f).

Bei Paulus, dem jüdischen Schriftgelehrten, dem Kosmopoliten mit römisch-griechischer Bildung, der dann zum ersten christlichen Theologen werden sollte, stellt sich die Bewußtseinsveränderung viel schneller ein. Er ist die treibende Kraft, die universale Botschaft der Gotteskindschaft, die auch eine Botschaft von Kreuz und Auferstehung Jesu Christi ist, den Nicht-Juden zu verkünden und das noch verbliebene rituelle Symbol einer religiös-völkischen Stammesmoral, nämlich die Beschneidung, aus dem Weg zu räumen. Es gibt keinen Satz in der paulinischen Theologie, der die durch die christliche Botschaft neu eingetretene Lage in der hellenistischen Umwelt besser ausdrücken würde, als der berühmte und viel zitierte Spruch von Gal 3,28f.: „Es gibt nicht mehr Juden und Griechen, nicht Sklaven und Freie, nicht Mann und Frau; denn ihr alle seid *einer* in Christus Jesus"[46]. Und Paulus beendet diese fundamentale Kritik ethnischer Stammesmoral mit einer theologischen Gleichung, die ein wesentliches Motiv der jüdischen Exodustheologie auf die Christen überträgt: „Wenn ihr aber zu Christus gehört, dann seid ihr Abrahams Nachkommen, Erben kraft der Verheißung". Die Heidenchristen, lesen wir weiter im Eph 2,19, sind also „nicht mehr Fremde ohne Bürgerrecht, sondern Mitbürger der Heiligen und Hausgenossen Gottes", d.h. Gottesvolk, wie bei Petrus.

Viel wäre noch über die Neuinterpretation des Exodusmotivs im Neuen Testament – vor allem in der Offenbarung des Johannes[47] – zu sagen, aber das würde den Rahmen dieses Aufsatzes sprengen. Versuchen wir das neue Bewußtsein in einem Satz zusammenzufassen, so bietet sich uns eine Stelle aus dem 1. Petrusbrief an, mit dem der Verfasser[48] den breiten neutestamentlichen Konsens bezüglich des Volk-Gottes-Begriffs ausdrückt, indem er den Volkwerdungsprozeß des alten Exodus auf die Christengemeinde überträgt: „Ihr aber seid ein auserwähltes Geschlecht, eine königliche Priesterschaft, ein heiliger Stamm, ein

Volk, das sein besonderes Eigentum wurde . . .". Der Verfasser schließt dann dieses Exoduszitat mit dem bedeutungsvollen Satz: „Einst wart ihr nicht sein Volk, jetzt aber seid ihr Gottes Volk" (1 Petr 2,9f). Ein geistiger Exodus hat Menschen verschiedener Völker und Kulturen in eine neue Religion universaler Brüderlichkeit zusammengeführt: der altisraelitische Volk-Gottes-Begriff ist nun endgültig und eindeutig von jedem ethnischen Stammesballast befreit worden.

Die von Jesus Christus verkündigte universale Gotteskindschaft, die dem christlichen Volk-Gottes-Begriff zugrunde liegt, hat im Verbund mit der vor allem von den stoischen Philosophen postulierten naturgegebenen Gleichheit aller Menschen in der Tat die antike Welt aus den Angeln gehoben[49]. Sehr zum Bedauern Kaiser Julians, Nietzsches und seiner postmodernen Epigonen. Aber waren die Christen diesem Grundsatz immer treu? Haben wir nicht als Israel des Neuen Testamentes ein Erwählungsbewußtsein entwickelt, das zwangsläufig in eine religiöse Stammesmoral münden mußte? Haben wir nicht, eben Gottesvolk geworden, nach alter Exodusmanier aus diesem Gottesvolk gerade jene verdrängt, denen wir unsere Glaubenstradition verdanken? Haben wir nicht die ersten Erben Abrahams mittels einer ideologischen Enterbungstheorie[50] zum Nicht-Volk erklärt? Haben wir nicht die Juden zu Kanaanitern des Abendlandes gemacht?

Ein Blick auf die frühchristliche Theologie und Praxis zeigt uns, daß die Spuren dieses verhängnisvollen Weges bereits sehr früh in der vorkonstantinischen Zeit zu finden sind. Es möge hier genügen, Origenes (ca. 185 bis 254) zu zitieren, der ja als bedeutendster Lehrer der frühen griechischen Kirche gilt: „Wer von jenem (jüdischen) Volk gerettet werden will, komme in dieses Haus, um das Heil zu erlangen. Er komme zu jenem Haus, in dem Christi Blut als Zeichen der Erlösung steht . . . Niemand rede sich also etwas ein, niemand täusche sich selbst. Außerhalb dieses einen Hauses, d. h. außerhalb der Kirche, wird niemand gerettet. Wenn jemand dennoch hinausgeht, ist er selbst schuld an seinem Tod"[51]. Als Origenes dies schrieb, hatte diese Theologie noch keine politischen Konsequenzen für die außerhalb der Kirche Bleibenden. Aber spätestens mit der Erhebung des Christentums zur Staatsreligion, d. h. zur religiösen Stammesmoral, des Römischen Reiches um das Jahr 381 unter Kaiser Theodosius dem Großen wurden die Nicht-Christen zur gesellschaftlichen Ächtung freigegeben und quasi für vogelfrei erklärt. Der hisspanische Presbyter Orosius drückt das neue Zeitbewußtsein treffend aus, wenn er um das Jahr 420 schreibt, wo man als Römer und Christ auch hinkomme, sei „ein

Vaterland, ein Gesetz und eine Religion"[52]. Dahinter steckt gewiß der urmessianische Traum eines weltumspannenden Reiches; aber wird hier nicht die Gefahr verkannt, der totalitären Verführung einer religiösen Stammesmoral zu erliegen?

Wir wollen und dürfen freilich nicht die Verdienste dieses neuen Staatschristentums vergessen. Viele gerade zu einem Volk gewordenen nomadischen Stämme sind in Spätantike und Mittelalter von der urbanen Stadtkultur des Mittelmeerraumes magnetisch angezogen worden und brachen mit ähnlicher Urgewalt dort ein, wie einst die hebräischen Stämme ins Gelobte Land einzogen. Die meisten davon wurden seßhaft und christlich. Das Christentum war in diesen großen Völkerwanderungen der europäischen Geschichte der stabilisierende Faktor, der Kulturträger, die geistige Klammer, die verschiedene Völker und Kulturen für eine gemeinsame Idee begeistern konnte, nämlich für den christlichen Reichsgedanken, für den mittelalterlichen Orbis Christianus. Doch wir dürfen ebensowenig vergessen, wie der dogmatische Ausschließlichkeitsanspruch dazu führte, „daß alle, die außerhalb der mittelalterlichen Glaubensgemeinschaft standen oder sich wieder von ihr trennten, als Fremdkörper empfunden und behandelt wurden"[53]. Und diese Fremdkörper waren vor allem die Heiden, Juden und Ketzer gemäß der klassischen Formulierung christlicher Ausschließlichkeit bei Fulgentius von Ruspe (468–533), einem Schüler Augustins: „Glaube fest und zweifle keinesfalls, daß nicht nur alle Heiden, sondern auch alle Juden, Häretiker und Schismatiker, die ihr Leben außerhalb der katholischen Kirche beenden, dem ewigen Feuer verfallen, das dem Teufel und seinen Engeln bereitet ist"[54]. Das Mittelalter war allerdings vielfach besser als sein Ruf. Von diesen drei Gruppen konnten sich z. B. die Juden im Orbis Christianus des öfteren einrichten und gut damit leben, wie das Beispiel von Toledo im Hochmittelalter bezeugt. Aber sie hatten auf Dauer keine Rechtssicherheit, sie waren immer nur geduldete Gäste, und die Phasen der Toleranz wurden oft durch willkürliche Pogrome abrupt beendet.

Als sich dann aus dem Schmelztiegel des Mittelalters die ersten territorialen Nationalstaaten herausbildeten, blieb es zuerst Spanien vorbehalten, die religiöse Stammesmoral des mittelalterlichen Orbis Christianus am konsequentesten weiterzuführen. Gemäß dem Slogan „ein Volk, ein Reich, ein Glaube" – der Großinquisitor Torquemada zugeschrieben wird[55], aber in Wirklichkeit älteren Ursprungs sein und eine machtpolitische Pervertierung von Eph 4,5 („ein Herr, ein Glaube, eine Taufe") darstellen dürfte – schickten sich die allerkatholischsten

Könige Ferdinand und Isabella nach der Rückeroberung des letzten maurischen Königreichs von Granada an, die nationale Einheit Spaniens zu vollenden. Die Folge des Versuchs, mittels einer religiösen Stammesmoral aus den vielen Völkern Spaniens ein Staatsvolk zu machen, mußte zwangsläufig die Ausgrenzung derjenigen sein, die nicht willens waren, den zum Nationaldogma erhobenen Glauben anzunehmen. 1492 wurde so Hunderttausenden von alteingesessenen Juden das Recht auf Heimat aberkannt. Sie mußten gehen[56]. Die wunderbare Entdeckung Amerikas[57] im selben Jahr trug letztlich auch ihren Teil dazu bei, daß Spaniens Hoftheologen – so z. B. J. Ginés de Sepúlveda – sich anmaßten, ihre Heimat fortan als das Israel des Neuen Testaments zu betrachten. Das Zeitalter der außereuropäischen Expansion hatte begonnen, und es stand eindeutig unter dem Zeichen des alten Exodus. Hatte nicht in Rom ein in die Schuhe des alten vulkanischen Jahwes schlüpfender Papst, dem die Sandalen des Fischers Petrus offenbar längst zu klein geworden waren, die neu entdeckte und noch zu entdeckende Welt zwischen Portugal und Spanien geteilt und ihnen als Lehen zur christlichen Mission und politischen Herrschaft geschenkt?[58] Wen wundert es nun, wenn diese dann den Auftrag mißverstanden und mit den Einwohnern der Neuen Welt so verfuhren wie einst die hebräischen Stämme mit den Kanaanitern?

III. Francisco de Vitorias Migrationsethik

Angesichts dieser Ereignisse ist es zumindest verständlich, daß um die Mitte des 16. Jahrhunderts ein christlicher Intellektueller vom Format eines Francisco de Vitoria (1483/93–1546) die Situation im eben entdeckten Amerika und nicht die vorausgegangene und wohl inzwischen aus dem Bewußtsein verdrängte Judenvertreibung zum Anlaß nimmt, die Grundlagen des modernen Migrations- und Fremdenrechts zu begründen. Seine diesbezüglichen Ausführungen werden eingeleitet durch eine fundamentale Kritik des päpstlichen Machtanspruchs und des alten Exodusparadigmas. Der Papst sei nicht der weltliche Herrscher über die ganze Welt und besitze folglich keinerlei weltliche Gewalt über die Indios noch über die anderen Ungläubigen[59]. Über die offenbar kursierende Theorie, Gott habe in seinem ewigen Ratschluß alle Barbaren ob ihrer Abscheulichkeit zur Verdammung verurteilt und den Spaniern in die Hände geliefert wie einst die Kanaaniter in die Hände der Juden, will Vitoria nicht lange diskutieren. Zu deutlich ist ihm die Plumpheit einer solchen Behauptung, denn es sei sehr gefährlich, Prophezeiungen solcher Art in Umlauf zu setzen, die nicht nur gegen den allgemeinen Verstand, sondern auch gegen die elementarsten Regeln der Schriftauslegung verstoßen[60]. Anschließend entfaltet Vitoria ein Migrationsrecht, das nicht mehr auf dem alten Exodusparadigma, sondern auf dem allgemeinen Verstand und dem Naturrecht beruht. Ausgehend vom Grundsatz, daß am Anfang der Welt, als alle Dinge allen gemeinsam waren, es jedem erlaubt gewesen sei, überall hinzugehen und sich dort niederzulassen, und daß seitdem das ganze Menschengeschlecht eine Gemeinschaft, gleichsam eine Art universale Staatenrepublik, bildet[61], folgert er dann vier allgemeine Grundrechte:

a) EINWANDERUNGS- UND NIEDERLASSUNGSRECHT: Die Spanier haben das Recht, jene Gebiete der Neuen Welt zu durchwandern und sich dort niederzulassen, sofern sie dadurch der einheimischen Bevölkerung keinen Schaden zufügen. Diese hätte kein Recht, die Spanier an der Wahrnehmung des genannten Grundrechts zu hindern[62].

b) HANDELSRECHT: Den Spaniern sei wohl erlaubt, mit der einheimischen Bevölkerung Handel zu betreiben, sofern dies ohne Nachteil für deren Vaterland geschehe. Die dortige Bevölkerung könne die Spanier ebensowenig daran hindern, wie diese ihrerseits anderen Christen – beispielsweise Franzosen – auch nicht verbieten können, in Spanien Handel zu betreiben[63].

c) NUTZUNGSRECHT: Gäbe es nun bei der Bevölkerung der Neuen Welt Dinge, die Einheimischen und Gästen gemeinsam sind, so können die Spanier vom Gebrauch und der Teilhabe solcher Dinge nicht ausgeschlossen werden, sofern die einheimische Bevölkerung des jeweiligen Landes dadurch nicht benachteiligt werde[64].

d) EINBÜRGERUNGSRECHT: Selbst wenn den dort niedergelassenen Spaniern Kinder geboren werden und diese Bürger jenes Landes werden wollen, so könne man ihnen nicht verbieten, die Staatsbürgerschaft anzunehmen und die Vorteile der übrigen Bevölkerung zu genießen, sofern sie auch bereit seien, die damit verbundenen Lasten zu tragen. Dies gelte aber nur für die Eltern, die dort ihren rechtmäßigen Wohnsitz haben[65].

Es fällt uns gewiß nicht leicht, die wahre Tragweite des von Vitoria begründeten Migrationsrechts zu beurteilen. Sein Plädoyer für die freie Ein- und Auswanderung, den freien Handel, die freie Ausbeutung der

Naturressourcen und das Einbürgerungsrecht kraft Geburt im Einwanderungsland mutet heute in unserer Welt von geschlossenen Nationalstaaten noch utopisch, bestenfalls futuristisch an[66]. Mit der von ihm immer wieder gemachten Einschränkung – sofern den Einheimischen dadurch keine Nachteile oder Schaden erwachsen – hätte allerdings auch der moderne Staat ein ausreichend regulierendes Prinzip der Güterabwägung und der Folgenabschätzung, um das Gemeinwohl mit Hilfe der politischen Ethik zu gestalten. Aber hat etwa Vitoria durch die Ausbreitung des bisher nur für die Republica Christiana geltenden Migrationsrechts auf die Barbaren oder Heiden[67] die Grenzen der religiösen Stammesmoral durchbrochen? Wir können nicht umhin, seinem Migrationsrecht einen Restbestand an Stammesmoral zu bescheinigen. Abgesehen davon, daß er in der Verweigerung der o. g. Rechte einen ausreichenden Grund für einen gerechten Krieg der Spanier gegen die Indios – bei der offenkundigen Ungleichheit der Bewaffnung – sah[68], müssen wir die Frage stellen, ob er bereit gewesen wäre, den vertriebenen Juden oder den Mauren oder gar den Indios in Spanien dieselben Grundrechte zu gewähren. Dürfen wir sein Schweigen darüber nur auf die Angst vor der Inquisition zurückführen? Vitoria steht in der Tat an der Schwelle zweier Epochen. Mit einem Fuß hält er sich zwar die Hintertür zur religiösen Stammesmoral offen, mit dem anderen hat er aber schon jene Tür weit aufgestoßen, die zum neuzeitlichen Menschenrechtsethos führen wird[69]. Seine größte Leistung besteht wohl darin, die besten Traditionen des römisch-griechischen ius gentium einerseits und der scholastischen Theologie andererseits auf die neu eingetretene Weltlage angewandt und damit dem zweideutigen Exodusparadigma etwas von dessen ethnischem und religiösem Darwinismus genommen zu haben. Darin war er seiner Zeit wirklich voraus[70]. Ungeachtet Vitorias Migrationsethik, die später durch den Calvinisten Hugo Grotius (1583–1645) weitergeführt wurde, stand aber die außereuropäische Expansion der Neuzeit weiterhin unter dem Vorzeichen des alten Exodus. Nicht nur die Spanier in Lateinamerika[71], sondern auch die calvinistischen Puritaner und Buren beriefen sich bei der Eroberung Nordamerikas und Südafrikas ausdrücklich auf das altisraelitische Exodusparadigma[72].

Aber auch im alten Europa spielte das Exodusparadigma eine grundlegende Rolle in den Prozessen der Neuzeit. Gewiß setzte die national-reformatorische Los-vom-Reich- und Los-von-Rom-Bewegung gerade jene emanzipatorischen Kräfte frei, ohne welche die neuzeitliche Freiheitsgeschichte undenkbar gewesen wäre. Die Reformation aber als

„die alles verklärende Sonne . . . nach der langen folgenreichen und furchtbaren Nacht des Mittelalters" zu betrachten, wie Hegel[73] vorgeschlagen hat, darf wohl einem katholischen Theologen reichlich übertrieben vorkommen. Der reformatorische Auszug aus der katholischen Kirche vermochte keineswegs die religiöse Stammesmoral des Orbis Christianus zu überwinden, er sprengte nur dessen politische Konsistenz; so entstanden nun im Abendland nach dem Motto „cuius regio, eius religio" zwei Arten religiöser Stammesmoral, die sich gegenseitig bekämpften. Es ist an der Zeit, die Religionskriege der Neuzeit als die ersten Bürgerkriege kontinentalen Ausmaßes in unserem alten Europa zu begreifen[74].

Erst im Menschenrechtsethos, einem legitimen, wenn auch von der katholischen Kirche spät anerkannten Kind[75] der jahrhundertelangen Verschmelzung griechischer Philosophie mit jüdisch-christlicher Schöpfungstheologie, finden wir ein Konzept, das wirklich zur weltweiten Überwindung der religiös oder ethnisch begründeten Stammesmoral führen könnte[76]. Auf dieser Grundlage ist ein modernes Staatsverständnis entstanden, das weder auf dem ethnischen Prinzip des schicksalhaften Hineingeborenseins in eine Blutsgemeinschaft noch auf dem religiösen Prinzip des freien oder gezwungenen Bekenntnisses zu einer Kultgemeinschaft unter Ausgrenzung aller anderen basiert. Ein solch moderner Staat gründet vielmehr auf einem sozialen und ethischen Vertrag (Rousseau, Kant), durch den sich Menschen verschiedener Ethnien und Religionen zu einer Wertgemeinschaft universaler Menschenrechte bekennen. Politikwissenschaftler nennen dies ein republikanisches Staatsverhältnis im Gegensatz zum Nationalstaatsprinzip[77]. Als Theologen könnten wir darin eine legitime politische Übersetzung des jüdisch-christlichen Volk-Gottes-Begriffs sehen. Die Wirklichkeit unserer modernen Staaten zeigt uns aber, daß sich republikanische und nationalstaatliche Verfassungsprinzipien noch in vielfältiger Form überlagern[78]. Es ist z. B. längst nicht selbstverständlich, daß Staaten, in denen eine bestimmte Volksgruppe die überwiegende Mehrheit der Bevölkerung stellt, der Stammesmoral des ethnischen oder religiösen Nationalismus abschwören und sich als weltoffene Republiken verstehen, die ethnische Minderheiten besonders schützen, ohne Ansehen der Person zur Aufnahme eines jeden, der sich bei ihnen rechtmäßig aufhält, in die Staatsgemeinschaft offen stehen und bereit sind, auf eine konföderative Weltrepublik hinzuarbeiten[79]. Im Horizont des Menschenrechtsethos müßten wir dabei Vitorias Grundsatz für die Güterabwägung und Folgenabschätzung, nämlich daß den Einheimischen durch die Zuwanderung keine Nachteile entstehen dürfen, folgendermaßen weiter interpretieren: Menschenrechte haben Vorrang vor nationalen Bürgerrechten und allgemeines Weltwohl vor nationalem Eigenwohl[80].

IV. Abschied von der Stammesmoral

Was heißt das für die konkrete Situation der Arbeitsmigranten in der Bundesrepublik Deutschland und in der ganzen Welt? Vieles wird davon abhängen, ob wir es mit Staaten zu tun haben, in denen vorwiegend ein republikanisches oder ein nationales Staatsverständnis vorherrscht; ob sie also die hier untersuchte religiöse bzw. ethnische Stammesmoral überwunden haben oder nicht. Was die Bundesrepublik betrifft, so mehren sich neuerdings Stimmen von Juristen – Fritz Franz, Manfred Zuleeg – und Politikwissenschaftlern – Dieter Oberndörfer, Lutz Hoffmann –, die dem vielzitierten Menschenbild des Grundgesetzes einen Januskopf bescheinigen: er habe ein deutsches und ein nichtdeutsches Gesicht[81]. Manche Grundrechte werden den Menschen als solchen zugesprochen, andere bloß den Deutschen. Das Grundgesetz wurde aber bisher nur im engen nationalstaatlichen Sinne ausgelegt[82]. Philosophen sahen die Bundesrepublik bereits 1988 kaum merklich, subkutan und dennoch unübersehbar in Richtung Deutschland gleiten bzw. als ein Land auf der schiefen Ebene von der Republik zur Nation[83]. Ist aus dieser Latenz inzwischen eine offene Tendenz geworden? Ein gutes Beispiel hierfür wäre die hartnäckige Weigerung der Politiker, die Bundesrepublik in Zeiten von Übersiedlerkonjunktur de facto als Einwanderungsland anzuerkennen mit den entsprechenden Konsequenzen für die Ausländerpolitik. Und dies in einem Land, in dem mehr als ein Drittel der Gesamtbevölkerung aus Einwanderern und deren Kindern besteht. Seit Ende des Krieges hat die Bundesrepublik eigentlich drei Einwanderungswellen erlebt: Mit der ersten kamen weit über 3,5 Millionen aus der sowjetischen Zone und späteren DDR sowie auch über 12 Millionen Vertriebene; mit der zweiten, die mit der Anwerbung von Arbeitskräften aus dem Mittelmeerraum begann und dann eine bis heute andauernde Eigendynamik entwickelte, kamen ca. 5 Millionen Arbeitsmigranten; mit der dritten, die Anfang der achtziger Jahre im Rahmen der vermehrten Hinwendung zu den Aus- und Übersiedlern ins Rollen kam und durch die aktuelle Entwicklung in Osteuropa verstärkt wurde, sind ca. 2 Millionen gekommen, mindestens weitere 3 Millionen sitzen noch auf ihren Koffern[84]. Die erste und die dritte Einwanderungswelle wurden und werden im Rahmen einer starken Stammessolidarität bewältigt. Der Nationalstaat vermag also auch solche Großtaten der Menschlichkeit zu vollbringen[85]. Was die Deutschen hier leisteten und leisten, verdient wirklich die Bewunderung und Anerkennung der ganzen Welt. Die zweite Einwanderungswelle wird jedoch aus dem Bewußtsein verdrängt[86]. Nach dem Motto, es könne nicht sein, was nicht sein dürfe, hat diese Einwanderung angeblich nicht stattgefunden. Hier zeigt der bundesdeutsche Nationalstaat deutlich, daß er die Grenzen der ethnischen Stammesmoral nicht zu überschreiten vermag.

Es gibt in der Tat viele Anzeichen dafür, daß der ethnische Nationalismus in Deutschland sein katastrophales Scheitern 1945 überlebt hat und noch weiter wirkt[87]. Am deutlichsten wird das an der Definition des Deutschen nach Art. 116 des GG. Ungeachtet anderer Modelle in der deutschen Verfassungsgeschichte wird hier auf eine geographisch-politisch begründete Staatsangehörigkeit verzichtet, was ein wichtiger Unterschied zu den anderen europäischen Staaten ist[88]. Die deutsche Staatsbürgerschaft wird vielmehr der ethnischen Volkszugehörigkeit, also dem Deutschtum, zugeschrieben. Der politisch-völkische Pseudo-messianismus, der sich dahinter verbirgt, wird auch von manchen Politikern in unverblümter Anspielung auf Israels Sonderrolle in der abendländischen Geschichte offen formuliert: So wie Israel die Heimat aller verfolgten und unterdrückten Juden sei, „so ist die Bundesrepublik die Heimat aller verfolgten und unterdrückten Deutschen"[89]. Ist Deutschland also Gelobtes Land für die Deutschstämmigen, die dem Deutschtum den Charakter einer Pseudoreligion verliehen haben? Das führt in der politischen Umsetzung zu der absurden Situation, daß Volksdeutsche, „deren Vorfahren vor vielen Jahren oder möglicherweise gar vor Jahrhunderten aus dem alten ersten Römischen Reich nach Osteuropa, dem Balkan oder Rußland auswanderten"[90], mit der Einwanderung in die Bundesrepublik Deutschland nun automatisch von ihrem Einbürgerungsrecht Gebrauch machen können, während hier geborene und aufgewachsene Kinder von Arbeitsmigranten keinen rechtlichen Anspruch darauf haben und selbst in der zweiten und dritten Generation weiterhin als Ausländer stigmatisiert werden[91]. Dabei sind die Arbeitsmigranten nicht wie die Hunnen mit Gewalt in dieses Land eingedrungen, vielmehr hat sich alles im Rahmen der gesetzlichen Ordnung ereignet[92]. Die Arbeitsmigranten würden sogar eher als die Aus- und Übersiedler die von Vitoria aufgestellten Bedingungen für eine rechtmäßige Niederlassung und Eingliederung kraft Einbürgerungsrecht erfüllen. Sie sind ja schließlich nach einer wirtschaftlich kalkulierten Anwerbung und sorgfältigen Gesundheitskontrollen bezüglich Arbeitsfähigkeit mit Arbeitsverträgen hierhergekommen[93]. Hätte man sie geholt, wenn ihre Anwesenheit für die hiesige Bevölkerung nicht von unmittelbarem Nutzen gewesen wäre? Dieses Land braucht wirklich weniger ethnonationale Stammesmoral bzw. DM-Nationalismus und mehr Verfassungspatriotismus[94]: ein Deutscher müßte der sein können, der sich – unabhängig von seiner ethnischen Herkunft oder Religion – uneingeschränkt zur geltenden Verfassung bekennt und an der res publica, an der Republik mitwirkt[95].

Für die unbefriedigende rechtliche Situation der Arbeitsmigranten kann es daher nur eine Lösung geben, und diese führt vom Gastrecht zum Bürgerrecht[96]. Dafür sprechen in der Tat viele Argumente: a) die Arbeitsmigranten sind kein Provisorium, sondern eine Strukturkonstante der deutschen Industriegeschichte; b) es widerspricht einem demokratisch-republikanischen Staatsverständnis, das auf der Grundlage universaler Menschenrechte basiert, wenn eine Bevölkerungsgruppe zwar die wirtschaftlichen Lasten des Staates mitträgt, aber auf Dauer von den politischen Teilhaberechten ausgeschlossen bleibt; c) die europäische Menschenrechtskonvention macht in Art. 1 grundsätzlich keinen Unterschied zwischen Angehörigen eines Staates und Zugezogenen[97].

In Abwandlung eines berühmten und oben bereits erwähnten Zitats der Katholischen Soziallehre könnten wir sagen, es obliege nun der politischen Vernunft der bundesrepublikanischen Gesellschaft, darüber zu befinden, „welche Schritte zu tun und welche Maßnahmen zu ergreifen sind, um die gesellschaftlichen, wirtschaftlichen und politischen Reformen herbeizuführen, die sich als wirklich geboten erweisen und zudem oft unaufschiebbar sind"[98]. Konkrete Modelle liegen zuhauf vor. Manche davon wurden bereits in anderen westeuropäischen Ländern erfolgreich angewendet, aber sie sind in das neue Ausländergesetz nicht eingegangen[99]. Angesichts der bisherigen Phantasielosigkeit der verantwortlichen Berufspolitiker[100] darf ein solches Thema offenbar nicht allein ihnen überlassen werden. Ein von jedem Rest an Stammesmoral gereinigtes Exodusparadigma könnte hier Abhilfe schaffen[101]. Ein Modell dazu finden wir in der politischen Theologie der schwarzen Bürgerrechtsbewegung der Vereinigten Staaten zu Beginn der sechziger Jahre: Als Staatsbürger ohne Bürgerrechte zogen die Schwarzen aus der Bannmeile politischer Unterdrükkung in das Gelobte Land der demokratischen Teilhaberrechte. Sie vertrieben niemanden aus der demokratischen Heimat, sie wollten nur ihren gleichberechtigten Platz haben[102]. Verglichen damit ist die Ausgangslage der heutigen Arbeitsmigranten als de iure Nicht-Staatsbürger eine andere. Demonstrationen von Ausländern auf der Straße sind für viele aus rechtlichen und ideologischen Gründen der falsche Weg, sie würden die Vorurteile noch verstärken[103]. Wenn die Ergebnisse einer Telefonumfrage im Auftrag der Ausländerbeauftragten des Berliner Senats jedoch stimmen, wonach über 70% der Berliner Jugendlichen die hier geborenen oder aufgewachsenen gleichaltrigen Ausländer für „richtige Berliner mit nicht-deutschem Paß" halten[104], dann könnten wir von der realen Möglichkeit einer Bürgerrechtsbewegung zugunsten der Arbeitsmigranten in Deutschland ausgehen. Der Tag wird kommen, an dem Deutsche und Ausländer der zweiten oder dritten Generation gemeinsam in der Öffentlichkeit demonstrieren werden mit dem Bekenntnis: Wir sind ein Volk. An diesem Tag werden wir jenem goldenen Zeitalter, „das allen in die Kindheit scheint und worin noch niemand war"[105], einen Schritt näher gekommen sein.

Mit der rechtlichen Gleichstellung der ausländischen Bevölkerung sind die Probleme der Arbeitsmigration nicht schon gelöst, vielmehr entstehen sie erst richtig[106]. Denn Ausländer leiden nicht, weil sie Ethnisch- und Kulturfremde sind, sondern weil sie es in einer national gleichförmigen Gesellschaft nicht sein dürfen. Soll die notwendige und erwartete Integration mehr als bloß kulturelle Assimilierung sein, brauchen wir dazu entsprechende Konzepte. Abgesehen vom wenig aussagekräftigen Schlagwort der multikulturellen Gesellschaft bewegen wir uns vielfach auf unbekanntem Neuland. Die Theologie muß hier stärker in die Pflicht genommen werden. Wann werden die Theologen die politische Wirkungsgeschichte religiös-dogmatischer Ausschließlichkeit kritisch untersuchen, dieses Unheil des Abendlandes[107], das jedem profanen Nationalismus[108] Modell gestanden hat? Wann werden die Theologen, die eine kulturell polyzentrische Weltkirche postulieren, auch hier vor Ort eine multiethnische Gesellschaft verlangen und mitgestalten helfen? Das Metz'sche Postulat für eine neue Struktur der Weltkirche ließe sich z. B. durchaus als Ansatz zu einer interkulturellen Theologie der künftigen multiethnischen Gesellschaft verstehen: „Ethnisch-kultureller Polyzentrismus ist möglich, wenn die Kirche zwei Grundzüge ihres biblischen Erbes innerhalb dieser europäischen Kulturwelt erinnert und immer mehr in sich selbst zur Geltung bringt. Wenn sie sich zum einen aus ihrem biblischen Erbe als eine Religion versteht und bewährt, die im Namen ihrer Sendung Freiheit und Gerechtigkeit für alle sucht; und wenn sie sich zum anderen als eine Religion versteht und bewährt, die in sich eine besondere Kultur entfaltet, nämlich die Kultur der Anerkennung der Anderen in ihrem Anderssein, also die schöpferische Anerkennung ethnisch-kultureller Pluralität, wie sie uns in Ansätzen aus der Urgeschichte des Christentums vertraut sein müßte"[109].

Dies müßte aber gleichermaßen für Kirche und Gesellschaft gelten. Wir können zwar versuchen, zum heroischen Zeitalter der religiösen oder ethnischen Stammesgemeinschaft zurückzukehren, aber dann werden wir mit Sicherheit wieder bei Inquisition und Geheimpolizei landen[110]. Die multiethnische demokratische Gesellschaft ist die Herausforderung, die europaweit[111] vor uns liegt. Andere Alternativen gibt es nicht. Der Weg dorthin wird bestimmt nicht leicht sein. Für viele Mitglieder der älteren Generation wird dies ein schmerzlicher Abschied vom Vertrauten, „ja Entfremdung von der neuen kulturellen Heimat" bedeuten[112]. Aber am Ende könnte sich jene neue Mündigkeit[113] bzw. jene neue Übersichtlichkeit[114] abzeichnen, die imstande sein würde, den Krieg zu bannen und somit die Bedingungen zu schaffen für eine solidarische Welt, in der die ökologische, die demographische und die wirtschaftliche Herausforderung endlich im Weltmaßstab gemeistert werden kann. Sollte diese dreifache Ursachenbekämpfung von der kleinkarierten Stammesmoral unserer Nationalstaaten verhindert werden, so müßten wir weltweit mit Migrationsbewegungen rechnen[115], die alles, was bisher gewesen ist, in den Schatten stellen würden. Angesichts dieser auf uns zukommenden Probleme ist die Integration der Arbeitsmigranten nur eine Lappalie, höchstens ein Test für den Ernstfall.

Wir wollen hoffen, daß sich die Deutschen ihrer besten Traditionen besinnen werden und das Positive an dem Charaktergemälde, das der einsame Spaziergänger aus Königsberg am Vorabend des durch die Romantik eingeleiteten nationalen Rausches gezeichnet hat, wieder lebendig sein wird: Der Deutsche „lernt, mehr als jedes andere Volk, fremde Sprachen, ist ... Großhändler in der Gelehrsamkeit, und kommt im Felde der Wissenschaften zuerst auf manche Spuren, die nachher von anderen mit Geräusch benutzt werden; er hat keinen Nationalstolz; hängt, gleich als Kosmopolit, auch nicht an seiner Heimat. In dieser aber ist er gastfreier gegen Fremde, als irgend eine andere Nation"[116].

Anmerkungen

(1) Vgl. Der Tagesspiegel, 26.1.90, 2. Zwei Drittel aller Ausländer leben seit mehr als zehn Jahren in der Bundesrepublik, siebzig Prozent der ausländischen Kinder wurden hier geboren. Das Zusammenwachsen beider deutschen Staaten hat als Nebeneffekt den ausländischen Anteil – da die ehemalige DDR ja weitgehend eine ausländerfreie Zone ist – auf gut 6,5 Prozent gesenkt, womit die reichste Gesellschaft Europas einen der niedrigsten Ausländeranteile hätte. Die Zahl der illegalen Arbeiter ist allerdings eine unbekannte Größe und kann daher bei diesen Angaben nur bedingt berücksichtigt werden. Der polnische Arbeitsminister Kuron schätzt z. B. die Zahl der in der Bundesrepublik tätigen polnischen Schwarzarbeiter nach dem Zusammenbruch des Ostblocks auf 600.000 bis zu einer Million. Vgl. Der Tagesspiegel, 30. 1. 1990, 7.

(2) Vgl. hierzu K. R. Popper, Die offene Gesellschaft und ihre Feinde, Bd. 2, München, 1980, 334f.

(3) Vgl. D. Bischoff, Zur Situation der Ausländerforschung in der Bundesrepublik Deutschland, in: ZAR 2 (1982) 87.

(4) Vgl. H. M. Griese (Hrsg.), Der gläserne Fremde – Bilanz und Kritik der Gastarbeiterforschung und Ausländerpädagogik, Opladen 1984, 206.

(5) Vgl. Odrich, Rixius, Sellach, Straub, Bibliographie der Neuerscheinungen 1985 – Literatur zur Migration, Münster 1986.

(6) Was die Arbeitsmigration nach Nordwesteuropa betrifft, so wird angenommen, daß sie ein Phänomen ist, „für das sowohl Faktoren in den Aufnahmeländern bestimmend sind –, zum Beispiel das Verhalten der Arbeitgeber, als auch die Verhältnisse in den Herkunftsländern – z. B. die Situation auf deren Arbeitsmärkten. Beide Faktorengruppen beeinflussen sich gegenseitig und bilden ein komplexes Geflecht von Druck- und Zugfaktoren (push and pull factors), die zur Auswanderungsentscheidung führen". L. Hamilton, Zu den Ursachen der Migration in Europa, in: W.-D. Just/ A. Groth, Wanderarbeiter in der EG, Bd. 1: Vergleichende Analysen und Zusammenfassung, Mainz/München 1985, 27–57, 27. Für die Flüchtlingsmigration vgl. G. Köfner/P. Nicolaus, Flüchtlingsbewegungen als Migrationsphänomene, in: dies., Grundlagen des Asylrechts in der Bundesrepublik Deutschland, Bd. 1, Mainz/ München 1986, 75–126. Vgl. hierzu auch die in beiden Beiträgen angegebene Literatur.

(7) Vgl. hierzu vor allem H. Fenske, Internationale Wanderungen in Mitteleuropa (1850–1914), in: Geschichte in Wissenschaft und Unterricht 31 (1980) 593–608; H. Spaich, Fremde in Deutschland. Unbequemes Kapitel unserer Geschichte, Weinheim/Basel 1981; K. J. Bade, Auswanderer – Wanderarbeiter – Gastarbeiter. Bevölkerung, Arbeitsmarkt und Wanderung in Deutschland seit der Mitte des 19. Jahrhunderts, 2 Bde., Ostfildern 1984; U. Herbert, Geschichte der Ausländerbeschäftigung in Deutschland 1880 bis 1980. Saisonarbeiter, Zwangsarbeiter, Gastarbeiter, Berlin/Bonn 1986.

(8) W.-D. Just, Zusammenfassung, in: W.-D. Just/A. Groth (Anm. 6), 195. Diese Angaben aus dem Jahre 1985 wurden von Frau L. Funcke, der Ausländerbeauftragten der Bundesregierung, bestätigt. Diese machte allerdings darauf aufmerksam, daß die Bundesrepublik im Angebot des muttersprachlichen Unterrichts für Ausländer führend sei. Es gebe auch neben der Bundesrepublik nur in wenigen Ländern Ausländerbeiräte, Ausländerausschüsse und das Wahlrecht für Ausländer bei Betriebswahlen. Vgl. Der Tagesspiegel, 21. 6. 1989, 2.

(9) Vgl. A. Groth, Ausländerforschung und Ausländerpolitik im europäischen Vergleich, in: H. M. Griese (Hrsg.) (Anm. 4), 187.

(10) Die liberalsten Gesetze für Ausländer bzw. Einwanderer werden Schweden bescheinigt: „Migranten erhalten dort bei legaler Einwanderung sofort die Niederlassungsberechtigung. Niederlassungsberechtigte benötigen keine Arbeitserlaubnis, so daß sich dieses Problem gar nicht stellt. Auch der Familiennachzug ist in Schweden am großzügigsten geregelt. Nach dreijährigem Aufenthalt erhalten Einwanderer außerdem das kommunale Wahlrecht". W.-D. Just (Anm. 8), 195.

(11) Die klassischen Entsendeländer Italien, Spanien und Portugal sind z. B. längst zu Aufnahmeländern geworden. Die Zahl der Schwarz- und Nordafrikaner, die dort arbeiten, kann nur schätzungsweise angegeben werden, weil es sich hauptsächlich um eine illegale Immigration handelt, die ihr Schattendasein – aus Angst vor Abschiebung – nicht aufgibt. Allein für Italien werden ca. eine Million illegale Einwanderer aus den Nicht-EG-Ländern angenommen, weitere 600.000 sind regulär gemeldet. Vgl. hierzu Der Tagesspiegel, vom 18. 2. 1990, 31.

(12) Vor allem die Lage der etwa sieben Millionen Gastarbeiterkinder in den westeuropäischen Ländern, wobei mehr als die Hälfte von ihnen bereits in den Aufnahmeländern geboren ist, könnte nach Ansicht der ILO in Genf zu einer „demographischen Zeitbombe" werden, „wenn sie in den Jahren des wachsenden Binnenmarktes sozial und beruflich an den Rand gedrängt werden". Vgl. Der Tagesspiegel, vom 30. 1. 1990, 11.

(13) Vgl. D. Oberndörfer, Der Nationalstaat – ein Hindernis für das dauerhafte Zusammenleben mit ethnischen Minderheiten?, in: ZAR 9 (1989) 3–13, 10; ders., Die Bundesrepublik Deutschland, Europa und die Dritte Welt: Zum „nationalen" Selbstverständnis der Bundesrepublik, in: M. Hättich (Hrsg.), Zum Staatsverständnis der Gegenwart, München 1987, 221-244; vgl. hierzu auch „Den alten ethnischen Nationalismus können wir uns einfach nicht mehr leisten" – Ein Gespräch über Staatsverständnis, Nation und Fremdenfeindlichkeit mit Professor Dieter Oberndörfer, in: HerKorr 42 (1988) 20–27; „Den Wandel akzeptieren und ihn politisch gestalten" – Ein Gespräch mit der Berliner Ausländerbeauftragten Barbara John, in: HerKorr 42 (1988) 516-521.

(14) Vgl. hierzu vor allem die apostolische Konstitution „Exsul Familia", vom 1. August 1952 [AAS 44 (1952) 649-704] und das Motupropio „Pastoralis migratorum cura", vom 15. August 1969 [AAS 61 (1969) 601-603].

(15) Vgl. hierzu H. Becher, Katholische Kirche und Ausländerpolitik. Welche Rollen kamen/kommen kirchlichen Interventionen in den politischen Raum hinein zu?, in: K. Barwig/D. Mieth (Hrsg.), Migration und Menschenwürde, Mainz 1987, 120.

(16) Vgl. „Die ausländischen Arbeitnehmer – eine Frage an die Kirche und die Gesellschaft", in: Gemeinsame Synode der Bistümer in der Bundesrepublik Deutschland, Bd. I, hg. von L. Bertsch u. a., Freiburg 1976, 379. Im Anschluß an diese Selbstdefinition der Kirche als Anwältin der Randgruppen sprechen dann die Sozialethiker von einer advokatorischen Ethik. Manche postulieren inzwischen eine advokatorische Diskursethik, vgl. hierzu W. Lesch, Analyse – Beratung – Parteinahme. Überlegungen zum Status theologisch-ethischer Beiträge im Streit um Migration und Menschenwürde, in: K. Barwig/D. Mieth (Hrsg.) (Anm. 15), 178-210, 204.

(17) Im selben Jahr, in dem die in der Anmerkung 8 zitierte vergleichende Untersuchung deutliche Benachteiligungen in deutscher Ausländergesetzgebung aufdeckte, machte H. Maier bei einer ökumenischen Ausländertagung in München mehrmals geltend, „die Bundesrepublik habe eines der liberalsten Ausländerrechte". Vgl. Asynchrone Töne. Ökumenische Ausländertagung in München, in: HerKorr 39 (1985) 184.

271

(18) Beide Volksparteien nennen die Ausländerpolitik als eines der Themen, zu deren Bewältigung ihnen das Gespräch mit den Kirchen wichtig erscheint; aber keine Partei ist wirklich bereit, die Forderungen der Kirche in die Tat umzusetzen. Vgl. hierzu, „Wir müssen Fenster und Türen öffnen" – Ein Gespräch mit dem Vorsitzenden der SPD, Hans-Jochen Vogel, in: HerKorr 41 (1987) 279; „Der Streit in der Union und die Zukunft der CDU" – Ein Gespräch mit dem CDU-Generalsekretär Heiner Geißler, in: HerKorr 41 (1987) 532.

(19) Bei H. Becher (Anm. 15), 123f. werden die wichtigsten Stellungnahmen der katholischen Kirche zur Ausländerpolitik in der Bundesrepublik Deutschland bis zum Jahre 1987 dokumentiert. Eine Dokumentation der Stellungnahmen des Deutschen Caritasverbandes zur Ausländerpolitik in der Bundesrepublik Deutschland bis zum Jahre 1987 findet man bei K. Pölzl, Die Ausländerfrage aus der Sicht eines Wohlfahrtsverbandes, in: K. Barwig/D. Mieth (Hrsg.) (Anm. 15), 125-139, 138f.

(20) Vgl. H. Becher (Anm. 15), 121f.

(21) J. Micksch, Das Ausländerthema und die akademische Theologie, in: ZEE, 28 (1984/3) 254.

(22) Vgl. Th. W. Adorno, Negative Dialektik, Frankfurt/M. 1980, 156.

(23) Vgl. Kirche und Fremdenangst. Eine Erklärung des Vorsitzenden der Deutschen Bischofskonferenz, in: HerKorr 36 (1982) 387-389.

(24) Zum „Heidelberger Manifest" vgl. H. Leuninger, Kirche und Heidelberger Manifest, in: ZAR 3 (1983) 117-124.

(25) Vgl. hierzu E. Fascher, Art. Fremder, in: RAC, 8, 306-347; W. Korff, Der Fremde, in: ders., Wie kann der Mensch glücken? Perspektiven der Ethik, München 1985, 196-212; Bibel und Kirche 42 (1987) Heft 2 ist den Themen Fremde, Flüchtlinge, Feinde gewidmet; O. Fuchs (Hrsg.), Die Fremden, Düsseldorf 1988 (dort vor allem die Beiträge von M. Görg, R. Kampling und O. Fuchs). Keiner der uns bekannten theologischen Aufsätze zum Thema „Fremde" drückt die Sache, um die es in der Bibel geht, so klar aus wie der Essay des jüdischen Schriftstellers und Friedensnobelpreisträgers E. Wiesel, Der Fremde in der Bibel (in: Macht Gebete aus meinen Geschichten – Essays eines Betroffenen, Freiburg 1986, 65-91.) Nachdem er die Mehrdeutigkeit des biblischen Begriffs „Fremde" in seiner dreifachen Bezeichung als ger, nokhri und zar – „man sagt uns, daß wir den Ger lieben, den Nokhri achten, aber dem Zar den Rücken kehren sollen" (85) – aufgezeigt hat, sagt er uns, worum es eigentlich geht: der Fremde ist in der Bibel ein locus theologicus, ein privilegierter Ort der Gottbegegnung, „denn wer ohne Kontakt mit einem Fremden lebt, führt ein ärmeres Leben, und wer durch die Gegenwart eines Fremden nicht immer wieder angestachelt wird, über Sinn und Ziel von Existenz und Koexistenz nachzudenken, erlebt nur eine Art verkürzter Existenz" (89).

(26) Vgl. den bereits zitierten Band von K. Barwig/D. Mieth (Hrsg.) (Anm. 15), auch K.-H. Kleber (Hrsg.), Migration und Menschenwürde, Passau 1988. Vor allem der zuletzt genannte Band bringt deutlich zutage, daß die Spannungen im bundesdeutschen Katholizismus zwischen den Instanzen und Gruppen, die sich stärker als Anwalt der Fremden, Ausländer und Asylanten verstehen, und denen, die stärker vom Staat her argumentieren und mehr Verständnis für eine restriktive Ausländerpolitik zeigen, auch in der Moraltheologie und Sozialethik ihren Niederschlag finden. Vgl. Spannungen. Moraltheologenkongreß über Migration und Menschenwürde, in: HerKorr 41 (1987) 509f. Der zuerst zitierte Band zeichnet sich hingegen, trotz mancher Lücken, durch große Breite, Fachkompetenz und Interdisziplinarität aus.

(27) Vgl. W. Korff, Migration und kulturelle Transformation, in: K.-H. Kleber (Hrsg.) (Anm. 26), 148.

(28) Vgl. Spannungen (Anm. 26), 510; auch J. Micksch (Anm. 21), 256. Das Thema

Migration wird in der Theologie weitgehend ausgeblendet. Der Raster für eine Migrantentheologie, den uns G. Colosio in seiner Dissertation – Ausländische Arbeitsmigranten: Analyse und Bewertung ihrer Situation aus theologischer und ethnologischer Sicht, Tübingen 1986, 20ff. – bietet, ist äußerst dürftig. Die Kritik des nationalen Mythos wird dort als Aufgabe einer Migrationstheologie gar nicht erkannt.

(29) Vgl. hierzu K. Jaspers, Vom Ursprung und Ziel der Geschichte, München [8]1983, 17f.

(30) Unter Stammesmoral verstehen wir jene Gesinnung, die kein universales Menschsein kennt und die Grenzen der ethnischen oder religiösen Stammesgesellschaft nicht überschreitet. Trotz des ausdrücklichen Bekenntnisses zur universalen Menschenwürde – so im GG Art. 1 – bleiben viele Nationalstaaten innerhalb der Grenzen staatsbürgerlicher Stammesmoral.

(31) Von seiner immerwährenden Aktualität zeugt das Heft, das ihm die Zeitschrift Concilium 23 (1987) widmete. Dort finden wir zwar die, inzwischen obligaten, Artikel über die Bedeutung des Exodus für die Theologie der Befreiung, die Schwarze Theologie und die Feministische Theologie. Nach einem Beitrag über das Exodusmotiv im Zusammenhang mit den Arbeitsmigranten suchen wir aber vergeblich. Dabei hätte sich das Thema besonders geboten: nicht daß wir die Bundesrepublik mit Ägypten oder mit dem Gelobten Land verwechseln dürfen oder die Arbeitsmigranten gar das erwählte Volk wären, weil Luther etwa Hebräer mit Ausländer übersetzt. Gott bewahre uns vor solchen naiven Extrapolationen. Die Parallelismen sind anderer Art, wie in dieser Studie aufgezeigt wird.

(32) Vgl. D. Tracy, Der Exodus: Eine theologische Überlegung, in: CONC 23 (1987) 77–82, 77.

(33) So der Ausdruck von J. Scharbert, Exodus. Die Neue Echter Bibel. Kommentar zum Alten Testament mit der Einheitsübersetzung. Lfg. 24, Würzburg 1989, 10.

(34) So bei P. Lapide, Exodus in der jüdischen Tradition, in: CONC 23 (1987), 29-34, 29f.

(35) Vgl. hierzu M. Görg, Ausweisung oder Befreiung? Neue Perspektiven zum sogenannten Exodus, in: Kairos 20 (1978) 272-280. Ders., Fremdsein in und für Israel, in: O. Fuchs (Hrsg.) (Anm. 25), 194–214.

(36) Die Exegeten stoßen im Buch Exodus auf die fünf literarischen Schichten oder Pentateuchquellen, die im Buch Genesis auch vorkommen, nämlich auf den Jahwisten, den Elohisten, den Jehowisten, die Priesterschrift und den Pentateuchredaktor. Vgl. J. Scharbert (Anm. 33), 6.

(37) Vgl. H. Schröer, Art. Exodusmotiv, in: TRE, X, 732. Der bekannte amerikanische Politologe Michael Walzer – Exodus and Revolution, New York, 1985 – vermag dem Exodusmotiv nur eine revolutionäre Kraft zu verleihen, indem die Landnahme verschwiegen wird. Vgl. hierzu G. Baum, Exodus-Politik, in: CONC 23 (1987) 71–76, 75.

(38) Als einer der wichtigsten theologischen Beiträge Israels für die Religionsgeschichte darf die Tatsache bewertet werden, „daß es, unter der Erfahrung des Geschichtshandelns Jahwes, den altorientalischen Vasallenvertrag zum Interpretationsinstrument seines Gottesbundes erhob". So W. Kern, Die Schöpfung als Voraussetzung des Bundes im AT, in: MySal 2, 444.

(39) A. Stenzel, Der Gottesdienst der in Christus versammelten Gemeinde, in: MySal 4/2, 21.

(40) In Ex 23,9 wird diese goldene Regel nur ansatzweise formuliert: „Einen Fremden sollst du nicht ausbeuten. Ihr wißt doch, wie es einem Fremden zumute ist; denn ihr selbst seid in Ägypten Fremde gewesen".

(41) W. Kern (Anm. 38), 443.

(42) Vgl. hierzu E. Zenger, Der Gott des Exodus in der Botschaft der Propheten – am
Beispiel des Jesajabuches, in: CONC 23 (1987) 15-22, 15, auch die dort in der
Anmerkung 2 angegebene Literatur.

(43) Vgl. K. R. Popper, Die offene Gesellschaft und ihre Feinde, Bd. 1, München 1980, 231.
Diesen epochalen Schritt zur offenen Gesellschaft datiert Popper zur klassischen Zeit
Athens im 5. Jh. v. Chr., als Perikles und die großen Vorsokratiker (Demokrit) das
geistige Klima prägten. In den Werken Platons und Aristoteles, sieht er den Versuch,
„die offene Gesellschaft und die neuen Ideen des Imperialismus, Kosmopolitismus
und der Gleichberechtigung aller Menschen zu bekämpfen. Aber diese frühe
Entwicklung einer nationalistischen politischen Theorie hört mit Aristoteles auf. Mit
dem Reiche Alexanders verschwindet der echte Stammesnationalismus für immer
aus der politischen Praxis und für eine lange Zeit auch aus der politischen Theorie.
Von Alexander an waren alle zivilisierten Staaten Europas und Asiens übernationale
Staaten, die Völker sehr verschiedenen Ursprungs umfaßten. Die europäische
Zivilisation und alle politischen Einheiten, die ihr angehören, sind seitdem internatio-
nal oder, genauer, intertribal geblieben" (Bd. 2, 64f.). Durch seine Fixierung auf
griechische Traditionen übersieht Popper allerdings die jüdisch-christlichen Wurzeln
des abendländischen Reichsgedankens.

(44) Vgl. K. Jaspers (Anm. 29), 19ff.

(45) Es ist hier nicht der Ort, der Frage nachzugehen, ob das Verhalten des historischen
Jesus gegenüber den Volksfremden einladend missionarisch oder reserviert ablehnend war, weil er zuerst und vor allem die Kinder Israels sammeln wollte.
Ebensowenig wollen wir die Frage aufgreifen, ob der berühmte Spruch über die
Fremden in Mt 25,35 – „Ich war fremd und obdachlos, und ihr habt mich
aufgenommen" – nur auf die binnenreligiöse Stammesmoral der neuen Glaubensgemeinschaft oder auf die ganze Menschheit zu beziehen ist. Diesbezügliche
Äußerungen (vgl. hierzu W. Lesch [Anm. 16], 199ff., der sich mit brillanter Rethorik
darüber beklagt, die Bibel werde leichtfertig zum Orakelbuch für Fremdenfreundlich-
keit stilisiert, wobei selektive Schriftauslegung zum „Sprüche-Klopfen" degeneriere;
das nicht zu übersehende Motiv der Sammlung Israels als eine Grundintention der
jesuanischen Sendung ist für Lesch weiter „ein heilsamer Störfaktor im Gebäude
christlicher Dogmatik mit Konsequenzen für Christologie und Ekklesiologie" [?]. Zu
Mt 25,35 vgl. R. Kampling, Fremde und Fremdsein in Aussagen des Neuen
Testaments, in: D. Fuchs [Anm. 25], 230 ff.) verkennen den Charakter des Neuen
Testamentes, das nur als Ganzes zum Kanon erhoben wurde und die Bewußtseinsveränderung der Urkirche im Verstehen des Geschicks Jesu Christi dokumentiert.

(46) Was hat man nicht alles geschrieben über diesen Satz? Sind wir aber bereit, hier mehr
zu sehen als bloß eine symbolische Aufhebung der römischen Haushierarchie oder
eine rituelle Übernahme gnostischer Taufformeln oder eine rein religiöse Aussage
über die Gleichheit aller vor Gott unter Beibehaltung bestimmter religiös, sozial oder
geschlechtlich bedingter Rollen? Und gilt die tatsächliche soziale Änderung, die darin
enthalten ist, nur für die binnenchristliche Stammesmoral oder könnten wir darin
einen urchristlichen Grundsatz sehen, der in die Gleichheit vor Gott in Christus
wirklich alle Menschen einschließt? Die Interpretationsgeschichte dieses Satzes ist
noch nicht abgeschlossen. Solange es Christen gibt, werden uns diese Fragen
aufgegeben bleiben.

(47) Vgl. hierzu J. Casey, Das Exodusthema im Buch der Offenbarung vor dem Hintergrund des Neuen Testamentes, in: CONC 23 (1987) 22-28.

(48) Wir folgen hier N. Brox, der in seiner fundierten Studie – vgl. Der erste Petrusbrief,
Evangelisch-katholischer Kommentar zum Neuen Testament XXI, Zürich-Einsie-

deln-Köln 1979 – die wissenschaftlich umstrittene Echtheitsfrage mit plausiblen Argumenten negativ beantwortet (43–47). Für ihn kommt der 1. Petrusbrief aber auch nicht allein aus paulinischer Überlieferung, „sondern verrät anerkanntermaßen Kontakte zu etlichen verschiedenen anderen Traditionen homiletischer und auch liturgischer Art, so daß man Abhängigkeiten von der Evangelienüberlieferung, vom Jakobusbrief u. a. konstatieren wollte" (48).

(49) Vgl. hierzu E. Dassmann, „Ohne Ansehen der Person". Zur Frage nach der Gleichheit aller Menschen in frühchristlicher Theologie und Praxis, in: Staat, Kirche, Wissenschaft in einer pluralistischen Gesellschaft, FS zum 65. Geburtstag von Paul Mikat, hg. von D. Schwab/D. Griesen/J. Liste/H.-W. Strätz, Berlin 1989, 475–492.

(50) Vgl. hierzu S. Wiesenthal, Segel der Hoffnung. Die geheime Mission des Christoph Columbus, Olten/Freiburg 1972, 23.

(51) In Jesu Nave III 5: PG 12,841.

(52) Paulus Orosius, Libri VII adv. paganos V 2,1ff.; VII 36,1. Hier zitiert nach J. Neumann, Kirche und Staat, in: Handbuch der christlichen Ethik, hg. von A. Hertz, W. Korff, T. Rendtorff, H. Ringeling, Freiburg 1979, Bd. 2, 268.

(53) So das Urteil von J. Höffner, Christentum und Menschenwürde. Das Anliegen der spanischen Kolonialethik im goldenen Zeitalter, Trier 1947, 38. Zur Geistesart des mittelalterlichen Orbis Christianus vgl. dort 15–66.

(54) De fide ad Petrum 38,79; PL 65, 704. In der Lehrentscheidung des Konzils von Florenz (DS 1351, NR 381) wurde fast derselbe Wortlaut des Fulgentius von Ruspe beibehalten.

(55) So die Behauptung von S. Wiesenthal (Anm. 50), 59.

(56) Wie zuvor in England (1290), Frankreich (1394) und später auch in Portugal (1497), wird der Nationsbildungsprozeß in Spanien auf Kosten der Juden vollendet. Vgl. hierzu I. Geiss, Geschichte des Rassismus, Frankfurt/M. 1988, 114. Das historische Zusammenfallen der Judenvertreibung mit der Entdeckung der Neuen Welt hat S. Wiesenthal (Anm. 50), 13ff. veranlaßt, eine historisch wenig glaubwürdige Theorie nochmals zu postulieren. Demnach sei Columbus ein Jude oder zumindest einer gewesen, der im Auftrag der aus Spanien vertriebenen Juden jenseits des Ozeans nach einem neuen Land suchen sollte, wo diese angesiedelt werden könnten.

(57) Für die spanischen Theologen des 16. Jahrhunderts, auch für den „prophetischen Geist" eines Bartolomé de Las Casas, war die Entdeckung der „Neuen Welt" ein Werk der Vorsehung zugunsten der katholischen Könige Spaniens. Vgl. hierzu B. de Las Casas, Obras escogidas, Bd. I, Madrid 1957, 20ff.

(58) In der Bulle Alexanders VI. vom 4. Mai 1493 sagt dieser zu den spanischen Königen: „Damit ihr ein so großes Unternehmen mit größerer Bereitschaft und Kühnheit, ausgestattet mit der Wohltat unseres apostolischen Segens, anzugreifen vermöget, schenken, gewähren und übertragen wir hiermit – aus unserem eigenen Entschluß, ohne Euren Antrag und ohne daß Ersuchen irgendeines anderen zu Euren Gunsten, lediglich aus unserer eigenen und alleinigen Großmut und sicheren Erkenntnis aus aus der Fülle unserer apostolischen Machtbefugnis, die durch den allmächtigen Gott, durch die Vermittlung St. Petri auf uns übertragen worden ist, sowie auf Grund der Stellvertreterschaft Jesu Christi auf Erden – an Euch und Eure Erben und Nachfolger, die Könige von Kastilien und Leon, für alle Zeiten, für den Fall, daß eine der genannten Inseln durch die von Euch ausgesandten Männer und Kapitäne gefunden werden sollte, alle aufgefundenen oder aufzufindenden, alle entdeckten oder zu entdeckenden Inseln und Festländer mitsamt allen Herrschaften, Städten, Lagern, Plätzen und Dörfern und allen Rechten, Gerechtsamen und zugehörigen Berechtigungen, soweit diese Inseln und Festländer westlich oder südlich einer vom Arktischen, d. h. dem Nordpol, bis zum Antarktischen, d. h. dem Südpol, in einer

Entfernung von 100 Leguas westlich und südlich von einer der gemeinhin unter dem Namen Azores und Cap Verden bekannten Inseln zu ziehenden Linie gelegen sind – ohne Rücksicht darauf, ob die besagten Festländer oder Inseln in Richtung gen Indien oder in Richtung auf andere Weltgegenden gefunden worden sind oder noch gefunden werden; mit der Maßgabe jedoch, daß keine der westlich oder südlich der besagten Linie gefundenen oder zu findenden, entdeckten oder zu entdeckenden Inseln und Festländer sich im tatsächlichen Besitze eines christlichen Königs oder Fürsten befindet, und zwar gerechnet bis zum letztvergangenen Geburtstage unseres Herrn Jesu Christi, an dem das Jahr 1493 begann. Wir bestellen und beauftragen Euch und Eure besagten Erben und Nachfolger als Herren über sie mit voller und unumschränkter Gewalt, Autorität und Oberhoheit jeglicher Art". Vgl. Bulle Inter caetera des Papstes Alexander VI., in: Fontes Historiae Iuris Gentium, hg. v. Wilhelm G. Grewe, Bd. 2, Berlin 1988, 106f. Zum Lehenscharakter dieser Weltenteilung vgl. J. Höffner (Anm. 53), 160–175.

(59) Vgl. F. de Vitoria, Relectio de Indis. Corpus hispanorum de pace Bd. V, Madrid 1967, I 2, 4–10, 46–54.

(60) „Dicunt enim, nescio qui, quod Dominus in suo peculiari iudicio condemnavit istos barbaros omnes ad perditionem propter abominationis suas, et tradit in manus hispanorum, sicut olim chananaeos in manus iudaerum. Sed de hoc nolo multum disputare, quia periculose credentur alicui prophetiam asserenti contra communem legem et contra regulas Scripturae . . .". Relectio de Indis, I 2,24, 74ff.

(61) „. . . totus orbis, qui aliquo modo est una respublica . . .". Vgl. F. de Vitoria, Relectio de Potestate Civili, 21, in: Obras II, hg. v. L. G. Alonso Getino, Madrid 1934, 207.

(62) „Hispani habent ius peregrinandi in illas provincias et illic degendi, sine aliquo tamen nocumento barbarorum, nec possunt ab illis prohiberi". Relectio de Indis, I 3,I, 77ff. Vitoria versucht dieses Argument mit Hinweis auf ähnliche Rechte zwischen christlichen Völkern – z. B. Franzosen und Spanier – zu untermauern. In der biblischen Begründung stützt er sich auf Mt 25,43 sowie auf Lk 10,12 und Mt 22,39, wo die sog. goldene Regel der Nächstenliebe formuliert wird.

(63) „Licet hispanis negotiari apud illos, sine patriae tamen damno, puta importantes (illuc) merces, quibus illi carent, et adducentes (illinc) vel aurum vel argentum vel alia quibus illi abundant. Nec principes eorum possunt impedire subditos suos ne exerceant commercia cum hispanis nec e contrario hispanos cum illis". Relectio de Indis, I 3,2, 80ff. Vitoria stützt sich wiederum auf die goldene Regel sowie auf die naturrechtliche Annahme, der Mensch sei nicht des Menschen Wolf, sondern sein Artgenosse.

(64) „Si quae sunt apud barbaros communia, tam civibus quam hospitibus, non licet barbaris prohibere hispanos a communicatione et participatione illorum . . . (dummodo cives et naturales [incolae] non graventur)". Relectio de Indis, I 3,3, 81ff.

(65) „Immo si ex aliquo hispano nascantur ibi liberi et vellent esse cives, non videtur quod possint prohiberi vel a civitate vel a commodis aliorum civium (modo etiam subeant onera aliorum). Dico ex parentibus habentibus illic domicilum". Relectio de Indis, I 3,4, 82ff. Vitoria verteidigt in diesem Zusammenhang das Recht, in dem jeweiligen Aufnahmeland durch Heirat mit Einheimischen das Bürgerrecht zu erlangen.

(66) Der Traum von Vitoria wurde bereits ein Menschenalter darauf von einem anderen großen Vertreter der spanischen Spätscholastik, nämlich Luis Molina (1535–1600), schroff abgewiesen. Angesichts der Morgenröte des Absolutismus erklärt dieser Ideologe des territorialen Nationalstaates, „daß ein souveräner Staat berechtigt sei, jede Einwanderung und jeden Handel der Ausländer zu verbieten, ohne Rücksicht darauf, ob die Zulassung der Ausländer Schaden oder Nutzen gebracht hätte". J. Höffner (Anm. 53), 240; vgl. L. Molina, De Justitia et Jure, Tr. II. disp. 105., n. 1, 2., Genf 1733. Von diesem kleinmütigen Geiste beseelt, untersagte die spanische

Monarchie Juden, Zigeunern, Morisken und Lutheranern sowie Ausländern gänzlich die freie Auswanderung in die amerikanischen Provinzen. Vgl. hierzu Recopilación de Leyes de los Reynos de las Indias, Bd. III, Madrid 1791, 326–335. Als zwischen 1609–1611, am Höhepunkt des spanischen Absolutismus, Abertausende Morisken aus Spanien vertrieben wurden, waren die Theorien Vitorias in seiner Heimat schon längst in Vergessenheit geraten. Das moderne Völkerrecht scheint auch mehr von Molinas Staatstheorie als von Vitorias Universalismus beeinflußt worden zu sein. In der gegenwärtigen Umbruchsperiode der Weltgeschichte wird allerdings Vitorias Traum von vielen geteilt. So vertritt der amerikanische Rechtsphilosoph Bruce Ackerman die Meinung, , „daß der Staat nicht wie ein privater Klub aufzufassen sei und daß er kein Recht habe, Ausländern zu verbieten einzuwandern: der bloße Umstand, schon früher dagewesen zu sein, sei ebensowenig wie die Zugehörigkeit zu einer bestimmten Rasse oder Nation ein moralischer Grund, anderen Zugang und Teilhabe zu verweigern". Vgl. B. Ackerman, Sozial Justice in the Liberal State, Yale University Press 1980, Paragr. 17ff. Hier zitiert nach E. Tugendhat, Asyl: Gnade oder Menschenrecht?, in: K. Barwig/D. Mieth (Hrsg.) (Anm. 15), 76–82, 79.

(67) In dieser Einbeziehung der Heiden in das völkerrechtliche Selbstverständnis der Respublica Christiana liegt der große Beitrag Vitorias. Damit hat die Kolonialethik der spanischen Spätscholastik in der Tat die „Kolonialvolk-Ideologie" überwunden, die später bei der außereuropäischen Expansion des 19. Jahrhunderts vorherrschen wird. Vgl. hierzu auch J. Höffner (Anm. 53), 225–229.

(68) Werden diese elementaren Grundrechte des Völkerrechts den Spaniern verweigert, so müßten diese zuerst mit allen Mitteln der Argumentation beweisen, daß sie den Barbaren wirklich keinen Schaden zufügen, sondern bloß friedlich bei ihnen leben und ihre Länder bereisen wollen. Reagieren die Barbaren auf diese Überzeugungsarbeit mit Gewalt, so dürfen die Spanier die notwendigen Verteidigungsmaßnahmen ergreifen und z. B. Festungen bauen. Haben diese aber vergeblich versucht, in Sicherheit und Frieden mit den Barbaren auszukommen, so dürfen die Spanier – soz. als ultima ratio – mittels eines gerechten Krieges die Städte der Barbaren besetzen und diese unterjochen. Vgl. Relectio de Indis, I 3, 5–17, 83–99. Ein weiteres – ähnlich gestuftes - Interventionsrecht leitet Vitoria aus dem sog. Missionsrecht der spanischen Könige ab. Er betont aber stets, daß die Indios nicht gezwungen werden dürfen, das Christentum anzunehmen. Vgl. Relectio de Indis, II 10-14, 111–113; auch III 1–13, 117–126.

(69) Die Gedanken Vitorias sind auch im 16. Jahrhundert nicht ohne jede Wirkung geblieben. Ein Hauch seiner Ethik ist schon in der Bulle Sublimis Deus, die Paul III. am 2. Juni 1537 – ein Jahr bevor Vitoria mit seinen intra muros längst bekannten Theorien an die Öffentlichkeit ging - erließ. Dort stellte der Papst feierlich fest: „Von dem Wunsche beseelt, das Böse, das verursacht worden ist, wiedergutzumachen, beschließen und erklären Wir hiermit, daß besagte Indianer sowie alle anderen Völker, die die Christenheit in Zukunft kennenlernen wird, entgegen allen anderen Behauptungen auch dann ihrer Freiheit und ihres Besitzes nicht beraubt werden dürfen, wenn sie keine Christen sind, ihnen vielmehr der Genuß ihrer Freiheit und Besitztümer verbleiben muß". Hier zitiert nach: Päpstliche Kommission Justitia et Pax, Die Kirche und der Rassismus. Für eine brüderliche Gesellschaft, vom 3. 11. 1988, 3. Ebenso sind Vitorias Gedanken in den französisch-spanischen Friedensvertrag vom 18. September 1544 eingegangen, der für die Untertanen beider Königreiche und deren Verbündete – dazu gehörte praktisch ganz Kontinentaleuropa – eine vollkommene Freizügigkeit garantierte. Vgl. hierzu Fontes Historiae Iuris Gentium (Anm. 58), 3–18. Die Ziele dieses Vertrages werden allerdings erst mit der EG in unserem Jahrhundert Wirklichkeit.

(70) Wie sehr Vitoria mit der Exoduskritik seiner Zeit voraus war, zeigt die Tatsache, daß noch im Jahre 1633 T. Campanella, ein Verfechter des theokratischen Machtanspruches des Papstes, die Eroberung der Neuen Welt allein durch päpstliche Schenkung legitimiert. Die Anspielungen an den Exodusbericht durchziehen den ganzen Text. Vgl. T. Campanella, Appendix ad messiae monarchiam, in: ders., Monarchia messiae, Turin 1960, 84–91.

(71) Für die praktische Durchführung der spanischen Kolonialpolitik waren leider die imperialistischen Thesen Sepúlvedas relevanter als die ethischen Grundsätze eines Las Casas oder eines Vitorias. Eine ausdrückliche Vereinnahmung bestimmter Exodusmotive im Dienste einer providentialistischen Sicht der Eroberung Amerikas findet sich bei Jerónimo de Mendieta (1596), der den Eroberer des aztekischen Reiches, Cortés, sogar mit Moses vergleicht; Cortés sei von Gott gesandt worden, um die Mexikaner aus der ägyptischen Sklaverei zu befreien (!). Vgl. J. de Mendieta, Historia eclesiástica indiana, Bd. I, Madrid 1973, 107ff.

(72) Vgl. hierzu J. Newton, Analyse programmatischer Texte der Exodusbewegung, in: CONC 23 (1987) 34–39; auch A. Weiler, Die Erfahrung religiöser Flüchtlingsgemeinden, in: CONC 23 (1987) 40–45.

(73) Vgl. G. W. F. Hegel, Vorlesungen über die Philosophie der Geschichte, Theorie Werkausgabe, Bd. 12, Frankfurt/M. 1970, 491.

(74) Wir sind uns dessen bewußt, daß der Begriff Bürgerkrieg auf die Religionskriege der Neuzeit nur bedingt anwendbar ist. Diese waren vor allem Fürstenkriege, die oft rein profanen Machtinteressen dienten. Die Hauptlast trug allerdings die ganz normale Bevölkerung, also Bauern, Handwerker und Bürger im Sinne des Brecht'schen Gedichtes „Fragen eines lesenden Arbeiters". Vgl. hierzu B. Brecht, Gesammelte Gedichte, Bd. 2, Frankfurt/M. 1976, 656f.

(75) Eine vorbehaltlose Hinwendung zum neuzeitlichen Menschenrechtsethos findet erst 1963 mit der Enzyklika Pacem in terris (11–27) statt.

(76) Mit dem Menschenrechtsethos wird eine zweite Achsenzeit in der Weltgeschichte eingeleitet. Diesmal allerdings geht sie nur vom Abendland aus. K. Jaspers (Anm. 29), 44f. spricht vom technischen Zeitalter als dem ersten seit der Achsenzeit geistig und materiell wirklich völlig neuen Ereignis. Die Welt sei durch die Technik zu einer faktischen Verkehrseinheit geworden, „die in Kampf und Spaltung doch zunehmend auf die politische Vereinigung drängt, sei es gewaltsam in einem despotischen Weltimperium, sei es durch Verständigung in einer Weltordnung des Rechts". Die jüngsten Ereignisse in Osteuropa lassen uns hoffen, daß sich das Menschenrechtsethos durchsetzen wird.

(77) Vgl. hierzu D. Oberndörfer, Der Nationalstaat (Anm. 13), 3ff. Diese Begrifflichkeit ist allerdings ein wenig unscharf, zumal der moderne Nationalstaat, ein Produkt der Französischen Revolution, sprachlich und kulturell begründet war und sich von Anfang an als weltoffene Republik verstand, zu der, unabhängig von Herkunft, Klasse oder Religion, jeder gehören durfte. Erst im ethnisch begründeten deutschen Nationalismus des 19. Jahrhunderts stellt sich der Gegensatz zwischen republikanischen und nationalstaatlichen Traditionen deutlich heraus.

(78) Vgl. ebd. 5.

(79) Etwas Ähnliches schlug bereits I. Kant vor, um den ewigen Frieden zu garantieren: a) die bürgerliche Verfassung in jedem Staate soll republikanisch sein; b) das Völkerrecht soll auf einen Föderalismus freier Staaten gegründet sein; c) das Weltbürgerrecht soll auf Bedingungen der allgemeinen Hospitalität eingeschränkt werden (vgl. I. Kant, Zum ewigen Frieden, Werkausgabe hg. v. W. Weischedel, Bd. XI, Frankfurt/M. 1982, 204–227). Wir sind uns aber nicht sicher, ob Kants Entwurf wirklich die Schranken des Nationalstaates verläßt. Wie ist sonst die wohlwollende Rezension durch einen

278

„totalitären ethnischen Jakobiner" (so die treffende Adjektivierung bei D. Oberndörfer, Der Nationalstaat, 8) wie J. G. Fichte (vgl. Gesamtausgabe, hg. v. R. Lauth und H. Jacob, Bd. I,3, Stuttgart 1966, 217–228) zu erklären? Was ihm vorschwebt, das ist eine Art konföderative Weltrepublik von Nationalstaaten, wo die Völker unvermischt und getrennt miteinander in Frieden auskommen. Des öfteren betont er, die Vermischung der Stämme sei dem Menschengeschlecht nicht zuträglich, was eine ungeschichtliche Denkweise verrät, denn auch die heutigen Völker sind das Ergebnis einer immerwährenden Vermischung; (vgl. z. B. Zum ewigen Frieden, 225f., auch Die anthropologische Charakteristik, Bd. XII, 670). Interessant ist aus unserer Perspektive die Tatsache, daß Kant auch, ohne es allerdings so zu nennen, das Exodusparadigma der außereuropäischen Expansion kritisiert: „Vergleicht man hiemit das inhospitale Betragen der gesitteten, vornehmlich handeltreibenden Staaten unseres Weltteils, so geht die Ungerechtigkeit, die sie in dem Besuche fremder Länder und Völker (welches ihnen mit dem Erobern derselben für einerlei gilt) beweisen, bis zum Erschrecken weit. Amerika, die Negerländer, die Gewürzinseln, das Kap etc. waren, bei ihrer Entdeckung, für sie Länder, die keinem angehörten; denn die Einwohner rechneten sie für nichts. In Ostindien (Hindustan) brachten sie, unter dem Vorwande bloß beabsichtigter Handelsniederlagen, fremde Kriegsvölker hinein, mit ihnen aber Unterdrückung der Eingeborenen, Aufwiegelung der verschiedenen Staaten desselben zu weit ausgebreiteten Kriegen, Hungersnot, Aufruhr, Treulosigkeit, und wie die Litanei aller Übel, die das menschliche Geschlecht drücken, weiter lauten mag". (Zum ewigen Frieden, 214f.).

(80) Wenn wir das richtig sehen, so ließe sich auch die Ethik des Thomas von Aquin in diesem Sinne schöpferisch weiterentwickeln. Vgl. hierzu L. Honnefelder, Güterabwägung und Folgenabschätzung. Zur Bestimmung des sittlich Guten bei Thomas von Aquin, in: Staat, Kirche (Anm. 49), 81–98.

(81) Vgl. hierzu F. Franz, Bürgerliche und politische Rechte der Wanderarbeitnehmer. Bundesrepublik Deutschland, in: W.-D. Just/A. Groth (Anm. 6), 15.

(82) D. Oberndörfer (Der Nationalstaat [Anm. 13], 10) spricht in diesem Zusammenhang von der beschämenden moralischen Bilanz der meisten juristischen Kommentare zum Grundgesetz: „Positivistisch lapidar wird zwischen allgemeinen Grundrechten und „Deutschenrechten" unterschieden".

(83) Vgl. D. Diner, Aufklärung nach Auschwitz, in: J. Rüsen, E. Lämmert und P. Glotz (Hrsg.), Die Zukunft der Aufklärung, Frankfurt/M. 1988, 16f.

(84) Vgl. Der Tagesspiegel, vom 10. November 1989, 3.

(85) Vgl. hierzu M. Zuleeg, Zur Bedeutung des Ausländerrechts, Verhindert das Ausländerrecht die Integration?, in: K. Barwig/D. Mieth (Anm. 15), 100–113, 120ff.

(86) Das christliche Gewissen von Heinrich Albertz deckt auch diese paradoxe Situation selbstkritisch auf: „Plötzlich ist Platz da, plötzlich ist Geld da, plötzlich sind wir ein Einwanderungsland – aber eben nur für Übersiedler oder Aussiedler und nicht für Asylbewerber" [oder Arbeitsmigranten]. Die Zeit, 15. Dezember 1989, 2.

(87) Vgl. D. Oberndörfer, Der Nationalstaat (Anm. 13), 9.

(88) Die Frankfurter Paulskirchenversammlung definierte den Begriff „Deutschland" nicht mehr sprachlich-ethnisch, sondern geographisch-politisch: „Jeder ist ein Deutscher, der auf dem deutschen Gebiete wohnt . . .". Unter Deutschen werden alle diejenigen verstanden, „die in Deutschland wohnen, mögen sie eine Sprache sprechen, welche sie wollen". Aber die Verfassung der Paulskirchenversammlung blieb Entwurf. Vgl. hierzu L. Hoffmann, Beiräte – Wahlrecht – Bürgerrecht: zur politischen Partizipation der nichtdeutschen Einwohner in der Bundesrepublik Deutschland, Frankfurt/M. 1986, 68f. (dort Zitate).

(89) So die Äußerung von A. Dregger laut „Der Spiegel", 13. Februar 1989, 26. Dieser

Politiker, der offenbar sich dazu berufen fühlt, die „Deutschnationalen" in der CDU politisch zu beheimaten, hat durch viele Sprüche dieser Art die christliche Adjektivierung von Parteipolitik ad absurdum geführt. Wir können in diesem Zusammenhang auch nicht verschweigen, daß manche Entwicklungen im heutigen Staat Israel, wie die Ansiedlung von jüdischen Einwanderern in den besetzten Gebieten, Anlaß zur Sorge geben. Wird das alte Exodusparadigma in Palästina abermals leidvolle Spuren hinterlassen? P. Lapide (Anm. 34) verkennt, in seinem nationalen Affekt, auch diese Gefahr. Es ist ein Paradoxon, daß jenes Volk, das unter den europäischen Nationalstaaten am meisten zu leiden hatte, sein Heil nun in einem territorialen Nationalstaat sucht, in dem die nicht-jüdische Bevölkerung ein Dasein zweiter Klasse zu führen hat.

(90) So die Formulierung von D. Oberndörfer, Der Nationalstaat (Anm. 13), 9.

(91) Wir wollen hier nicht mißverstanden werden: nicht daß den Deutschstämmigen solche Einwanderungsvorrechte z. T. wegen der ethnischen Schicksalsgemeinschaft im Zweiten Weltkrieg und der darauffolgenden Vertreibung bzw. Benachteiligung der osteuropäischen deutschen Minderheit gewährt werden, ist das Problematische, sondern daß sie zugleich den Arbeitsmigranten oder Asylanten verweigert werden.

(92) Vgl. L. Hoffmann/H. Even, Soziologie der Ausländerfeindlichkeit. Zwischen nationaler Identität und multikultureller Gesellschaft, Weinheim/Basel 1984, 139.

(93) Aus diesem Grund meinen manche Juristen, die BRD sei auch de iure ein Einwanderungsland gewesen und stelle bis zu einem gewissen Grad noch heute ein solches dar: „Die große Zahl der Ausländer, die im Bundesgebiet derzeit ansässig sind, ist völlig legal zugewandert, ja, ihre Anwesenheit ist nicht einmal bloß vom Staat hingenommen worden. Er hat vielmehr ausländische Arbeitskräfte durch Bedienstete der Bundesanstalt für Arbeit regelrecht angeworben . . . Die Arbeitskräfte wurden auf ihre Tauglichkeit hin untersucht und von den interessierten Unternehmen nach Bezahlung einer Vermittlung übernommen, aber auch von der öffentlichen Hand . . . Die Bundesrepublik war zur damaligen Zeit mithin ein Staat, der ohne Rücksicht auf die Folgen darauf aus war, seine Bevölkerung zu vermehren". M. Zuleeg, Zur Bedeutung des Ausländerrechts, 104; auch ders., Arbeitsmigration und Asylantenproblem, in: K.-H. Kleber (Hrsg.) (Anm. 26), 70–89.

(94) Vgl. hierzu J. Habermas, Der DM-Nationalismus, in: Die Zeit, 30. März 1990, 62f; auch ders., Die nachholende Revolution, Frankfurt/M. 1990.

(95) Deutlich, ja quasi prophetisch, sagt der einsame G. Grass – Was rede ich. Wer hört noch zu, in: Die Zeit, 11. Mai 1990, 71b – diesbezüglich das, was die Kirchen lauter „verkünden" sollten: „Ein neuer, als Bundesstaat auf kultureller Vielfalt gegründeter Staat wird nicht nur Deutsche zu seinen Bürgern zählen. Italiener und Jugoslawen, Türken und Polen, Afrikaner und Vietnamesen haben innerhalb seiner Grenzen Zuflucht, Arbeit, Wohnung und oft genug abermals Heimat gefunden. Sie erweitern unseren kulturellen Begriff. Sie könnten helfen, unser nach wie vor diffuses Bewußtsein von Nation neu zu erleben. Mit ihrem Beistand sind wir als Deutsche zugleich Europäer".

(96) Das wird immer lauter gefordert. Vgl. hierzu F. Franz, Ausländerrecht. Kritische Bilanz und Versuch einer Neuorientierung, in: H. M. Griese (Hrsg.) (Anm. 4), 73–88, 85ff.; auch L. Hoffmann, Beiräte – Wahlrecht – Bürgerrecht; ders., (Hrsg.) Bürgerrechte für die nichtdeutsche Wohnbevölkerung, Frankfurt/M. 1988; R. von Thadden, Alle Menschen werden Bürger, in: Publik-Forum, Nr. 14 vom 7. Juli 1989, 5–7.

(97) Vgl. D. C. Umbach, Die Rechtsstellung von Ausländern nach staatlichem Recht und Völkerrecht – ein rechtsvergleichendes Kolloquium, in: ZAR 5 (1985) 154.

(98) Wir erlauben uns, dieses Zitat aus OA 4 auf die Politik zu übertragen.

(99) Eine sachliche und ländervergleichende Erörterung der verschiedenen Modelle – Niederlassungsrecht mit rechtlicher Gleichstellung, automatische Einbürgerung der Kinder von Niedergelassenen nach dem ius soli, doppelte Staatsangehörigkeit mit aktivem und ruhendem Teil – findet man in: K. Barwig/K. Lörcher/Ch. Schumacher (Hrsg.), Aufenthalt – Niederlassung – Einbürgerung. Stufen rechtlicher Integration, Baden-Baden 1987; vgl. auch M. Zuleeg, Ausländerrecht und Ausländerpolitik in Europa, Baden-Baden 1987. Einen synoptischen Vergleich der verschiedenen Verbesserungsvorschläge von Parteien, Kirchen, Gewerkschaften und Wohlfahrtsverbänden zum Entwurf für das neue Ausländergesetz bietet K. Barwig, Zur Diskussion um die Novellierung des Ausländerrechts, in: ZAR 8 (1988) 173–183; auch neulich ders., Neuere Vorschläge zur Novellierung des Ausländerrechts, in: ZAR 9 (1989) 125-131.

(100) Besonders beschämend ist in diesem Zusammenhang das Verhalten der Sozialdemokratie, die ähnlich wie die katholische Kirche von einem übernationalen Selbstverständnis geprägt sein sollte. Vergleicht man die Vorschläge der SPD zur Novellierung des Ausländergesetzes mit den Beiträgen sozialdemokratischer Abgeordneter bei der Beratung des Reichs- und Staatsangehörigkeitsgesetzes von 1913 im Deutschen Reichstag, so erkennt man die Partei nicht wieder. Das ist ein alarmierendes Zeichen für die moderne Diastase zwischen Politik und Ethik. Vgl. hierzu B. Huber, Die Beratung des Reichs- und Staatsangehörigkeitsgesetzes von 1913 im Deutschen Reichstag, in: K. Barwig/K. Lörcher/Ch. Schumacher (Hrsg.) (Anm. 99), 181–219.

(101) In einem solchen Exodusparadigma, das die Stammesmoral hinter sich gelassen hat, liegt überhaupt der Schlüssel zur Bewältigung mancher aktueller Themen in der deutschen Politik. Wenn die deutschen Bischöfe und prominente deutsche Katholiken zur Oder-Neiße-Grenze z. B. erklären, man müsse, trotz des Unrechts der Massenvertreibung, akzeptieren, daß die ehemals deutschen Gebiete inzwischen anderen Menschen zur Heimat geworden sind [vgl. Briefwechsel zwischen polnischem und deutschem Episkopat, in: HerKorr 20 (1966), 21-23; Wir sehen einander mit anderen Augen. Eine Erklärung polnischer und deutscher Katholiken zum 1. September 1989, in: HerKorr 43 (1989) 417–420], so entziehen sie das Exodusparadigma dem Mißbrauch durch die Vertriebenenverbände. Ein zweites Beispiel ist die Existenzangst, die bei vielen Ausländern durch die Deutschtümelei im Zusammenhang mit den Entwicklungen in der ehemaligen DDR entsteht. Primitive Äußerungen mancher Ex-DDR-Bürger wie „jetzt sind wir hier, da könnt ihr eure Türken nach Hause schicken" [vgl. Zitty 26 (1989) 22] oder „geht zurück in die Türkei" (vgl. Die Zeit, 4. Mai 1990, 93) können nur entschärft werden, wenn das Exodusparadigma von jeder Stammesmoral befreit wird. Es wäre Aufgabe der regierenden Politiker, hier klar zu machen, daß durch die Wiedervereinigung für die hier rechtmäßig eingewanderten Ausländer keine Nachteile (Vitorias Ethik) entstehen dürfen.

(102) Es ist eine Ironie des Schicksals, daß gerade dort, wo die außereuropäische Expansion der Neuzeit im Zeichen des alten Exodus stand, also in Nord-, Mittel- und Südamerika und Südafrika, die politischen Emanzipations- und Befreiungsbewegungen aus einer neuen Exodushermeneutik gespeist werden. Vgl. hierzu E. Dussel, Das Exodus-Paradigma in der Theologie der Befreiung, in: CONC 23 (1987) 54–60; J. Young, Der Exodus als ein Paradigma der Theologie der Schwarzen, in: CONC 23 (1987) 60–65; J. Severino Croatto, Die soziohistorische und hermeneutische Bedeutung des Exodus, in: CONC 23 (1987) 82–88.

(103) Juristen, die auf die Bürgerrechtsbewegung der amerikanischen Schwarzen aufmerksam geworden sind, geben zu bedenken, die Ausländer können keine civil-rights-Bewegung in Deutschland in Gang setzen, „solange sie nicht einen relevanten Teil von

deutschen Staatsbürgern unter sich haben . . . Das heißt also, wenn die Ausländer ihre Gleichheit erkämpfen sollen, . . . so wie das die Schwarzen in den USA getan haben, dann muß unter ihnen ein großer Anteil deutscher Staatsbürger sein". K.-M. Grotl, Doppelstaatsangehörigkeit mit aktivem und ruhendem Teil – eine Perspektive?, in: K. Barwig/K. Lörcher/Ch. Schumacher (Hrsg.) (Anm. 99), 245–253, 252f.

(104) Vgl. Deutsche und türkische Jugendliche in wichtigen Fragen einig. Gegenseitige tolerante Einstellungen überwiegen. Presseerklärung der Ausländerbeauftragten des Senats von Berlin, 5. Januar 1990, auch in: Der Tagesspiegel, 6. Januar 1990, 12.

(105) E. Bloch, Das Prinzip Hoffnung, Bd. 3, Frankfurt/M. 1979, 1628.

(106) Den Juden hat die bürgerrechtliche Emanzipation alleine wenig genutzt, wenn es darum ging, in ihrer religiös-kulturellen Eigenart akzeptiert zu werden.

(107) So die Bezeichnung K. Jaspers (Anm. 29), 41. In der zeitgenössischen Theologie sehen wir nur bei dem evangelischen Theologen W. Pannenberg einen ernst zu nehmenden, wenn auch sehr hegelianisch geprägten, Versuch, die dogmatische Intoleranz bzw. den Ausschließlichkeitsanspruch des christlichen Glaubensverständnisses zu überwinden. Vgl. W. Pannenberg, Die Aufgabe einer politischen Theologie des Christentums, in: KuM VII/1 Hamburg (H. Reich) 1979, 19–25; ders., Die Bestimmung des Menschen. Menschsein – Erwählung und Geschichte, Göttingen 1978.

(108) Wir haben mit diesem Aufsatz vor allem die Wurzeln des spanischen Nationalismus, die ja in der religiösen Intoleranz bzw. Stammesmoral liegen, zu analysieren versucht. Als Nicht-Deutsche sind wir in der Beurteilung der Genese deutscher Nationalbewußtseins vorsichtig. In beiden Fällen haben wir es jedoch mit einer politischen Pervertierung des jüdisch-christlichen „Volk Gottes" Begriffs zu tun. Durch die Reformation der religiösen Einheit beraubt, war es für die Deutschen naheliegend, in der Vorherrschaft des Ethnos die gemeinsame verbindende Brücke zu suchen. Die ethnisch begründete Stammesmoral, die durch die deutsche Romantik als Grundlage des deutschen Nationalismus wiederentdeckt wurde, ist ein großer Rückschritt im Vergeistigungsprozeß der Menschheit. Sie stellt eine Rückkehr zum mythisch-schicksalhaften Hineingeborensein im Schoße einer Stammesgesellschaft dar. Zum Charakter und zur Genese des deutschen Nationalismus vgl. R. Merkel, Wahnbild Nation, in: Die Zeit, vom 9. März 1990, 52.

(109) J. B. Metz, Wider die zweite Unmündigkeit. Zum Verhältnis von Aufklärung und Christentum, in: J. Rüsen, E. Lämmert und P. Glotz (Hrsg.) (Anm. 83), 86. Hierzu bietet uns auch die Philosophie eines E. Lévinas, gerade weil sie aus den biblischen Prophetentraditionen gespeist wird, einen sehr brauchbaren phänomenologischen Zugang. Vgl. E. Lévinas, Die Spur des Anderen, Freiburg/München 1983; Die Zeit und der Andere, Hamburg 1984; Wenn Gott ins Denken einfällt, Freiburg/München 1985; Totalität und Unendlichkeit, Freiburg/München 1987.

(110) Vgl. K. R. Popper (Anm. 43), Bd. 1, 268.

(111) Wir dürfen dabei aber nicht vergessen, daß wir es in Europa mit zwei verschiedenen geschichtlichen Phasen zu tun haben. Während die meisten EG-Länder auf dem Weg in die multiethnische Gesellschaft bereits irreversible Tatsachen geschaffen haben und in eine postnationale Geschichtsperiode eingetreten sind, befinden sich die Länder Osteuropas noch in einem nationalen Hochgefühl. Das neue vereinigte Deutschland wird zur Spielwiese beider Tendenzen. Wir wollen hoffen, daß es der bundesrepublikanischen Gesellschaft gelingt, der Bevölkerung der ehemaligen DDR wirklich zu helfen, in der offenen multiethnischen Gesellschaft des EG-Raumes zurechtzukommen. Ein in die andere Richtung verlaufender Lernprozeß käme einer geschichtlichen Katastrophe gleich. Die tolerante Aufnahme von Muslimen und sonstigen Religionsgruppen, die von anderen kulturellen Traditionen als das europäische Abendland geprägt sind, wird, wie die Vorfälle um das Buch „Satanische

Verse" von S. Rushdie zeigen, eine schwere, aber gewiß nicht unlösbare Aufgabe sein. Vgl. hierzu Chr. Elsas (Hrsg.), Identität. Veränderung kultureller Eigenarten im Zusammenleben von Türken und Deutschen, Hamburg 1983; Die Türkei und die Türken in Deutschland, mit Beitr. v. V. Höhfeld . . . Stuttgart 1982; Deutsche Bischofskonferenz, Muslime in Deutschland, Juni 1982, Arbeitshilfen Nr. 26; K. Barwig/K. Ph. Seif (Hrsg.), Muslime unter uns. Ein Prüfstein für christliches Handeln, München 1983.

(112) D. Oberndörfer, Der Nationalstaat (Anm. 13), 13.

(113) Vgl. hierzu J. B. Metz, Wider die zweite Unmündigkeit (Anm. 109).

(114) Vgl. J. Habermas, Die Neue Unübersichtlichkeit, Frankfurt/M. 1985.

(115) Der Film „Der Marsch" – von der BBC – nimmt diesbezüglich nur die dramatische Zukunft vorweg, die auf uns zukommen wird, wenn die politische Phantasie versagt. Unabhängig davon werden in den kommenden drei Jahrzehnten voraussichtlich 40 bis 50 Millionen Menschen aus der sog. Dritten Welt in den EG-Raum einwandern. Aus der Perspektive der Hermeneutik und Kritik des Exodusparadigmas, die wir hier zu entfalten versuchten, wäre zu hoffen, daß dies auch zum Wohle aller Beteiligten geschieht. Der Kreis wird sich dann schließen, wenn Menschen aus den Weltteilen, die Europa in seiner beispiellosen sozialdarwinistischen Expansion nach dem alten Exodusmotiv zuerst entvölkert und dann mit dem eigenen Bevölkerungsüberschuß bevölkert hat, nun den Weg zu uns finden, um unseren Bevölkerungsrückgang zu kompensieren.

(116) I. Kant, Die anthropologische Charakteristik, Werkausgabe Bd. XII, 668f.

WERNER SIMON

Ethisch handeln lernen[1] – Ansatz und Schwerpunkte einer ethischen Erziehung im Horizont des Glaubens

1. Zum Ansatz ethischer Erziehung im Horizont des Glaubens

1.1 Der „durch Liebe wirkende Glaube" (Gal 5,6)

Glauben und ethisches Handeln werden im christlichen Selbstverständnis unterschieden, nicht getrennt. Sie sind nicht identisch, aber sie sind in einem nicht auflösbaren inneren Zusammenhang aufeinander bezogen, der nicht nur äußerlich verknüpfender Natur ist. Wer daher den Ort bestimmen will, der ethischer Erziehung im Kontext des Glaubens zukommt, wird sinnvollerweise unterscheiden: Es gibt und es muß legitimerweise geben ethisches Handeln und eine ethische Erziehung, die sich begründen, ohne daß sie auf religiöse Ziele und Inhalte Bezug nehmen. „Aber es gibt nicht und kann nicht geben: religiöses Handeln und eine Erziehung zu solchem Handeln, die ethische Ziele und Inhalte ausschließen ... Unethisches religiöses Handeln wäre zugleich a-religiös, hörte also auf zu sein, was es seiner Definition nach ist."[2]

Glaube ist für Paulus der „durch Liebe wirkende Glaube" (Gal 5,6). Das Kriterium der praktischen Bewährung ist ein Kriterium der Wahrheit des Glaubens: „An ihren Früchten werdet ihr sie erkennen" (Mt 7,16). Und im Johannesevangelium heißt es: „Wer aber die Wahrheit tut, kommt ans Licht, daß zum Vorschein kommen seine Werke; denn in Gott sind sie gewirkt" (Joh 3,21). Zusammenfassend kann festgehalten werden: „Die Freiheit, die der Glaube schenkt, ist als Freiheit für das Gute (die Liebe, das Handeln aus Glauben) zu verstehen."[3]

Das Gute zu tun und das Böse zu unterlassen – dazu ist der Mensch aufgerufen. Das ist ihm als Geschöpf aufgegeben. Er ist „Gottes Ebenbild" (Gen 1,26 f.). Stellvertretend soll er Sorge tragen für die Schöpfung. Und in gemeinsamer geschichtlicher Verantwortung sollen die Menschen ihr Zusammenleben so gestalten, daß es in den Grenzen des Menschenmöglichen glücken kann. Ethisches Handeln ist Vollzug geschöpflicher Freiheit. Der Mensch ist berufen, mit Hilfe seiner

Vernunft frei das Gute zu suchen und es in seinem Handeln Gestalt finden zu lassen: sachgerecht und menschengerecht, sinnvoll und im Horizont einer seiner praktischen Verantwortung aufgegebenen Zukunft. Solche Freiheit schließt notwendigerweise Wagnis und Risiko ein. Sittliche Personwerdung vollzieht sich daher immer auch in einer für den handelnden Menschen nicht aufhebbaren Spannung von „Gelingen und Mißlingen, Erfolg und Mißerfolg, Bestätigung und Versagen, Glücken und Scheitern"[4].

1.2 Ethisch handeln lehren: Ziele und Aufgaben ethischer Erziehung

Praktische Vernunft und die Freiheit zu einem selbstverantworteten Handeln sind nicht naturwüchsig. Daß Heranwachsende und Erwachsene zu sittlicher Mündigkeit gelangen und gewissenhaft handeln, kann nicht natürlicherweise vorausgesetzt werden. „Auch einfache Werteinsichten sind keineswegs selbstverständlich. Man braucht dazu Kompetenz, und diese Kompetenz beruht auf Erfahrung."[5] Erfahrungen sammeln und Erfahrungen machen – das ist aber nichts anderes als eine Umschreibung für „lernen". Ethisch handeln wird gelernt. Insofern sind Ethik und Didaktik, sind Ethik und Pädagogik aufeinander verwiesen. Sollen und Können fallen nicht notwendigerweise ineins. Das sittlich Gesollte motiviert dazu, „zu dem zu werden, der man werden kann"[6]. Es zeigt Möglichkeiten des Guten. Aber das Sollen darf, will es nicht abstrakt und utopisch bleiben, nicht unabhängig vom möglichen Können bedacht werden. „Das individuelle Können begrenzt und bestimmt jeweils mit, was für diese Person das sittlich Gesollte ist."[7] Wer konkrete Handlungsorientierungen geben will, wird nach den konkreten Handlungsbedingungen fragen müssen und damit auch nach den Bedingungen, unter denen solches Handeln gelernt werden kann und soll. „Die Frage nach der besseren Werteinsicht und dem richtigen Wertvorzugsurteil für die Praxis ist nicht unabhängig von den Bedingungen wirklicher Möglichkeit und möglicher Wirklichkeit sittlichen Handelns zu stellen."[8]

Welches Ziel hat aber dann vor diesem Hintergrund ethische Erziehung? Ethische Erziehung zielt auf ethisches Handeln und somit auf eine Praxis. Sie ist „Einführung, Einübung und Anleitung zum rechten Handeln auf der Basis rechter Haltungen"[9]. Ethische Erziehung will dazu befähigen, „verantwortlich zu leben"[10]. Sie will jungen Menschen helfen, ihr Leben und ihr Handeln „an jenen Werten zu orientieren, die menschliches Leben sinnvoll machen, gelingen und glücken lassen"[11].

Ethische Erziehung muß daher lebensbegleitend sein. Sie stellt Erfahrungsmöglichkeiten bereit, indem sie Freiräume schützt und eröffnet, in denen Kinder und Jugendliche lernen können, in zunehmendem Maße eigene Verantwortung wahrzunehmen und selbständiges Handeln einzuüben. Erzieherinnen und Erzieher begleiten sie bei diesem Lernen: anregend und unterstützend, gebietend und beratend, helfend und tröstend, aber auch schützend und gegensteuernd. Begleitend sollen sie die Heranwachsenden „bestärken und sie ermutigen, ihr Scheitern als Möglichkeit neuen Lernens aufnehmen und so der Resignation entgegenwirken. Dadurch gewinnt das Kind Vertrauen zu sich und seiner Umwelt."[12] Solche freisetzende ethische Erziehung geschieht wie jede am Ziel sittlicher Mündigkeit orientierte Erziehung[13] in einer dialektischen Spannung: von Autorität und Selbstverantwortung, von Vorgaben und Freigaben.

Eine organisierte ethische Erziehung findet vor allem in unterrichtlichen Lehr- und Lernformen statt. Die erzieherischen Möglichkeiten des Unterrichts sind begrenzt. Er ist in der Regel nur indirekt lebensbegleitend und liegt so in der Regel vor oder nach dem Handeln in den entscheidenden Lebenszusammenhängen.

Es geht ethischer Erziehung um einen wachsenden Gewinn an Erfahrung und um die in solchem Erfahrungsgewinn grundgelegte wachsende Kompetenz für das konkrete Handeln. In diesem Zusammenhang stellen sich vor allem vier Aufgaben:

1. Ethische Erziehung soll die ethische *Wahrnehmungsfähigkeit* fördern.
   Sie macht aufmerksam, weckt Interesse und sensibilisiert für die in den konkreten Lebenssituationen begegnenden Herausforderungen und Möglichkeiten des Guten. Sie ermöglicht konkrete Werterlebnisse und vertieft sie zu Werterfahrungen.

2. Ethische Erziehung soll die ethische *Urteilsfähigkeit* fördern.
   Sie weitet und klärt das Vorverständnis des Sittlichen, das die Lernenden aufgrund ihrer bisherigen Lebensgeschichte ausgebildet haben. Sie ermöglicht konkrete Werteinsicht und verhilft zu einem sachgerechten und begründeten Urteil.

3. Ethische Erziehung soll die ethische *Entscheidungsfähigkeit* fördern.

„Gekonntes Wählen setzt gekonntes Beurteilen voraus."[14] Aber es kann von der Urteilskompetenz nicht ohne weiteres auf eine entsprechende Handlungskompetenz geschlossen werden. „Das Wählenkönnen fordert ein hohes Maß an Wagnisbereitschaft."[15] Ethische Erziehung ermutigt, sich den Dringlichkeiten des Handelns zu stellen und ihnen in mutigen Entscheidungen zu entsprechen.

4. Ethische Erziehung soll die ethische *Handlungsfähigkeit* fördern.

Handlungskompetenz wächst dort, wo sich Urteils- und Entscheidungsfähigkeit im Handeln bewähren. Der Begriff der „Tugend" bezeichnet in der klassischen Tradition die „Fähigkeit, schnell, leicht und vor allem mit Freude das Gute zu tun"[16]. Ethischer Erziehung geht es nicht zuletzt um eine solche sich in handlungsorientierenden Haltungen konkretisierende „Tauglichkeit" zum Guten.

Aristoteles schreibt in der ‚Nikomachischen Ethik': „Die sittlichen Werte dagegen gewinnen wir erst, indem wir uns tätig bemühen. Bei Kunst und Handwerk ist es genauso. Denn was man erst lernen muß, bevor man es ausführen kann, das lernt man, indem man es ausführt: Baumeister wird man, indem man baut, und Kitharakünstler, indem man das Instrument spielt. So werden wir auch gerecht, indem wir gerecht handeln, besonnen, indem wir besonnen, und tapfer, indem wir tapfer handeln."[17]

Ethische Erziehung – verstanden als eine Förderung ethischer Wahrnehmungs-, Urteils-, Entscheidungs- und Handlungsfähigkeit – die in diesem Zielspektrum entfaltete moralpädagogische Aufgabenstellung ist umfassend. Sie zielt auf eine sittliche Personwerdung, die traditionellerweise als Aufgabe der Gewissenserziehung und Gewissensbildung beschrieben wird. Das Gewissen wird in diesem Zusammenhang nicht nur als ein Instrument der Anpassung verstanden, sondern als jene Personmitte, aus der heraus der Mensch Verantwortung übernehmen, sich frei entscheiden und am Guten orientieren kann.[18] Gewissenhaft handelnd, lernend und Erfahrung sammelnd findet der Mensch zu seiner personalen Identität. Dabei ist als ein anthropologisches Grunddatum festzuhalten, „daß das Ich zur Identität findet, indem es sich sozial entfaltet, nämlich mitmenschlich bewährt, und indem es mit andern und für andere an der Welt und in der Welt als Natur und Kultur sein Werk leistet"[19].

2. Ethisch relevante Lernprozesse: Wie lernt man ethisch handeln?

2.1 Lernen im Mitvollzug: Voraussetzungen ethischer Erziehung

Vorgängig zu aller geplanten ethischen Erziehung ereignet sich ethisches Lernen in umgreifenden Prozessen der Sozialisation und Enkulturation. Im alltäglichen Umgang partizipiert der Heranwachsende an den Wertorientierungen und Normen der ihm begegnenden Kultur und Gesellschaft. Von grundlegender Bedeutung sind die Erfahrungen, die in den entscheidenden Bezugsgruppen gesammelt werden: für Kinder in den Familien, für Jugendliche in den Gleichaltrigengruppen (Peers), die ihrerseits wiederum in je spezifischer Weise an der Kultur ihrer Umwelt teilhaben. Eigens zu gewichten ist die Bedeutung, welche die Medien der öffentlichen Kommunikation für die private und die öffentliche Meinungsbildung haben. „Ethische Erziehung hat angesichts von Sozialisation und in Auseinandersetzung mit Sozialisationsprozessen zu erfolgen."[20]

Ethisch relevante Haltungen erwachsen zunächst im Mitvollzug. Der Lernende partizipiert an der Moralität des in seinen Bezugsgruppen vorherrschenden Ethos. Sie geht ein in das Vorverständnis und in die Vorentschiedenheit seines konkreten Handelns. Lebensformen enthalten Sinnentwürfe und Vorstellungen des ‚guten Lebens'. „Ethische Erziehung kann das Gute nicht einfach anfangslos stiften oder gar machen, sie ist auf das angewiesen, was schon jetzt in unserer Wirklichkeit als gut erfahren werden kann."[21]

Im konkreten Umgang der ursprünglichen Lebensgemeinschaften erwerben Kinder und Jugendliche jenes Grundvertrauen, das sie befähigt, sich ihren Mitmenschen und ihrer Umwelt zuversichtlich zuzuwenden. „Geliebt werden befähigt dazu, selbst zu lieben, also gut zu sein und gut zu handeln."[22] Der Horizont des sozialen Lernens weitet sich: durch die Öffnung der Familie in die Kreise der Verwandtschaft und der Nachbarschaft, in Kindergarten und Schule, in Beruf, Freizeitgruppen und gesellschaftliches Engagement. „Hier ist zu lernen und zu praktizieren, den andern zu verstehen, ihm gleiches Recht einzuräumen, Konflikte fair auszutragen, Aggressionen zu zähmen, Frieden zu stiften und zu bewahren."[23]

Ethische Erziehung erfolgt in diesem Zusammenhang eher induktiv: indem sie anregt, die konkreten Lebenssituationen wach und aufmerksam wahrzunehmen und sich nach Möglichkeit in die Situation anderer zu versetzen; indem sie lehrt, die zu erwartenden Folgen eigenen und fremden Handelns zu bedenken und für reale Auswirkungen eigenen Handelns in angemessener Weise Verantwortung zu übernehmen; indem sie ermutigt, im Rahmen der wachsenden Fähigkeiten und des zunehmenden Erfahrungsgewinns eigene Entscheidungen zu treffen und zu verantworten. „Wirksame ethische Erziehung geschieht dort, wo es der Erzieher versteht, sich in sehr sensibler Weise mit dem Wachstumswillen des jungen Menschen zu verbinden, und wo er jungen Menschen hilft, den Durchbruch zum Selberwollen zu erreichen."[24]

Unerläßliche Voraussetzung solcher Erziehung ist es, daß der Erzieher erkennen und sichtbar werden läßt, ‚womit es ihm selbst ernst ist'[25], an welchen Werten er selbst sein Handeln orientiert, von woher er selbst den Mut und die Zuversicht gewinnt, sein Leben so und nicht gleichgültig zu gestalten. „Was aber haben wir unseren Jugendlichen zu sagen und zu zeigen an Verwirklichungen sinnerfüllten, perspektivenreichen und zukunftsbewußten Lebens . . .?"[26] Und wie zeigt sich dies in unserer Kultur des alltäglichen Umgangs in Familie, Freizeit, Beruf und öffentlichem Leben? „Probleme der Erziehung – der Werterziehung, moralischen Erziehung, ethischen Erziehung – sind letztlich Probleme der Lebensperspektiven und damit Sinnprobleme, und hier hängen die individuellen und gesellschaftlichen Perspektiven eng miteinander zusammen."[27]

Es gibt eine umfangreiche Forschungsrichtung, die vor allem in den beiden letzten Jahrzehnten die Faktoren zu bestimmen suchte, die dazu beitragen, daß Menschen ‚prosozial' handeln.[28] Wird der Begriff ‚prosozial' weit gefaßt, so bezeichnet er „Verhaltensweisen und Motive, die nicht nur die Hilfeleistung an Notleidende, sondern auch das ganze Kontinuum umfassen, das vom Gerechtigkeitssinn (Rücksichtnahme auf die Rechte anderer bei Interessenkonflikten, Nicht-Stehlen, Nicht-Lügen) über Kooperationsbereitschaft und Geselligkeit (Zugehörigkeits- und Anschlußmotiv) bis zur uneigennützigsten Hilfsbereitschaft des Altruismus reicht"[29].

Fragen wir nach den in der Entwicklung von Kindern beobachtbaren Anfängen prosozialen Handelns, so wurde bereits bei Kleinkindern ab Ende des ersten Lebensjahres eine ursprüngliche Bereitschaft zu einem einfühlenden (empathischen) Verhalten beobachtet, das offensichtlich nicht auf geplante Erziehung zurückgeführt werden kann, wohl aber mit dem in den ersten sozialen Beziehungen erworbenen Grundvertrauen in Verbindung steht.[30] Kleinkinder zeigen spontanes Mitleid, wollen trösten, sind besorgt, äußern die Bereitschaft, anderen eine Freude zu machen, mit anderen zu teilen, ohne daß sie dazu aufgefordert wurden oder daß eine Belohnung in Aussicht gestellt wurde. Ethische Erziehung kann an diese Bereitschaft, Freude und Leid mit anderen zu teilen, anknüpfen, sie vertiefen und weiterführen und so dazu verhelfen, daß sie den Status eines situationsübergreifenden Handlungsmotivs gewinnt. „Gebote und Verbote für das Zusammenleben sollte man so begründen, daß beim Heranwachsenden die Bereitschaft zur Einfühlung und Wertschätzung angesprochen wird"[31], indem etwa die Folgen des Handelns für das Wohl des anderen vorgestellt und bedacht werden.

Es scheinen vor allem zwei Grundvoraussetzungen affektiver Art zu sein, die unerläßlich sind, wenn Menschen eine prosoziale Handlungsmotivation erwerben: zum einen die Erfahrung einer positiven affektiven Zuwendung durch die entscheidenden Bezugspersonen; zum anderen, daß ein Freiraum bereitgestellt wird für eigene persönliche Entscheidungen und für eigene schöpferische Initiative.[32]

Eine positive affektive Zuwendung und die in dieser Zuwendung begründete persönliche Beziehung ist eine Voraussetzung dafür, daß Vorbilder als nachahmenswert wahrgenommen werden, aber auch daß Anerkennung und Lob als eine positive Verstärkung angenommen werden. Sie schafft eine erzieherische Atmosphäre, die durch Achtung, Aufmerksamkeit, Verläßlichkeit, Wohlwollen und Rücksichtnahme geprägt wird. Sie konkretisiert sich auch darin, daß Erzieher Zeit haben und Zeit finden für gemeinsame Erlebnisse und für das Gespräch mit den heranwachsenden Kindern und Jugendlichen.

Zugleich bedarf der Heranwachsende aber auch eines Raumes für eigenständige Entscheidungen, in denen er „seine Fähigkeiten zu eigenem Wählen und Bestimmen erproben"[33] kann. Dort, wo überschaubare Situationen vorliegen, wird der Erzieher ihn ermutigen, „eigenständig zu überlegen, was er für das Richtige und Bessere hält"[34]. Er wird ihn dabei beratend begleiten. „Soziale Phantasie und Kreativität" werden gefördert, wo Kinder und Jugendliche zu konkretem Helfen eingeladen werden. Solche Hilfsaktionen sollten nicht überfordern und deshalb „einen zeitlich begrenzten Einsatz verlangen". Sie sollten „eher einen aktiven Einsatz an Zeit, Phantasie und Arbeit" erfordern als nur einen materiellen Verzicht. Sie sollten schließlich von den Teilnehmern selbst „in Freiheit beschlossen und möglichst eigenständig geplant und durchgeführt werden"[35].

2.2 Ethische Erziehung als erzieherische Begleitung ethisch relevanter Lernprozesse

Ethische Erziehung begleitet Lernprozesse, die komplex sind.[36] Kognitives, affektives und praktisches Lernen ereignen sich gleichzeitig und beeinflussen sich wechselseitig. Viele Lernarten wirken zusammen, wenn Menschen ethisch handeln lernen. Von entscheidender Bedeutung sind in diesem Zusammenhang vier Lernarten, die den Prozeß des Erlernens von ethischem Handeln tragen und die im Folgenden ausführlich bedacht werden sollen:

1. Lernen durch Beobachtung (auch: Vorbildlernen, Modell-Lernen, Imitationslernen, Nachahmungslernen)
2. Lernen durch Verstärkung (auch: Bekräftigungslernen)
3. Lernen durch Einsicht
4. Lernen durch Erprobung (auch: Lernen durch Versuch und Irrtum.)

2.2.1 Lernen durch Beobachtung[37]

„Kinder und Jugendliche werden in hohem Maße davon beeinflußt, wie in ihrer Umgebung das sittlich Gute und sozial Wichtige definiert ist. Sie haben das Bestreben, moralisch ebenso kompetent zu werden wie die Erwachsenen."[38] Sie lernen durch Beobachtung von Personen, die sie als vorbildhaft erleben und bewerten. Handlungsmuster werden als strukturierte Ganzheiten wahrgenommen, als modellhafte Gestalten gelingenden und mißlingenden Handelns. Imitationslernen ist „wahrscheinlich die mächtigste, die entscheidende Form des Lernens"[39], in dem Heranwachsende ethische Orientierungen und konkrete Handlungsmodelle erwerben. Als wirksame Modelle begegnen in diesem Zusammenhang nicht nur unmittelbar und real erlebte Vorbilder, sondern auch durch Erzählen vermittelte und literarisch oder filmisch gestaltete Modelle vorbildlichen Handelns.

Dabei müssen zwei Stufen des Lernprozesses unterschieden werden: der Erwerb des beobachteten Verhaltensmusters und seine offene Ausführung. In Prozessen der Wahrnehmung, der Einfühlung (Empathie) und eines eher intuitiven Verstehens erwirbt der Lernende kognitive Muster des Handelns, die eng verknüpft sind mit affektiven

Konnotationen einer positiven oder negativen Bewertung. Die davon zu unterscheidende Äußerung dieses erlernten Verhaltens hängt jedoch von weiteren Faktoren ab, die als intervenierende Variable zu beachten sind: von persönlichen Wertungsmustern, aber auch von den positiven oder negativen äußeren Bekräftigungen, die in der konkreten Handlungssituation zu erwarten sind. Eine wichtige Rolle spielt auch die stellvertretende Bekräftigung, die in der Bekräftigung des beobachteten Modells miterlebt wurde. Solche direkten oder indirekten Verstärkungen hemmen oder erleichtern die offene Aktuierung der durch Beobachtung erworbenen Verhaltensbereitschaft. So werden durch Beobachtungslernen zum einen neue Handlungsweisen gelernt und weiterentwickelt, zum anderen aber auch bereits erlernte verstärkt und die Bereitschaft zu konkreten Verhaltensäußerungen gehemmt oder gefördert.

In diesem Zusammenhang konnte sowohl für den Erwerb altruistischen wie auch für den Erwerb aggressiven Verhaltens nachgewiesen werden, daß mehr als Worte modellhaftes Handeln Verhalten wirksam beeinflußt. Auch beim Erlernen helfenden Verhaltens ist „eindeutig das beobachtet Tun des Modells die entscheidende Variable. Es reicht nicht aus, Wertmaßstäbe darzustellen, Beispiele zu erzählen, an das Mitgefühl der Kinder für in Not Geratene zu appellieren. Der jeweilige Sozialisationsagent sollte sich hingegen bemühen, möglichst in Übereinstimmung mit seinen Appellen – um seine Glaubwürdigkeit zu erhalten – zu handeln."[40]

Ethische Erziehung wird einerseits mit der Wirklichkeit solchen Beobachtungslernens rechnen dürfen und rechnen müssen. Andererseits werden aber vielfach Bedenken vorgebracht gegenüber Ansätzen ethischer Erziehung, die die Möglichkeiten des Vorbildlernens gerade auch im Hinblick auf die pädagogische Zielrichtung ethischer Erziehung bewußt akzentuieren. In diesem Zusammenhang begegnen vor allem drei Einwände:

- Die Orientierung an Vorbildern hemme ein selbständiges und selbstverantwortetes Handeln der heranwachsenden Kinder und Jugendlichen.

- Die Orientierung an Vorbildern verhindere ein kreatives und von „ethischer Phantasie" inspiriertes Handeln, indem sie einseitig auf vorgegebene Muster des Handelns und Verhaltens festlege.

- Die Orientierung an Vorbildern stehe im Widerspruch zu einer an vernünftiger Einsicht und begründeter Urteilsbildung interessierten ethischen Erziehung.

Verhindert die Orientierung an Vorbildern ein selbständiges Handeln? Es darf nicht von der Vorstellung ausgegangen werden, als ob es sich beim Vorbildlernen um einen gleichsam automatischen Lernprozeß handele. Bereits die Wahrnehmung eines bestimmten Handelns als vorbildhaft wird, wie schon oben erwähnt, durch subjektive Faktoren persönlicher Wertschätzung mitbeeinflußt. „Damit Heranwachsende einer Modellperson überhaupt mit Aufmerksamkeit begegnen und ihre Einstellung als bedeutsam empfinden können, muß diese bei ihnen durch Beliebtheit (Freundlichkeit, Zuwendung), Ansehen und offensichtlichen Erlebnisreichtum Interesse wecken."[41] Daß beispielhaftes Handeln als vorbildhaft erfahren und übernommen wird, läßt sich nicht erzwingen. Die Übernahme gründet letztlich in der Freiheit der Identifikation. „Vorbildverhalten wirkt um so stärker, je weniger sich der Erwachsene bewußt ist, vorbildlich zu handeln, und je weniger er beabsichtigt, Identifikation auszulösen."[42] Soziales Lernen über Vorbilder geschieht in der Begegnung und in der Auseinandersetzung mit faszinierenden und abstoßenden Vorbildern. Bereits die Identifikation mit einem Vorbild setzt persönliche Beteiligung voraus und geht weit über eine nur äußerliche Imitation hinaus. Selbstverantwortetes Handeln steht am Ende eines Erfahrungsprozesses, an dessen Beginn Nachahmung und der sich identifizierende Mitvollzug von Handlungen eines Vorbildes stehen. „In dem Maße, wie die Erzieher auf Dressur verzichten, Distanz gewähren und ihr Verhalten einsichtig machen, beginnt schon bei Kindern Identifikation mit Vorbildern und wird schließlich auf der Basis von personalen Vorbildern und künstlerisch gestalteten literarischen und audiovisuellen Modellen kreatives Handeln erreicht, das mit dem Handeln aus Einsicht ‚zusammenwächst'."[43]

Hemmt die Orientierung an Vorbildern die „ethische Phantasie" der heranwachsenden jungen Menschen und führt sie zu einer bloßen Anpassung? Die konkrete Anschaulichkeit von Vorbildern wendet sich an die Vorstellungskraft des Lernenden und motiviert zum Transfer auf analoge Situationen, wobei ein solcher Transfer immer auch eine schöpferische Neuinterpretation und Weiterentwicklung beinhaltet. Das vergleichende Erproben von alternativen Verhaltensmodellen auf der „inneren Bühne" (O. W. Haseloff) der Phantasie regt an zum Nachdenken und zur wertenden Stellungnahme. Die konkrete Erprobung führt zum wachsenden eigenen Erfahrungsgewinn. Gelernt wird im Gang von Beispiel zu Beispiel. „Exemplarisches Lernen ist nicht ‚primitives Nachahmen', sondern es befreit zum Transfer auf ähnliche

Verhaltenskonkretionen, durch die Transfer in einem höheren Sinn vorbereitet wird, nämlich Transfer auf sich herausbildende Haltungen."[44]

Steht die Orientierung an Vorbildern im Widerspruch zu einem Lernen durch vernünftige Einsicht? „Modelle als Abbilder machen Wirklichkeit denkbar/vorstellbar, dadurch auch der Beurteilung zugänglich und kritisierbar."[45] Eben weil sie konkret sind, erlauben sie konkrete Einsicht, erlauben sie Rückschlüsse auf Haltungen und Motive der handelnden Personen, laden sie ein, reale und mögliche Folgen konkreten Handelns zu bedenken. Sie machen Handlungssequenzen einsichtig. Auch der Transfer auf ähnliche Situationen setzt Einsicht in eben deren Ähnlichkeit voraus. Vorbilder repräsentieren Handlungsmuster, die zunächst nachgeahmt werden, die in die Erinnerung des Lernenden eingehen, die als erinnert vorgestellte sein Handeln orientieren, die mit zunehmender Einsicht aber auch vernünftigem Urteil und begründeter Kritik zugänglich werden. „Am Vorbild wird eingesehen, was zu tun ist"[46] – und was nicht zu tun ist.

Zusammenfassend kann festgehalten werden: Vorbilder informieren über die konkrete Realisierbarkeit von Handlungsweisen. Indem sie auf Verhaltensalternativen aufmerksam machen, erweitern sie die Handlungsmöglichkeiten der Lernenden. „Die Fähigkeit, Handlungskonzepte auf Zukunft zu konzipieren und Handlungsfolgen zu antizipieren, erlaubt den einzelnen ein gewisses Maß an Selbstbekräftigung und Selbststeuerung."[47] Die in Modellen repräsentierten Handlungsgestalten fordern auf zum Nachdenken und motivieren zur wertenden Stellungnahme. Sie laden ein zum Handeln. „Die pädagogisch-theologische Bedeutung des Vorbildes liegt in seiner Konkretion und Bildhaftigkeit. Die ethische Erziehung leidet darunter, daß ihr nur die Alternative kasuistischer Gesetzlichkeit und abstrakter Allgemeinplätze offen zu stehen scheint. Vorbildlernen überwindet diese Aporie."[48]

Ethische Erziehung ist so bezogen auf vielfältige Prozesse eines Lernens durch Beobachtung, das in den Vollzügen des alltäglichen Handelns erlebnisgetönt und verhaltensprägend wirksam ist. Es wird darauf ankommen, erzieherisch begleitend die Aufmerksamkeit der Lernenden für solche möglicherweise vorbildlich wirksamen Handlungsmodelle zu wecken und Begegnungen in unmittelbarer oder auch vermittelter Form anzuregen und durch den Austausch im Gespräch zu vertiefen und zu klären. Insofern in diesem Austausch auch Fragwürdiges, Widersprüchliches und Problematisches wahrgenommen werden, trägt er zugleich zu einer einsichtigen und begründeten Urteilsbildung bei. Entscheidend wird sein, inwieweit in den sogenannten „Regelfall-Erlebnissen" (G. M. Teusch) der alltäglichen Kommunikation in der Familie, in der Schule, in den Freizeitgruppen, aber gerade auch im öffentlichen Umgang solche Verhaltensmuster begegnen, die Modelle einer gelingenden, prosozialen und nicht aggressiven Kommunikation anschaulich vor Augen stellen können. Durch vernünftige Einsicht sollte auch immer wieder geprüft werden, „ob der Lernende auf dem Weg des Vorbildlernens dazu gelangt, Handlungs-Gestalten zu internalisieren, die ihm in stets wachsendem Maß ermöglichen, selbstverantwortet zu handeln"[49].

2.2.2 Lernen durch Verstärkung

Die soziale Anerkennung oder Nichtanerkennung durch die Bezugspersonen und die Bezugsgruppen, das Gewähren oder der Entzug von positiven Bekräftigungen mindern oder erhöhen die Auftretenswahrscheinlichkeit eines bestimmten Handelns. Das Lernen durch Verstärkung ist wirksam sowohl beim Erwerb neuer als auch bei der Festigung bereits erworbener Handlungsweisen und Verhaltensbereitschaften. Als Verstärker wirken in diesem Zusammenhang sowohl materielle Belohnungen wie auch die verschiedenen Formen sozialer Anerkennung (Lob, Zuwendung), aber auch die verschiedenen Formen sozialer Disziplinierung (Aufforderung, Verbot, Tadel, Drohung, Strafe). Außer diesen Formen der Fremdbekräftigung sind auch Formen einer einstellungsprägenden Selbstbekräftigung zu nennen, in denen der erlebte Erfolg des gelingenden Handelns oder die erlangte Einsicht in den Zusammenhang eigenen Handelns dieses als sinnvoll und befriedigend erfahren lassen. Als erzieherischer Grundsatz sollte gelten, daß Fremdbekräftigungen so anzulegen sind, „daß sie schrittweise und wie von selbst in die Eigenverantwortung des sich angesichts von Erfolg und Mißerfolg des eigenen Handelns selbstbekräftigenden, sich als Ursache erkennenden Individuums übergehen"[50]. Von der Bedeutung der stellvertretenden Bekräftigung war bereits im Zusammenhang des Lernens durch Beobachtung die Rede.

Verstärkungen geben Orientierungshilfen. Sie informieren und geben Rückmeldungen über den Erfolg und die Bewertung eigenen Handelns. Dort wo diese Rückmeldungen zu angemessenen Ursachenzuschreibungen und -erklärungen verhelfen, die weder entmutigen noch zu einer Selbstüberschätzung führen, tragen sie dazu bei, daß in zunehmendem Maße selbstverantwortetes Handeln möglich wird. Sie sind darüber hinaus Ausdruck persönlicher und sozialer Zuwendung. Als solche werden sie allerdings nur dann wahrgenommen, „wenn der Erzieher eine so positive Beziehung zum Heranwachsenden aufbaut, daß seine Zuwendung und sein Lob einen positiven Gefühlswert für ihn erhalten"[51]. Der positive Informationswert setzt in der Regel auch voraus, daß eine möglichst enge zeitliche Verknüpfung von Verstärkung und Verhaltensäußerung gesichert ist. Der Lernende sollte „immer eindeutig erkennen können, wofür er belohnt und anerkannt wird"[52].

Auch Disziplinierungen werden in diesem Kontext als pädagogische Hilfen auf dem Weg zu einem selbständigen Handeln einsichtig und begründbar. Bernhard Grom spricht von der Disziplinierung als einem „notwendigen Zwang im Dienst freier Selbststeuerung"[53]. Permissivität im Sinne eines völligen Gewährenlassens würde Orientierungshilfen und auch notwendige Unterstützungen verweigern. „Prosoziales Empfinden und Handeln wurzelt zwar – positiv – in Einfühlung und Wertschätzung, aber es bedeutet immer auch: andere nicht übervorteilen, sie nicht erpressen, nicht belügen, nicht bestehlen, sie nicht aus Bequemlichkeit für sich arbeiten lassen, an ihnen nicht die eigene schlechte Laune abreagieren. Prosoziales Verhalten ist also immer auch an die Fähigkeit gebunden,

– Triebwünsche, die nur unter Beeinträchtigung anderer zu erfüllen sind, auf ein anderngerechtes Maß einzuschränken . . .

– sich anzustrengen – nämlich einerseits für das eigene Wohl (damit es nicht durch Ausnützung anderer gesichert werden muß) und auch (damit Hilfsbereitschaft möglich wird) für das Wohl anderer . . .

– sich selbstkritisch zu prüfen, ob man anderngerecht, verantwortungsvoll gehandelt hat oder nicht."[54]

Freilich: Disziplinierungen müssen pädagogisch verantwortbar sein und dürfen nicht der Intention ethischer Erziehung widersprechen oder entgegenwirken. So sollte einsichtig diszipliniert werden, indem etwa „die Aufforderung, prosozial und nicht dissozial zu handeln, mit den Folgen für das Wohl des anderen begründet"[55] wird. Es sollte nicht ausschließlich negativ diszipliniert werden, vielmehr sollten positive Verhaltensalternativen gezeigt und nach Möglichkeit eingeübt werden. Disziplinierungen sollten eingebettet sein in eine positive affektive Grundbeziehung. „Es ist unbedingt zu vermeiden, daß Selbstwertgefühl und Selbstvertrauen durch Lächerlichmachen, Sarkasmus, entmutigende Bemerkungen (‚Das lernst du nie‘, ‚Du bist unfähig‘, . . .), ständiges Nörgeln oder demütigende Strafen zerstört werden." Es sollte schließlich „abgestuft, sachlich und persönlich angemessen" diszipliniert werden.[56]

Ethische Erziehung, die daran interessiert ist, daß Kinder und Jugendliche ein prosoziales, nicht aggressives Handeln lernen, wird die faktische Bedeutung des Lernens durch Verstärkung nicht vernachlässigen. Erzieher werden einerseits darauf achten, daß entsprechendes Handeln soziale Anerkennung findet und gerade jungen Menschen berechtigtes Lob nicht vorenthalten wird; sie werden andererseits fragen müssen, ob sie und die öffentliche Meinung, die in den erziehungsrelevanten Gruppen vorherrscht, „die richtigen Werte anerkennen und verstärken".[57] Insbesondere nonkonformes, unbequemes, aber sachlich gebotenes und Not wendendes Handeln sollte eine erzieherisch unterstützende Verstärkung erfahren. Auch sollte die enge Wechselwirkung von Vorbildlernen und Verstärkungslernen nicht übersehen werden. „Jeder Heranwachsende braucht, um prosozial werden zu können, (wenigstens) einen Menschen, dessen Anerkennung ihm so viel bedeutet, daß er ihm zuliebe dissoziales Verhalten vermeiden und prosoziales Verhalten versuchen will."[58]

2.2.3 Lernen durch Einsicht

Bereits bei der Darstellung des Beobachtungs- und Verstärkungslernens wurde deutlich, daß diese beiden Lernarten nicht nur in keinem Widerspruch zu einem Lernen durch Einsicht stehen, vielmehr solches Lernen grundlegen und anregen. Ethisch handeln meint ein „Handeln in Übereinstimmung mit begriffenen und angeeigneten Werten", wobei diese allerdings erst dann wirklich begriffen und angeeignet sind, wenn „in Übereinstimmung mit den begriffenen und zu eigen gemachten Werten ‚gehandelt' wird".[59] Es ist auch an den inneren Zusammenhang von kognitivem und affektivem Lernen zu erinnern: „Affektive Lernergebnisse haben Kontur und Bestimmtheit nur dadurch, daß sie in den kognitiven Einsichten angesiedelt sind."[60] Lernen durch Einsicht und eine an solchem Lernen interessierte ethische Erziehung zielen auf ethische Bewußtseinsbildung und die Förderung einer konkreten ethischen Urteilsfähigkeit. Sie erstrebt als solche einerseits einen Zuwachs an Sachverhaltskenntnissen (Sachverstand), andererseits einen Zuwachs an Werteinsicht und -verstehen (Sinnverstand), so daß eine sach- und sinngerechte Urteilsbildung möglich wird.

Ethische Urteilsfindung und Normbegründung vollziehen sich in Argumentationsstrukturen unterschiedlichen kognitiven Niveaus, die sich in einer Entwicklungslogik des „moralischen Urteils" beschreiben lassen. Analog der Entwicklung der kognitiven Strukturen der Intelligenz, in Entsprechung zu den zunehmenden Möglichkeiten eines sozialen Perspektivenwechsels, aber auch im Zusammenhang eines wachsenden lebenspraktischen Erfahrungsgewinns weitet sich der soziale Horizont der heranwachsenden Kinder und Jugendlichen und der Kreis der Personen, deren Erwartungen und Interessen bei der konkreten Urteilsfindung Berücksichtigung finden. Der kindliche Egozentrismus öffnet sich dabei in zunehmendem Maße für die soziale Perspektive vom anderen her.[61]

Es gilt jedoch auch in diesem Zusammenhang: „Wenn das logische Denken eine notwendige, aber nicht hinreichende Bedingung für ein reifes moralisches Urteil ist, so ist auch reifes Urteilen eine notwendige, aber nicht hinreichende Bedingung für ein reifes moralisches Handeln. Man kann nicht moralischen Prinzipien folgen, wenn sie nicht verstanden werden (oder man nicht an sie glaubt). Man kann sich aber auch der Begrifflichkeit der Prinzipien bedienen, ohne danach zu leben."[62] Um der Entstehung einer Diskrepanz von kognitiv entwickelten Urteils- und Redestrukturen einerseits und einem vergleichsweise unterentwickelten Niveau des ethischen Handelns andererseits entgegenzuwirken, ist es notwendig, daß das Urteil und die Rede über ethisches Handeln immer wieder an die konkreten Handlungserfahrungen zurückgebunden werden. Ethisches Urteilen ist einzuüben im Bezug auf die konkreten Situationen, in denen Menschen handeln, „von denen zu abstrahieren zugleich bedeutet, den Zusammenhang von Urteilen und Handeln auszuklammern"[63], der für eine an ethischer Handlungsfähigkeit orientierte ethische Erziehung konstitutiv ist. Günter Stachel fragt im Blick auf einen Unterricht, der diesen lebenspraktischen Bezug vernachlässigt, mit Recht: „Was bedeutet es für die Praxis, wenn das Urteil an rein hypothetischen und für Kinder zudem nicht leicht verständlichen Problemen geschult wird?"[64]

Das im Unterricht reflektierte Handeln liegt in der Regel vor und nach dem Unterricht. Erfahrung muß im Unterricht erinnert und vergegenwärtigt werden: in erzählten Geschichten[65], in spielerischer Darstellung, in Texten, Fotos, Filmen und in anderen Vermittlungsgestalten. Reale Praxis begegnet in der unterrichtlichen Interaktion und Kommunikation, im Schulleben – mit seiner erzieherischen Atmosphäre und dem das Zusammenleben in der Schule prägenden Ethos, aber auch dem „heimlichen Lehrplan" der unterrichtlichen Lern- und Umgangsformen.

„Die im Unterricht repräsentierte oder in Wirklichkeit gemeinsam erlebte Realität muß in rationale Erwägung genommen werden. Erst dadurch wird sie verständlich, kritisierbar, einsehbar."[66] Der schulische Unterricht ist insofern sowohl ein „ethischer Erfahrungsraum" wie auch ein „Ort moralischer Bewußtseinsbildung"[67]. Die Analyse lebenspraktischer Handlungszusammenhänge verhilft zur Wertklärung und Werteinsicht, übt ein in eine begründete ethische Urteilsfindung und trägt so bei zum Aufbau von Überzeugungen und Werthaltungen. In einer „erlebnisverarbeitenden und verhaltensbezogenen Reflexion"[68] und in den Formen eines „dialogisch-partnerschaftlichen Gesprächs"[69] wird Einsicht gewonnen in die Möglichkeiten und Dringlichkeiten situationsbezogenen Handelns. Im Hinblick auf die Lernschritte solcher unterrichtlicher Reflexion wird vorgeschlagen, daß man „zuerst verschiedene Alternativen bedenkt, die darin enthaltenen Motive und Motivkonflikte bewußtmacht, sie aus eigener Einfühlung und eigenem Vergleich wertet und dann erst übergreifende Normen zu formulieren sucht, an denen man sich in ähnlichen Fällen orientieren kann"[70]. Auch für den ethisch relevanten „Unterricht über Lebensfragen" (G. Stachel)[71] gilt, daß er in seinem Grundansatz einem induktiv-erfahrungsbezogenen Lernmuster folgt.

2.2.4 Lernen durch Erprobung

Die im konkreten Lebenszusammenhang begegnenden Probleme und Aufgaben fordern Lösungen, für die nicht immer auf vertraute Handlungsmuster zurückgegriffen werden kann. Neu hinzugewonnene Einsichten können zu kognitiven Dissonanzen führen, diese wiederum motivieren ihrerseits zu Änderungen des bisherigen Verhaltens.[72]

„Werden für Wertorientierungen keine Realisationsmöglichkeiten geschaffen und bleiben sie lediglich Gegenstand der Reflexion, so werden sie zunehmend unbedeutender."[73] Einstellungsverändernd wirkt ein Handeln, das sich in der Erprobung als gelingendes Handeln bewährt. Über Erprobung wächst Erfahrung zu, über gelingendes und mißlingendes Handeln erwirbt der Lernende Handlungskompetenz. „Zu gelingenden Handlungsvollzügen geführt zu werden ist ein entscheidender und unerläßlicher Schritt zur ethischen Selbstverantwortung. Das gelingende Handeln ... gibt Erfolgsmotivation für erneutes, stabileres Handeln."[74]

Erste Formen eines Lernens durch Erprobung begegnen im kindlichen Spiel. Im spielerischen Umgang entdeckt und erkundet das Kind die Möglichkeiten seines Könnens und die ihm begegnende Wirklichkeit, lernt es spielend, Menschen und Dingen gerecht zu werden. „Spielen ist von hoher lebenspraktischer, mithin auch ethischer Relevanz."[75] Das ‚Durchspielen‘ von Möglichkeiten auf der ‚inneren Bühne‘ der Phantasie, aber auch das experimentell erprobende Handeln in Ernstfallsituationen des wirklichen Lebens stehen in der Nachfolge solchen entdeckenden Lernens.

Günter Stachel beschreibt den Regelkreis erprobenden Handeln-Lernens in drei Stufen: Es wird zunächst ein Verhaltensplan entworfen, danach folgt die Erprobung in der Praxis, schließlich wird die in der praktischen Erprobung gewonnene Erfahrung in einer Analyse aufgearbeitet und bewertet, was wiederum Anlaß geben kann für eine neue Planung, Erprobung und Bewertung.[76]

„Die Situation des zukünftigen Handelns ist als ein zu lösendes Problem zu verstehen; auf diese Situation wird bereits Gelerntes ‚übertragen‘ (Transfer). Dies alles sind Leistungen der Konzeption und Konstruktion."[77] Hoffnung auf Erfolg oder Angst vor Mißerfolg bestimmen als Motivtendenzen die Erwartungshaltung. Soziale Ermutigung und die Beratung durch vertraute Personen oder Experten, aber auch die oft komplexe lebensgeschichtlich vermittelte Erfahrung gehen in die Planung des Handelns ein. Das „Vorspiel" erprobt Handlungsalternativen auf der Vorstellungsebene der Phantasie.

Die Erprobung in der Praxis zeigt Gelingen oder Mißlingen, partielles Gelingen und partielles Mißlingen. Dabei kommt dem ersten erprobenden Handeln in einzelnen Handlungsbereichen eine hohe Bedeutung und vielfach eine Schlüsselrolle auch zu für das zukünftige Lernen in diesem Bereich: „Es handelt sich um ein ‚Experiment‘, das beim Gelingen zum Vorbild (Modell) für weiteres derartiges Handeln wird."[78] Mißlingendes Handeln, das nicht aufgearbeitet wird, kann dagegen zu langfristig wirksamen Lernblockaden führen, die unter Umständen nur sehr schwer wieder aufgehoben und rückgängig gemacht werden können.

Die Analyse und Verarbeitung der in der praktischen Erprobung gewonnenen Erfahrung sichern diesen Erfahrungsgewinn, indem sie zu einer einsichtigen Bewertung verhelfen. Sie führen, wo sie ihr Ziel erreichen, zu verbesserten Planungsentwürfen zukünftigen Handelns und stärken so zugleich die Kompetenz für neue Erfahrung.

„Wiederholtes Handeln aus sich fortgesetzt strukturierender Einsicht"[79] wirkt einstellungsverändernd und führt zu im Handeln bewährten Verstehens-, Wertungs- und Verhaltensstrukturen. „Moralisches Können (sittliche Tüchtigkeit)" ist so auch „das Ergebnis von Übung und Gewöhnung. Durch häufige Wiederholung wird erreicht, daß ein Verhalten immer leichter, müheloser und sicherer vor sich geht."[80]

Ethische Erziehung, die auf ein selbständiges Handeln zielt, wird im Wissen um die Bedeutung des Lernens durch Erprobung ermutigen zu eigenständigen Versuchen guten Handelns, „freilich unter vorausgehender und begleitender Kontrolle des Denkens und in einer ‚Tradition‘ des Handelns"[81]. Erzieher werden solche Versuche beratend begleiten und Orientierungshilfen geben. Ihre Unterstützung, gerade auch bei der Aufarbeitung mißlungenen Handelns, bleibt wichtig. Sie sollten ihre eigene Erfahrung und ihren Rat bei der Suche nach den Gründen, warum eine Handlung erfolgreich war oder im Mißlingen endete, nicht verweigern. Auch Normen sind Niederschlag von Erfahrungen und geben Orientierungshilfen: „Was sich ‚bewährt‘ hat, verdient bewahrt zu werden und – falls auch soziale Bewährung vorliegt – zur Verbindlichkeit erhoben zu werden."[82] Eine solche handlungsbegleitende erzieherische Beratung sollte ermutigen und der nicht selten begegnenden Niedergeschlagenheit der in ihrem Selbstvertrauen oft noch wenig gefestigten jungen Menschen gegensteuern. Es ist einsichtig, daß eine Erprobung dort ihre ethische Berechtigung verliert, wo sie wahrscheinlich in ihren Konsequenzen zu irreversiblen Schäden führt.

Im Bereich des schulischen Lernens besteht eine enge Nachbarschaft von Lernen durch Erprobung und problemlösenden und projektorientierten Lernwegen.

Heinrich Roth beschreibt sechs Stufen des natürlichen indirekten Lernens als eines Lernens aufgrund der Rückwirkungen von Handlungen:[83]

1. Eine Handlung kommt zustande. (Stufe der Motivation.)

2. Die Handlung gelingt nicht. Die zur Verfügung stehenden Verhaltens- und Leistungsformen reichen nicht aus bzw. sind nicht mehr präsent. Ringen mit den Schwierigkeiten. (Stufe der Schwierigkeiten.)

3. Ein neuer Lösungsweg zur Vollendung der Handlung oder zur Lösung der Aufgabe wird durch Anpassung, Probieren oder Einsicht entdeckt. (Stufe der Lösung.)

4. Der neue Lösungsweg wird aus- und durchgeführt. (Stufe des Tuns und Ausführens.)

5. Die neue Leistungsform wird durch den Gebrauch im Leben verfestigt oder wird vergessen und muß immer wieder neu erworben werden. (Stufe des Behaltens und Einübens.)

6. Die verfestigte Leistungsform steht für künftige Situationen des Lebens bereit oder wird in bewußten Lernakten bereitgestellt. (Stufe des Bereitstellens, der Übertragung und der Integration des Gelernten.)

2.3 Regelkreise ethischen Lernens:
   Ein Prozeßmodell des ethischen Lernens (G. Stachel)

Lernen durch Beobachtung, Lernen durch Verstärkung, Lernen durch Einsicht und Lernen durch Erprobung wirken zusammen, wenn ethisch handeln gelernt wird. Ethische Erziehung kann solche Lernprozesse begleitend fördern, unterstützen und anregen.

Den komplexen Zusammenhang dieser Lernvorgänge beschreibt Günter Stachel in der Zusammenschau eines mehrstufigen Prozeßmodells ethischen Lernens[84]:

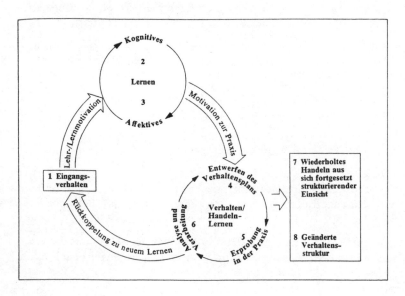

Theoretische Lernprozesse sind eingebettet in eine sie umgreifende Praxis. Unterrichtliche Lernprozesse sind „Lernsegmente in einem Kontinuum religiöser und ethischer Praxis, das vor und nach solchem Lernen verläuft und dieses Lernen trägt und begleitet"[85]. Solches unterrichtliches Lernen erfolgt in einem *Regelkreis von kognitivem und affektivem Lernen,* die sich wechselseitig stützen und verstärken. „Kognitives Lernen beleuchtet und gestaltet affektives Lernen und wird von diesem gefüllt und getragen."[86]

Theoretisches Lernen beeinflußt die Einstellung, Überzeugungen und Bewertungen des Lernenden und motiviert im Zusammenwirken von personspezifischen und situationsbedingten Faktoren zu neuem Handeln. „Hinzuerworbene Erkenntnis und Sensiblität, geänderte Einstellung ermöglichen verbessertes Handeln."[87] Das verbesserte Handeln seinerseits wiederum ist „Anlaß zu erneutem kognitiv-affektivem Lernen, insofern das Praktizierte reflektiert und disputiert wird, oder indem es die Wachheit und Aufmerksamkeit für ethische Erfahrungen steigert"[88]. So lernt der Heranwachsende, aber nicht nur er, im *Regelkreis von praktischem und theoretischem Lernen* ethisch handeln. Der *Regelkreis des Handeln-Lernens* wurde bereits oben beschrieben und vorgestellt. Er führt vom Entwerfen des Verhaltensplans über die Erprobung in der Praxis zu neuen Handlungsentwürfen. „Wiederholendes Handeln wird durch (die) soziale Mitwelt ermöglicht und bekräftigt, aber auch vom handelnden Ich ‚bewertet' (= selbstbekräftigt) und so in einer Weise zu eigen gemacht, die als Änderung der Verhaltensstruktur verstanden wird."[89]

Das Prozeßmodell verdeutlicht den „Zusammenhang von Lebenspraxis (mit ihrer unübersehbaren Vielfalt ungeplanter Lernprozesse) und geplantem Lernen" in einem *„Regelkreis von der Lebenspraxis (als eines Eingangsverhaltens) zur Lebenspraxis (als eines Ausgangsverhaltens)"*[90]. Solches Lernen im Regelkreis von Theorie und Praxis „kann in organisierten Lernprozessen nur insofern kontrolliert werden, als in diesen Prozessen Praxis gegenwärtig ist"[91]. Dies verdeutlicht zugleich die Grenzen, die unterrichtlichem Lernen im Gesamt des Ethisch-Handeln-Lernens gezogen sind.

Das, was theoretisches und praktisches Lernen miteinander vermittelt, wird in dem vorliegenden Modell mit dem Begriff der „Motivation" umschrieben. Praktische Erfahrungen motivieren zu kognitiv-affektivem Lernen. Und solche kognitiv-affektiven Lernerfahrungen motivieren wiederum zu neuer Praxis. „Motivation ist die Triebkraft des Lernens, dasjenige, was für Bewegung im Regelkreis des Lernens sorgt."[92]

Wie aber kommen die Motive des Glaubens in diesem Lernprozeß des ethischen Handelns zum Tragen? Wie motiviert christlicher Glaube ethisches Handeln und das auf solches Handeln bezogene Lernen? Dieser Frage soll in einem eigenen, abschließenden Schritt unserer Überlegungen nachgegangen werden.

3. Was dürfen wir hoffen?: Der Glaube als Motivationshorizont ethischen Handelns und Lernens

Der Sinnhorizont des Glaubens bestimmt ethisches Handeln als eine umfassende „Rahmenmotivation"[93]. Gleichzeitig muß jedoch in Erinnerung gehalten werden: „Der christliche Glaube geht nicht in der ‚Funktion' auf, ein ethisches Motivations- und Legitimationspotential bereitzustellen."[94]

Eine aus dem Glauben motivierte ethische Praxis begegnet im konkreten Handeln glaubender Menschen, aber auch in Lebensformen und Institutionen, insofern diese als „Gestaltwerdungen des Glaubens"[95] gelebt und verwirklicht werden. „Die Kirche erzieht ethisch in dem Maße, wie ihre Glieder christlich handeln (und dieses Handeln durch ihr verbales Zeugnis begleiten)."[96] Kirche und Gemeinden sind so zugleich Lerngemeinschaften, in denen gemeinsam angesichts der Dringlichkeiten der sich wandelnden Herausforderungen das konkrete Gute gesucht und in denen miteinander geprüft werden muß, was getan werden soll und was zu unterlassen ist. Die Kommunikations- und Interaktionsstrukturen der christlichen Gemeinde haben ethische Relevanz, ebenso der Erziehungsstil,der in den Institutionen kirchlichen Lernens praktiziert wird. „Der christliche Sinnhorizont kann in dem Maß Motiv und Motivation für ethisches Handeln sein, wie er sich im Handeln der Alltagswelt verleiblicht. Nicht die Begriffe und Formeln, sondern die konkrete Erfahrung der Befreiung und sinnstiftenden Gemeinschaft haben motivierenden Charakter."[97]

Religiöse Existenz ist eine Existenz im Bewußtsein der radikalen Endlichkeit menschlichen Daseins, die diese Endlichkeit wahrnimmt, sie ernst nimmt, um sie weiß, ohne an ihr zu verzweifeln. Sie weiß um die geschichtliche Endlichkeit menschlichen Erkennens, um die Schuld und das Versagen in den mitmenschlichen Beziehungen, das oft schmerzhafte Zurückbleiben hinter dem Gewollten und dem als gesollt erfahrenen Guten. Religiöse Existenz ist jedoch zugleich eine Existenz im Vertrauen und in der Hoffnung, daß diese radikale Endlichkeit aufgehoben ist in der Wirklichkeit eines sie transzendierenden Jenseits, vom dem her solche Endlichkeit neu qualifiziert wird. „Religiöse Motivation" ermöglicht so ein sinnvolles Leben angesichts der in der radikalen Endlichkeit menschlichen Daseins grundgelegten Möglichkeit einer letzten Sinnlosigkeit.

Im Glauben begegnet der Christ der Wirklichkeit der Welt als einer Gabe und als einer Aufgabe des guten Gottes. Der Glaube bekennt sich zu Gott, der sich in seinem Bund, der sich in Jesus Christus geoffenbart hat als der, der am Heil und am Wohl des Menschen interessiert ist, der seine Freiheit will. Gott ist ein „Freund des Lebens" (Weish 24,26) und ein „menschenfreundlicher" Gott (Tit 3,4). Wir sind „zur Freiheit berufen" (Gal 5,13). Wir sind berufen, das Leben zu lieben, weil Gott das Leben liebt. Aus dem Glauben wächst Mut zum Leben: „Leben ist ... gegebenes, anvertrautes, geschenktes Leben; in der Perspektive des Subjektes: angenommenes, empfangenes Leben. Als empfangenes Leben aber hat es immer zugleich appellativen Charakter. Es fordert dazu heraus, übernommen, verstanden, geführt zu werden."[98]Der Glaube personalisiert die in dieser Aufgabe übernommene Verantwortung. Er bestimmt das ethische Handeln insofern, als er neue Motivationen freisetzt zu einem Handeln, das um seine letzte Ermöglichung, aber auch um die in dieser Ermöglichung begründete letzte Verbindlichkeit weiß. „Jesus geht es nicht um ein abstraktes Gesetz, sondern um das Verhältnis des Menschen zum lebendigen Gott und im Namen Gottes um das Verhältnis zu seinen Mitmenschen."[99] Der Christ ist aufgerufen zum Mitlieben mit dem Gott, der seiner Schöpfung gut will. In der Verbindung mit den Symbolen des Glaubens werden die humanen Werte von ‚Menschenwürde', ‚Eigenwert der Person' und ‚mitmenschlicher Solidarität' nicht aufgehoben, sie erfahren jedoch als im Glauben bekannte ‚Gottebenbildlichkeit', ‚Gotteskindschaft' und ‚Nächstenliebe' eine andere Intensität und Dringlichkeit.[100] Die Botschaft von der Erschaffung und Erlösung des Menschen durch Gott radikalisiert die Erfahrung seiner absoluten Unverfügbarkeit.

„Nicht Beschränkung, sondern Entschränkung der sittlichen Freiheit ist Sinn der Gnade."[101] Sie ist geschenkte Freiheit und als solche Befreiung zum Können und zum Wollen. Das Grundvertrauen des Glaubens an den Gott, der am Leben des Menschen interessiert ist, befreit die menschliche Vernunft dazu, sich am Maßstab dieses guten Willens Gottes messen zu lassen, wenn sie sich in Selbstgerechtigkeit und Selbstsicherheit zu verschließen droht. „Wer aus dieser Grundentscheidung lebt, die die Antwort auf die grundlose Liebe und Gnade Gottes für die Menschen sein will, wird einerseits großes Vertrauen in seine Vernunft setzen, weil sie in besonderer Weise seine Ebenbildlichkeit und Freiheit auszeichnet, die ihm geschenkt ist. Gerade deswegen ist er aber auch in der Lage, sich in seiner Vernunft nicht zu verschließen und absolut zu setzen, sondern sie als Instrument zu gebrauchen, die sich dem Wort ihres Schöpfers öffnet und ihm gehorcht."[102]

Die Motivation zum Handeln wird wesentlich mitbestimmt durch die Wirkung der in der Gegenwart vorweggenommenen zukünftigen Folgen dieses Handelns. Die Motivationspsychologie unterscheidet in diesem Zusammenhang die Erwartungshaltungen der Furcht und der Hoffnung. Die Motivation zum Handeln im Glauben lebt von der gegenwärtigen Wirklichkeit der im Glauben erfahrenen und erhofften Zukunft Gottes, wie sie in Jesus Christus offenbar wurde. Hier ist in Erinnerung zu rufen, daß Jesu Handeln und Reden das von Gott her eröffnete Heil gerade für die gegenwärtig setzt, die ‚hoffnungslos' verloren scheinen. Paulus begründet die Rechtfertigung aus dem Glauben und nicht aus den Werken. Frei von Angst, das Heil selbst erwirken zu müssen und dabei notwendig zu scheitern, lebt der Glaubende in einer Hoffnung, die entlastet und ermutigt: „Der Mensch ist aller seiner Leistung voraus angenommen. Das Wichtigste beim Gelingen seines Lebens ist ihm geschenkt; er braucht es nicht zu leisten. Von dort her kann er in Gelassenheit für das Menschenmögliche und das Notwendige Verantwortung übernehmen."[103] So begründet der christliche Glaube eher Erwartungshaltungen vom Typ der Hoffnung als solche vom Typ der Furcht. Nicht ein Ethos des perfekten Ideals und die ihm oft korrespondierende Haltung der Selbstgerechtigkeit und des Legalismus, nicht die Angst vor dem Versagen und dem Versagen-Müssen, sondern ein Ethos der Umkehr, der Zuversicht, des Mutes zum Wagnis entsprechen der Motivation des Glaubens.

Vor diesem Hintergrund wird auch erkennbar, welche Bedeutung dem Glauben für die Entwicklung einer „christlich-sittlichen Urteilsfähigkeit"[104] zukommt. Alfons Auer unterschied drei Effekte, durch die der Glaube als „christliche Interpretationshaltung"[105] die Urteilsbildung motiviert und vorantreibt: kritisierend, stimulierend, integrierend.[106] Vorherrschende Moralvorstellungen und Normen werden ‚kritisiert', wo sie zu Unmenschlichkeit und zu sinnwidrigem Handeln bzw. zu sinnwidrigen Zuständen führen, weil sie endliche Güter verabsolutieren. Glaube fordert auf zur Umkehr und zur Korrektur. Er ‚stimuliert‘, ermutigt und ruft auf zu einem Engagement aus der im Glauben eröffneten Freiheit und der im Glauben ermöglichten Liebe. So wehrt er der Versuchung, sich in einer Horizontverengung auf eine Minimalethik zu beschränken. Der Glaubenshorizont ‚integriert‘ schließlich sinnstiftend menschliches Handeln in einen Sinnhorizont erfüllten Daseins, wie er in der Trias von Glaube, Hoffnung und Liebe seinen Ausdruck findet.

Im Horizont der Glaubenshoffnung kann so eine ermutigende und zugleich gelassene Erziehung zum ethischen Handeln ihren Ort finden. „Ziel ethischer Erziehung sollte nicht ein sündenloses Leben sein, sondern ein gestaltetes Leben, ein Leben mit Thema, Format und Horizont, geprägt vom Hunger nach Gerechtigkeit und nach umfassender Förderung des Menschen."[107] Nicht die Erwartungsemotion der Angst sollte das Handeln aus Glauben bestimmen. Eine solche Erwartungshaltung führt in ihrer Konsequenz zu einem nur meidenden Verhalten, zur Skrupulosität und zur Mutlosigkeit. Solche resignierte Mutlosigkeit kann dort, wo sie institutionell gestützt und gefördert wird, ganze Gemeinschaften prägen und verderben. „Wo das Hauptaugenmerk darauf gerichtet ist, die Sünde zu vermeiden, entsteht leicht ein hohes Maß an Scheu vor dem Handeln und schließlich eine Scheu vor dem Leben überhaupt, weil ja überall mit der Möglichkeit von Sünde gerechnet werden muß."[108] Eine lebensförderliche Erziehung, die sich vertrauensvoll dem Gott verbunden weiß, der „geknicktes Rohr nicht brechen und glimmenden Docht nicht löschen wird" (Jes 42,3; Mt 12,20) und „der seine Sonne aufgehen läßt über Bösen und Guten und regnen auf Gerechte und Ungerechte" (Mt 5,45) wird an dieser „Vollkommenheit" des himmlischen Vaters (Mt 5,48) partizipieren dürfen. Denn „nicht Resignation, sondern Umkehr und Erneuerung ist Sinn der Lehre von Sünde und Vergebung"[109].

Daß Menschen aufgrund der Wahrnehmung konkreter Situationen und Begegnungen Einsicht erlangen und aufgrund solcher erfahrungsbezogener Einsicht verantwortlich handeln lernen, setzt eine wache Wahrnehmungsfähigkeit voraus. Es ist eine Haltung der Offenheit notwendig, damit Erfahrung wachsen kann. Geduld und Aufmerksamkeit, geduldiges Hinschauen und aufmerksames Hinhören reifen dort, wo Menschen gesammelt leben und handeln. Insofern Unaufmerksamkeit und abgestumpfte Sinne nicht wahrnehmen lassen, was in der jeweiligen Situation konkret gefordert ist, besitzt die Haltung der wachen

Aufmerksamkeit ethische und religiöse Bedeutsamkeit. Die Heilige Schrift spricht vom „hörenden Herzen" (1 Kön 3,9), das sowohl der Sitz von Verstand und Einsicht, als auch der Sitz der das Leben des Menschen bestimmenden Grundantriebe seines Handelns ist. Wache Wahrnehmungsfähigkeit und eine lebensbegleitende Übung der gesammelten Kontemplation bedingen einander. Beide werden nur miteinander lebendig bleiben. „Der zerstreute Mensch leistet keinem einen Dienst."[110] Ursprünglichkeit und Identität im Glauben erlangt der Glaubende dort, wo er in gesammelter und wacher Gegenwärtigkeit in Gottes Gegenwart lebt. Solche gesammelte Existenz ist auch für das ethische Handeln bedeutsam. „Meditation verändert einen Menschen, macht es ihm leichter, sich sachgerecht zu verhalten und geduldiger zu kommunizieren."[111]

4. Nicht zuletzt: Krise der ethischen Erziehung als Symptom einer Krise des gelebten Lebens

Wir leben in einer Zeit gesellschaftlichen und kulturellen Wandels, für den es in der bisherigen Geschichte keinen Erfahrungswert und kein vergleichbares Vorbild gibt. Die Wandlungsprozesse schreiten fort, bevor wir uns noch bewußtseinsmäßig und mit unseren Gefühlen auf die von uns ausgelösten Veränderungen hätten einstellen können.

Wir erfahren uns vielfach als hilflos gegenüber den Produkten unserer Phantasie und unseres Gestaltungswillens.[112] Wenn aber „die Überzeugungskraft unserer Erziehungsanstrengungen von der Überzeugungskraft unseres gelebten Lebens abhängt"[113], dann wird immer deutlicher erkennbar, daß die vielfach beklagte Krise der Erziehung und ihrer Ziele letztlich in einer Krise des gelebten Lebens und seiner Perspektiven gründet. „Den Unsicherheiten der Handlungsmotivation und -ausrichtung liegen die Ungewißheiten der Lebensmotivation voraus."[114] Die Frage nach den Zielen ethischer Erziehung muß zugleich formuliert werden als eine selbstkritische Anfrage an die von uns geschaffenen Lebensverhältnisse und die in ihnen enthaltenen Sinnperspektiven. Jugendliche „entziehen uns das in der verliehenen Autorität beschlossene ‚Vertrauen', wenn wir sie keine überzeugenden und rechtfertigenden ‚Erfahrungen' machen lassen"[115].

So stellt sich auch im Hinblick auf die Erziehung nicht zuletzt die Aufgabe, „darüber Rechenschaft abzugeben, welche inhaltliche Moral hier und heute gelebt werden und welches Ethos in unserer geschichtlich bestimmten Lage gelten soll"[116]. Wie kann und wie soll den Herausforderungen und Dringlichkeiten begegnet werden, so daß ein menschenwürdiges Leben und Überleben möglich werden? Neue lebensförderliche Grundhaltungen und Lebensformen müssen gefunden werden, die einen weniger gewaltsamen, einen gerechteren und einen sorgsameren Umgang stützen und fördern. Diese Aufgabe ist Erwachsenen und jungen Menschen gleichermaßen aufgegeben. Sie fordert ein Lernen auch zwischen den Generationen: „alle Beteiligten müssen sich darüber klar sein, daß angesichts der rapiden Entwicklung niemand bereits genau den Weg kennt, der zu gehen ist. Man muß ihn gemeinsam suchen, und jede der beteiligten Gruppen kann und soll ihren Beitrag leisten."[117] Die christlichen Gemeinden haben die Chance und sind aufgerufen, solchem gemeinsamen Lernen Raum zu geben, so daß in ihrer Mitte das Gespräch zwischen den Generationen dort, wo es abgebrochen ist, neu aufgenommen wird; daß angesichts der gegenwärtig allgemein erkennbaren Polarisierung der Geschlechter in ihrer Mitte neue Formen eines besser gelingenden Zusammenlebens erprobt und gefunden werden; daß in ihrer Mitte eingeübt wird in eine vom Glauben motivierte und getragene mündige ethische Urteilsfindung und in eine im Glauben gelebte Praxis der Nächstenliebe. „Eine brüderliche Gemeinde, die nicht die falschen und im Grunde gottlosen Herrschaftsstrukturen ‚dieser Welt' abbildet, muß vorgefunden und in sie muß ethisch-didaktisch eingeführt und eingeübt werden – auf dem Weg der Einsicht, der Bekräftigung durch die Gemeinde, des Vorbildes, des Versuchs im ‚Probehandeln'."[118] Solche Gemeinden könnten Sauerteig sein, sie besäßen eine auch gesellschaftskritische Relevanz, sie würden Nutzen stiften und dadurch überzeugen.

Anmerkungen

(1) Die Überschrift zitiert den programmatischen Titel des Buches: Günter Stachel / Dietmar Mieth, Ethisch handeln lernen. Zu Konzeption und Inhalt ethischer Erziehung, Zürich 1978. Die Ausführungen des folgenden Beitrages sind dem dort vorgestellten Ansatz nicht nur in dieser Beziehung verbunden.
(2) Günter Stachel, Ethische Erziehung in religiöser Erziehung: Stachel / Mieth (Anm. 1), 9-13, hier 9.
(3) Ebd., 10.
(4) Dietmar Mieth, Zwischen Konformismus und Kreativität – Bedingungen und Ziele einer ethischen Erziehung: Stachel / Mieth (Anm. 1), 20–32, hier 31.

(5) Ders., Inhaltliche Prioritäten ethischen Lernens im Kontext religiöser Erziehung: Stachel / Mieth (Anm. 1), 154–167, hier 156. Vgl. auch: Ders., Die Bedeutung der menschlichen Lebenserfahrung. Plädoyer für eine Theorie des ethischen Modells: Concilium 12 (1976), 623–633.

(6) Hans Kramer, Ethisches Werden und Lernen: Dietrich Bäuerle / Hans Kramer, Ethisch denken und handeln. Grundlegung christlicher Erziehung und Lebenspraxis, Düsseldorf 1980, 62–98, hier 69.

(7) Ebd., 64.

(8) Mieth, Inhaltliche Prioritäten (Anm. 5), 154.

(9) Günter Stachel, Der ethische Bereich in Religionsunterricht und Katechese, Christlich-pädagogische Blätter 89 (1976), 20-26, hier 22.

(10) Vgl. Hans G. Ulrich, Ethik im Religionsunterricht – theologische und pädagogische Perspektiven: Jörg Ohlemacher / Heinz Schmidt (Hg.), Grundlagen der evangelischen Religionspädagogik, Göttingen 1988, 183–201. Ferner: Karl Ernst Nipkow, Grundlagen der Religionspädagogik, Bd. 3: Gemeinsam leben und glauben lernen, Gütersloh 1982, 162–183 („Verantwortlich leben lernen im geschichtlichen Wandel").

(11) Wolfgang Langer, Ethische Erziehung / Moralpädagogik: Gottfried Bitter / Gabriele Miller (Hg.), Handbuch religionspädagogischer Grundbegriffe, Bd. 1, München 1986, 265–274, hier 265.

(12) Barbara Ort, Sittliche Erziehung im Religionsunterricht: Wolfgang Langer u. a., Sittliche Erziehung im Religionsunterricht, Donauwörth 1980, 25–43, hier 34.

(13) Vgl. Heinrich Roth, Moralische Mündigkeit als Ziel der Erziehung: Lutz Mauermann/ Erich Weber (Hg.), Der Erziehungsauftrag der Schule. Beiträge zur Theorie und Praxis moralischer Erziehung unter besonderer Berücksichtigung der Wertorientierung im Unterricht, Donauwörth 1978, 13–32; Wilhelm Flitner, Ist Erziehung sittlich erlaubt?: Zeitschrift für Pädagogik 25 (1979), 449–504.

(14) Adolf Exeler, Gestaltetes Leben – Grundlinien einer Moralpädagogik: Katechetische Blätter 102 (1977), 6–23, hier 18.

(15) Ebd.

(16) Kramer (Anm. 6), 98.

(17) Aristoteles, Nikomachische Ethik II, 1 (Übers. F. Dirlmeier). Vgl. Karl Ernst Maier, Grundriß moralischer Erziehung, Bad Heilbrunn 1986, 137.

(18) Vgl. Dietmar Mieth, Funktionen des Gewissens und Probleme der Gewissensbildung: Stachel / Mieth (Anm. 1), 202–216. – Zur Gewissenserziehung und Gewissensbildung: Ludwig Kerstiens, Das Gewissen wecken. Gewissen und Gewissensbildung im Ausgang des 20. Jahrhunderts, Bad Heilbrunn 1987; Klaus Kürzdörfer, Pädagogik des Gewissens. Geschichtlich-systematische Perspektiven zu seiner Interdisziplinaritätsproblematik, Bad Heilbrunn 1982; Ders. (Hg.) Gewissensentwicklung und Gewissenserziehung, Bad Heilbrunn 1978; Fritz Oser, Das Gewissen lernen. Probleme intentionaler Lernkonzepte im Bereich der moralischen Erziehung, Olten 1976.

(19) Günter Stachel, Zum Inhaltskonzept ethischer Erziehung: Stachel / Mieth (Anm. 1), 141-153, hier 141.

(20) Ders., Ethik als Lernprozeß: Stachel / Mieth (Anm. 1), 33–60, hier 46.

(21) Karl Ernst Nipkow, Moralerziehung. Pädagogische und theologische Antworten, Gütersloh 1981, 30/31.

(22) Stachel, Ethik als Lernprozeß (Anm. 20), 40.

(23) Ders., Zum Inhaltskonzept (Anm. 19), 148.

(24) Adolf Exeler, Jungen Menschen leben helfen. Die alten und die neuen Werte, Freiburg 1984, 240. Vgl. auch: Ders., Wertvermittlung als religionspädagogische Aufgabe: Religionsunterricht an höheren Schulen 25 (1982), 374–388.

(25) Vgl. Nipkow, Moralerziehung (Anm. 21), 33 f.

(26) Ebd., 34.

(27) Ebd., 35.

(28) Vgl. Hans Werner Bierhoff, Psychologie hilfreichen Verhaltens, Stuttgart 1990; Wolfgang Bilsky, Angewandte Altruismusforschung. Analyse und Rezeption von Texten über Hilfeleistungen, Bern 1989; Leo Montada / Hans Werner Bierhoff (Hg.), Altruismus – Bedingungen der Hilfsbereitschaft, Göttingen 1988; Hans Werner Bierhoff, Determinanten hilfreichen Verhaltens: Psychologische Rundschau 33 (1982), 289–304; ders., Hilfreiches Verhalten. Soziale Einflüsse und pädagogische Implikationen, Darmstadt 1980; Jens-Jörg Koch (Hg.), Altruismus und Agression (= Das Feldexperiment in der Sozialpsychologie 1), Weinheim 1976.

(29) Bernhard Grom, Religionspädagogische Psychologie des Kleinkind-, Schul- und Jugendalters, Düsseldorf 1981, 105, Anm. 50.

(30) Vgl. ebd., 101–123 („Prosoziales Empfinden, das sich zum altruistischen Mitlieben mit einer unbedingten Zuwendung zu allen entwickelt") und 360–366 („Hinweise auf die spontane Bereitschaft zu prosozialem Empfinden und Verhalten"). Ferner: Kurt Müller, Die Entwicklung moralischer Begriffe als Voraussetzung für die religiöse Erziehung des Kindes: Friedrich W. Bargheer u. a., Religiöse Erziehung im Elternhaus. Aufgaben – Probleme – Schwerpunkte, Regensburg 1976, 58–70.

(31) Grom (Anm. 29), 264.

(32) Vgl. ebd., 272–275.

(33) Ebd., 274.

(34) Ebd., 275.

(35) Ebd.

(36) Zur Differenzierung und zur Interdependenz der für das ethische Lernen relevanten Lernprozesse: Stachel / Mieth (Anm. 1), 33–140 („Teil 2: Lernformen"); Grom (Anm. 29), 247–284 („Prosoziale Gewissensbildung als ganzheitlich-komplexer Prozeß"); Heinz Schmidt, Didaktik des Ethikunterrichts, Bd. 1: Grundlagen, Stuttgart 1983, 176–223 („Sittlichkeit in Lernprozessen"); Maier (Anm. 17), 107–146 („Praxisaspekt der moralischen Erziehung").

(37) Zum Lernen durch Beobachtung: Günter Stachel, Lernen durch Vorbilder oder Modell-Lernen (Beobachtungslernen, Imitationslernen): Stachel / Mieth (Anm. 1), 86–106; Günter Biemer / Albert Biesinger (Hg.), Christ werden braucht Vorbilder. Beiträge zur Neubegründung der Leitbildthematik in der religiösen Erziehung und Bildung, Mainz 1983; die in Anm. 36 genannte Literatur in den entsprechenden Abschnitten.

(38) Nipkow, Moralerziehung (Anm. 21), 72.

(39) Ebd.

(40) Friedhelm Holfort, Zur Bedeutung des Modells für die Entwicklung von Hilfsbereitschaft: Gruppendynamik 11 (1980), 3–16, hier 8/9. Vgl. auch : Albert Biesinger, Empirisch – ethische Grundzüge des Nachahmungslernens. Humanwissenschaftliche Orientierung: Biemer / Biesinger (Hg.), Christ werden (Anm. 37),53–66; Ders./ Alfons Aichinger, Imitationslernen und Verhaltensänderung. Lernpsychologische Aspekte zum Lernbereich Nächstenliebe: Katechetische Blätter 99 (1974), 588–598.

(41) Grom (Anm. 29), 256 (ohne die Hervorhebungen des Originals).

(42) Günter Stachel, Wie erfolgt Wertvermittlung? Grundsätze und aktuelle Hinweise aus religionspädagogischer Sicht: Katholische Sozialethische Arbeitsstelle (Hg.), Damit das Leben wieder wertvoll wird. Einige aktuelle Notwendigkeiten der Wertorientierung in Kirche und Gesellschaft, Hamm 1985, 53–66, hier 60.

(43) Ders., Grundsätze einer ethischen Didaktik: Lebendige Katechese 7 (1985) 97–101, hier 99.

(44) Ders., Lernen durch Vorbilder (Anm. 37), 103.

(45) Ebd., 101.

(46) Ebd.

(47) Schmidt, Didaktik (Anm. 36), 180.

(48) Rainer Mayer, Ethik lehren. Grundlegung, Hermeneutik, Didaktik, Stuttgart 1982, 123.

(49) Stachel, Lernen durch Vorbilder (Anm. 37), 104.

(50) Ders., Ethik als Lernprozeß (Anm. 20), 48.

(51) Grom (Anm. 29), 260 (ohne die Hervorhebungen des Originals).

(52) Ebd.

(53) Ebd., 265. Zum Lernen durch Verstärkung auch: Stachel, Ethik als Lernprozeß (Anm. 20), 46–50; Grom (Anm. 29), 258–262 und 265–271.

(54) Grom (Anm. 29), 266/267.

(55) Ebd., 269.

(56) Ebd., 271.

(57) Ebd., 261.

(58) Ebd., 260/261.

(59) Günter Stachel, Ein Prozeßmodell ethischen Lernens: Stachel / Mieth (Anm. 1), 124–140, hier 129.

(60) Ebd.

(61) Vgl., in diesem Zusammenhang die Untersuchungen von: Jean Piaget, Das moralische Urteil beim Kind, Zürich 1954; Lawrence Kohlberg, Zur kognitiven Entwicklung des Kindes, Frankfurt 1974; Ann Colby/Lawrence Kohlberg, Das moralische Urteil: Der kognitionszentrierte entwicklungspsychologische Ansatz, in: Gerhard Steiner (Hg.), Piaget und die Folgen (= Die Psychologie des 20. Jahrhunderts, Bd. 7), Zürich 1978, 348–366; Robert L. Selman, Die Entwicklung des sozialen Verstehens. Entwicklungsspsychologische und klinische Untersuchungen, Frankfurt 1984; Fritz Oser, Moralisches Urteil in Gruppen, Soziales Handeln, Verteilungsgerechtigkeit. Stufen der interaktiven Entwicklung und ihrer erzieherischen Stimulation, Frankfurt 1981. – Zur Weiterentwicklung und kritischen Diskussion des Kohlbergschen Ansatzes: Günter Schreiner, Gerechtigkeit ohne Liebe – Autonomie ohne Solidarität? Versuch einer kritischen Würdigung der Entwicklungs- und Erziehungstheorie von Lawrence Kohlberg: Zeitschrift für Pädagogik 25 (1979), 505–528; Detlef Garz, Zum neuesten Stand von Kohlbergs Ansatz der moralischen Sozialisation. Bericht über eine Tagung zur „Theory and Method of Assessing Moral Development" an der Harvard Universität: Zeitschrift für Pädagogik 26 (1980), 93–98; Rainer Döbert, Horizonte der an Kohlberg orientierten Moralforschung: Zeitschrift für Pädagogik 33 (1987), 491–511; Georg Lind / Jürgen Raschert (Hg.), Moralische Urteilsfähigkeit. Eine Auseinandersetzung mit Lawrence Kohlberg über Moral, Erziehung und Demokratie, Weinheim 1987; Günter Stachel, Fixierung auf eine rationale Theorie: Das moralische Urteil in der Meßbarkeit von Stufen seiner Entwicklung, in: Religionspädagogische Beiträge 21/1988, 50–64. (Vgl. auch die bereits 1978 vorgelegte Darstellung und Kritik: Ders., Moralpädagogischer Intellektualismus und kritisch-emanzipatorische Konzepte des Lernens: Stachel / Mieth (Anm. 1), 61–85.)

(62) Lawrence Kohlberg, Kognitive Entwicklung und moralische Erziehung: Mauermann/ Weber (Hg.) (Anm. 13), 107–117, hier 112.

(63) Stachel, Fixierung (Anm. 61), 51.

(64) Ebd., 56.

(65) Vgl. auch: Jan Heiner Schneider, Fallgeschichten im Moral-Unterricht: Katechetische Blätter 102 (1977), 82–83; ders., Das Schülerinteresse im Moral-Unterricht. Anregungen zur Praxis der Gewissensbildung: Katechetische Blätter 104 (1979), 620–627.

(66) Stachel, Moralpädagogischer Intellektualismus (Anm. 61), 83.
(67) Vgl. Nipkow, Moralerziehung (Anm. 21), 28–31.
(68) Vgl. Grom (Anm. 29), 276–279.
(69) Vgl. Maier (Anm. 17), 116–121.
(70) Grom (Anm. 29), 277.
(71) Vgl. Günter Stachel, Unterricht über Lebensfragen, Zürich 1969; Ludwig Volz, Lebensfragen im Religionsunterricht der Grundschule, Zürich 1971; Günter Stachel (Hg.), Sozialethischer Unterricht – dokumentiert und analysiert. Eine Untersuchung zur Praxis des problemorientierten Religionsunterrichts, Zürich 1977. – Vgl. in diesem Zusammenhang auch den induktiven Ansatz ethischen Unterrichts des „Moral Education Curriculum Project" des englischen Schools Council: Günter Stachel, Lifeline – ein englisches Programm zum Unterricht über Lebensfragen: Katechetische Blätter 99 (1974), 571–587; Lutz Mauermann, Moral Education – ein englisches Forschungsprogramm zur moralischen Erziehung für die Altersstufe 8–13: Die Deutsche Schule 70 (1978), 488–496; Werner Simon / Peter McPhail: Social and moral education – eine englische Veröffentlichung zur ethischen Erziehung: Religionspädagogische Beiträge 12/1983, 122-133. Vgl. auch zur Einordnung den Überblick: Lutz Mauermann. Ethische Grundlagen aktueller anglo-amerikanischer Erziehungskonzepte: Claus Günzler u. a., Ethik und Erziehung, Stuttgart 1988, 141–170.
(72) Vgl. Walter Freyn, Einstellungsstruktur und Einstellungsänderung: Erich Weber (Hg.), Zur moralischen Erziehung in Unterricht und Schule. Pädagogische und psychologische Überlegungen, Donauwörth 1973, 158–180.
(73) Willy Zyska, Motiv und Motivation in ihrer Bedeutung für wertorientiertes Handeln: Alfons Auer / Albert Biesinger / Herbert Gutschera (Hg.), Moralerziehung im Religionsunterricht, Freiburg 1975, 139–151, hier 150.
(74) Stachel, Moralpädagogischer Intellektualismus (Anm. 61), 82.
(75) Ders., Zum Inhaltskonzept (Anm. 19), 144.
(76) Vgl. ders., Prozeßmodell (Anm. 59); ders., Ethik als Lernprozeß (Anm. 20), 50–53 („Lernen durch Versuch und Irrtum").
(77) Ders., Prozeßmodell (Anm. 59), 138.
(78) Ebd.
(79) Ebd., 131.
(80) Maier (Anm. 17), 139. Vgl. ebd., 137–146 („Der aktionale Ansatz moralischer Erziehung").
(81) Stachel, Ethik als Lernprozeß (Anm. 20), 52.
(82) Ebd., 51.
(83) Die Beschreibung der einzelnen Stufen wird übernommen aus: Heinrich Roth, Pädagogische Psychologie des Lehrens und Lernens, Hannover [14]1973, 223–226.
(84) Stachel, Prozeßmodell (Anm. 59), 131. Vgl. ebd., 130-140 („Darstellung des Prozesses ethischen Lernens im Modell des Regelkreises").
(85) Ebd., 130.
(86) Ebd., 131.
(87) Ebd.
(88) Ebd., 132.
(89) Ebd.
(90) Ebd., 130.
(91) Ebd., 131.
(92) Ebd.
(93) Vgl. Werner Simon, Zur christlich-religiösen Motivation des Handelns: Religionspädagogische Beiträge 8/1981, 76–90.
(94) Günter R. Schmidt, Zum fachdidaktischen Transfer ethischer Inhalte: Gottfried

313

Adam / Rainer Lachmann (Hg.), Religionspädagogisches Kompendium, Göttingen 1984, 274–322, hier 312.

(95) Vgl. Werner Simon, Inhaltsstrukturen des Religionsunterrichts. Eine Untersuchung zum Problem der Inhalte religiösen Lebens und Lernens, Zürich 1983, 411–416 („‚Gestalten' christlich motivierten Handelns").

(96) Stachel, Moralpädagogischer Intellektualismus (Anm. 65), 85.

(97) Albert Biesinger, Der christliche Sinnhorizont als Motivation für ethisches Handeln? Bedenken und Hypothesen des Religionspädagogen: Helmut Weber / Dietmar Mieth (Hg.), Anspruch der Wirklichkeit und christlicher Glaube. Probleme und Wege theologischer Ethik heute, Düsseldorf 1980, 285–297, hier 295/296.

(98) Vgl. Wolfram K. Kurz, Ethische Erziehung als religionspädagogische Aufgabe. Strukturen einer sinnorientierten Konzeption religiöser Erziehung unter besonderer Berücksichtigung der Sinn-Kategorie und der Logotherapie V. E. Frankls, Göttingen 1987, 45.

(99) Exeler, Gestaltetes Leben (Anm. 14), 14. Vgl. auch: Adolf Exeler, In Gottes Freiheit leben. Die Zehn Gebote, Freiburg 1982. – Zur „moralpädagogischen Bibelinterpretation": Wolfgang Langer, Moralpädagogische Bibelinterpretation. Die ethische Aktualisierung biblischer Texte im deutschsprachigen katholischen Bibelunterricht seit dem Ende des 18. Jahrhunderts, Diss. theol., Münster 1977; ders., Moral aus der Bibel? Die ethische Interpretation von biblischen Texten in der bisherigen Praxis des Bibelunterrichts und als künftige Aufgabe: Katechetische Blätter 102 (1977), 34–45.

(100) Schmidt, Zum fachdidaktischen Transfer (Anm. 94), 302.

(101) Mieth, Zwischen Konformismus (Anm. 4), 22.

(102) Johannes Hoffmann, Moralpädagogik, Bd. 1: Moraltheologische und moralpädagogische Grundlegung, Düsseldorf 1970, 259/260.

(103) Exeler, Gestaltetes Leben (Anm. 14), 10.

(104) Vgl. Dietmar Mieth, Theologische Ethik und Religionsunterricht: Stachel / Mieth (Anm. 1), 168–183. – Zum interdisziplinären Gespräch zwischen Fachdidaktik des Religionsunterrichts und Theologischer Ethik: Stachel / Mieth (Anm. 1); Auer / Biesinger / Gutschera (Anm. 73); Katechetische Blätter 102 (1977), Heft 1 („Christliche Moralpädagogik"); Dietmar Mieth, Theologische Ethik: Günter Biemer / Albert Biesinger (Hg.), Theologie im Religionsunterricht. Zur Begründung der Inhalte des Religionsunterrichts aus der Theologie, München 1976, 81–92; Albert Biesinger, Die Begründung sittlicher Werte und Normen im Religionsunterricht, Düsseldorf 1979; Schmidt, Zum fachdidaktischen Transfer (Anm. 94); Ulrich (Anm. 10); Günter Virt / Franz Martin Schmölz, Christliche Moral im Religionsunterricht: Albert Biesinger / Thomas Schreijäck (Hg.) Religionsunterricht heute. Seine elementaren theologischen Inhalte, Freiburg 1989, 117–134.

(105) Dietmar Mieth bestimmt die theologischen Tugenden des Glaubens, der Hoffnung und der Liebe als „die christliche Interpretationshaltung", die es in den Perspektiven des Weltethos sichtbar zu machen gilt: „Die Theologischen Tugenden sind Existentiale, d. h. Bedingungen, Grundkräfte und Inhalte des christlichen Lebens und bilden so christliche Perspektiven der Wirklichkeit. Sie beziehen die Ethik auf die Verehrung Gottes (die Praxeologie auf die Doxologie). Jede ethische Praxis in der Liebe enthält nach christlichem Glauben ein Element der Gottesverehrung und wird daher zugleich als Gnade begriffen." (Ders., Inhaltliche Prioritäten (Anm. 5), 166/167).

(106) Vgl. Alfons Auer, Die ethische Relevanz der Botschaft Jesu: Auer / Biesinger / Gutschera (Hg.) (Anm. 73), 58–90. Vgl. auch: ders., Ein Modell theologisch-ethischer Argumentation: „Autonome Moral", in: Auer/Biesinger/Gutschera (Hg.) (Anm. 73), 27–57; ders. Autonome Moral und christlicher Glaube: Katechetische Blätter 102 (1977), 60–76. Grundlegend: Ders., Autonome Moral und christlicher Glaube.

314

2. Aufl., mit einem Nachwort zur Rezeption der Autonomievorstellung in der katholisch-theologischen Ethik, Düsseldorf 1984.

(107) Exeler, Gestaltetes Leben (Anm. 14), 18.

(108) Ebd., 17.

(109) Mieth, Zwischen Konformismus (Anm. 4), 22.

(110) Stachel, Zum Inhaltskonzept (Anm. 19), 150.

(111) Ebd., 153. Vgl. ebd. 150–153.

(112) Vgl. in diesem Zusammenhang das vom Verf. mitformulierte Begleitpapier „Zur Situation", in: Ergebnisse des Pastoralkongresses der katholischen Kirche in Berlin (West). 26.–28. Februar 1988. Hg. im Auftrag der Schlußversammlung vom Vorstand des Pastoralkongresses, Berlin 1988, 159-167.

(113) Nipkow, Moralerziehung (Anm. 21), 17.

(114) Ebd., 40. Vgl. auch: Ders., ‚Leben und Erziehen – wozu?': EKD-Kirchenkanzlei (Hg.), Leben und Erziehen – wozu?, Gütersloh 1979, 17–49; ders., Grundfragen (Anm. 10), 139–183 („Ethische Erziehung im Generationskonflikt und Wertwandel – Wege zum gelebten Glauben").

(115) Ders., Moralerziehung (Anm. 21), 26.

(116) Ebd., 33.

(117) Exeler, Jungen Menschen (Anm. 24), 233/234.

(118) Stachel, Grundsätze (Anm. 43), 100.